PONTIFICIA UNIVERSITAS GREGORIANA

FELIX M. CAPPELLO S. J.

IN PONTIFICIA UNIVERSITATE GREGORIANA PROFESSOR

SUMMA
IURIS PUBLICI
ECCLESIASTICI

AD NORMAM CODICIS IURIS CANONICI
ET RECENTIORUM S. SEDIS DOCUMENTORUM
CONCINNATA

EDITIO SEXTA ACCURATE RECOGNITA

ROMAE
APUD AEDES UNIVERSITATIS GREGORIANAE
1954

IMPRIMI POTEST

Romae, die 15 martii 1954

PETRUS M. ABELLÁN, S. I.
Rector Universitatis

IMPRIMATUR

Ex Vicariatu Urbis, die 13 augusti 1954

† ALOYSIUS TRAGLIA
Archiep. Caesarien., Vicegerens

TYPIS PONTIFICIAE UNIVERSITATIS GREGORIANAE - ROMAE

LIBER I

PRAENOTIONES GENERALES

CAPUT I

DE IURE UNIVERSIM

Articulus I

De notione, divisione et fundamento iuris

1. Notio etymologica iuris. — 1. Utrum vox *iuris* sit *derivata* an *primigenia,* controvertitur.

Ulpianus (l. 1, D. 1, 1) recte monet: « Iuri operam daturum prius nosse oportet, unde nomen *iuris* descendat ».

Plures, veteres[1] et recentes[2], putant esse *primigeniam.*

Plerique censent esse *derivatam;* at undenam derivetur, non satis constat.

Alii dicunt a *iustitia* vel a *iusto* derivari[3]; alii *a iussu* seu *iubendo,* eo quod ius idem sit ac *iussum* sive *mandatum Superioris*[4].

---

[1] Cfr. Suarez, *De legibus,* lib. I, cap. 2, n. 1 ss.; Schmalzgr., *Ius eccl. univ.,* Dissert., Prooem., n. 1 ss.; Reiffenstuel, *Ius canon. univ.,* Prooem., n. 5; Devoti, *Instit. canon.,* I, § 1; Forcellini, Lexicon, v. *Ius.*

[2] Lombardi, *Iuris canon. priv. institutiones,* I, p. 10, Romae, 1928; Chelodi, *Ius de personis,* etc., n. 2, Tridenti 1922; Bonfante, *Istituzioni di diritto romano,* p. 6, Milano, 1916.

[3] Cfr. 1, D. *de iust. et iur.,* 1, 1; Maschat, *Instit., canon.,* lib. 1, *tit.* 1, n. 2; Ferrari, *Summa inst. can.,* I, n. 1. Genuae, 1889.

[4] Cfr. Suarez, l. c.; Sotus, *De iust. et iur.,* III, q. 1, art. 1; Schmalzgr.,

Nonnulli recentiores philologi et iuristae docent vocabulum latinum « *ius* » ortum ducere a radice sanscrita *yu* (iu), *yug, yung*, quae ideam ligaminis sive unionis exprimit, vel a primitiva voce sanscrita *yaus*, quae significat id quod bonum, sanctum, purum est; unde *iurare*, quasi ius a divinitate derivatum. Ob hanc rationem Grotius, Vico et alii opinabantur vocem iuris originem ducere, per diphthongi contractionem, a *Ious* (Ζεύς) quae est forma vetustissima nominis « *Iupiter* ».

Neutra sententia *certis* argumentis probari potest. Unde minus recte quidam AA. suam sententiam ut *certam* habent vel saltem habere videntur [5].

2. Variae significationes vocabuli iuris. — Vox *iuris* multiplici sensu usurpari solet. Hac voce significatur:

1° *Lex*, quae est iusti regula et norma iustitiae. Sic dicitur *ius naturale, positivum, divinum, humanum*, etc.

2° *Complexus legum*; quo sensu dicimus *ius matrimoniale, poenale*, etc.

3° *Rectum* seu *legitimum* i. e. legi conforme. Hinc verba *diritto, droit, diretto, derecho, recht, right* [6].

4° *Sententia iudicis*. Hinc *ius dicere* et vocabulum *iudicis* quasi *ius dicens*.

5° *Obiectum iustitiae* seu res quae alteri debetur. Ita dicimus *ius alienum laedi, ius suum prosequi*, etc.

6° *Scientia iuris*. Ita v. g. usurpat *Ulpianus* [7], dicens, ex Celso, ius esse *artem boni et aequi*.

7° *Locus* seu *tribunal*, ubi ius redditur suumque litigantibus per sententiam adiudicatur. Hoc sensu dicitur in *ius vocare, trahere, ducere*, etc.

8° *Potestas* seu *facultas aliquid faciendi, exigendi, possidendi*. Quo sensu v. g. dicitur *ius dominii* sive *proprietatis* [8].

Ut genuinus iuris conceptus rite intelligatur, praemittenda

---

l. c.; De Luca, *Instit. iur. publ. eccl.*, I, n. 1, Romae 1901; Biederlack, *Instit. iur. eccl.*, n. 1; Romae, 1907; Bouix, *Tractatus de principiis iur. canon.*, p. 4, Parisiis, 1852; D'Angelo, *Ius Digestorum*, I, n. 28, Romae, 1927.

[5] Ita v. g. Chelodi (l. c.), De Luca (l. c.), Rivet (*Quaestiones iur. publ. eccl.*, p. 4, Romae, 1912, aliique.

[6] Suarez, Ib. II, cap. 14, n. 17 s., cap. 17, n. 2; Schmalzgr., l. c., n. 2; Molina, *De iust. et iur.* tract. I, dissert. 2, n. 4; Reiffenst., l. c.

[7] Cfr. fr. 1, D. *de iust. et iure*, 1, 1.

[8] Cfr. Schmalzgr., l. c.; Lessius, *De iustitia et iure*, lib. II, cap. 2, dub. 1, n. 2; Pirhing, l. c. n. 3; Molina, l. c., n. 4; Sanguineti, *Iuris ecclesiastici institutiones*, n. 50 s., Romae, 1884.

est notio ORDINIS MORALIS sive ETHICI et ORDINIS IURIDICI, quocum intime ac necessario connectitur.

3. Ordo moralis sive ethicus.

— Summa et aeterna regula quae cuncta creata movet et dirigit est *ratio divina,* quae immanenti actu omnes naturas praevidit et esse decrevit, *suos* singulis praefigens *fines* in ordine ad finem supremum. Haec regula seu norma — *lex aeterna Dei* — tam universalis est, ut non solum mundum *moralem* i. e. entium rationalium, verum etiam mundum physicum complectatur; atque *universa,* eo ipso quod exsistunt, eandem aliquo modo participant.

Nam, ut ait egregie *Angelicus* [9], « cum omnia quae divinae providentiae subduntur, a lege aeterna regulentur et mensurentur ... manifestum est quod *omnia participant aliqualiter legem aeternam,* in quantum scilicet *ex impressione eius habent inclinationes in proprios actus et fines* ».

Unde recte ab eodem *Angelico* lex aeterna dicitur « ratio gubernativa *totius ordinis* in mente divina exsistens » [10].

Quae legis aeternae participatio varia est, pro diversa entium natura. In entibus *inanimatis* manifestatur per leges astronomicas, physicas, chimicas; in *organicis* per leges biologicas; in *animalibus* per instinctum; in creatura *rationali* fit per *intellectum,* eamque, cum *libera* sit, necessitate non absoluta, sed *morali* obstringit. Ex quo fit, ut creaturae ratione destitutae *ducantur* determinatione physica, creaturae rationales *semetipsas ducere* debeant libera voluntate [11].

Unde in ceteris entibus principium immanens activitatis passive et caeco modo recipitur, et ideo nonnisi *improprie* i. e. *per similitudinem* dicitur lex; in creatura rationali, contra, quae *finem cognoscit* et *libere* eligit, participatio legis aeternae rationem *ethicam* habet ac proinde *lex naturalis* proprio nomine *ethica* sive *moralis* vocatur.

4. — Lex naturalis per ipsam naturam promulgata in eaque innixa, est fundamentum ordinis *moralis* seu *ethici,* quatenus iubet quid agendum vel omittendum sit ob finis assequendi obligationem, ideoque per indicia rationis practicae limites honesti inhonestique praefinit. In ordine morali, proinde, omnes *liberae*

---

[9] *Summ. theol.,* 1-2, q. 91, art. 2.

[10] S. Augustinus (*De Civitate Dei,* lib. XIX, cap. 13) ita definit ordinem: « Ordo est parium dispariumque rerum sua cuique loca tribuens dispositio ».

S. Thomas docet, ordinem quid unum esse ex plurium accommodata dispositione oriens. *Contra Gent.,* III, 71; *Summ. Theol.,* I, q. 65, art. 2.

[11] Cfr. Suarez, lib. II, cap. 1 ss.; Meyer, *Institutiones iur. natur.,* I, n. 238 ss., Friburgi, 1906; Cathrein, *Philosophia moralis,* n. 204 ss., Friburgi, 1915; Liberatore, *Institutiones ethicae et iuris naturae,* cap. 3, art. 1 ss., Prato, 1880; Schiffini, *Disputationes philosophiae moralis,* I, n. 57 ss.

hominis actiones omnia *officia* erga Deum, erga seipsum, erga alios determinantur, omnes *formae vitae rationalis* continentur, i. e. religio, moralitas, iustitia, matrimonium, familia, proprietas, Status, etc.

Hinc liquet, *ordinem moralem,* universim sumptum, in recte ordinanda omni libera activitate hominis *ad normam legis naturalis* versari, *vinculis moralibus* constare, iisque essentialiter constitui.

Quare, sicuti ordo *physicus* universum mundum physicum tum in suis elementis particularibus tum in sua collectiva integritate et harmonica unitate comprehendit, ita ordo *moralis* ad universum mundum moralem, seu ad totum in hic terris genus humanum, tum in individuis tum in complexu sociali et organica unitate ex mente Creatoris recte ordinandum se extendit, partim quidem *immediata* Dei legislatione, partim *mediate* i. e. praecipiente auctoritate sociali ex Dei mandato et potestate [12].

5. Ordo iuridicus. — 1. Homo vivere natus est *in societate.* Cum autem in exercitio suae libertatis aliorum libertatem ipse tangat, necessario *mutuae* exsurgunt *relationes,* quae ad proprium finem apte ordinandae sunt, ita ut nemo ab eo prosequendo impediatur simulque bonum ipsius societatis, quod item finis est, maxime promoveatur.

Unde homo, qui ex Dei ordinatione *socialiter* vivere debet, relationem habet tum ad personas singulares tum ad societatem, cuius ipse membrum est. Cui duplici relationi actiones externae uniuscuiusque congruere debent, ita ut omnis homo *qua ens sociale* teneatur quaedam agere, quaedam omittere. Proinde tum socialis organismus tum singulorum socialis activitas certis regulis sive legibus subest, partim a Deo partim ab homine ex Dei potestate constitutis, quibus mutuae relationes ordinantur.

Complexus *normarum* seu *legum* et *officiorum,* quae *huiusmodi relationes moderantur,* i. e. quae *mutuam activitatem dirigunt mutuamque libertatem propter bonum commune restringunt,* ne societas eiusque membra a fine consequendo impediantur, ORDO IURIDICUS dicitur [13].

---

[12] Cfr. S. Th., 1. c., q. 93, art. 2 ss.; Meyer, I, nn. 221, 222, 226, 344, 430, 508; Taparelli, *Saggio teoretico di diritto naturale,* n. 93 ss., Roma, 1855; Willems, *Philosophia moralis,* p. 10 ss., *Treveris,* 1908.

[13] Cfr. Cathrein, *Recht, Naturrecht u. positives Recht,* 314, Freiburg, 1909; Meyer, l. c., nn. 430, 441, 458, 510; Macksey, *De ethica naturali,* p. 354, Romae 1914.

6. — Ex dictis liquet, ordinem iuridicum esse partem universi ordinis moralis, eique inservire ut medium ad finem. Unde nulla est norma *iuridica* quae *ethica* non sit; sed non vicissim omnis norma ethica sive moralis est iuridica [14].

Ordo MORALIS differt a IURIDICO multiplici ratione: *a*) ille ad *omnes* humanas actiones se extendit, hic ad *sociales* tantum; *b*) ille directe praecipit quid singuli sibi debeant, hic quid aliis praestare teneantur; *c*) ille internae rectitudini seu *moralitati* immediate consulit, hic externae conformitati cum lege i. e. *legalitati*; *d*) ille per *liberam* dumtaxat voluntatis determinationem obtinetur, hic etiam *per coactionem* [15].

Qui negant exsistentiam legis moralis, eo ipso omne *fundamentum ethicum* ordini iuridico abiudicant, ut *pantheistae* et eo magis *materialistae*. Sive enim ipsi affirment ideas et iudicia moralia ex physicis et chemicis mutationibus materiae exsurgere (Moleschott, Büchner), sive a sociali evolutione (Spencer, Comte), vel ab oeconomicis conditionibus (Marx, Loria, Engels), vel a Statu (pantheismus Hegelianus), vel a lege civili (Spinoza, Hobbes) derivari, omnes in eo conveniunt, ut Deum personalem tamquam supremum legislatorem directe vel indirecte excludant, *independentiam moralem* seu *moralitatem independentem* proclamantes [16].

Etiam ex iis qui legem moralem eiusque vim in foro interno praevalentem admittunt, multi sunt qui *ius* ab *ethos* separare volunt, illudque ab hoc independens esse tenent, v. g. Kant, Fichte et modernus positivismus iuridicus [17].

7. Genuinus iuris conceptus. — 1. Notio iuris ex *natura* et *fine* hominis, in societate viventis, manifesto determinatur. Homo

---

[14] Cfr. Pii IX Syll. prop. 56: «Morum leges *divina haud egent sanctione*, minimeque opus est ut humanae leges ad naturae ius conformentur aut obligandi vim a Deo accipiant».

[15] Meyer, l. c., nn. 441, 458, 510 s; Cathrein, l. c. 314 ss.; Macksey, l. c., p. 105 ss., 354 ss.; Biavaschi *Origine della forza obbligatoria delle norme giuridiche*, p. 70 ss., Udine, 1907.

[16] Cfr. Leonis XIII, Encycl. «*Libertas*», 20 iun. 1888, § *Re vera;* Meyer, l. c., p. 142 ss., 515 ss.; Cathrein, *Filosofia morale* I, 286 ss.

[17] Cfr. Meyer, l. c., n. 514 ss.; Warnkönig, *Rechtsphilosophie*, lib. I, cap. 4, § 48; Cathrein, l. c.; Biavaschi, *La crisi attuale della filosofia del diritto*, p. 204 ss.

Incredibile dictu, quot errores circa ordinem iuridicum et moralem, circa ius eiusque fundamentum late serpant!

Cfr. (sed caute) Levi, *Le idealità giuridiche nella filosofia positiva del diritto*, p. 10 ss., Padova, 1906; Asturaro, *Gli ideali del positivismo e della filosofia scientifica*, p. 25 ss., Genova, 1892; A. Groppali, *I caratteri differenziali della moralità e del diritto*, p. 65 ss., Padova 1901.

ex natura est *liber,* habet proprium *finem* assequendum, *media* necessaria et utilia ei praesto sunt. Quae omnia ut *propria* unicuique competunt, ita quidem ut secundum rectum ordinem, liberae eius dispositionis a ceteris relinquenda sint. Hinc sequitur, *primariam* iuris significationem hanc esse: *ius est suum.* Hoc sensu dicimus vitam, integritatem membrorum, honorem esse *iura* nostra [18].

2. Cum, praeterea, homo in societate vivat, oportet ut quod *suum* est congruis remediis sive tutelis protegatur contra malam aliorum voluntatem. Hinc *altera* iuris acceptio; ius est *norma* seu *lex* quae determinat singulorum actiones et eorum arbitrii limites in vita sociali praefinit. Quae *norma* sive *lex* talis esse debet, ut finis communis *efficaciter* promoveatur et *apte* ordinentur relationes membrorum inter se atque relationes inter membra et societatem.

Hoc sensu i. e. *obiective* ius acceptum, *rectam ordinationem hominum ad invicem et ad societatem comprehendit,* quae pro triplici ordinis respectu quem involvit, triplici ordinatione *partiali* constat, scil. ordinatione *hominum ad invicem,* ordinatione *hominum ad societatem* et ordinatione *hominum ut membra societatis.* Huic triplici obiecto triplex iustitiae denominatio respondet, nempe iustitia *commutativa,* iustitia *legalis* et iustitia *distributiva* [19].

3. Inde sequitur *tertia* iuris acceptio seu ius *subiective* sumptum. Eo ipso enim quod *norma* seu *lex* protegit bonum alicuius hominis, is moralem habet facultatem exigendi ut illud sibi tri-

---

[18] Cfr. S. Thom., 2-2, q. 57, art. 2 in corp. et ad 1.

In 1 p., q. 21 art. 1 ad 3 ait: « Unicuique debetur quod *suum est.* Dicitur autem esse *suum* alicuius quod ad ipsum ordinatur ».

[19] S. Thom., 2-2, q. 58, art. 1: « Proprius actus iustitiae nihil aliud est quam reddere unicuique quod *suum* est. Dicitur autem esse suum unicuique personae, quod ei *secundum proportionis aequalitatem debetur* ».

Et alibi (l. c., q. 57, art. 1): « Iustitiae proprium est inter alias virtutes, ut ordinet hominem in his, quae sunt ad alterum. Importat enim aequalitatem quandam, ut ipsum nomen demonstrat: dicuntur enim vulgariter ea, quae adaequantur, iustari; aequalitas autem ad alterum est ».

S. Ambrosius (*De offic.*, 1, 24): « Iustitia est quae suum cuique tribuit ».

Ius quatenus relationes hominum ad invicem ordinat secundum perfectam aequalitatem, est obiectum iustitiae *commutativae*; prout ordinat subditos, est obiectum iustitiae *distributivae.*

Hinc egregie Angelicus (l. c., q. 61, art. 1 ad 2): « Sicut pars et totum quodammodo sunt idem, ita id quod est totius, quodammodo est partis. Et ita, cum ex bonis communibus aliquid in singulos distribuitur, quilibet aliquo modo recipit *quod suum est* ».

buatur vel conservetur aut exclusivo usu sibi relinquatur. Quo sensu ius *subiective* accipitur, et est *facultas moralis aliquid possidendi aut faciendi vel omittendi aut exigendi inviolabilis.*

Dicitur *a) facultas* i. e. potestas seu capacitas legitima; *b) moralis,* tum ut excludatur capacitas mere physica, tum ut significetur potestates rectae rationi seu legi conformis; *c) aliquid possidendi vel faciendi,* etc., ut exprimatur obiectum seu positivum seu negativum iuris; *d) inviolabilis,* ut indicetur moralis efficacia, qua positive et negative protegitur huiusmodi facultas, seu *obligatio* i. e. *officium* ex quo alii tenentur eam facultatem recognoscere ac revereri.

Iura enim officia sunt correlativa [20].

8. — Ius *obiectivum* (lex vel complexus legum) dicitur etiam *praeceptivum* vel *legale*; ius *subiectivum* vocatur quoque *dominativum.*

Nomina iuris *obiectivi* et *subiectivi* nonnullis minus placent; nec forte sine fundamento, quia etiam subiectivum habet obiectivam realitatem. At, cum huiusmodi nomina iam sint in communi usu linguae iuridicae, nos quoque ea usurpamus.

9. Scientia iuris, philosophia, iurisprudentia. — 1. *Scientia iuris* potest definiri: *Cognitio, per causas, earum legum quibus societas ordinatur, ut rite conservari suumque finem consequi valeat* [21].

Dicimus *per causas,* quia leges ita cognosci debent ut earum habitudo inter se et ad finem probe dignoscatur, scil. non ad invicem disiunctae, sed inter se cohaerentes praesertim in ordine ad finem.

2. *Philosophia iuris* est scientia *principiorum* et *normarum fundamentalium,* e quibus ius derivatur et quibus regitur [22].

3. *Iurisprudentia* duplici sensu accipitur. Interdum pro *scientia iuris* [23]; interdum pro *facultate interpretandi et applicandi le-*

---

[20] Cfr. Suarez, lib. I, cap. 2, n. 5; Schiffini, l. c., n. 182; Meyer, l. c., nn. 453, 458; Taparelli, l. c., n. 344; Cathrein, l. c., n. 454 ss.; Liberatore, *Instit. philosoph.,* III, p. 67.

[21] Cfr. Tarquini, *Iur. eccl. publ. instit.,* n. 1; De Luca, l. c., n. 1 s.; Sanguineti, l. c., n. 51.

[22] « La filosofia del diritto è la scienza dei primi principii e dei fondamenti supremi del diritto ». A. Cavagnari, *Corso moderno di filosofia del diritto,* p. 22, Padova, 182.

[23] Iustinianus ex Ulpiano ait: « *Iurisprudentia est divinarum atque humanarum rerum notitia, iusti atque iniusti scientia* ».

ges; quo sensu definiri potest: *facultas sive disciplina leges inter-pretandi, easque ad occurrentes casus applicandi*[24].

Quae acceptio hodie communis est in utroque foro, canonico et civili.

10. Iuris subiectivi principium, materia, titulus, subiectum, terminus, ultima ratio. — Principium iuris subiectivi est id a quo ipsum procedit, nempe eius causa efficiens. Procedit autem ex iure obiectivo i. e. *ex lege,* quae est fundamentum et causa illius iuris, ita ut hoc sine illo ne concipi quidem possit[25].

11. — Materia iuris subiectivi est id circa quod ius versatur. Versatur autem circa *res* et *quasi-res.* Nomine *rerum* intelliguntur, in materia iuris, entia *corporalia; quasi-rerum,* entia *incorporalia,* i. e. spiritualia, moralia, actiones et huiusmodi.

Ius in *actiones liberas* seu *humanas* dicitur proprie iurisdictio, si alienae illae sint: improprie, si non alienae.

Quae iurisdictio dicitur *perfecta,* si versetur circa subditorum actiones in societate perfecta; *imperfecta,* si respiciat alienas actiones in societate imperfecta.

Ius in *res* vocatur ius *proprietatis,* improprie si sit super res suas internas; proprie, si sit super res sibi externas.

Actiones humanae possunt quidem esse materia iuris, non tamen ipsa humana *persona.* Ratio evidens est. Materia iuris subordinatur, tanquam proprio suo fini, bono illius hominis qui est subiectum iuris. Proinde ens non sibi, sed alteri exsistit, non propter suum, sed propter alterius bonum. Atqui humana persona est talis naturae, ut Deus sit *immediatus* eius finis, et quidem ut Dei gloria sit simul perfectio hominis glorificantis; ideoque persona humana est ens *Deo* et *sibi* exsistens, non alteri.

Repugnat igitur personae humanae ut sit alteri homini seu, ob bonum ipsius exsistens, quasi suum finem adipisci non possit nisi per alium hominem cuius medium sit. Unde persona humana nequit esse materia iuris.

12. — Titulus iuris subiectivi est *factum,* quo ius esse in hac vel illa persona proxime determinatur; ideoque titulus est *fundamentum* iuris, sed *proximum,* i. e. illud factum propter quod lex alicui determinatae personae tribuit potestatem iuris simulque ceteris obligationem imponit illam potestatem non laedendi.

---

[24] Cfr. Soglia, *Instit. iur. publ. eccl.,* § 7, Laureti, 1853.
[25] Cfr. Wernz, *Ius Decretalium,* I, n. 45; Meyer, l. c., n. 438; Schiffini, l. c., n. 183; Taparelli, l. c.; Castelein, l. c., p. 193 ss.

Ratione *tituli* iura diciduntur: — 1° in *congenita* sive *naturalia* et *acquisita,* prout fundamentum est ipsa humanae naturae exsistentia, aut aliquod factum contingens quod exsistentia, aut aliquod factum contingens quod exsistentiae hominis supervenit; — 2° iura tum congenita tum acquisita sunt *exercitii necessarii* vel *liberi,* prout in homine exsistunt in ordine ad aliquam obligationem implendam, aut non; — 3° iura sunt *inalienabilia* vel *alienabilia;* priora ea dicuntur, quibus renuntiare non possumus, cum nobis necessaria sint ad aliquam obligationem implendam, non conditionatam sed absolutam; alia ea sunt, quibus renuntiare valemus, cum ad nullum nostrum officium absolutum requirantur [26].

13. — Subiectum iuris subiectivi est persona in qua residet ius seu potestas moralis. *Persona* tantum, i. e. *suppositum rationale,* est subiectum iuris.

Ratio manifesta: 1° quia is solum est subiectum potestatis moralis sive iuris, qui est subiectum passivum legis moralis; porro eiusmodi est tantum suppositum rationale; ergo; — 2° quia ille, cui ius competit, est terminus obligationis quoad ceteros respectu iuris: qui vero obligatur, est necessario persona, et subiicitur termino illius obligationis, in quo vis moralis exsistit qua devincitur eius voluntas. Atqui persona nequit subiici nisi alteri personae; ergo subiectum iuris est necessario persona i. e. rationale suppositum [27].

De persona morali sive iuridica, quatenus est subiectum iuris, vide n. 39 ss.

14. — Terminus iuris subiectivi est *persona* quae ex lege tenetur ius alterius non violare. Ratio evidens. Nam huiusmodi terminus verae obligationi subiacet; atqui eidem subesse non potest nisi ens liberum seu rationale; ergo.

15. — Ultima ratio iuris subiectivi est *officium naturale* homini impositum tendendi ad suum finem. Unde illa facultas quae cum fine necessarium habet nexum, est in *eodem subiecto ius simul* et *officium,* eique renuntiari nequit (ius *congenitum, essentiale:* vita, religio, etc.; cfr. n. 4); alia facultas, contra, quae

---

26 Schiffini, l. c., n. 198; Meyer, l. c., n. 576 ss.

27 Dicimus *suppositum rationale,* non autem *suppositum usum rationis habens.* Licet enim *actualis* usus rationis requiratur ad *exercitium* iuris, necessarius tamen non est ad eius *possessionem.* Unde etiam infans vel amens est subiectum iuris.

mediate tantum connectitur cum fine (v. g. ius proprietatis), *ius* per se est, *at non officium,* nisi forte ex causa accidentali.

Palam est, multas obligationes dari, quae non sunt *iuridicae,* cum *potestati* in alio non respondeant.

16. Proprietates iuris. — Ad essentiam iuris requiritur ut sit RATIONALE et INVIOLABILE.

1° Debet esse RATIONALE, quia ius est norma entis liberi, quod secundum suam naturam motivis tantum intellectualibus ad agendum movetur. Idcirco subiective dicitur « *facultas moralis* », obiective lex « *ordinatio rationis* ».

Proinde ius neque in *maiore vi,* neque in *solo facto* consistere potest. Quae materialistica conceptio — furem domino, tyrannum martyri aequiparans — communi hominum sensui repugnat profecto. Vis physica potest esse dumtaxat praesidium exigentiae moralis, quam ius in se includit; factum vero nonnisi elementum morale, ex quo, principio ideali accedente, ius oritur [28].

Praeterea ex dictis sequitur, ius nihil postulare posse, quod homini *indignum* sit. Quae absurda, impossibilia, inhonesta, inutilia, a fine aliena sunt, obiectivam ineptitudinem habent ad rationalem determinationem voluntatis, ideoque obligationem gignere nequeunt.

2° Dicitur INVIOLABILE ius, quia imponit ceteris obligationem necessario adimplendam, quae integra manet, licet per vim aut metum quis contra agere possit. Idque commune est omnibus legibus ethicis.

Cum ius tribuat subiecto facultatem exigendi ut obligationi satisfiat, addit, ex proprio fine sociali, *peculiarem cautionem* inviolabilitatis, quae cautio consistit in *coactione.* Ius enim coactivum est.

17. An coactivitas sit de essentia iuris. — 1. Utrum *coactivitas* ad *essentiam* iuris pertineat an potius ad eius *integritatem,* disputatur.

---

[28] Cfr. Pii IX, Syll. prop. 59: « Ius in materiali facto consistit, et omnia hominum officia sunt nomen inane, et omnia humana facta iuris vim habent »; et prop. 61: « Fortunata facti iniustitia nullum iuris sanctitati detrimentum affert ».

Cfr. Meyer, l. c. n., 476 ss.; Choupin, *Valeur des décisions doctrinales et disciplinaires du Saint-Siège,* p. 359 ss., Paris, 1913; *I documenti citati nel Syllabus,* p. 257 ss., 263 ss., Firenze, 1865.

Sedulo distinguenda *coactivitas* a *coactione,* seu *vis coactiva externa* a *vi coactiva interna* quae proprie coactivitas dicitur.

Primus Kant *vim coactivam externam* ad iuris essentiam pertinere diserte docuit, id logice ex suo systemate deducens, in quo ius cum moralitate nullum habet nexum, sed est merus complexus normarum ad protegendam et conciliandam omnium et singulorum *externam* libertatem [29].

2. *Catholici DD. verbis, potius quam re, discrepant inter se.*

Opinio, quae tenet *coactivitatem* ad iuris essentiam pertinere, videtur nonnullis facilem aperire viam ad characterem vere iuridicum denegandum iis omnibus facultatibus (prout sunt iura Ecclesiae, naturalia, etc.) quibus Status, vis publicae detentor, suam tutelam non tribuat. Sed immerito, quia, ut diximus, confundenda non est *coactivitas* cum *coactione,* quaestio *iuris* cum quaestione *facti.*

Quare duo sunt naviter animadvertenda, ut practice difficultates solvantur.

In primis vis iuris propria, quae per se tota *moralis* est, probe distinguenda est ab *externa* eius *efficacia,* quae a physicis viribus et variis adiunctis dependet, atque ideo *essentialis* qualitas iuris esse nequit.

Praeterea, minime repugnat, *externam* efficaciam iuris, per se validi et moraliter efficacis, aliquando deficere, ita ut eum finem, ad quem proxime ordinatur, non obtineat; haec enim defectibilitas omnibus rebus humanis communis est, iis praesertim, quae humanae libertatis influxui subiacent.

3. Vera sententia est, coactivam inviolabilitatem internam constituere *per se* notam essentialem iuris *proprie dicti.* Nota verba: « *per se* » et « *proprie dicti* »; ita ut non de *omnibus* et *singulis* iuribus id semper *de facto* affirmandum sit. Nam ex *ratione* et *necessitate* boni publici procurandi exsurgit coactiva inviolabilitas, quae, consequenter, proprietas essentialis eatenus dicitur, quatenus bonum publicum *absolute* exigat, ut ius effectum suum *efficaciter* sortiatur.

18. **Fundamentum seu fons iuris subiectivi.** — 1. Omne ius subiectivum *in lege fundatur ab eaque exsurgit.* Origo autem iuris obiectivi varia est, quia varii sunt legislatores.

---

[29] Cfr. Meyer, l. c., n. 519 ss.; Schiffini, l. c., n. 227 ss.; Castelein, l. c., p. 193.

Plures ex modernis secuti sunt Kant, aliis tamen contradicentibus. Cfr. Groppali, *Filosofia del diritto,* 190 ss., Milano, 1906; Jellinek, *Allgemeine Staatslehre,* 334 ss., Berlin, 1919; Meyer, l. c. n. 485 ss.

Cum de fundamento iuris quaestio instituitur, *ultima* eius origo quaeritur, non proxima, *fons* nempe ex quo potestas obligandi derivatur.

2. Tres sunt praecipui errores, ad quos una aliave ratione ceteri omnes reducuntur, circa fundamentum seu fontem iuris.

1° Quidam dicunt *Statum* esse fontem iuris, *vel* quia penes eum dumtaxat est vis publica, *vel* quia per contractum socialem constitutus est communis voluntatis interpres ideoque iusti et iniusti supremus arbiter [30].

Ita *materialistae,* quibus ius nihil aliud est quam *maior vis* (cfr. n. **16**) et assertores *contractus socialis,* qui post Hobbes et Rousseau, falsum et arbitrarium omnino effinxerunt naturale ius [31].

2° Alii censent fontem iuris reperiri in *opinione necessitatis certi ordinis iuridici* in populo exsistente, et in *consuetudine,* qua primitus efformatae et custoditae fuerunt omnes leges.

Ita patroni *positivismi iuridici,* qui ex reactione contra priorem sententiam eiusque corollaria revolutioni faventia, ius positivum dumtaxat admittunt, quod in *schola historica* suos primos defensores habuit (Ugo, Savigny, Stahl, Puchta).

Schola haec ita extulit partes *consuetudinis* et *spiritus nationalis* in iure efformando, ut eius ultimam rationem in iis detegere voluerit. Hodie haec theoria *in tota sua amplitudine* non amplius recipitur; at positivismus iuridicus adhuc plures habet defensores [32].

Positivismus iuridicus *historice* plures habuit phases, *iuridice* plures gradus admittit. Hinc differentia inter scholam germanicam, italicam, etc.

3° Alii *psychologice* originem iuris explicant, docentes eius ideam universalem in quadam *subiectiva* animi humani dispositione consistere, cuius varias causas adsignant.

Ita patroni theoriae *psychologicae* et *socio-psychologicae,* qui ex reactione contra positivismum historicum, universalem iuris conceptum derivant *vel* ab apriorismo kantiano, *vel* a sensu quodam harmoniae inter facta et normas, *vel* ab idea sociali, *vel* demum a quadam instinctuum animalium evolutione [33].

Hoc systema *diversimode* a patronis exponitur. Multas theorias pluraque corollaria admittit, interdum plane contradictoria.

19. Falsitas praedictarum opinionum. — 1. *Prima* sententia est falsa omnino. Sane:

---

[30] Cfr. Pii IX Syll. prop. 39: « Reipublicae Status, utpote omnium iurium fons et origo, iure quodam pollet nullis circumscripto limitibus ».

[31] Cfr. Cathrein, *Moralphilosophie,* II, p. 446; Biavaschi, l. c., p. 164 ss.; Castelein, *Droit naturel,* p. 679 ss.; Paris 1903.

[32] Cfr. Cathrein, *Recht,* 120 ss.; eiusdem, *Filosofia,* I, 569 ss.; Biavaschi, *La crisi attuale della filosofia del diritto,* p. 89 ss.

[33] Cfr. Kirchmann, l. c., p. 140 ss.; Bergbohm, l. c., 12 ss.; V. Miceli, *Principii di filosofia del diritto,* p. 58 ss., Milano 1914; I. Petrone, *La fase recentissima della filosofia del diritto in Germania,* p. 25 ss.

1° Auctoritas Status non concipitur, nisi innitatur principio iuridico *antecedenti,* ex quo suam imperandi potestatem deducat; secus non ius erit sive potestas, sed mera coactio physica.

2° Contractus non intelligitur nihilque profecto valet, nisi norma generalis seu lex praesupponatur: *pacta esse servanda.*

3° Admissa hac theoria, logice sequeretur quaelibet mandata principis, etiam tyrannica sive impia vel nefaria, esse *iusta* ideoque servanda: quod absonum est.

2. *Altera* sententia item est falsa.

1° *Opinio,* cum sit actus intellectus, non voluntatis, minime obligare valet. Obligatio enim est ligamen, quod nonnisi ex voluntate induci potest.

2° *Consuetudo* ad summum singulos praesentes qui eam sequuntur, non vero alios qui dissentiunt aut posteros obstringere valet, nisi *praesupponatur lex,* quae statuat consuetudinem esse normam agendi omnes obligantem.

3. *Tertia* quoque sententia erronea est.

1° Subiectiva opinio aut mentis abstractio nullam profecto habet vim coercendi libertatem eorum qui parere renuunt i. e. qui se subducere volunt.

2° Ex communi conscientia liquet, supremum omnibus inesse principium iusti et iniusti, quod habet realitatem *obiectivam* et tamquam verum *imperium,* immutabile atque *ab extrinseco,* voluntate etiam reluctante, imponitur.

20. Doctrina tenenda. — Doctrina unice vera haec est: fons sive fundamentum iuris est *voluntas suprema* quae hominum voluntates obstringere eisque officia secundum rationalem naturam adimplenda imponere valet, nempe *voluntas Dei* [34].

21. Iuris divisio generalis. — Ad materiam nostram quod attinet, ius dividi potest *a)* ratione *fontis* sive *originis; b)* ratione *obligationis; c)* ratione *obiecti* seu *ambitus.*

I. Ratione FONTIS sive ORIGINIS dividitur:

1° In *naturale* et *positivum,* prout in ipsa *natura* vel in *libera* legislatoris voluntate suam habeat *immediatam* originem.

---

[34] Cfr. Schiffini, l. c., n. 185 ss.; Meyer, l. c., n. 596 ss.; Bouix, l. c., p. 9 ss.; Grandclaude, *Principes du droit public,* p. 1 ss.; Paris 1872; Liberatore, l. c., p. 102 ss.

Praeter *universalia principia iustitiae* in ordine morali, quibus ius positivum debet conformari, dantur etiam quaedam *verae normae imperativae,* quae *ex sese* habent vim *iuridicam,* antecedenter ad quamcumque positivam ordinationem, et ab ea omnino sunt independentes. Quae *normae imperativae* constituunt *ius naturale.* Hoc, cum sit per ipsam naturam datum, est *universale, necessarium, immutabile,* et fundamentum constituit universi iuris positivi.

Ius positivum, cum ex *libera* legislatoris voluntate derivetur, est *contingens* et *mutabile.*

Iuris positivi *necessitas* manifesta est. Nam in iure naturali paucae tantum eaeque supremae et generaliores normae sunt evidentes; quare necesse est, ut ordo iuridicus a positiva legislatione integretur. Cuius multiplex est munus: *a)* educere et evolvere quae *implicita* sunt; *b)* determinare quae sunt *indeterminata; c)* peculiaribus casibus *generalia* applicare; *d)* temporalem *sanctionem* addere [35].

Normae quae a supremis principiis derivantur *per conclusionem,* ad ius naturale pertinent; quae *per determinationem,* ad ius positivum tantum. Ita ex *moderna* terminologia [36].

2° Ius positivum est *divinum* vel *humanum,* prout a Deo vel ab homine *immediate* constituitur. Etiam *naturale* est divinum; at vocabulum de positivo tantum solet plerumque intelligi.

3° Ius *humanum* dispescitur in *ecclesiasticum* et *civile;* illud ab Ecclesia, hoc a Statu seu a principe proficiscitur. Duae enim sunt in praesenti ordine supremae legitimae potestates in mundo.

4° Pro modo quo exsurgit, ius est *scriptum* et *non scriptum* seu consuetudinarium ac traditum.

Etiam ius naturale est *non scriptum;* at cum sit divinum et

---

[35] Apud Romanos classica est distinctio in *ius gentium* et *ius civile.* Nomine *iuris gentium* significantur normae iusti ipsa ratione nobis fundamentaliter manifestae et promulgatae ideoque omnibus hominibus generatim communes. Nomine *iuris civilis* intelliguntur romanae civitatis leges constitutae.

Scholastici cum S. Thoma (cfr. 2-2, q. 57, art. 2 et 3) fere eodem modo accipiunt *ius gentium.* Cfr. Meyer, l. c., n. 570 ss.; II, 178, 292; Zigliara, *Summ. phil.,* III, 100.

Aliter apud recentiores accipi solet. At usu loquendi potius quam re veteres DD. a recentioribus discrepant.

[36] Passim scholastici cum S. Thoma (v. g. in 1-2, q. 95, art. 4; 2-2, q. 57, art. 3 ad 3) conclusiones ex supremis principiis, humano instituto confirmatas, ius gentium vocabant. Hinc v. g. ius proprietatis, secundum Angelicum, est *iuris gentium* et non naturalis sensu proprio. Differentia tamen, ut patet, reponenda est in verbis potius quam in re.

a consuetudine nequaquam pendeat, sub iure consuetudinario, utpote humano, non comprehenditur.

22. — II. Ratione OBLIGATIONIS ius dividitur in *perfectum* et *imperfectum.*

Prius ad obiectum *iustitiae proprie dictae* refertur, cui speciale nomen *iuris socialis* respondet, quod *per vim* etiam *physicam* sive *coactionem* protegitur.

Alterum refertur ad obiectum *alterius virtutis*, v. g. caritatis, aut iustitiae *improprie* vel latiore sensu dictae, quod coactiva efficacia non munitur [37].

23. — III. Ratione OBIECTI sive AMBITUS ius dividitur in *publicum* et *privatum.*

Ius *publicum* sumitur sensu *latissimo, lato* et *stricto.*

1° Sensu *latissimo* illud est, quod a *publica* auctoritate derivatur; *privatum* quod ex pacto seu conventione hominum *privatorum* oritur.

2° Sensu *lato ius publicum* denotat illud, quod *relationes inter societatem* et *membra* ordinat, atque *sociale* bonum *directe* et *principaliter* intendit (*ius* civitatis constituendae, administrandae, iudiciorum, poenale); *privatum*, quod *singulorum relationes sociales ad invicem* determinat atque *directe* bono *individuali* prospicit (v. g. ius familiare).

Dicimus *directe*, quia bonum publicum *mediate* in privatos redundat, et vicissim privatum ad publicam utilitatem confert [38].

3° Sensu *stricto* est illud, quod respicit *constitutionem* alicuius societatis, et vocatur quoque ius *constituens* vel *constitutivum.*

24. Notio officii sive obligationis. — **1.** Nomine *officii* universim et *abstracte* sumpti intelligitur *obligatio* qua quis, vi rationalis ordinis, ad aliquid faciendum vel omittendum adstringitur in beneficium alterius. *In concreto* est ipsa actio vel omissio,

---

[37] Alio sensu a nonnullis AA. ius *perfectum* et *imperfectum* accipitur. Dicunt *perfectum*, quod est obiectum iustitiae *commutativae; imperfectum*, quod procedit ex lege secundum iustitiam *distributivam.*

Alii vocant *perfectum* ius, quod est *certum* et *determinatum; imperfectum* quod *incertum* est *atque indeterminatum.*

[38] Ulpianus (cfr. l. 2, D. 1, 1): « Huius studii duae sunt positiones, *publicum* et *privatum. Publicum* ius est, quod ad statum rei Romanae spectat, *privatum*, quod ad singulorum utilitatem: sunt enim quaedam publice utilia, quaedam privatim ».

quam illa obligatio respicit, i. e. aliquid agendum vel omittendum
in beneficium alterius.

Sensu *lato* officium confunditur cum obligatione morali, sed sensu
stricto ab ea differt, quia officii ratio magis alteritatem respicit, quam
determinationem moralem; praeterea in morali obligatione ordo inter subditum et superiorem respicitur, dum in officio ordo inter aequales; demum
obligatio moralis respicit bonum subditi, officium, contra, bonum alterius [39].

Itaque *officium,* ad rem nostram quod attinet, est *quaelibet
hominis obligatio.*

2. Omne officium est essentialiter *ethicum* i. e. voluntatem in
foro conscientiae obstringit. Nulla sane obligatio hominis esse potest, quae, immediate vel mediate, in obiectivo ordine rationali ideoque ultimatim in ipsa *lege naturali* non fundetur.

25. Divisio officiorum. — Officia dividuntur:

1° Ratione LEGIS, ex qua proxime derivantur, in *naturalia*
et *positiva.*

2° Ratione FUNDAMENTI PROXIMI, in *originaria* et *derivata.*
Illa in natura humana eiusque essentialibus relationibus ita immediate fundantur, ut nullum aliud factum requirant ad sui determinationem, praeter realem hominis exsistentiam; haec proxime
nascuntur ex relationibus contingentibus humanae naturae super-
additis.

3° Ratione TERMINI RELATIONIS, in officia erga *Deum,* erga
nosmetipsos, erga *alios.*

4° Ratione RESPECTUS AD IUSTITIAE ORDINEM, in *iuridica* et
mere ethica, seu *coactioni obnoxia* et *coactioni non obnoxia.* Nam
officia iuridica sive iustitiae eaque sola, id sibi proprium habent,
ut adhibita quoque coactione ad suum realem effectum urgeri legitime valeant.

Officia coactioni obnoxia dicuntur etiam *perfecta,* cetera *imperfecta,*
non quatenus illa perfectam, haec imperfectam dumtaxat obligationem moralem inducant (quod communi officiorum rationi manifesto repugnaret),
sed quatenus officia, quae vi coactiva urgeri nequeunt, minorem efficaciam
de facto habent.

Quae de iuris *principio, materia, titulo,* etc., diximus (n. **10** ss.),
officio quoque applicantur.

───────────

[39] Nomen *officii* vulgo usurpatur ad designandum aliquod *munus sociale,* sive publicum sive privatum, vi cuius ei, qui illud sibi demandatum
habet, speciales incumbunt obligationes (cfr. can. 145).

Articulus II

De iure Ecclesiae in genere

26. Notio iuris ecclesiastici. — 1. Ius ecclesiasticum, OBIEC-TIVE sumptum, definiri potest: *Complexus legum, quibus consti-tutio et regimen Ecclesiae ordinatur atque fidelium actiones ad proprium eius finem diriguntur.*

Complectitur ergo tum leges ab ipsa Ecclesia conditas, tum leges a Christo D. latas. Has Ecclesia auctoritative *proponit* atque authentice interpretatur; illas ex potestate a Christo accepta vere *condit*. Priores sunt leges *divinae*, aliae *humanae*, ideoque muta-tioni obnoxiae.

2. SUBIECTIVE vero est: *Complexus iurium seu facultatum moralium, quae Ecclesiae Christi competunt, faciendi, possidendi, omittendi vel exigendi omnia quae ad proprium finem consequen-dum necessaria sunt* [1].

27. Notio iuris ecclesiastici publici. — 1. Plures canonistae, germanici praesertim, tenent universum ius canonicum esse pu-blicum, ideoque distinctionem inter publicum et privatum reii-ciunt [2]. Iuxta superius dicta (n. **23**), ius publicum multipliciter accipi potest. Si non sumatur sensu stricto et specifico, praedicta opinio admitti potest; si accipiatur, contra, sensu proprio ac spe-cifico, quatenus disciplinam peculiarem designat, ea opinio admit-tenda non est, tum attentis principiis generalibus iuris, tum hodie perspecta doctrina Codicis, qui aperte distinguit inter *publica* et *privata* iura [3].

2. *Quidam* dicunt ius *publicum* illud esse « *quod totius Ec-clesiae, eiusque rectorum iura et officia determinat* » [4].

Alii definiunt: « *La scienza degli ordinamenti divini rispetto all'essere o all'operare della Chiesa come corpo sociale* » [5].

---

[1] De variis appellationibus iuris ecclesiastici atque de eiusdem divi-sione, vide Cappello, *Summa iuris canonici*, I, n. 3 ss.

[2] Cfr. Sägmüller, l. c.; Scherer, *Handbuch der Kirchenrechts,* I, 112, Garz, 1886.

[3] Cfr. cc. 824, 1118-1127, 1128-1131, 1447, 1508, 1529-1533, 1544, 1926, 1935, § 1, 2355, etc.

[4] Soglia, l. c., § 6.

[5] Liberatore, *Del diritto pubblico ecclesiastico,* p. 5, Prato, 1887.

Cavagnis ait: « *Ius ex divina lege competens Ecclesiae ut societati perfectae* »[6].

Quare isti auctores ius publicum restringunt ad eas tantum leges, quae nativam seu essentialem Ecclesiae constitutionem determinant, i. e. ad leges quae Ecclesiam *qua societatem perfectam* a Christo D. institutam respiciunt.

Hoc sensu ipsi sumimus.

Itaque ius PUBLICUM ECCLESIASTICUM — sensu stricto et specifico qua peculiaris disciplina acceptum — est: *Complexus legum divinarum, quibus essentialis Ecclesiae constitutio, i. e. qua societatis perfectae, definitur.*

28. — Ut probe haec definitio intelligatur, nonnulla sunt animadvertenda:

1° CONSTITUTIO respicit *naturam* societatis, *formam regiminis* sive *potestatem* eiusque *subiectum*. Sane de hoc praecise in iure publico disseritur, scil. QUAE et QUANTA sit *Ecclesiae constituendi imperandique* POTESTAS, et QUODNAM *sit eiusdem potestatis* SUBIECTUM. Potestas enim aliquod subiectum necessario postulat.

Dicitur *essentialis* constitutio, ut excludatur *accidentalis,* scil. personalis et territorialis organizatio, quae est originis mere humanae quaeque Ecclesiae qua societati perfectae necessario haud competit.

Unde ius publicum merito dici potest *constituens* sive *constitutivum* fundamentaliter.

Ius privatum, in oppositione ad publicum, est ius *constitutum.*

2° Distinctio iuris publici et privati in qualibet societate reperitur. In primis enim societas debet *constitui;* deinde, rite constituta *vires suas exserit,* i. e. *suam potestatem exercet* in ordine ad consecutionem proprii finis; idque fit per leges.

––––––––––

[6] Cavagnis, *Instit. iur. publ. eccl.,* I, n. 20, Romae, 1906; Rivet, l. c., p. 10; Wernz, l. c., n. 50; Tarquini, l. c., n. 3; De Luca, l. c., p. 9; Biederlack, l. c., n. 5; Chelodi, l. c., n. 13.

Alii aliter accipiunt. Cfr. Grandclaude, l. c., p. 19 ss.; Bachofen, *Summa iuris ecclesiastici publici,* p. 5, Romae 1910.

Quaestio tamen est potius de verbis, quam de re. Idque sedulo animadvertendum contra insimulationes quorumdam scriptorum. Notandum probe, ipsum ius *privatum* dividi in ius ordinis publici et ordinis privati, illudque respicere normas publici vel privati boni; imo ex ipsis institutis, quae pertinent ad ius privatum sensu praedicto, alia dicuntur iuris publici, alia iuris privati.

Inde manifesta differentia mutuaque relatio inter publicum et privatum ius:

a) Publicum est *divinum;* privatum, universim sumptum, est *humanum.*

b) Publicum est *fundamentum, fons, ratio* privati, ideoque illud *constituens,* hoc *constitutum* appellatur.

c) Publicum est *immutabile;* privatum, generatim *mutationi subiicitur,* pro varietate temporum et locorum atque personarum.

d) Publicum respicit *constitutionem* Ecclesiae; privatum, eius *regimen* i. e. directionem, gubernationem et administrationem.

e) Publicum, cum sit divinum secundum traditam definitionem, nonnisi ex divina revelatione cognoscitur i. e. ex S. Scriptura et ex Traditione. Privatum e fonte humano i. e. ex variis collectionibus eruitur.

3° Ex dictis sequitur, ius publicum ecclesiasticum esse partem scientiae theologicae. Qua tale definiri potest : Scientiam legum divinarum, quibus essentialis seu nativa Ecclesiae constitutio, i. e. qua societatis perfectae, definitur.

29. Notae historicae de scientia iuris publici ecclesiastici. — 1. Si quaeratur *quonam tempore* coeperit *scientia* iuris publici ecclesiastici, quaedam animadversio praemittenda. Iis qui negant distinctionem inter publicum et privatum ius Ecclesiae, seu potius totum eiusdem ius esse publicum contendunt [7], origo huius scientiae erit assignanda epochae *Gratiani* i. e. saeculo XII. Nam in corpore iuris clauso ius publicum separatim non exhibetur, sed hinc inde pro ratione titulorum dispersum invenitur [8].

Medio saeculo XVII alia methodus obtinuit. Praecipui hanc partem iuris seorsim tractare coeperunt, sunt: *Christovh. Neller* [9], *Ickstat* [10], *Ioan. Nep. Endres* [11], *A. Schmidt S. I.* [12].

Hos alii docti AA. secuti sunt, et Sedes Apostolica hunc tractandi

---

[7] Cfr. Sägmüller, l. c.; Scherer, l. c., I, p. 112; Vering, *Kirchenrecht,* p. 5, ed. 3.

[8] Cfr. Zallinger, *Inst. iur. eccl.,* Prol. § 75, p. 54, Romae, 1823; Zech, *Praecognita iur. canon.,* § 47; Soglia, l. c., Praef. p. V s.

[9] *Principia iur. publ. eccl.,* Francofurti et Lipsiae, 1746. Quod opus in Indicem libr. prohib. relatum fuit 9 sept. 1750, postea vero deletum.

[10] *De studio iuris ordine atque methodo scientifica instituendo,* Ingolstadii, 1747.

[11] *De necessario iurisprudentiae naturalis cum ecclesiastica nexu,* Wirceburgi, 1751.

[12] *Inst. iur. publ. eccl.,* Heidelbergae 1771. Cfr. Schulte, *Geschichte d. Quellen u. Literatur d. Can. Rechtes,* 1880, III, p. 213, 244, 248; Soglia, l. c.; Bernareggi, *Metodi e sistemi delle antiche collezioni del nuovo Codice di diritto canonico,* p. 94, Monza, 1919.

modum expresse approbavit, ita ut peculiaris cathedra iuris publici ecclesiastici in Universitatibus erecta fuerit. In Statu Pontificio Leo XII per Const. « *Quod divina sapientia* », 20 aug. 1824 eam instituendam curavit.

2. Initia tamen iuris publici altius repetenda, tempore scil. *luctae* inter sacerdotium et imperium saec. XI, quando prodierunt *libelli de lite imperatorum et pontificum, saec. XI et XIII conscripti* [13].

Licet enim quoad ius constitutivum materia sit valde limitata, nihilominus plura elementa inibi reperiuntur exposita, quae relationes respiciunt inter sacram et civilem potestatem. At eo tempore Ecclesiae « *ius publicum circa sacra* » fere exclusivum agnitum erat.

3. Cum vero saec. XVII et XVIII systema episcopale territoriale plenius propugnatum fuerit et falsa omnino perniciosaque theoria de Status hegemonia pluresque errores de relationibus inter sacram civilemque potestatem late propagari coeperint, rectae doctrinae ratio postulavit, ut scientia iuris publici ecclesiastici accuratius et penitius excoleretur. Quae causa maxime urget nostra profecto aetate.

---

[13] Cfr. Mirbt, *Publizistik im Zeitalter Gregors VII, Leipzig*, 1894.

CAPUT II

DE SOCIETATE ET PERSONA MORALI

ARTICULUS I

De societate in genere

30. Notio societatis. — Societas definiri potest: *Unio hominum ad certum et communem finem, iisdem communibus mediis assequendum* [1].

1. Quatuor igitur elementa requiruntur:

1° **Materia,** i. e. pluralitas hominum (saltem *duae personae,* uti habetur in societate *coniugali*). Societas non concipitur nisi inter entia *rationalia,* quae sola finem, propter quem sociantur, apprehendunt, atque ad illum obtinendum una cum aliis actiones suas dirigere valent.

Ad id requiritur tum vis intelligentiae, qua bonum aliquod generale concipiatur, quod plures simul consequi valent: tum libera voluntas, quae illius consequendi cupiditate permota, ceteras facultates harmonice cum aliis, qui simul cooperentur, adhibeat.

2° **Finis** seu *bonum,* cuius consecutionem intendunt societatis membra [2]. Qui *finis* dicitur *certus* et *communis,* non qua-

---

[1] Cr. Taparelli, I, n. 293 ss.; Meyer, I, n. 347; Liberatore, *Instit. ethicae et ius naturae,* P. II, introd.; eiusdem, *Del diritto pubblico ecclesiastico,* cap. I, art. 1, p. 8; Tarquini, l. c., n. 6.

[2] Nulla societas potest esse finis in se, sed ut cetera omnia humana, subordinatur tamquam medium supremo hominis fini. Quare *finis immediatus,* ad quem directe actus societatis natura sua tendit, *est bonum commune externum,* sed *ordinatum ad bonum individuale internum omnium membrorum eorumque fini ultimo subordinatum.*

Exinde sequitur corollarium maximi momenti, seu principium fundamentale, quo limes auctoritatis socialis praefinitur; nullus actus, qui manifeste repugnat essentiali hominis bono seu ultimo eius fini, valide a potestate sociali praecipi potest, quocumque titulo vel praetextu boni communis.

tenus in omni societate ab ipsis sociis eligi semper ac praestitui debeat, sed quatenus sit *definitus*, et ad *omnes pertineat*.

3° **Media** seu *auxilia* necessaria ad finem obtinendum; quae *media* varia sunt pro diversa natura societatis i. e. pro diversitate finis.

4° **Unio** seu *vinculum* ligans tum singula societatis membra inter se, tum membra ipsa et societatem, ita ut inde mutuae oriantur relationes, quae consistunt in obligatione membrorum tendendi ad finem societatis et in iure societatis exigendi a singulis membris ut ad eum finem tendant, et quidem eo modo qui ab ipsa societate praescribitur.

Quae *unio* ex *auctoritate* manat ab eaque conservatur.

2. Itaque societatis humanae haec sunt adaequate sumpta elementa analytica: *unitas finis, harmonia mentium, concordia voluntatum, coordinatio mediorum sub auctoritatis ductu*[3].

Ex elementis constitutivis societatis praevalet *finis* (*adaequatus*), qui determinat 1° eius *naturam*, v. g. num sit publica an privata, spiritualis an temporalis, perfecta an imperfecta, etc.; — 2° *potestatem* (quae et quanta sit) seu *ius ad media;* nam societas habet quidem ius ad media, at *salvo ordine finum:* v. g. si finis est liber, media nequeunt officere fini necessario; si finis est temporalis, nequit impedire spiritualem, etc.; — 3° *habitudinem* sive *relationes* ad alias societates; nam finis ultimus est unus, ad quem omnes fines intermedii dicunt ordinem. Hinc fit ut inter varias societates eadem habitudo seu relatio vigeat, quae inter fines earumdem exsistit.

Et quamvis finis seu bonum respectu societatis in ordine *naturali* consideratae, per se debeat esse *externum*, tamen, ut sit bonum *verum*, necesse omnino est ut ad bonum *internum*, scil. ad finem ultimum hominis referatur eique subordinetur, vel saltem ut ad illud potentialem respectum habeat.

Unde, paucis, a fine non solum *media* pendent, sed *natura* quoque et STATUS IURIDICUS societatis. Quare finis est *praecipuum* elementum *formale* societatis, seu *essentiale principium* socialis unionis.

31. An auctoritas ad essentiam societatis pertineat. — 1. *Quidam* affirmant [4]; *quidam* negant [5]. Quae oppositae sententiae facile conciliari possunt, cum verbis potius quam re discrepent inter se et diverso sub respectu patroni earumdem quaestionem considerent.

---

3 Finis debet esse, ut palam est, *honestus*, quia moralis unio intelligentiarum et voluntatum in *bono rationali* tantum fundari potest.

4 Taparelli, l. c., n. 425 s.; Demeuran, *L'Eglise*, p. 14, Paris 1914; Liberatore, l. c.; aliique.

5 Cfr. Rivet, l. c., p. 12; Meyer, l. c., n. 352 ss.; Chelodi, l. c., n. 14.

2. Haec tenenda videntur:

1° Certum est auctoritatem ita necessariam esse, ut ea nulla societas exsistere imo ne concipi quidem possit.

2° Item certum est *solam* auctoritatem non sufficere ad essentiam societatis constituendam.

3° Pars *formalis* societatis non aliunde habetur, quam ex consensu voluntatum in eundem finem conspirantium, ex quo harmonia quaedam exsecutionis et mediorum efflorescat; cuius consensus et harmoniae procuratio munus est proprium auctoritatis.

Quare, dum hominum multitudo partem *materialem* societatis suppeditat, *finis* simul et *auctoritas*, e quibus mutua conspiratio in finem i. e. unio oritur, constituunt partem *formalem*.

4° Igitur distinguendum inter ordinem metaphysicum et realem: in ordine *metaphysico* ipsa coniunctio moralis, ex fine simul et auctoritate exsurgens, dicitur forma societatis; in ordine *reali* societas constituitur *formaliter* per auctoritatem, ideoque forma ipsius in tali ordine est auctoritas [6].

3. Unde si *constitutiva* societatis *elementa* considerentur secundum rationem *materiae* et *formae*, facile dignoscitur, quidnam eorum ad materiam, quid autem ad formam spectet.

Materia quidem reponenda est in pluralitate seu multitudine hominum; *forma*, qua subiecta materia ad esse societatis proprie informatur, est coniunctio moralis, quae ex triplici procedit unione, *intelligentiarum, voluntatum* et *virium*, sub vinculo *auctoritatis* in ordine ad *finem* consequendum.

Societas proprie dicta est PERSONA MORALIS, quia homines per socialem unionem coalescunt ad novam quandam entitativam unitatem efformandam, diversam a singulorum entitate. Quae societas, quamvis sit physice distincta et multiplex, efficitur tamen corpus moraliter *unum*, quod vocatur *corpus sociale*, vel *persona moralis*, ut distinguatur a persona *physica* seu *individuo*.

32. Divisio societatis. — 1° Societas est IURIDICA et NON IURIDICA, prout vinculum, quo membra ligantur, est *morale* tantum vel *iuridicum*, seu prout societas gaudet vero iure erga membra et haec vero officio ligantur, ita ut parere debeant ex *stricta* obligatione, necne [7].

---

[6] Cfr. Meyer, l. c., 352 ss.; Taparelli, l. c., De Luca, l. c., p. 21 s.; Liberatore, l. c.

[7] Cavagnis, l. c., n. 40 s.; Meyere, l. c., n. 349.

Non est *adaequata* divisio societatis in *iuridicam* et *amicalem*, uti habet

Societas proprio sensu accepta, *iuridica* intelligitur.

2° Libera et necessaria, prout socii tenentur eam ingredi, vel non. Proinde ea dicitur *necessaria,* quae originem habet *vel* ex naturae necessitate *vel* ex positiva Dei ordinatione, ideoque *vi iuris divini* naturalis aut positivi exsistit et conservatur. Unde vero ipsum *esse* sortitur, inde suum quoque determinatum finem, suam naturam et essentialem internam constitutionem praefinitam habeat oportet. Haec societas, cum ex lege ortum ducat, vocatur etiam *legalis.* Ita v. g. societas domestica necessaria est iure naturae, Ecclesia Christi iure divino positivo.

Societas autem potest esse necessaria *in individuo* vel *in specie tantum.* Ecclesia, v. g. est necessaria *in individuo* i. e. pro *omnibus* et *singulis* hominibus tanquam medium absolute necessarium ad vitam aeternam consequendam; societas coniugalis, contra, solum respectu generis humani.

Libera (voluntaria, pactitia) ea dicitur, quae, secundum se considerata, a consilio et arbitrio hominum omnino dependet, ut *sit* aut *non sit,* adeoque tota in libero pacto fundatur, eiusque virtute subsistit, uti v. g. societas commercialis. Quae societas, sicuti a voluntate hominum pendet quoad originem, ita etiam quoad finem et internam constitutionem atque formam; haec autem ex partium consensu, aliter ac de societate necessaria seu legali, mutari possunt.

Ad constituendam societatem, quae natura sua sit necessaria, duo copulative requiruntur, scil. ut bonum, quod ea societas tamquam finem intendit, sit necessarium, et praeterea ut tale bonum nonnisi per eam societatem obtineri possit.

3° Organica (composita) et inorganica (simplex), prout eius membra sunt corpora (societates) iam constituta uti familiae, vel personae individuae.

4° Religiosa et profana, prout finem religiosum intendit vel mere temporalem et mundanum.

5° Aequalis et inaequalis (hierarchica) prout socii iisdem iuribus gaudent vel non.

6° Publica et privata, prout *directe* et *immediate* intendit bonum commune vel singulorum. Societas civilis et societas ecclesiastica sunt natura sua vere publicae; at Ecclesia, praeter bonum

---

Cavagnis (l. c.), quia praeter vinculum *iuris* et *amicitiae,* aliud quoque dari potest, v. g. in societate litteraria, scientifica, etc.

commune, intendit quoque bonum privatum singulorum, quia *singulos* sanctificare et ad vitam aeternam perducere debet [8].

7° Societates sunt PARES vel IMPARES, prout finem i. e. bonum *eiusdem generis* seu *ordinis* prosequuntur, vel *diversi*.

Bona in suo genere suprema sunt duo tantum: supernaturalia et naturalia, seu spiritualia et temporalia. Illorum cura ad Ecclesiam, horum ad Statum pertinet. Omnes societates, quae exsistunt in Ecclesia (v. g. ordines, congregationes, piae uniones, sodalitates), sunt inter se pares; item omnes societates, quae ad Statum referuntur (v. g. societates litterariae, artisticae vel commerciales), sunt pares.

8° Societates sunt SUBORDINATAE vel COORDINATAE, prout *ab invicem* sunt *dependentes*, vel *independentes*.

Subordinatio tunc exsistit, cum finis unius societatis est proprie *vel* pars finis alterius societatis, *vel* medium ad illum consequendum, *vel* saltem ordinis inferioris. Dicimus *proprie*, qua ipse finis habet rationem medii ad finem cuius est pars, et medium ipsum participat de ratione finis alterius societatis.

Quae subordinatio potest esse *directa* vel *indirecta*: *directa*, si finis societatis inferioris est *eiusdem ordinis* ac finis societatis superioris; *indirecta*, si est *ordinis diversi*. V. g. societates ecclesiasticae (ordines, congregationes, pia sodalitia, etc.) sunt Ecclesiae *directe* subordinatae; sibi invicem vero coordinatae. Item societates in Statu.

Non repugnat aliquam societatem esse independentem *in ordine suo*, ita ut nulli alteri sit directe subordinata, simul vero esse *in ordine superiori* dependentem ab alia ideoque ei *indirecte* subordinatam [9].

Cum finis Ecclesiae sit ordinis supremi, ita ut nullus finis detur eo nobilior, Ecclesia non potest esse subordinata alteri societati nec directe nec indirecte [10].

---

[8] Biederlack, l. c., n. 11; Rivet, l. c., p. 13, Cfr. Cappello, *Chiesa e Stato*, p. 146 ss., Roma 1910.

[9] Relatio subordinationis directae ex triplici capite oriri potest: 1° ex eo quod una societas bonum aliquod prosequitur ut finem, quod habet rationem medii ad finem alterius societatis; v. g. ordines, congregationes religiosae, piae uniones, etc.; 2° ex eo quod societas prosequitur aliquem finem, qui est pars alterius finis; v. g. societas litteraria, industrialis, etc.; 3° ex eo quod in aliqua societate diversae partes formatae sunt ad finem efficacius et tutius obtinendum, quae ad totam societatem se habent tamquam partes integrantes. Huiusmodi sunt in Ecclesia paroeciae, dioeceses, provinciae ecclesiasticae, etc.; in Statu communitates, districtus, provinciae. Etiam hae societates, in ultima analysi, sunt media ad finem totius societatis.

Cfr. Biederlack, l. c., n. 13; Rivet, l. c., p. 15 s.; Wernz, l. c., n. 10.

[10] Quidam dicunt systema *coordinationis* niti quidem plena indipen-

9° Societas est PERFECTA vel IMPERFECTA ratione internae et externae independentiae; de qua distinctione speciatim loquendum.

33. Notio societatis iuridice perfectae et imperfectae. —

Dicimus *iuridice,* quia, ut palam est, non ex facto, quod a causa extrinseca et contingenti pendet, sed *ex iure* natura societatis dimentienda est.

1. Ea dicitur societas *perfecta* (in genere suo), quae est *in se completa,* i. e. *cui nihil deest.* Tunc autem societati nihil deest, cum ipsa *iuridice omnia media ad finem consequendum in se habet.*

Id vero nequit verificari, nisi societas sit prorsus *independens* (in ordine suo) a quacumque altera. Si enim quaedam media aliunde mutuare deberet, iam aliquid ei deesset; si alteri esset subordinata (directe), ab hac posset iure in sua actione impediri.

Porro eatenus aliqua societas est *completa* ideoque *independens,* quatenus non est pars alterius societatis; et eatenus pars alterius societatis non est, quatenus eius finis non est *nec* finis alterius societatis *nec* medium ad alium finem obtinendum. Hinc patet societatem esse perfectam vel imperfectam, prout finem intendit in suo ordine *supremum* vel non [11].

Quare societas, quae bonum in suo ordine *supremum* intendit, *per id ipsum* perfecta est, utpote omnino independens [12].

---

dentia unius societatis ab altera, at non excludere potestatem *directivam* unius ad alteram, quae ratione finis superior sit. Cfr. Sägmüller, l. c., p. 32; Bachofen, l. c., p. 133 s.

[11] Societas enim quae bonum prosequitur, quod in suo ordine supremum non est, sed ordinatur ad bonum superius eiusdem ordinis, *vel* ut medium ad finem *vel* ut pars ad totum, eo ipso dependet ab ea societate, quae hoc superius bonum pro suo fine habet, atque eius partem constituit. Omnia enim bona *particularia,* scil. quae *suprema* non sunt, rationem aut partis aut medii habent natura sua ad finem in eo genere completum, et dum finem constituunt alicuius societatis, hanc eo ipso directe subordinatam reddunt.

[12] Cfr. S. Thom. 1-2, q. 90, art. 3 ad 3; in 1 Polit. cap. 1, et 2; Tarquini, l. c., n. 6; Biederlack, l. c., n. 14; Cavagnis, l. c., n. 57: Meyer, l. c., n. 347; Cathrein, *Moralphilosophie,* II, 377.

Mazzetti (*Manuale iuris poenalis canonici,* p. 11, Astae, 1910) dicit: « S. Th. 2-2, q. 99, art. 3 habet: « Societas perfecta est ea, quae non est alterius pars, quaeque finem non habet ad alterius finem (in eodem genere) ordinatum, adeoque sit independens et in se completa. Unde consequitur quod media ad sui conservationem propriique finis assecutionem necessaria in semetipsa habere debet ».

Item Munerati (*Iuris eccl. publ. et priv. elementa,* p. 37, not. 11,

Ex dictis, optime comparari potest societas perfecta *personae physicae*, quae definitur: «*rationalis naturae individua substantia*». Dicitur *individua*, i. e. per se exsistens, completa, perfecta. Quare, sicuti ad rationem personae requiritur, *ut* non exsistat in alio, *ut* non sit pars alterius, *ut* sit sui iuris et non alterius etiam in operando; ita ad rationem societatis perfectae requiritur, *ut* sit subsistens in se, *ut* non prosequatur alterius finem, *ut* sit perfecte sui iuris tum quoad *esse* tum quoad *operari* [13].

2. Omnimoda *independentia,* in qua essentialiter reponenda est perfectio iuridica societatis, vocatur *imperium, principatus,* moderna voce «*sovranità*» «*souveraineté*»: inde iura *maiestatica* seu *regalitatis*.

Quae *suprema autonomia* societatis perfectae est *interna* et *externa*: illa respicit *subditos,* haec *relationes ad alias societates.*

3. Omnis societas, cuius finis ad finem alterius *positive* (i. e. in eodem genere qua *pars* vel *medium*) ordinatur, est *imperfecta.*

34. Nonnulla sedulo attendenda de genuino conceptu et requisitis societatis perfectae. — Ut probe intelligantur et accuratius determinentur quae hucusque dicta fuerunt, quaedam addantur eaque mature considerentur oportet.

1° Ad perfectionem societatis non requiritur, ut *actu* omnia media necessaria ipsi praesto sint. Satis est, ut *iure* huiusmodi media in se habeat, ita ut si actu ea non possideat, ab alia societate *auctoritative* exigere valeat [14].

Torino, 1913) haec habet: «Unde Doctor Angelicus, 2-2, q. 99, art. 3: «Societas perfecta est ea, quae non est alterius pars, quaeque finem non habet ad alterius finem, etc.».

S. Thomas *nullibi* habet relata verba.

Ipse obiter loquitur de communitate perfecta in 1-2, q. 90, art. 3 ad 3 (et non in 2-2, q. 99, art. 3); item loquitur in I. Polit. cap. 1 et 2.

Verba quae Mazzetti et Munerati tribuunt Angelico, sunt Card. Tarquini (l. c., n. 7, in nota), qui ex doctrina Aquinatis recte deducit, quaenam sit notio societatis perfectae ad mentem ipsius.

[13] Cfr. Zigliara, *Propedeutica in S. Theol.*, IV, 67, II.

De personae definitione cfr. S. Thom., 1-2, q. 29, art. 1-4; I Sent., D. 23, q. 1, art. 3.

[14] Societas potest esse *perfecta* (completa) et *imperfecta* (incompleta) tum *intrinsece* tum *extrinsece*.

Dicitur *intrinsece perfecta*, si non ad peculiare bonum sociis procurandum restringitur, sed mediis sibi propriis attingit quidquid aliqua ratione refertur ad ipsorum perfectionem. Tres sunt societates *intrinsece perfectae*, nimirum societas *domestica, civilis* et *religiosa* (Ecclesia).

Dicitur *extrinsece perfecta* ea societas, quae *externa* gaudet *suae potestatis independentia*, i. e. quae *supremam* potestatem habet.

2° Item ad perfectionem societatis necessaria non est *sufficientia* atque *independentia absoluta,* quae scil. ad omnes ordines et ad omnia genera bonorum extendatur. Satis est, ut finis sit completus, i. e. bonum supremum in *ordine* seu *genere suo.*

Unde aliqua societas (scil. civilis) potest esse perfecta, independens et suprema in genere seu in ordine suo, sed inferior alia societate (nempe Ecclesia) ab eaque dependens *in genere diverso* seu quoad *ordinem superiorem.*

3° Duae tantum sunt societates *perfectae* : alia ordinis *naturalis,* alia ordinis *supernaturalis,* i. e. societas civilis et Ecclesia Christi. Illa habet pro fine suo felicitatem temporalem huius vitae; haec bonum spirituale seu sanctificationem hominum proxime, remote vitam aeternam.

Omnes aliae societates, quae exsistunt in mundo, sunt imperfectae, et referuntur necessario vel ad Ecclesiam vel ad societatem civilem, prout bonum temporale vel spirituale prosequuntur.

Felicitas temporalis se non habet tamquam medium positive (nota verbum) ordinatum ad felicitatem aeternam. Unde *obiective* bona temporalia non ordinantur ad finem supernaturalem i. e. ad vitam aeternam, licet *subiective* omnes homines teneantur bona ordinis naturalis ac felicitatem huius vitae ordinare ad finem ultimum, secundum praeceptum divinum, quo iubemur *omnia ad Dei gloriam facere, regnum Dei primum quaerere,* etc. [15].

4° Finis spiritualis dignitate longe praestat temporali; in suo ordine tamen isti duo fines manent distincti atque independentes.

Licet finis temporalis *positive* non ordinetur ad finem spiritualem et supernaturalem, tamen qua inferior dicit ordinem ad superiorem, ita ut nec directe nec indirecte huic nocere queat. Quae ordinatio exigit ut societas superior *positivam* quoque actionem exerceat quoad aliam societatem in iis quae ad proprium finem spectant, v. g. ut in casu conflictus ipsa praevaleat eumque auctoritative dirimat, item ut mediis sibi necessariis uti possit, licet ad aliam societatem ex sua natura pertineant.

Omnis societas extrinsece perfecta, etiam intrinsece perfecta sit oportet.

Practice societas *perfecta* vulgo ea intelligitur, quae est perfecta non solum intrinsece, sed etiam extrinsece, i. e. quae est *simpliciter perfecta.* Atque ita quidem perfectae duae tantum humanae societates censentur, *ecclesiastica* et *civilis.* Cfr. Meyer, l. c., n. 392; Liberatore, l. c., p. 194.

[15] Math. VI, 33; I Cor., X, 31. Cfr. Biederlack, l. c., n. 14; Rivet, l. c., p. 19.

5° Hisce probe intellectis, facile intelligitur cur civilis societas, quamvis Ecclesiae subordinata ratione finis, vere tamen proprieque perfecta sit; et omnes difficultates facile diluuntur [16].

Articulus II

De origine, subiecto et divisione potestatis socialis

35. Num ius societatis sit tantum summa iurium singulorum sociorum, an aliquid excedens. — 1. Quaestio maximi momenti haec est. Nam si ius sociale aequivalet summae iurium sociorum tantum, societas mutuo consensu potest dissolvi, nec quidquam agere valet contra omnes socios invitos. Dum e contra, si sociale ius excedit summam iurium singulorum sociorum, societas nequit dissolvi, et forte contra omnes etiam invitos agere valet [1].

Loquimur, ut patet, de praevalentia INTRINSECA.

2. In societate *necessaria,* ius sociale praevalet summae iurium sociorum, et hoc vel ratione *finis,* vel ratione *mediorum.*

Ratione FINIS, quatenus finis societatis non est adaequate idem ac finis singulorum sociorum; hoc contigit in societate *civili,* cuius finis est felicitas temporalis *communis* idest perfectio completa individuorum et familiarum; e converso, finis civium est felicitas temporalis *singularis.* Unde finis societatis civilis non est idem ac finis civium singulorum.

Ratione MEDIORUM habetur praevalentia, cum finis est identicus tam pro societate quam pro subditis, tamen media non possidentur nisi a societate. Hoc verificatur in Ecclesia, cuius finis, proprie loquendo, est idem ac finis omnium fidelium, scil. sanctificatio animarum et vita aeterna. At media non sunt apud singulos, sed solum penes Ecclesiam. Hinc ius *praevalens* ipsi competit ratione *mediorum.*

---

[16] Leo XIII in cit. Encycl. his verbis independentiam utriusque societatis egregie tradit: « Itaque Deus humani generis procurationem inter duas potestates partitus est, scil. ecclesiasticam et civilem, alteram quidem divinis, alteram humanis rebus praepositam. Utraque est in sui genere maxima: habet utraque certos, quibus contineatur terminos, eosque sua cuiusque natura causaque proxime definitos, unde aliquis velut orbis circumscribitur, in quo sua cuiusque actio versatur ».

[1] Cfr. Meyer, l. c., n. 350 ss.; Cavagnis, l. c., n. 85 ss.; Taparelli, l. c., nn. 405 ss., 459, 603, 627, qui egregie disserit.

3. Societas *libera* non habet ius praevalens neque ex parte finis, neque ex parte mediorum. Non ex parte *finis,* quia cum liber sit, *idem* est tam pro sociis quam pro societate; non ex parte *mediorum,* quia societas non disponit nisi de mediis quae singuli socii simul conferunt.

Et quamvis haec media sint maiora ac plura numero apud societatem, quam penes singulos cives, tamen *specifice* sunt semper eadem. Diversitas autem numerica non mutat naturam iuris, sed tantum specifica. Unde si habetur quaedam praevalentia, haec *mere accidentalis* est, aut *extrinseca,* orta nempe ex interventu publicae auctoritatis.

36. Subiectum auctoritatis socialis. — 1. Societas necessario postulat *auctoritatem,* quae subditos obstringat eosque dirigat ad finis consecutionem. Auctoritas differt a iure, ut species a genere : ius est genus, auctoritas species; omnis auctoritas est ius, sed non vicissim.

2. Auctoritas, in se considerata, est essentialiter *una,* licet diversis gradibus participetur; nam ipsa se habet ad societatem sicuti causa efficiens ad rem physicam; atqui causa efficiens alicuius rei non potest esse nisi unica, proprio ac vero sensu. Ergo unica est etiam auctoritas in aliqua societate.

3. *Socialis auctoritas* est ius obligandi socios in ordine ad consecutionem finis societatis; vulgo dicitur *imperium* aut *maiestas.* Si auctoritas est ius quoddam, necessario exigit subiectum, cui ipsum inhaereat et quod illud exerceat [2].

4. Hoc subiectum auctoritatis: a) *non possunt esse singuli socii,* quasi aequaliter eadem polleant potestate distributive sumpti, quia non omnes eodem modo iudicant atque operantur; b) debet esse *determinatum; c)* et aliquo modo *unicum;* nam si plura essent subiecta, unum praeciperet uno modo, aliud alio modo: hinc socii non recte dirigerentur ad finem. Diximus *aliquo modo* unicum, quia in forma regiminis democratica, aristocratica, repraesentativa, plures sunt personae quae suprema auctoritate *participative* potiuntur.

37. Origo potestatis socialis in se consideratae. — 1. Ubi sermo est de origine socialis potestatis, duo inquiri possunt: sci-

---

[2] Haec principia, quae determinant potestatem societatis perfectae in suos, rite applicari possunt etiam societati imperfectae. Quaelibet enim societas iuridica habet ius exigendi a membris quae necessaria vel utilia sunt ad finem; atqui etiam societas imperfecta est iuridica; ergo. Hoc tamen datur discrimen inter unam et aliam societatem: societas perfecta exigit *independenter,* imperfecta, e contra, *dependenter* a superiore societate.

licet 1° *undenam* societas propriam obtineat potestatem, num ex libero pacto sociorum, an potius ex lege aliqua praecipiente; 2° *quo iure* subiectum potestatis constitutum sit, utrum ex libera hominum voluntate, an ex positivo iure.

2. Hinc duplex quaestio: *iuridica* et *historica*. Illa respicit potestatem *in se*, ista *in subiecto*.

Quaestio *iuridica* respicit investigationem causae primae ipsius societatis: quaestio *historica* respicit investigationem factorum, quibus homines societatem inierunt, idest num ex iure praevalenti, an potius ex libera voluntate.

De origine *iuridica* potestatis socialis id unum animadvertisse iuvabit: potestas profluit necessario ab ipsa societate, seu directe et immediate ab eius essentia exsurgit; proinde ita se habet quoad originem, sicuti societas ad causam efficientem.

Unde si societas ortum habet a iure *naturali,* etiam potestas a iure naturali manat; si societas oritur ex iure *positivo,* etiam potestas oritur ex iure positivo; si societas *ex mutuo contrahentium* consensu oritur, etiam potestas ex mutua ipsorum voluntate nascitur.

38. Origo potestatis in subiecto. — 1. Subiectum socialis potestatis potest esse persona vel *physica* vel *moralis*. In priore casu habetur monarchia, in secundo polyarchia; quae rursus subdividitur in aristocratiam et democratiam, prout coalescat ex paucis tantum praestantibus sociis, aut ex omnibus. Hae posteriores dicuntur formae *mixtae* [3].

2. Quoad societatem *voluntariam,* subiectum sunt ipsi socii, qui exercitium iuris socialis possunt delegare uni vel pluribus.

Quoad societatem *necessariam,* videndum, utrum causa iuridica eiusdem, idest ius naturale aut positivum, determinaverit etiam subiectum potestatis, an non.

Si *primum,* origo potestatis in subiecto est eadem ac origo iuridica societatis; uti v. g. quoad Ecclesiam, cum Christus ipse determinaverit eius formam regiminis [4].

Si *alterum,* subiectum *factis humanis* determinatur; v. g. quoad civilem societatem. Nam ius naturale vult quidem omnes homines socialiter vivere, tamen haud decernit quodnam sit subiec-

---

[3] Consideratur, ut palam est, origo seu causa *proxima et immediata*.

[4] In V. T. Deus determinaverat etiam subiectum potestatis; sed nihil ex hac divina agendi ratione erui potest, cum theocratia hebraica fuerit forma specialis et singularis omnino.

tum auctoritatis, qua forma et quo modo constituendum, sed arbitrio hominum determinationem relinquit[5].

In isto casu determinatio subiecti a populo pendet, qui seipsum etiam designare valet, i. e. sibimet potestatem exercendam reservare potest[6].

Quaevis forma regiminis, modo apta sit publico bono procurando, iuxta catholicam doctrinam, ut legitima admittenda.

Articulus III

De persona morali

39. Notio. — 1. *Subiectum iuris* in primis est persona *physica,* quia omnia iura nonnisi hominum causa constituta reperiuntur.

Sed, praeter physicam sive naturalem, datur etiam *persona moralis.* Cuius exsistentia iuridica ex eo est repetenda, quod, praeter finem qui directe singulorum interest, habentur etiam fines qui, ultra commodum et necessitates *singulorum,* ad bonum aliquod *commune* et *perpetuum* ordinantur.

Id autem fit *vel* proprie *qua fines* particularés (v. g. confraternitates, pia sodalitia, etc.), vel interdum, et frequentius, *qua media perpetua* seu *duratura,* ad huiusmodi fines consequendos (v. g. dioecesis, paroecia, beneficium, etc.).

2. Hinc necesse est agnoscere iura et obligationes, quorum subiectum non est persona physica sive naturalis, sed ens quoddam vere exsistens, a physicis personis distinctum, cui personalitas iuridica competit. Istud ens dicitur *persona moralis* vel *iuridica.*

---

5 Potestas civilis a Deo principi confertur non per actum extrinsecum ac supernaturalem, sed ipsamet natura mediante. Hoc sensu profecto vetus scholasticorum sententia intelligi debet.
     Cfr. S. Bellarm., *Controv. De membris Ecclesiae,* lib. III, *de laicis,* c. 6; S. Thom., 1-2, q. 97, art. 3 ad 3; Suarez, *De legibus,* lib. III, c. 2, n. 4 ss.; Taparelli, l. c., nn. 421, 491 ss.; Meyer, l. c., n. 392 ss.
     6 Cfr. Encycl. Leonis XIII «*Immortale Dei*» et «*Diuturnum*»; Zigliara, *op. cit.,* III, 51, § 10 ss.; S. Thom., 1-2, q. 95, art. 4; 2-2, q. 10, art. 2 et 3.

Dicitur *persona* ex analogia cum persona physica; *moralis* ut ab hac distinguatur, et quidem tamquam *moraliter* una, sive pluribus personis physicis constet, sive non; *iuridica*, quia est subiectum iuris [1].

Quare, sicuti persona physica *exsistit in se* et non in alio, est *sui iuris* tum quoad *esse* tum quoad *operari*, ita etiam persona moralis est *ens* vere *iuridicum*, quod in se subsistit, suumque habet *esse* et *operari*.

3. Persona moralis potest esse vel PLURALITAS HOMINUM (i. e. societas, corpus, corporatio), peculiarem aliquem finem prosequens, vel INSTITUTUM quoddam aut RES sive BONORUM SUMMA, certo fini destinata, cuius finis gratia ut subiectum iuris habentur (ecclesia, pia causa, beneficium, etc.). Illa ex terminologia Codicis (can. 99) dicitur *collegialis*, haec *non collegialis* [2].

Proinde persona moralis, quae *hominibus constat,* i. e. *collegialis,* non solum distinguitur a singulis personis, quibus componitur, sed independenter ab ipsis subsistit et operatur, seu propria vitali activitate praedita est, adeo ut eius personalitas nequaquam sit confundenda cum personalitate sociorum. Hinc sequitur, personam moralem *qua talem* esse subiectum iurium atque officiorum, ideoque acquirere, possidere aliosque iuridicos actus exercere posse [3].

---

[1] In iure romano vox « *persona moralis* » vel « *persona iuridica* » deest. Habetur *universitas, corpus, collegium.*

Ius romanum identificat personam cum subiecto iuris capace. Cfr. Vering, *Geschichte u. Pandekten des roem.,* etc., 5, p. 104.

Recognoscit tamen non solum personas singulas, sed et corpora moralia tamquam subiectum iuris. Cfr. D. 8, 4; c. 47, 22, C. XI, 14; Vering, l. c., p. 161 ss.; Savigny, *Trattato di diritto romano,* I, § 60 ss.

[2] In classica aetate iuris romani *prima* tantum species personae moralis agnoscebatur, i. e. corporatio. *Altera,* pia causa, ex religione christiana derivatur tamquam effectus novae ideae *caritatis,* quae tot institutiones miseris sublevandis et pauperibus adiuvandis excitavit.

Ad constituendum corpus morale, secundum *posterius* ius romanum, requiritur: 1° pluralitas hominum, iuxta illud: « tres faciunt collegium » (cfr. l. 85, D. 50, 16); 2° subiectum iuris, quod est diversum ab illo, quod sociis qua singulis competit quodque ex fine, ob quem conveniunt in collegium, determinatur; 3° consensus (qui tamen iuridicam personalitatem, proprie et absolute loquendo, non tribuebat) auctoritatis legitimae, per legem Iuliam et senatusconsultum, postea per imperatorem datus.

Cfr. Bonfante. *Istituzioni di diritto romano,* p. 60 ss., Milano 1918; Savigny, l. c., II, § 88; Heisser, *Etudes sur les personnes morales en droit romain,* etc., pag. 45, Wien, 1882.

[3] Bona non singulorum pro parte intelliguntur sed universitatis. Unde *Glossa* « Licet omnes possint dicere: *nostrum est,* nullus tamen potest dicere: *meum est* ». Cfr. I, 6, § 21, D. I, 8; l. 7, § 1, D. III, 4.

Idem dicendum de persona *non collegiali,* cum ipsa quoque sit vere ens iuridicum.

Hinc classicum iuris romani principium: « Si quid universitati debetur, singulis non debetur, nec quod debet universitas, singuli debent » [4].

Ex dictis liquet: 1ª personam moralem iura diversa et omnino distincta habere a iuribus *singulorum* membrorum; 2ª huiusmodi iura subsistere *independenter* ab eorum nutu et assensu; 3ª ipsam *exsistentiam* personae moralis eiusque *conservationem* et *operationem* prorsus *independentem* esse a *singulorum* arbitrio; 4ª his cessantibus, *non ideo cessare* personam moralem, quae nihilominus manet, suumque statum iuridicum integrum atque incolumen servat.

40. Constitutio personae moralis. — 1. Ad constituendam personam moralem, in Ecclesia, requiritur *auctoritas publica* (cfr. can. 99).

2. Ecclesia catholica et S. Sedes (seu supremus pontificatus) personae moralis rationem habent *ex ipsa ordinatione divina* (can. 100, § 1), quatenus ex ipso *iure divino* quo exsistunt, obtinent quoque personalitatem iuridicam. Sunt enim *subiectum iuris* et quidem, attento fine, *perpetuum.*

Etiam episcopatus, qua munus divinitus institutum, est subiectum iuris, ideoque dici potest, sub aliquo respectu et quidem vero, persona moralis ex ordinatione divina.

3. Omnes aliae personae morales in Ecclesia iuridicam personalitatem sortiuntur ex *canonica* dispositione. Quae potest esse vel *lex* vel *decretum* (can. 100, § 1).

Tribuitur *lege* personalitas iuridica, si ex ipso iure communi quaedam corpora vel instituta, dummodo certis conditionibus satisfiat, habentur ut personae morales, quin necessarius sit peculiaris actus ex parte auctoritatis ecclesiasticae.

Dantur etiam sive collegia sive instituta, quae, licet *approbata* a Superiore ecclesiastico (cfr. cc. 686, § 1, 708, 1491, §§ 1 et 2, 1544), personalitate tamen iuridica carent.

Personalitas conceditur, ut diximus, vel per *legem* vel per *decretum* auctoritatis *ecclesiasticae,* sive pontificiae sive dioecesanae seu inferioris. Concessio fieri potest sive *formaliter* sive *aequivalenter.* Ex iure Codicis erectio associationis vel instituti in personam iuridicam facienda est, generatim loquendo, per decretum *formale* (cc. 100, § 1, 687, 708).

In iure antiquo satis erat constitutio *aequivalens* (quae a nonnullis

---

[4] L. 7, § 1, D. 3, 4. Cfr. Gillet, *La personalité juridique,* p. 12 ss.; Ojetti, *Commentarium in Codicem iuris canonici,* I, 102 ss., qui valde accurate disserit.

dicitur quoque *implicita* et *indirecta*) in personam moralem. V. g. si quae-dam sodalitas habebatur ab auctoritate ecclesiastica ut capax dominii seu iuris acquirendi et possidendi, eo ipso agnoscebatur tamquam persona mo-ralis. Imo in antiqua disciplina decretum *formale* erectionis, praesertim quoad instituta non collegialia, plerumque deest, et canonistae, praesertim veteres, de eo vix loquuntur [5].

4. Quando personalitas ex *lege* oritur, interdum *expresse* me-moratur, interdum nonnisi *indirecte* est colligenda, i. e. ex eo quod institutum sive consuciatio, quocumque nomine veniat, iuris capax exhibetur (cfr. cc. 324, 410, § 2, 531, 1475, § 2, 1481, 1653, §§ 1-6).

Plerumque *obiter* tantum et quasi per *accidens* conditio iuri-dica personae indicatur (cfr. cc. 99, 471, § 1, 536, § 1, 1208, § 3, 1278, 1423, § 2, 1557, § 2).

5. Persona moralis collegialis in Ecclesia constitui nequit, nisi ex *tribus* saltem personis physicis (can. 100, § 2).

41. Num requiratur interventus publicae auctoritatis ad moralem personam constituendam. — 1. Ius romanum et iure medii aevi interventum *directum* auctoritatis civilis sive Status non exigebant ad personam moralem seu iuridicam, qua talem, constituendam [6].

Habebatur quidem interventus principis, at ob rationes mere politicas, non autem ut ex eo penderet *iuridica* exsistentia collegii sive corporationis [7].

---

[5] Cfr. decr. S. C. de Religiosis, 30 nov. 1922, circa Congregationes reli-giosas aut pias Societates iuris dioecesani; *Acta Apost. Sedis*, XIV, p. 614 ss.

[6] Potestas *laica* est omnino incompetens quoad personas morales *eccle-siasticas*. Unde personalitas ab ea concessa collegiis aut institutis ecclesiasticis est nullius prorsus valoris. At, nota sedulo, aliud est *concedere*, aliud *recognoscere*. Potestas civilis debet omnes personas morales *recogno-scere* quae tales sunt vel *iure divino* (Ecclesia catholica et S. Sedes) vel *iure ecclesiastico* (ceterae inferiores).

[7] Hinc egregie Ferrini: « E' inutile avvertire che tale *autorizzazione non è punto un conferimento di personalità giuridica, una erezione in ente morale;* essa non ha altro significato che di togliere ogni ostacolo per ragione politica. Si noti anzi come anche un *collegium illicitum*, finchè non sia rav-visato tale, e quindi disciolto, ha una giuridica esistenza. L'avere proprietà, diritti, etc., è una conseguenza diretta, *proprium est* dell'essere un *collegium*. La questione politica è se un dato collegio debba esistere » (*Pandette*, n. 73). Cfr. Heisser, l. c., p. 61 ss.; Vauthier, *Etudes sur les personnes morales dans le droit romain*, etc., p. 50 ss., Bruxelles, 1887; Mommsen, *De colle-giis et sodalitiis romanorum*, p. 15 ss., Leipzig, 1878; Bonfante, l. c., p. 58 ss.; Pertile, *Storia del diritto italiano*, III, p. 265 ss., Torino, 1894.

In iure romano collegia, quae approbata non erant a legitima auctoritate, dicebantur *illicita.*

Hodie, contra, ius civile omnium fere nationum huiusmodi interventum exigit, ita ut vera persona iuridica sine principis concessione, haberi nequeat, saltem de facto. Concessio tamen potest aliquando esse implicita tantum et indirecta[8].

2. Controvertitur, utrum auctoritas publica sit *absolute* necessaria ad personam moralem constituendam, ita ut personalitas *iuridica* ex sola eius recognitione sit repetenda, necne.

In ordine *naturali,* i. e. quoad personas quae finem mere temporalem prosequuntur quaeque ut tales Statui subsunt, verior sententia est, *expressam* approbationem seu concessionem non requiri ad rationem personae moralis *collegialis;* opus tamen esse aliquo consensu seu recognitione principis, ut ipsa *exsistat* et *operetur* omnino independenter a singulis sociis sitque natura sua *perpetua.*

Ubi agitur vero de persona morali *non collegiali,* exsistentia iuridica ex publicae auctoritatis recognitione certo repetenda est. Hinc facile explicatur, cur in iure romano deessent personae morales non collegiales.

In ordine *supernaturali,* certum est ad personam moralem instituendam requiri interventum *competentis auctoritatis,* i. e. *ecclesiasticae.* Unde in *Ecclesia* nulla persona moralis exsistere valet, imo ne concipi quidem potest, quae ex facto ipsius Ecclesiae non derivetur.

Ratio evidens est. Nam *personalitas* in Ecclesia, cum sit ei homogenea, necessario suaque natura *supernaturalis* est. Porro ad id quod est supernaturale homo per se nullam habet proportionem, sed eam recipere debet a Deo, per aliquod factum positivum sive immediate sive mediate.

Deus sane constituit *duas* tantum *personas supernaturales,* scil. personam *moralem* supernaturalem *perfectam* seu *Ecclesiam* Christi (Ecclesiam quidem catholicam et S. Sedem) et *physicas* personas *imperfectas.* Baptismate enim homo constituitur in Ecclesia Christi *persona supernaturalis,* ita ut capax fiat *per se* omnium iurium et officiorum, quae propria sunt christianorum (cfr. can. 87).

At persona physica ad eam solummodo potestatem restringitur, quae ad bonum spirituale *singulorum* sub Ecclesiae regimine

---

8 Cfr. Giorgi, *La dottrina delle persone giuridiche o corpi morali,* I, n. 84, Firenze, 1889; Argentaro, *Efficacia del riconoscimento dei corpi morali,* n. 91, Napoli, 1899; Filomusi-Guelfi, *Enciclop. giuridica,* p. 201 ss.

refertur, ideoque nequit personam moralem iuridice a singulis distinctam, in Ecclesia constituere. Necesse est ut haec *ex facto aliquo ipsius Ecclesiae* originem ducat, scil. ut persona suam iuridicam personalitatem, distinctam ab individuis, ab ipsa Ecclesia recipiat [9].

42. Num patrimonium sit de essentia personae moralis. — 1. Disputatur, utrum *patrimonium* sive *bonorum summa* requiratur tamquam conditio essentialis ad personam moralem constituendam.

Communiter vel saltem communius iuristae affirmant, quorum sententiae adhaerent quoque plures canonistae, nimis serviliter forte placita eorum sectantes [10].

2. Si agitur de persona morali *ecclesiastica*, certum est, patrimonium *nec semper nec necessario requiri* tamquam elementum absolute necessarium ad eam constituendam. V. g. dioecesis, pia sodalitas, ordo religiosus, etc., concipi potest qua persona moralis independenter a patrimonio.

3. Idem dicendum de multis personis in ordine *temporali* seu *civili*.

43. Num personalitas, quae competit corpori morali, sit vera an fictitia. — Quidam dicunt esse *meram fictionem*, i. e. nomen iuris tantum. Ita Fiore, Demolombe, Laurent, Smith, Puchta, Heise etc. [11]; neque alienus est Savigny.

Alii putant nec *veram* personam nec *meram* fictionem esse, quia « personae vice fungitur », sed *quid mixtum*. Sic Bohlau, Randa, Bruns aliique.

Demum alii — uti v. g. Forlani, Hellmann, Ftiting, Brinz, Windscheid [12] — censent esse ens quoddam *reale*, habitu respectu

---

[9] Cfr. Cavagnis, III, n. 363; Bachofen, l. c. n. 33; Chelodi, l. c., n. 98; Ojetti, l. c., p. 110 ss.

[10] V. g. Giorgi (l. c., n. 24) ita definit personam moralem: « Quell'unità giuridica che risulta dall'associazione umana, ordinata a uno o più scopi da conseguirsi *con mezzi patrimoniali*, distinta dai singoli individui e dotata della capacità di possedere e di esercitare *adversus omnes* i diritti patrimoniali ». Et dein, inter requisita *intrinseca* personae moralis, recenset « Il *patrimonio* adatto al conseguimento di quello scopo » (l. c., n. 84).

[11] Fiore, *Diritto internazionale priv.*, cap. 2, n. 302; Demolombe, *Cours du Cod. Nap.*, I, 134; Laurent, *Principes*, I, n. 288; Puchta. *Vorlesungen über des heutige römische Recht*, I, § 25.

[12] Forlani, *Sulle persone artificiali e giuridiche*, in *Archivio Giurid.*,

ad *patrimonium,* quod realiter exsistit et iuris subiectum dicendum est.

Quae variae theoriae diverso modo exponuntur ab AA. et explicantur, atque alia ab alia verbis potius quam re distingui videtur.

44. Doctrina tenenda. — Haec, ad rem nostram quod attinet, tenenda sunt:

1° Doctrina de persona morali eiusque capacitate iuridica est iuris positivi, eaque diversa reperitur apud Romanos, in iure civili moderno et canonico. Dolendum, plures canonistas nimis serviliter iuri civili inhaerere.

Doctrina ab initio erat satis obscura et incerta. Hinc facile explicatur, cur tunc temporis proprietas bonorum ecclesiae, beneficii, altaris, diceretur competere Deo vel Sancto patrono, etc.

2° Fictio iuridica paullatim a doctrina elaborata, amplissime deinde applicata fuit tempore medii aevi, postquam ex restituto iure romano coeperunt magistri iuris canonici et civilis notionem subiecti personalitatis profundius investigare et accuratius tradere, probe distinguentes inter iura corporationis et iura sodalium [13].

3° Theoria *finis,* quae nempe personalitatem tribuit fini, qua tali, ita ut ipse habeatur, per fictionem, tamquam subiectum iuris, pure et simpliciter nequit admitti.

Neque admittenda theoria *patrimonii,* quatenus ipsum patrimonium qua tale censeatur subiectum personalitatis sive iurium et officiorum.

Aliud profecto est *fundamentum* personalitatis, aliud ipsa *personalitas.* Patrimonium vel finis potest quidem esse fundamentum personalitatis. Ad hanc tamen constituendam non sufficit, quia non quodlibet patrimonium aut finis quicumque est persona, ut patet.

4° Distinguendum inter personam moralem *collegialem* et *non collegialem.* In illa, personalitas est *vera,* quatenus collegium seu corpus morale collective sumptum, non secus ac singulae personae quibus constat, est subiectum iuris.

VII, II 42; Hellmann, *Das gemeine Erbracht der Religiosen,* etc., 87; Fitting, *Krit. Vierteljahrschr.,* VI, 583: Brinz, *Leherbuch des Pandekten,* I, §§ 59, 63.

[13] Qua in re notabilem partem habuit *Sinibaldus Fieschi* (Innocentius IV), qui primus *fictionem* expresse memorat hisce verbis: « Collegium in causa universalitatis *fingitur* una persona ». Comm. ad c. 57, X, 2, 20.

Sed etiam in hac persona morali collegiali, necessario admittenda est quaedam *fictio,* quatenus independenter a physicis personis, quibus componitur, habet suum *esse* ac *operari* et quidem *perpetuum,* ita ut si forte desint omnes et singulae personae physicae, non ideo cesset persona moralis, utpote quae, natura sua, perpetua est (can. 102).

In persona morali *non collegiali,* ratio *fictionis* latius patet eaque evidens est, tum quoad eius *exsistentiam,* tum praesertim quoad *conservationem.*

5° Ubi sermo est de natura personae moralis eiusque elementis constitutivis, naviter distinguenda, quae sunt iuris naturalis ab iis quae sunt iuris mere positivi, sive ecclesiastici sive civilis.

Porro ius associationis ad finem honestum procedit ab ipsa lege naturali. Cetera omnia, nimirum quod persona sit perpetua vel temporanea, quod constet patrimonio necne, quod pluribus aut paucis dumtaxat sociis componatur, quod plura aut pauciora possideat iura, haec omnia a legislatore humano dependent, ideoque varia sunt ac mutabilia.

45. Cessatio personae moralis. — 1. Persona moralis, semel constituta, ab ea auctoritate *exstingui* potest, quae eam creavit (cfr. can. 102, § 1), aut, si speciali iure id cautum sit, a Superiore tantum (cfr. cc. 493, 1422, 1494); numquam ab auctoritate *extranea.*

Unde suppressiones, v. g. religionum, piarum causarum, beneficiorum, etc., factae a potestate laica, nullum profecto habent valorem.

2. Cum persona moralis sit, natura sua, *perpetua,* requiritur actus *formalis* suppressionis, nisi ipsum ius aliud caveat.

Unica sane est exceptio: persona exstinguitur, si per centum annorum spatium esse desierit (can. 102, § 1), v. g. Capitulum. Unde vivere censetur per *centum annos,* et si, intra hoc tempus, restituatur, iura et obligationes eo ipso recuperat, cum exstincta non sit.

Si agitur de persona morali collegiali et vel unum ex eius membris supersit, ius omnium in illud recidit (can. 102, § 2).

46. Persona mere collectiva. — 1. Ea dicitur *persona mere collectiva,* quae non habet personalitatem iuridicam, et consequenter tum quoad *esse* tum quoad *operari* pendet a personis physicis quibus componitur, salvo tamen iure societatis perfectae, cui ea subiicitur. Proinde non exsistit in se, nec habet *per se* iura propria et distincta a iuribus singulorum.

2. Persona collectiva potest esse *privata* vel *publica*.

Dicitur *privata,* quando mera privatorum voluntate consistit.

Dicitur *publica,* quando agnoscitur seu approbatur a competenti auctoritate, ecclesiastica vel civili pro diverso fine, quin tamen in verum corpus morale erigatur.

Ita v. g. in Ecclesia habentur piae uniones, sodalitates aliaque id genus instituta, quae sunt *commendata,* imo et expresse *approbata* a Superiore ecclesiastico, quae nihilominus personalitate iuridica non gaudent. Ita pariter in societate civili, praesertim quoad societates litterarias, scientificas, etc.

3. Vis autem et valor huiusmodi agnitionis vel approbationis ex parte Superioris in eo est, ut pactum sociorum firmetur illudque uti legitimum agnoscatur, ac praeterea ut huiusmodi persona censeatur, saltem in nonnullis casibus, capax obtinendi favores, exercendi quaedam iura, etc.

Inde consequitur, personam collectivam *publicam,* quae nempe agnitione sive approbatione competentis auctoritatis munitur, esse quodammodo *mixtam,* i. e. participare de natura personae mere collectivae simulque etiam de natura personae moralis, quatenus a lege subiectum capax censetur quorumdam favorum et iurium (cfr. v. g. can. 708).

4. Quaerunt AA., utrum persona collectiva *libere* constitui possit *ex mera privatorum voluntate.*

Animadvertere praestat, facultatem associationis pro fine honesto ius esse ab ipsa natura nobis concessum. Sane quisque ius habet se perficiendi suamque activitatem evolvendi; ad id vero maxime conducit consociatio.

Huiusmodi persona certe in societate civili constitui potest a privatis, nec ulla profecto est ratio dubitandi.

Quoad Ecclesiam, videretur negandum, quia personalitas in Ecclesia nonnisi supernaturalis est. — Sed, contra, affirmandum. Cum enim ipsae personae physicae sint elevatae ad ordinem supernaturalem, nihil prohibet quominus mutuo vinculo uniantur atque corpus quoddam collectivum efficiant pro singulorum utilitate.

Quaeritur ulterius, an persona collectiva possit *qua talis* quaedam iura habere, v. g. ius possidendi, administrandi, etc.

Responsio affirmativa, attento iure naturali, certa est. Nam si valent singuli socii qua singuli, cur *socialiter sumpti* seu communi associationis vinculo copulati, iura quaedam habere eaque exercere non valebunt?

Quare associationes ad finem honestum legitime constitutae, licet in ens morale erectae non sint, scil. vulgo « *le associazioni di fatto* », possunt *per se* bona acquirere, possidere, administrare, etc. [14].

5. Quod spectat ad *cessationem* personae collectivae, dicendum, ipsam eo modo exstingui, quo nata est, nisi aliud forte iure caveatur. Nam ex reg. 1° iuris: « *omnis res per quascumque causas nascitur, per easdem et dissolvitur* ».

Dicimus *nisi aliud forte iure caveatur,* quia, ubi agitur de personis *approbatis* a legitima auctoritate, quarum exstinctio quacumque de causa in publicum damnum cedere possit, interdum requiritur ex lege interventus Superioris ad eam supprimendam [15].

Articulus IV

De potestate societatis perfectae in suos

Potestas, quae societati perfectae in sua membra competit, quadruplici norma seu principio enuntiari potest.

47. Principium I. — *Societas perfecta habet ius exigendi, ut socii omnia adhibeant, quae necessaria sunt ad finem plene consequendum.*

Sane tota ratio societatis reponenda est in consecutione finis: ad hoc enim socii uniuntur, ut collatis viribus finem assequantur. Atqui finis obtineri nequit sine mediis. Ergo societas necessario ius ea exigendi a membris suis habere debet.

Quod valet profecto de quacumque societate sive necessaria sive libera. Nam si *libere socii* adunantur, nequeunt postea, quin sibi contradicant, ea recusare, quae ad finem obtinendum requiruntur; si *necessaria* est societas, manifesto patet socios teneri, vel cogente natura vel ex voluntate Superioris qui eos coegit, ad huiusmodi media praestanda: secus aperta contradictio haberetur.

1° Finis intelligitur *totus,* non pars tantum seu finis partialis.

2° Societas habet ius exigendi non solum ea quae *immediate*

---

[14] Cfr. Coviello, *Manuale di diritto civile italiano,* I, § 62 ss.
[15] Cfr. v. g. can. 1494 coll. cum can. 1481, § 2.

et *proxime* sunt necessaria, sed etiam quae *mediate* tantum et *remote* conferunt ad finem.

3° Habet ius exigendi *omnia* et *singula* media, non unum vel alterum dumtaxat.

4° Mediorum *necessitas* ad consecutionem finis *moraliter* aestimanda est, non absolute, ita ut quae vere utilia sunt ad finem plene et integre consequendum, haec societas exigere valeat.

5° Iudicium sive de mediorum electione sive de eorum necessitate, qualitate ac numero, ad ipsam societatem spectat, non vero ad socios.

48. Principium II. — *Societas nequit exigere media, quae non sunt necessaria vel saltem utilia ad finem.*

Ratio evidens. Ius ad media pendet a fine; unde si media non habent nexum cum fine, nec societas potest exigere nec socii tenentur ea praestare.

Quae enim *sunt extra finem, extra obligationem exsistunt,* secundum effatum iuridicum.

49. Principium III. — *Societas nequit ea ordinare et determinare, quae sunt quidem necessaria vel utilia, sed pertinent ad ordinem superiorem.*

Ius enim est facultas ad id quod secundum normam rationis competit. Ratio autem exigit, ut ordo, qui inter diversos fines et proinde inter diversas societates existit, servetur. Atqui rerum ordo manifeste violaretur, si societas ea determinaret, quae ad ordinem superiorem spectant. Ergo.

Hinc liquet quam absurdum sit principium liberalismi: Status habet ius ad omnia et singula media quae conferunt ad bonum temporale.

Quot usurpationes, historia teste, commissae fuerunt vi huius principii!

50. Principium IV. — *Quae sunt ordinis altioris et iam determinata a competenti societate, inferior societas potest, si necessaria sint ad proprium finem, approbare et ad eorum exsecutionem cooperari.*

Nulla profecto adest in hoc casu repugnantia : *non ex parte mediorum*, quia sunt necessaria ad finem; *non ex parte ordinis superioris*, quia media determinantur a societate competenti. Quare id non est contra ordinem agere, sed potius eundem adiuvare.

Hinc patet solutio difficultatis: Quaelibet societas, aiunt, ius habet ad sui conservationem; atqui sine ordinatione et determinatione mediorum, quae sunt ad finem necessaria, quamvis sint ordinis superioris, societatis conservatio haberi nequit; ergo.

Societas, respondendum, habet quidem ius ad sui conservationem, at servata subordinatione ad ordinem superiorem. Patet sane recursus ad eum, cui cura commissa est ordinis superioris, et cum ab ipso determinata fuerint media, societas potest eorum exsecutionem urgere atque a suis membris (etiam additis poenis) exigere. Sic optime societas consulit proprio fini assequendo.

51. Divisio potestatis socialis. — Ex generali principio superius tradito, tota potestas, quam societas in *suos* habet, consistit in iure exigendi a subditis ea omnia quae necessaria sunt ad finem *plene* et *integre* obtinendum.

Atqui ad finem *plene* et *integre* obtinendum haec tria requiruntur et sufficiunt: 1° ut media, quae ad finem conducunt, *eligantur* et *obligatorio modo proponantur*; 2° ut haec media *exsecutioni mandentur,* sive in casibus certis et obviis sive in casibus dubiis et litigiosis; 3° ut *renuentes* eadem applicare, vi adhibita, *cogantur, impedientes* vero coerceantur.

Hinc potestas *legifera, iudiciaria et coactiva*; vel, ut aliis placet [1], *legifera, iudiciaria* et *exsecutiva* (quae complectitur *gubernativam, administrativam* et *coactivam*); iuxta alios [2], *legifera, administrativa, iudicialis* et *coercitiva*.

Nos, secundum communiorem loquendi usum magisque in iure canonico receptum (cfr. can. 335, § 1), distinguimus potestatem socialem in *legiferam, iudiciariam* et *coactivam*, ita tamen ut nequaquam excludamus potestatem *exsecutivam* et *administrativam*.

Articulus V

De potestate legifera

52. Notio. — Potestas legifera definitur: *Ius proponendi obligatorio modo quae necessaria sunt ad finem societatis assequendum.*

Haec potestas certissime competit societati perfectae. Ipsa enim

---

[1] Cfr. Liberatore, *Instit. ethicae et iuris naturae,* P. II, cap. 4, n. 74; Montesquieu, *L'esprit des lois,* I, lib. XI.

[2] Biederlack, l. c., n. 19 ss.; Rivet, l. c., p. 26.

habet ius exigendi a suis quidquid necessarium est ad finem obtinendum.

Atqui ad finem consequendum, pro humani intellectus diversitate et voluntatis inconstantia atque indomito cupiditatum aestu, in qualibet agentium multitudine aliqua potestas necessaria est, quae designet media et obliget omnes ad eadem adhibenda: qua in re potestas legifera consistit; ergo.

Huiusmodi *media*, quibus finis societatis obtinetur, sunt *leges* earumque *obiecta*.

Potestas legifera extenditur ad omnia et sola media necessaria; at non modo ad ea quae *immediate,* sed etiam ad ea quae solum *mediate* cum fine connexa sunt; mediata enim necessitas est vera necessitas. *Necessitas* sumitur sensu lato, ita ut ea quoque media intelligantur quae *utilia* et *opportuna* sint ad finis consecutionem.

Si plura sunt media, quae in individuo determinata non exsistunt, societas habet ius *eligendi* et *proponendi* quae opportuniora existimaverit ad finem consequendum; Societas habet ius decernendi *quot* et *quaenam* media sint necessaria, ac determinandi *modum* et *gradum*, quo membra hisce mediis uti debeant, sed pro mensura tantum necessitatis sive exigentiae finis socialis.

53. Lex. — Est ius *obiectivum* i. e. norma stabilis agendi.

1. Definiri potest: *Jussum legitimi principis propter bonum subditorum, commune, stabile, sufficienter promulgatum* [1].

2. Dicitur: a) *iussum*, quia lex est actus *voluntatis* Superioris, qui obligationem parendi inducit; — b) *legitimi principis,* illius nempe qui perfecta iurisdictione in foro externo gaudet et intra fines suae competentiae suis subditis imperat; — c) *propter bonum subditorum,* i. e. ratione finis socialis obtinendi; unde lex debet esse *iusta, possibilis* et *utilis*; — d) *commune,* quia non singulis sed universae communitati datur; — e) *stabile* seu nunquam natura sua cessaturum, nisi aut abrogetur aut obsolescat [2]; — f) *sufficienter promulgatum,* auctoritative nimirum publicatum, i. e. legitima forma communitati intimatum.

---

[1] Suarez, lib. I, cap. 12; D'Annibale, I, n. 161; Ballerini-Palmieri, *Opus theol. mor.,* I, tract. 3, cap. 1, dub. 1; Meyer, l. c., n. 229 s.

Nota est definitio S. Thomae (1-2 q. 90, art. 4): « *Rationis ordinatio ad bonum commune ab eo qui curam communitatis habet promulgata* ». Quae definitio congruit cum tradita in textu, dummodo « *ordinatio rationis* » stabilis intelligatur, uti vox *promulgata* sufficienter innuere videtur.

[2] AA. communius requirunt ad notionem legis, ut sit *perpetua.* Quae vox intelligi potest sensu *stricto* et *lato.* Satis est ut lex sit perpetua sensu *lato,* i. e. *de se* firma et stabilis. Cfr. Suarez, l. c., lib. I, cap. 10, n. 1 ss.

Quae promulgatio est de essentia legis, si haec sumitur in sensu *completo* et *formali*; secus non.

3. Lex ratione *obligationis* tripliciter distinguitur: *moralis*, quae in conscientia ad actum obligat; *mere poenalis*, quae non ad actum, sed solum *ad poenam*, ubi violata fuerit; *mixta*, quae ad *utrumque*.

Vera lex non est, quae nullam obligationem proprie dictam inducit.

Notioni legis repugnat, ut populi acceptatio requiratur ad eius valorem: lex enim est norma *obligatorio* modo proposita. Si acceptatione populi interdum opus sit, id aliter esse nequit, nisi *vel* propter imperfectam principis potestatem, qui ex peculiari societatis constitutione sub hac dependentia seu restrictione potestatem accepit, *vel* ex ipsius principis benignitate, qui uti perfecta sua iurisdictione non vult [3].

54. Consectaria. — I. Ex potestate leges condendi manifeste consequitur ius easdem *interpretandi,* et quidem *authentice*, adeo ut subditi omnino ligentur.

II. Praeterea, potestate legifera constituta et declarata, firmissime simul constituta sunt cetera omnia, quae in societate praecipi *solent* aut *possunt,* de quibus scriptores iuris publici seorsim agunt, v. g. ius imponendi tributa, eligendi magistratus seu officiales, vetandi quae societati perniciosa existimantur, ut lectionem pravorum librorum, ephemeridum, diariorum, etc. Haec omnia profecto continentur in potestate legifera, cum sint totidem *media,* positiva aut negativa, ad finem consequendum.

55. Potestas administrativa. — 1. Haec potestas, secundum auctores qui eam uti *distinctam* habent, ea intelligitur, quae ordinariam gubernationem respicit seu quae legum exsecutionem urget quoad praxim communem et quotidianam, praesertim in casibus certis et obviis, quando nulla intercedit lis vel contentio.

Ipsius est, praesertim, legem applicare ad singulos casus; varia officia et *organa* pro exercenda potestate constituere; in ea sedulo invigilare; subditos ad leges servandas efficaciter dirigere et adiuvare; legum observantiam per monita, adhortationes et peculiares normas practice urgere [4].

---

[3] De qualitatibus, quae omni legi humanae sunt communes, late agunt auctores ethicae seu philosophiae moralis, v. g. Suarez, lib. I, cap. 6, 7, 8, 9, 10, 20, et lib. III, cap. 2, 12, 13, 15; Cathrein I; n. 502 ss.; Meyer, l. c., n. 294 ss.; Cappello, *Summa iuris canonici,* I, n. 50 ss.

[4] In Curia Romana, distinctio inter competentiam *administrativam* et

2. Inter Ecclesiam et civilem societatem datur maximum discrimen. In *Ecclesia,* potestas administrativa generatim reperitur in una eademque persona quae pollet etiam potestate legifera, iudiciaria et coactiva, v. g. in Episcopo et a fortiori in R. Pontifice. In *civili societate,* contra, potestas administrativa plerumque est penes eas personas, quae carent potestate legifera, iudiciaria et coactiva, imo quae carent iurisdictione stricte sumpta.

Articulus VI

De potestate iudiciaria

56. Notio. — 1. Potestas iudiciaria definiri potest: *Ius auctoritative controversias definiendi seu declarandi quaenam subditorum actiones sunt iuri conformes et quaenam difformes, simulque statuendi effectus legitimos huius conformitatis vel difformitatis* [1].

Hinc triplex iudicium: 1° de genuino *sensu legis*; 2° *de natura facti*; 3° *de relatione facti ad legem,* scil. iudicium mere *theoreticum*, mere *empiricum* et *mixtum*, i. e. *theorico-empiricum*.

2. Iudicialis potestas tota versatur circa *controversias,* ortas *vel* inter duos subditos de iuribus privatis quae per leges sancita fuerunt, *vel* inter ipsam societatem et aliquem subditum de eo quod erga societatem praestare debet.

Quare haec potestas non est nisi pars quaedam seu functio potestatis *legiferae* et *exsecutivae*: *legiferae,* quatenus legem auctoritative explicat, *exsecutivae,* quatenus eam practice applicat subditosque inducit ad eius observantiam.

3. Si *iudicium* respicit iura vindicanda aut persequenda vel facta iuridica declaranda, dicitur *civile* (ratione *obiecti,* non auctoritatis) seu *contentiosum*; si respicit delictum et, consequenter, poenam irrogandam vel declarandam, vocatur *criminale* [2].

---

iudicialem instaurata fuit a Pio X Const. « *Sapienti consilio* », 29 iun. 1908. Cfr. Cappello, *De Curia Romana,* p. 18 ss., Romae, 1910.

Quae distinctio in Codice confirmatur quoad substantiam (cfr. cc. 250, § 5, 251, § 2, 257, § 2, etc.).

[1] Taparelli, l. c., n. 1194; Tarquini, l. c., n. 20; Cavagnis, l. c., n. 105; Biederlack, l. c., n. 23.

[2] Cfr. can. 1552, § 2; Werz, V, n. 78; Bouix, *De iudiciis,* I, p. 5 ss., Parisiis, 1886.

In *contentioso* intenditur directe, saltem plerumque, commodum proprium seu privatum actoris, quamvis actio forte oriatur ex delicto: in *criminali* intenditur directe bonum publicum, i. e. restitutio ordinis socialis laesi, per poenam legitime inflictam.

57. Necessitas potestatis iudiciariae. — Haec potestas competit profecto societati perfectae. Sane:

1° Ad finem consequendum necesse est, ut media per potestatem legiferam proposita rite applicentur; id vero, spectata ignorantia et malitia hominum atque ipsa legum natura, fieri nequit, nisi in societate potestas sit iudicandi auctoritative de vera et iusta mediorum applicatione tum in se, tum relate ad sociorum actiones. Atqui in hoc consistit potestas iudiciaria. Ergo.

2° Confirmatur ex generali et manifesto principio: illius est cognoscere de vero sensu legis atque de actionum conformitate huic sensui, cuius est leges ferre, tum quia nemo melior interpres est, quam ipse sui, tum quia ius cognoscendi de legibus necessario connectitur cum potestate legifera, quae inutilis foret, si alter independenter a legislatore ad sensum suum leges detorquere posset [3].

Aliis verbis: controversia, dubia, contentiones facile inter homines oriuntur. Quidnam, si potestas societati non esset ea authentice dirimendi? Nonne ordo et pax omnino periret?

Potestas iudicialis non est confundenda cum *arbitrali,* quae est mere *directiva* et *privata,* quaeque proinde non sufficit in societate perfecta. Ea enim requiritur potestas, cui omnes parere teneantur; secus finis obtineri non posset.

Principes in iis rebus, quae ad ipsum qua *princeps* est, pertinent, legitimus est iudex. Unde non applicatur notum axioma: *Nemo est iudex in causa propria.* Ratio est, quia repugnat principem, qua talem, alii subiici; praeterea, ad ipsam conservationem societatis eiusque finis consecutionem spectat, ut is, in quo iura societatis plene resident, gaudeat iure ea decernendi, quae opportuniora existimaverit, ita quidem ut eius iudicio se subiicere ceteri teneantur.

Etiam in iis rebus, quae ad principem, qua *privatum,* spectant, ipse iudex legitimus habendus est. Contraria opinio est omnino falsa, ut patet ex conceptu supremae potestatis eiusque subiecti. Prudentia tamen suadet, ut causa extraneo iudici committatur.

---

[3] Biederlack, l. c., n. 23 ss.; Tarquini, l. c. n. 20; Cavagnis, l. c., n. 105 ss.; De Luca, l. c., n. 20; Taparelli, l. c., n. 1186.

Articulus VII

De potestate coactiva

58. Notio et necessitas potestatis coactivae. — 1. Haec definiri potest : *Ius cogendi invitos et coercendi contumaces sive delinquentes.*

Coactio est actus quo quis inducitur ad aliquid faciendum vel omittendum, quod sponte sua facere vel omittere non vult. Coercitio, proprie, est punitio et castigatio[1].

Unde minus probandi sunt AA., qui hanc potestatem vocant pure et simpliciter *coercitivam.*

2. Societati perfectae competit potestas legifera et iudiciaria. Atqui utraque potestas exigit coactivam, secus foret inefficax et inutilis. Ergo.

Sane, inspecta humanae naturae indole, facile apparet haud paucos esse, qui ex malitia seu pravitate renuunt parere legibus, sententiis iudicum se subiicere, et forte alios quoque inducere audent ad leges violandas; nec desunt, qui vitio naturae, v. g. amentes, bono sociali detrimentum afferre possunt. Atqui, nisi societas hos omnes efficaciter per vim externam cohibere posset, conservatio societatis eiusque finis assecutio impossibilis foret. Ergo.

59. Personae et actiones in quas exercetur potestas coactiva. — 1. Ex dictis facile deducitur *quaenam* sint *personae,* in quas hanc potestatem societas exercet : in omnes nimirum, qui uno aliove modo, sive culpabiliter sive inculpabiliter, ordinem socialem laedunt aut in discrimen adducunt.

Proinde in eos: 1° qui prava sua voluntate per inobedientiam seu violationem legum ordinem socialem turbant; 2° qui vitio naturae, non malitia, id agunt; unde ius recludendi dementes, segregandi morbo contagioso infectos, etc.; 3° qui, licet ordinem socialem nondum violaverint, periculosi tamen sunt, adeo ut vel certitudine aut saltem gravi probabilitate iudicetur, eundem ab iis turbatum iri; unde leges de vagis, de otiosis, etc. [2].

2. Actiones obnoxiae potestati coactivae sunt illae, quae ordinem socialem proprie turbant. Huiusmodi autem sunt vel *ex malitia,* vel *ex vitio naturae.*

---

[1] Cfr. Calvin., *Lexicon iuridicum.* v. *Coactio, Coercitio.*

[2] Cfr. Tarquini, l. c., n. 24; De Luca, l. c., n. 24; Rivet, l. c., p. 33; Biederlack, l. c., n. 27.

At diverso modo subsunt potestati coactivae: hae, non ut puniantur, sed ut praecaveantur, illae ut etiam puniantur.

Quare potestas coactiva non exercetur, nec potest exerceri in omnes et singulas actiones *pravas,* sed in eas tantum quae ordinem socialem turbant seu laedunt.

60. Fundamentum potestatis coactivae. — 1. Est *tutela ordinis socialis* seu *iuridici,* sine qua consecutio finis societatis impossibilis est. Ordo, generatim sumptus, idem est ac harmonia, i. e. recta dispositio plurium ad aliquam unitatem.

Ordo *socialis* seu *iuridicus* est illa harmonia quae resultat ex partibus (personis) rite dispositis ad invicem et ad totam societatem; unde respicit tum rectam subordinationem hominum ad organicam unitatem socialem, tum rectam eorundem singulorum coordinationem, quatenus sunt membra socialia, inter se.

Aliis verbis, ordo socialis resultat ex universitate relationum iuridicarum, i. e. ex iis relationibus, quibus homines efficaci obligatione tum ad invicem tum ad societatem astringuntur.

Proinde elementa *proxime* constitutiva ordinis socialis seu iuridici sunt iura et officia, non quidem separatim considerata, sed collective sumpta, i. e. ipsae relationes iuridicae [3].

2. Nonnulla inde sequuntur eaque profecto maximi momenti:

1° Ex diversitate finis, quem societas intendit, oritur *diversitas* relationum iuridicarum, ideoque *ordinis socialis.* Unde alius est ordo socialis seu iuridicus Ecclesiae, et alius ordo socialis seu iuridicus societatis civilis.

2° Si finis societatis *directe* et *immediate* est bonum *publicum,* et non privatum, ordo socialis erit *publicus* tantum, non autem privatus; contra, si societas aliqua, praeter bonum publicum, *directe* et *immediate* habet pro scopo etiam bonum *privatum,* i. e. singulorum, ordo eius iuridicus erit tum publicus tum, aliquo sensu, etiam privatus. Talis societas est Ecclesia.

3° Hinc *diverso modo* turbatur, et consequenter reparatur, ordo socialis *Ecclesiae* et ordo socialis *Status.* Quidquid sane finem societatis et oeconomiam mediorum laedit, ipsum ordinem socialem laedit seu turbat.

---

[3] De fundamento potestatis coactivae vide quae scripsimus in ephem. « *Civiltà Cattolica* » an. 1921, fasc. 1707, p. 221 ss., sub titulo: « *Le teorie della scuola positivista nella riforma del Codice penale italiano* ».

61. Corollarium. — His praemissis et sedulo perpensis, totum iuris criminalis systema probe explicatur. Cognoscitur scil. 1° *quaenam* sint *actiones,* quae vi externa cohiberi possint; 2° *quousque* potestas coactiva *se* extendat; 3° *quinam* sit *finis* poenarum; 4° *quaenam poenae* irrogari possint.

De quibus breviter et perspicue.

Articulus VIII

De delicto ac de poena

62. Notio delicti. — 1. Actio, quae ordinem socialem seu iuridicum turbat quaeque vi externa cohibetur, est *delictum.*

Definiri potest: *Externa et moraliter imputabilis legis poenalis violatio* [1].

Hinc effatum: *nulla poena sine delicto, nullum delictum sine lege.* Quod principium iuris poenalis, rite intellectum, etiam in C. I. C. receptum est.

Promiscue usurpamus *delictum* et *crimen,* quamvis palam sit, in iure tum romano, tum modernarum nationum, delictum, pro gravitate, vocari interdum *crimen, scelus, flagitium, excessus,* etc.

In modernis Codicibus frequentius occurrit distinctio *in crimina, delicta* et *transgressiones.*

Quae dicuntur de lege proprie dicta, intelligenda quoque sunt in foro canonico de praecepto poenali (cfr. can. 2195, § 2).

2. Tria igitur sunt elementa delicti:

1° *materiale* seu *obiectivum,* violatio legis, i. e. actio vel omissio actionis *laesiva iuris alieni* seu *ordinem socialem turbans;*

2° *morale* aut *subiectivum,* violatio legis ex dolo aut ex *culpa iuridica* (cfr. can. 2199) facta, i. e. *scienter* et *volenter,* ita ut huiusmodi actio vel omissio actionis sit *moraliter* imputabilis agenti tamquam auctori et domino;

---

[1] In Codice, sensu ecclesiastico, delictum definitur: « Externa et moraliter imputabilis legis violatio, cui addita sit sanctio canonica saltem indeterminata » (Can. 2195, § 1).

Quae definitio cum ea, quae a nobis data est, congruit omnino; imo, dempta voce *canonica,* eadem est. Nec obstat praescriptum can. 2222, § 1, quod a generali norma in can. 2195 statuta non est excipiendum.

3° *iuridicum* seu *legale*, violatio legis *poenalis*, i. e. actio vel omissio actionis quae *vetatur a lege* et quidem *sub peculiari sanctione*.

Ex elemento *materiali* quis constituitur causa *physica* seu *materialis*, v. g. amens vel perfecte ebrius qui alium occidit; ex elemento *formali* quis efficitur causa *moralis* seu *formalis*, quatenus sciens et volens agit, ita ut *auctor* et *dominus* vere sit iniustae actionis aut omissionis; ex elemento *iuridico*, agens obnoxius efficitur legi poenali, i. e. *responsabilis* constituitur *coram lege* de prava sua actione ideoque *poena mulctandus*.

Haec tria elementa copulative requiruntur ad notionem delicti, et omnia expressa inveniuntur in tradita definitione.

Ex dictis consequitur, *peccatum* non esse confundendum cum *delicto*. Nam 1° omne delictum est quidem peccatum, sed non omne peccatum est delictum; 2° peccatum consideratur in ordine morali, delictum in ordine iuridico; 3° peccatum Ecclesia reservat divinae ultioni aut in foro *interno* remittit, delictum societas (civilis, et generatim etiam ecclesiastica) in foro *externo* coercet; 4° peccatum est violatio cuiuslibet legis, quae obligat *in conscientia* et ligat *coram Deo;* contra, delictum, *qua tale,* ligat *coram societate,* et eatenus alicuius legis violatio fit delictum, quatenus *ut tale* a lege *humana* (ecclesiastica aut civili) *vetatur* et *punitur*.

63. Imputabilitas, imputatio, dolus. — 1. In delicto attendenda est imprimis *imputabilitas*, i. e. ea humanae actionis proprietas, vi cuius homini tamquam *auctori* tribuitur.

Triplex est: *physica, moralis* et *iuridica* seu *legalis*, prout consideratur in violatione legis elementum materiale seu obiectivum, vel morale seu subiectivum, vel iuridicum seu legale.

Imputabilitas *iuridica* necessario *moralem* imputabilitatem supponit, quae definiri potest: *illa humanae actionis proprietas, cuius vi homini tamquam auctori et domino actio tribui potest et debet*.

Dicimus *tamquam auctori* et *domino*, quia ut aliqua actio sit *moraliter imputabilis*, satis non est, ut quoquo modo ab homine ponatur, v. g. tamquam a causa mere physica, sed requiritur omnino ut ab eo procedat tamquam a *domino* actuum suorum, i. e. utente intellectu et voluntate.

2. *Imputatio* est *iudicium* ex parte legislatoris et magistratus quo actio homini tribuitur tamquam proprio suo auctori et domino.

Interdum *imputabilitas et imputatio* promiscue usurpantur. At, nostro iudicio, minus recte.

3. *Dolus* est deliberata voluntas violandi legem (can. 2200, § 1).

Alius est *dolus* qui constituit fundamentum imputabilitatis *criminalis*, alius qui fundat actionem vel exceptionem in *re civili*.

A *dolo*, in iure civili et canonico (cfr. can. 2199), distinguitur *culpa iuridica*, quae probe distinguenda est a culpa theologica.

Consistit autem in voluntaria omissione debitae diligentiae aut in voluntaria ignorantia legis violatae (cfr. can. 2199); quae omissio et ignorantia, utpote voluntaria, *culpabilis* et *ex iure ipso*, unde nomen.

Culpa iuridica sufficit ad constituendum delictum, seu quasi-delictum, quod vocari solet etiam delictum *culposum*, ut distinguatur a delicto *doloso*.

64. Notio poenae. — Est *malum passionis aut privationis, a publica auctoritate, delicti causa, inflictum*[2].

Dicitur: *a)* malum, non quidem morale sed *physicum*, quatenus reus, qui delinquit ex quadam falsa voluptate, i. e. ex mala apprehensione alicuius boni omnino falsi, *aliquid contrarium* huic voluptati seu bono male apprehenso pati debet, ut inde pravum suum iudicium corrigat[3];

b) passionis, i. e. malum physicum quod consistit in positiva inflictione alicuius doloris, v. g. fustigatio;

c) aut *privationis*, seu malum physicum consistens in subtractione cuiuslibet boni subiectivi materialis, sensibilis, spiritualis, socialis;

d) a publica auctoritate inflictum, quia poena proprie dicta, de qua nunc est sermo, nonnisi ab eo, in quo residet potestas coactiva, i. e. a principe irrogari potest;

---

[2] Aut brevius: *malum passionis aut privationis ob malum actionis.* Unde a Grotio (*De iure belli et pacis*, lib. II, cap. 20, 1) poena definitur: *Malum passionis quod infligitus ob malum actionis.*

[3] Vide quae scripsimus in citata ephem. «*Civiltà Cattolica*» sub titulo: «*Le teorie della scuola positivista nella riforma del Codice penale italiano*», fasc. 1715 (3 dec. 1921), p. 406: «L'uomo agisce in seguito ad un motivo predominante, che determina la sua volontà; per cui l'azione che egli si propone di compiere, costituisce lo scopo della volontà. E poichè tutte le azioni umane sono qualificate dal bene o dal piacere, che ciascuno effettuandole si ripromette, è necessario che la pena, affinchè possa distogliere i male intenzionati dal commettere il reato, contrapponga alla quantità di bene o di piacere una quantità maggiore di male o di dolore, e in tal modo induca a desistere dalla prava intenzione di violare la legge e l'altrui diritto. Per questo la pena viene comunemente definita: *malum passionis aut privationis ob malum actionis*».

e) delicti causa, quia poena supponit necessario culpam seu violationem legis poenalis moraliter imputabilem agenti.

Poena habet rationem *vindictae;* cuius nomine non intelligitur individualis ira, sed *actus iuridicus societatis* contra actum ante-iuridicum individui, seu ultio vel reparatio coniuncta cum emendatione rei. Unde ab *Ulpiano* poena optime dicitur « *noxae vindicta* ».

65. Fundamentum, finis, mensura potestatis punitivae. —

1. *Fundamentum,* generatim et universim spectatum, est ordo socialis rite conservandus, sine quo bonum totius societatis eiusque membrorum haberi nequit.

2. *Finis* iuris poenalis *adaequatus* et *ultimus* est conservatio ordinis socialis, quae duo includit: 1° ut *antecedenter* impediatur eius perturbatio; 2° ut *consequenter* ordo reparetur, si laesus fuerit. Unde proprium poenae est, perturbationem *praevenire* eamque a delicto inductam *auferre.*

Iste finis adaequatus et ultimus alios fines partiales et proximos includit, quorum unus prae aliis potissimum respicitur in diversis poenarum generibus.

Aliis verbis, plures sunt *functiones* poenae, ex quibus ordinis socialis completa resultat conservatio. Scil. poena est: 1° *praeservatrix,* quatenus omnes in officio continet ob salutarem eius timorem; 2° *emendatrix,* quatenus reum ad poenitentiam inducit, adeo ut sectator iustitiae et honestatis, post poenae luitionem, evadat; 3° *expiatrix,* quatenus satisfacit iustitiae morali et sociali laesae; 4° *exemplaris,* quatenus ceteros magnopere deterret a delinquendo, cum ad hoc incitati fuerint a malo exemplo delinquentis.

Ex fine societatis pendet, quod unus prae alio ex hisce finibus principaliter spectetur, v. g. emendatio rei a societate ecclesiastica, quae habet pro scopo immediato etiam bonum privatum singulorum. Quae emendatio, licet interdum absit, alii tamen fines plus minusve semper obtinentur.

Manifesto liquet, huiusmodi fines esse *intrinsecos* atque *essentiales* poenae; item liquet, poenam *non ordinari tantummodo ad restitutionem ordinis laesi,* cum etiam et quidem potissimum statuta sit *ad ceteros quoque deterrendos, ne in futurum turbetur.*

Societas civilis nequit poenas infligere *unice* vel *principaliter* ad correctionem delinquentis; aliter Ecclesia, ob diversitatem finis.

3. *Mensura* scil. *extensio* et *limites* potestatis punitivae, ex natura ordinis socialis et fine poenarum dependent: quare, cum

isti diversi sint pro diversitate societatum, etiam extensio et limites iuris poenalis varii sunt.

66. Num Ecclesia poenas in delicti punitionem irrogare possit. — 1. Disputatur, utrum Ecclesia valeat *principaliter* poenas infligere non solum in emendationem rei, sed etiam in punitionem criminis, ad ordinem socialem laesum reparandum.

Quae controversia ex eo oriri videtur, quod verum ac genuinum conceptum ordinis socialis seu iuridici Ecclesiae quidam AA. non satis perspectum habent.

2. Eo ipso quod Ecclesia est vera societas, externa, visibilis et publica, necessario potestatem habet infligendi poenas ad ordinem suum iuridicum conservandum et reparandum, ideoque etiam ad puniendum delictum, *si et quatenus* conservatio et reparatio ordinis socialis id exigat.

Ratio vero, cur Ecclesia magnum, praeprimis, momentum tribuat emendationi delinquentis, repetenda est ex eius fine; at inde nequaquam concludendum, ut quidam tenent [4], finem *emendativum* esse *unicum* vel saltem semper *primarium* in systemate poenali Ecclesiae.

3. Id nunc ex Codice manifesto liquet, qui notionem poenae tradit, utrumque elementum emendativum et vindicativum complectentis (can. 2215), et poenas expresse distinguit in *medicinales* ac *vindicativas* (can. 2216).

Can. 2286 diserte ait: « Poenae vindicativae illae sunt, quae *directe* ad delicti expiationem tendunt ».

Unde nihil prohibet, quominus Ecclesia urgeat inflictionem et exsecutionem poenarum, etiam deficiente rei emendatione, vel sceleris poenitentem puniat, si bonum publicum, praesertim scandalum reparandum, id postulet.

Ceterum ipsae poenae medicinales elemento vindicativo non carent, et ordinantur etiam ad bonum publicum; sicuti poenae vindicativae ordinantur quoque *per se et indirecte* ad rei emendationem, a qua Ecclesia numquam praescindere potest.

67. Divisio poenarum. — 1. Ratione *auctoris*, poenae dividuntur in CIVILES et ECCLESIASTICAS.

---

[4] Schulte, *System des kath. Kirchenrechts*, II, 376.
Neque alieni videntur Lega (l. c.), Cavagnis (l. c., n. 299 ss.), Laurentius (l. c.) aliique.

Hae autem sunt vel *a iure* vel *ab homine*, prout in *ipsa lege* vel *praecepto generali* statuuntur aut per modum *praecepti particularis* vel per *sententiam iudicialem condemnatoriam* feruntur (cfr. can. 2217, 3°).

2. Ratione *obiecti*, sunt SPIRITUALES, TEMPORALES et MIXTAE. Poena *spiritualis* est, qua aliquod bonum aut ius *spirituale* tollitur; *temporalis*, qua aliquod bonum vel ius *temporale* adimitur; *mixta*, qua aliquid utriusque generis aufertur.

Bona spiritualia et iura, quibus christifideles gaudere possunt, vel 1° *procedunt a Christo capite Ecclesiae*, ut gratiae multiplices, potestas ordinis, fides, spes, charitas, etc., quibus *fidelis* delinquens *privari nequit;* vel 2° *procedunt a membris Ecclesiae*, singillatim sumptis, ut orationes aliaque opera bona fidelium, quae ob communionem Sanctorum adimi nequeunt; vel 3° *procedunt ab Ecclesia*, quatenus ipsa huiusmodi bona administrat vel directe confert.

Haec autem sunt sive *interna* sive *externa*. Bona *interna* sunt fructus sacrificii Missae [5], publicae preces, i. e. quae fiunt nomine Ecclesiae, et indulgentiae.

Bona *externa*, sunt vel stricto sensu spiritualia et supernaturalia, uti sacramenta; vel lato sensu tantum seu proprie ecclesiastica, uti beneficia, officia, etc. [6]. Hisce bonis, quippe quae pendent omnino ab Ecclesia vel quoad ipsam naturam sive entitatem (ut beneficia vel dignitates ecclesiasticae), *vel* saltem quoad administrationem (ut sacramenta), christifideles delinquentes privari possunt et reapse privantur.

Bona hominis *temporalia* sunt: 1° *vita*, hinc poena capitis; 2° *integritas membrorum*, unde poenae directe afflictivae, ut fustigatio, mutilatio, etc.; 3° *libertas*, unde poenae indirecte afflictivae, ut carcer, exsilium, relegatio, etc.; 4° *bona externa moralia*, seu integra fama, ius civitatis, ius publica munera suscipiendi etc.; hinc infamia, inhabilitas, amissio iuris civitatis, etc.; 5° *bona externa physica*, unde poena pecuniaria, bonorum publicatio etc. [7].

Proinde poenae *temporales*, pro diversitate bonorum, sunt vel *corporales*, vel *morales*, vel *pecuniariae*.

3. Ratione *modi*, poena dividitur in POSITIVAM, NEGATIVAM seu *privativam*, et MIXTAM.

Positiva consistit in *facto*, ideoque ad sui exsecutionem ali-

---

[5] Cfr. Cappello, *De sacramentis*, I, n. 569 ss.

[6] Cfr. Cappello, *De censuris*, n. 138 ss.; Suarez, *De censuris*, disp. 9 sect. 5; Reiffenst., lib. V, tit. 38, n. 58 ss.; Schmalzgr., lib. V, tit. 38, n. 126 ss.; D'Annibale, *In Const.* «*Apostolicae Sedis*», etc., n. 25 ed. 5ª.

[7] Cfr. Schmalzgr., l. c., n. 4 ss.; Thesaurus, *De poenis eccles.*, P. I, cap. 1 et 2; Devoti, lib. IV, tit. 17, § 2 ss.; Wernz, l. c., n. 74.

quam actionem necessario exigit *vel* ipsius delinquentis, ut mulcta pecuniaria, *vel* alterius, ut fustigatio.

Negativa consistit in *privatione iuris,* quatenus *vel* privat aliquo iure quaesito (v. g., officio, beneficio, suffragio), *vel* acquirendo facit inhabilem, seu in odium patrati delicti aufert *capacitatem,* aut canonicam aut civilem aut naturalem, aliquid faciendi, acquirendi, etc.; *mixta* includit utrumque (cfr. can. 2291, 2298).

4. Ratione *finis* est VINDICATIVA vel MEDICINALIS, prout *principaliter* tendit in *criminis punitionem,* vel in *delinquentis emen-dationem.*

In iure canonico *poena medicinalis* vocatur *censura.*

Huc spectant quae alibi diximus, scil. poenam ex *fine* esse *expiatricem, emendatricem, vindicativam, exemplarem,* etc., ipsamque poenae comminationem esse remedium *praeservativum,* quo lex sancitur et firmatur ut subditi ad ea transgredienda deterreantur.

Alias poenarum divisiones, cum ad rem nostram minus faciant, consulto omittimus [8].

68. Corollaria. — 1. Ex iure coactivo sequitur, societati perfectae competere : 1° ius praeventionis; 2° ius censurae; 3° ius carceris; 4° vim armatam.

1° Ius PRAEVENTIORIS est ius *praeveniendi crimina,* seu ius praeveniendi et impediendi ne ordo socialis turbetur per delictum.

Sane :
a) Dantur quaedam bona, quae semel laesa, reintegrari non possunt, v. g. vita adempta, innocentia deperdita, membra mutilata, etc.
b) Alia existunt, quae nonnisi cum magna difficultate restitui possunt.
c) Ceterum natura sua omne delictum ordinem socialem turbat, quae turbatio, cum sit malum et quidem grave, imo interdum gravissimum, quantum fieri potest, impedienda est.
Huiusmodi ius *praeventionis* exercetur per regimen urbanum, italice *polizia.*

2° Ius CENSURAE, ne fiat propagatio pravae doctrinae ex qua sequatur laesio ordinis socialis et corruptio sensus publicae moralitatis, praesertim per ephemerides, diaria et libros, in scholis et in comitiis.

Hoc ius non est nisi exercitium et applicatio iuris praeven-

---

[8] Cfr. cc. 2217, 2245 ss.; Cappello, l. c., n. 2; Noldin, l. c., Wernz, l. c., n. 74; Suarez, *De leg.,* lib. V, cap. 11: Schmalzgr., l. c., n. 4 ss.

tionis ne ordo socialis et sensus moralis turbetur ab hostibus tam internis quam externis [9].

3° Ius CARCERIS, i. e. segregandi delinquentes tum in punitionem commissi delicti, tum ad alia crimina impedienda. Necessitas evidens est. Nam sine iure *carceris*, neque socialis ordinis securitas certo haberi, neque ipsa potestas coactiva congruenter et efficaciter exerceri potest.

4° VIS ARMATA est vis militaris, vulgo *forza pubblica*, de qua speciatim.

69. Vis armata seu exercitus. — 1. Definiri potest: *Collectio hominum, auctoritate armisque instructorum, contra hostes internos et externos.*

Dicitur vis *armata* (aut etiam *militaris*), quia exercetur per usum armorum.

2. Est necessaria societati perfectae, *a*) ut devios et contumaces cohibere possit; *b*) ut sese defendere valeat contra rebelles et aggressores quoscumque. Sicuti enim homo privatus habet ius ad vitam, ita ut ipsi liceat vim vi repellere, sic societas habet ius ad exsistentiam suique finis consecutionem. Id autem tuto atque efficaciter obtineri nequit sine vi armata. Ergo.

Duplici modo *vis armata* reperiri potest penes aliquam societatem: *formaliter* et *virtualiter*. *Formaliter*, quando de facto societas eam habet, i. e. quando habet proprium exercitum seu milites; *virtualiter* quando de facto non habet, sed pollet iure eandem auctoritative petendi seu exigendi ab alia societate. Qui modus nedum obest naturae aut iuribus societatis, sed, contra, eius superioritatem manifesto ostendit.

3. Num Ecclesiae competat *vis armata*, dicetur suo loco (n. **188**).

----

[9] Cfr. can. 1384 ss.; Cavagnis, l. c., n. 119 ss.; Taparelli, l. c., n. 902; Wernz, III, n. 112.

Id universim admittunt etiam civilistae; et profecto admittere debent.

CAPUT III

DE RELATIONIBUS IURIDICIS SOCIETATUM PERFECTARUM

ARTICULUS I

De societatibus formaliter distinctis

70. Notiones praemittendae. — 1. Societates perfectae distingui possunt inter se *materialiter* vel *formaliter* tantum, *materialiter* simul et *formaliter*.

Dicuntur distingui *formaliter* tantum, quando finis utriusque societatis est diversus, membra autem sunt eadem; *materialiter* tantum, quando finis est identicus, membra diversa; *formaliter* et *materialiter* simul, quando et finis est distinctus et distincta sunt membra.

2. Societates inveniri possunt in statu *concordiae* vel *conflictus,* prout finis utriusque societatis attingi possit absque ullo inter se detrimento, aut non.

Sermo proinde est de conflictu *naturali,* non accidentali, scil. de conflictu qui oritur ex ipsa rerum natura, non autem ex malitia hominum; qui proinde nonnisi *improprie* dicitur *conflictus.*

71. Relationes in statu concordiae. Principium I. — *Neutra societas debet aliam impedire, i. e. ambae mutuo ligantur officio negativo iustitiae.*

1° Iustitia tenet omnes personas seu physicas seu morales. Atqui societas est persona moralis. Ergo.

2° Potestas dimetienda est ex fine; atqui in statu concordiae finis obtineri potest ab utraque societate; ergo neutra potest quidquam agere adversus aliam societatem, secus contra suum finem eo ipso ageret.

72. Principium II. — *Utraque societas tenetur alteri auxilium suppeditare ex caritate.*

Caritas ligat omnes, sive sint aequales sive sint inaequales. Huiusmodi tamen caritatis officium non est iuridicum, ideoque vi exigi nequit.

Hoc principium haud respicit *iuridicas* relationes societatum perfectarum; tamen consulto indicandum duximus, ad integram doctrinam tradendam de mutuis relationibus societatum, praesertim ad excludendam illorum opinionem, qui contendunt nullum vinculum nullamque relationem exsistere inter societates qua tales.

73. Principium III. — *Societas ordine inferior tenetur positive inservire societati superiori.*

Negative inservire societati significat nullum ei impedimentum afferre: *positive* inservire id intelligitur, ut societas inferior praestet superiori omnia quae necessaria sunt ad eius finem consequendum.

1° Societas inferior, quatenus est *collectio membrorum*, quae simul societatis superioris membra sunt, est *membrum* sive collectio membrorum eiusdem societatis superioris. Atqui membra cuiuslibet societatis tenentur eidem inservire positive in iis, quae illa exigit tanquam necessaria fini suo, nisi ad ordinem superiorem pertineant. Ergo.

2° Societas inferior ratione finis est *subordinata* societati superiori. Iamvero subordinatio, etiam indirecta, secumfert dependentiam et obligationem erga societatem ordinis superioris. Ergo.

3° Quaelibet societas, quantum potest, bonum subditorum procurare debet. Atqui, cum agatur de societate, cuius membra pertinent eodem tempore ad societatem superiorem, bono subditorum profecto consulit, si eos ita adiuvet, ut obligationibus quoque societatis superioris probe satisfacere queant. Ergo.

74. Principium IV. — *Societas superior tenetur adiuvare inferiorem in iis quae proprio fini sunt necessaria.*

Societas enim tenetur proprium finem attingere *omnibus* mediis *necessariis*. Atqui auxilium praestitum inferiori habet rationem medii ad consecutionem proprii finis. Ergo.

Id profecto nullam secumfert subordinationem, quia societas superior semper agit intuitu sui ipsius, non autem inferioris societatis gratia.

75. Relationes in statu conflictus. — Loquimur de societatibus *imparibus* dumtaxat, quia societates pares perfectae *formaliter* distinctae haud dantur.

Principium I. — *In statu conflictus, illa societas praevalere debet quae est superior, illa cedere quae inferior.*

Bonum maius nunquam impediri debet a bono minore, secus ordo rationis violaretur. Iamvero finis utriusque societatis, superioris et inferioris, habet rationem boni. Ergo finis inferior cedere debet, superior autem praevalere.

76. Principium II. — *Iudicium in casu conflictus ad superiorem societatem pertinet.*

Sane illi competit iudicare, cui competit disponere de mediis; atqui, in casu conflictus, ut modo diximus, praevalentia spectat ad societatem superiorem. Ergo.

Articulus II

De societatibus materialiter distinctis

77. Notiones. — Illae dicuntur societates *materialiter* tantum distinctae, quarum finis est unus atque idem, membra autem sunt diversa. Patet has societates esse pares, sed ordinis inferioris; v. g. duo Status, Italia et Gallia, Austria et Lusitania, etc.

Societates *formaliter* eaedem, fiunt *materialiter* distinctae, si distinctum sit auctoritatis subiectum. Ubi enim auctoritas est numerice una, ibi una tantum adest numerice societas. Aliter dicendum, si plura sint subiecta auctoritatis supremae, seu plures principes.

78. Principia in statu concordiae. Principium I. — *Societates perfectae materialiter tantum distinctae ligantur lege negativa iustitiae.*

Agitur de societatibus paribus, quae nempe eodem iure fruuntur ideoque alia nequaquam potest aliam impedire, secus laederet ius alienum.

Principium II. — *Societates perfectae materialiter tantum distinctae mutuo caritatis officio ligantur.*

Caritas tenet omnes, nedum personas physicas sed etiam personas morales seu societates, sive pares sive impares. Hoc tamen officium non est iuridicum, at morale tantum.

79. In statu conflictus. — Hoc est principium : *Ex duabus societatibus perfectis materialiter tantum distinctis, neutra est alteri immolanda, sed ex aequo res componenda, pro bono utriusque societatis.*

Societates enim, cum sint pares, habent profecto eadem iura, ideoque nec una cedere debet, nec alia praevalere; sed bonum utriusque meliore quo fieri possit modo procurandum est, salva utriusque libertate et independentia [1].

80. Num dentur duae societates perfectae formaliter et materialiter distinctae. — In antiquo Foedere exsistebant. Synagoga enim erat distincta a societate pagana *formaliter* et *materialiter* : *formaliter* quatenus, per cultum vero Deo exhibitum, finem spiritualem ac supernaturalem prosequebatur; *materialiter,* quatenus ipsa respiciebat tantum populum hebraeum, et ceterae nationes prohibebantur eam ingredi, ex positivo Dei praecepto.

Proinde Synagoga erat societas suprema, tamen non necessaria pro ceteris populis [2].

In novo Testamento oeconomia divina mutata est.

Ecclesia Christi est societas absolute necessaria ad vitam aeternam adipiscendam, ita ut omnes debeant ad illam pertinere vel *actu* vel saltem *voto.*

Dantur proinde in praesenti oeconomia duae societates perfectae *materialiter* simul et *formaliter* distinctae? Primo intuitu viderentur dari; ex. gr. natio Turcarum distinguitur *formaliter* ab Ecclesia, quatenus finis societatis civilis est semper distinctus a fine societatis ecclesiasticae; *materialiter* item videretur distingui, quia populus mahumetanus non pertinet reipsa ad corpus Ecclesiae.

Accurate loquendo, distinguere oportet: vel consideratur *factum,* vel *ius* i. e. *obligatio* ex lege divina profluens. Hinc duplex quaestio: *iuris* et *facti.*

Certum est, societatem religiosam divinitus institutam *unam* esse, scil. Ecclesiam Christi, quam omnes gentes ex positiva Christi

---

[1] Principia, quae huc usque exposita fuerunt, probe applicantur, congrua congruis referendo, etiam societatibus imperfectis, sive formaliter sive materialiter distinctis.

[2] Cfr. Pesch, *Praelectiones dogmaticae,* I, n. 312, ed. 4ª; Wilmers, *De Christi Ecclesia,* n. 15, 6; Franzelin, *De Eccl.,* thes. 3 et 4.

voluntate ingredi tenentur, ubi primum hanc obligationem seu divinam revelationem agnoverint.

Item certum est, plures in mundo exsistere populos, qui *de facto* non sunt *membra* Ecclesiae, ideoque, utpote non subditi, ad corpus Ecclesiae *materialiter* non pertinent.

Proinde, in praesenti oeconomia, duae societates perfectae *materialiter simul* et *formaliter* distinctae, proprio ac vero sensu non dantur, *si ius divinum spectetur*: una enim est *vera* seu *divina* societas religiosa, nimirum *Ecclesia*, ad quam omnes pertinere debent *actu*, vel saltem *voto*.

Si vero *factum* spectetur, dici potest aliquo sensu, seu minus proprie loquendo, huiusmodi societates formaliter et materialiter distinctas exsistere, cum reapse complures gentes *membra* verae Ecclesiae Christi *non sint* [3].

---

[3] Cfr. Wilmers, l. c., n. 397 ss.; Billot, *Tractatus de Ecclesia Christi*, I, p. 283 ss., ed. 3ª; Pesch, l. c., n. 328 ss.; Franzelin, l. c. p. 11, 20, 377 ss., 402 ss.

LIBER II

DE NATURA ET POTESTATE ECCLESIAE

CAPUT I

DE ECCLESIA UT SOCIETATE

ARTICULUS I

Notiones generales

81. Notio Ecclesiae. — 1. Ecclesia vi nominis (ἐκκαλέω) coetum vocatorum designat seu profanum [1] seu sacrum.

At in sacris libris N. Testamenti et apud scriptores christianos significat coetum eorum, qui sub auctoritate apostolica christianam religionem profitentur, ii nempe qui ad Deum colendum a Christo per Apostolos vocati in unum corpus morale coalescunt. Atque ita Ecclesia opponitur Synagogae, quae eiusdem tamquam umbra erat et figura [2].

2. Definiri potest: *Coetus hominum, qui eiusdem fidei professione eorumdemque sacramentorum communione sub apostolicis pastoribus eorumque capite R. Pontifice regnum Christi in terris constituunt* [3].

---

[1] Cfr. Act. XIX, 32.

[2] Cfr. Pesch, l. c., n. 309; Wilmers, l. c., n. 9, qui varias acceptiones vocis Ecclesiae accurate atque erudite exponit; Straub, *De Ecclesia Christi*, n. 12 ss., Oeniponte 1912.

[3] Cfr. S. Bellarm., *De Eccl.*, lib. 3, cap. 2; Suarez, *De relig.*, tract. 7, lib. 1, cap. 2; n. 2; Pesch, l. c.; Wilmers, l. c., n. 10; Billot, l. c., p. 52.

Brevius definitur: *Societas a Christo D. instituta, ut in ea et per eam exclusive homines vitam aeternam consequantur.*

Dicitur:

1° *societas,* i. e. congregatio hominum ad eumdem finem communibus mediis assequendum;

2° *a Christo D. instituta,* ut significetur Ecclesiam non a iure naturali vel humano originem habere, sed immediate a iure divino positivo;

3° *ut in ea et per eam exclusive,* ut indicetur omnimoda eius necessitas, quia omnes ex Christi voluntate ad eam pertinere debent, docente Concilio Lateran. IV: « Una est fidelium universalis Ecclesia, *extra quam nullus omnino salvatur* »;

4° *homines,* quia Ecclesia est utique *divina* ratione originis, finis et mediorum, at simul est quoque humana ratione membrorum;

5° *vitam aeternam consequantur,* ut exprimatur finis *ultimus* Ecclesiae, i. e. consecutio aeternae felicitatis, quae necessario supponit finem *proximum* eiusdem Ecclesiae seu hominum *sanctificationem.*

Haec omnia ex dicendis patebunt.

Articulus II

De natura Ecclesiae

82. Praemittenda. — I. Supponimus probe cognita et admissa quae dicuntur in tractatu de Religione revelata, tum de sacrorum Librorum auctoritate humana, tum maxime de eorumdem auctoritate divina. Proinde res est inter catholicos fide divina certissima.

II. Quaenam methodus sit adhibenda in disputatione cum acatholicis, cum iis nempe qui divinam negant revelationem, dicemus infra (n. **112**).

III. Disputari nequit de iuribus Ecclesiae, uti cuiuslibet societatis, nisi prius eiusdem natura et praecognita sit et extra controversiam posita. Quare maximi momenti est, utpote fundamentum et summa totius iuris publici ecclesiastici, disputatio de natura Ecclesiae.

Propositio I

Ecclesia Christi est vera societas, externa, visibilis, spiritualis et supernaturalis, inaequalis sive hierarchica, necessaria, universalis et unica.

83. — Vera ibi adest societas, ubi habetur multitudo hominum ad communem finem, per communia media, sub legitima potestate conspirantium. Iamvero Christum Dominum his elementis Ecclesiam constituisse tum SS. Evangelia, tum Apostolorum praxis atque doctrina manifeste praedicant, una cum SS. Patribus. Ergo.

Praeterea ea est huius societatis *constitutio* seu *natura,* quae ex *fine* atque *voluntate* sui Fundatoris ostenditur; porro ea praecise inde eruitur *natura* sive *constitutio,* quae in propositione enuntiatur. Ergo.

84. — *Prob. I.* Ex positiva voluntate Christi.

1° Christus Salvator, in terris visibiliter conversans, *Ecclesiam* sive *regnum* suum ipse condidit, *coetum peculiarem hominum instituendo,* quos novae societatis membra suique regni cives designavit.

Constat enim ex Evangeliis, plures, Christum D. fuisse secutos, ex quibus Ipse duodecim elegit : « *Et cum dies factus esset, vocavit discipulos suos : et elegit duodecim ex ipsis (quos et apostolos nominavit)* » [4].

Hos autem Apostolos misit Christus in mundum, ut Evangelium praedicarent *omni creaturae* [5], ut Christi doctrinam humano generi annuntiarent omnesque homines in discipulos, lustrantes mundum universum, ad hunc efformandum coetum vocarent.

Hinc : « *Data est mihi omnis potestas in caelo et in terra. Euntes ergo docete omnes gentes* (μαθητεύσατε, discipulos facite) » [6].

Qui coetus ad finem usque mundi est duraturus : « *Et ecce ergo vobiscum sum omnibus diebus, usque ad consummationem saeculi* » [7].

2° Huic hominum multitudini Christus *finem communem*

---

[4] Luc. VI, 13; cfr. Marc. III, 13, 14.
[5] Marc. XIV, 15.
[6] Matth., XXVIII, 18, 19.
[7] Matth., XXVIII, 20.

praestituit, finem scilicet proximum, *sanctificationem hominum*, finem vero remotum, *vitam aeternam*.

Ipse enim missus a Patre in mundum venit « *ut salvetur mundus per ipsum* »[8], « *ut omnis qui videt Filium, et credit in eum, habeat vitam aeternam* »[9], et « *ut vitam habeant, et abundantius habeant* »[10].

In hunc finem tradidit Petro « claves *regni caelorum* »[11], Apostolis missionem suam continuandam commisit: « *Sicut tu* (Pater) *me misisti in mundum, et ego misi eos in mundum* »[12]; eos ita est allocutus: « *Sicut misit me Pater, et ego mitto vos* »[13], ut nempe homines viam salutis ediscant[14], et « liberati a peccato » fructum suum habeant « in *sanctificationem*, finem vero *vitam aeternam* »[15].

Ad quem scopum consequendum Christus omnia in Ecclesia accurate et sapientissime determinavit: « Et ipse dedit quosdam quidem *apostolos*, quosdam autem *prophetas*, alios vero *evangelistas*, alios autem *pastores* et *doctores, ad consummationem sanctorum, in opus ministerii, in aedificationem corporis Christi* »[16].

3° His autem Ecclesiae membris assignavit Christus *media communia*, quae Ecclesiam uti veram societatem, externam ac visibilem, apertissime exhibent.

Media praecipua sunt ista:

a) *Fidei professio*, etiam *externa*. Christus enim diserte edicit: « *Omnis qui confitebitur me coram hominibus, confitebor et ego eum coram Patre*

---

[8] Ioann. III, 17; cfr. Matth. XVIII, 11.

[9] Ioan. VI, 40; III, 15 s.

[10] Ioan. X, 10.

[11] Matth., XVI, 19.

[12] Ioan. XVII, 18.

[13] Ioan. XX, 21. Duplex Christi opus distinguere oportet: *alterum*, quo nos redemit; et hoc quidem in cruce consummavit, nam *unica oblatione consummavit in sempiternum sanctificatos* (Hebr. X, 14); *alterum*, quo passionis suae merita in singulos derivat eisque applicat. Hoc *applicationis opus* ab Ecclesia et per Ecclesiam est continuandum.

Cfr. Mazzella, *De Religione et Ecclesia*, p. 365 ss., Romae, 1885; Pesch, l. c., nn. 290, 313; Hurter, *Theol. dogm. comp.*, I, p. 250, Oeniponte, 1885.

[14] Matth. XXVIII, 19 s.

[15] Rom. VI, 22.

[16] Ephes. IV, 12. — Cfr. Chrysost., *In Epist. ad Ephes.*, hom. XI, n. 2; Migne, *P. G.*, LXII, col. 82 s.

[17] Matth. X, 32, 33. — Cfr. Marc. VIII, 38; Luc. IX, 26; XII, 8, 9; II Tim. II, 12.

meo, qui in caelis est » [17]. Et Apostolus: « *Corde enim creditur ad iustitiam: ore autem confessio fit ad salutem* » [18].

b) Usus eorumdem sacramentorum, quae hic spectantur tamquam externa vincula atque consociationis signa.

Dominus enim missionem hisce verbis tradidit Apostolis: « *Euntes ergo, docete omnes gentes, baptizantes eos in nomine Patris et Filii, et Spiritus Sancti* » [19]. Vi autem baptismi, teste Apostolo, omnes nos constituimus nempe corpus Christi mysticum, quod est Ecclesia [20].

Demum Apostoli tanta potestate praediti constituuntur, ut quaecumque super terram *ligent* vel *solvant* [21], ligata vel soluta dicantur ab ipso Christo.

Palam est, in his omnibus media *communia* et *externa* fidelibus proponi in ordine ad *communem* finem prosequendum.

c) Relationes fidelium ad invicem, illae relationes, scilicet, caritatis et misericordiae, quibus promisit Christus regnum caeleste promeritum fore [22], quibusque voluit discipulis suos agnosci: « *Mandatum novum do vobis: ut diligatis invicem sicut dilexi vos, ut et vos diligatis invicem. In hoc cognoscent omnes quia discipuli mei estis, si dilectionem habueritis ad invicem* » [23].

Fideles igitur mutuo iuvare debent, praesertim ad salutem aeternam consequendam.

4° Christus D. statuit, ut fideles in adhibendis mediis ad communem finem necessariis vera *auctoritate* seu *imperio* dirigantur; simulque statuit, ut ad eandem potestatem pertineat huiusmodi salutis media fidelibus dispensare, fidei veritates homines docere eosque iure legislativo, iudiciario et coercitivo ita efficaciter regere, ut quae ligata vel soluta in terris sint, apud Deum quoque ligata vel soluta existant.

Sane: « *Sicut misit me Pater, et ego mitto vos* », eodem quippe summo imperio praediti dicuntur: « *Data est mihi omnis potestas in caelo et in terra. Euntes* ergo *docete ... baptizantes ... docentes eos servare omnia quaecumque mandavi vobis* » [24]; — « *Quaecumque alligaveritis ... erunt ligata et in caelo* » [25]; — « *Qui vos audit, me audit: et qui vos spernit, me spernit; qui autem me spernit, spernit eum qui misit me* » [26]; — « *Si autem Ecclesiam non audierit, sit tibi sicut ethnicus et publicanus* ».

---

[18] Rom. X, 10.
[19] Matth. XXVIII, 19. — Cfr. Marc. XVI, 16; Ioan. III, 5.
[20] I Cor. XII, 12, 13.
[21] Matth. XVII, 17; XVI, 19; olan. XX, 23.
[22] Matth. XXV, 35 ss.
[23] Ioan. XIII, 34 s.
[24] Matth. XXVIII, 18-20.
[25] Matth. XVIII, 18.
[26] Luc. X, 16; Matth. X, 40.

Quare adeo gravissima obligatione tenentur christifideles erga Ecclesiam, ut renuentes profiteri eius doctrinam et leges servare, in aeternam incidant damnationem: « *Qui crediderit, et baptizatus fuerit, salvus erit: qui vero non crediderit, condemnabitur* »[27].

5° Christus ceteris Apostolis universoque coetui credentium unum ex illis praefecit, nempe Petrum, quem visibile caput Ecclesiae suae constituit.

Primatum solemniter promissum: « *Tu es Petrus, et super hanc petram aedificabo Ecclesiam meam... et tibi dabo claves regni caelorum...* »[28], post resurrectionem ei reapse contulit: « *Pasce agnos meos... Pasce oves meas* »[29].

Quo in munere Petrus ex Christi institutione perpetuos successores habere debet, cum Ecclesia constituta fuerit ad continuandam missionem ipsius Christi usque ad exitum mundi.

85. — Itaque omnia adsunt elementa, quibus Ecclesia Christi ut *vera societas* constituitur, et quidem *externa* et *visibilis*: societas, inquam, non modo hominum cum Deo, sed et hominum inter se mutuo colligatorum, nimirum societas *iuridica, publica, hierarchica*, etc.

Hinc verissime Ecclesia dicitur *regnum*[30], *domus Dei*[31], *ovile*[32], etc.

86. — *Prob. II.* EX DOCTRINA ET PRAXI APOSTOLORUM.

1° Passim Apostoli exhibent Ecclesiam ut *gregem* (coetum)[33], qui pascendus committitur *pastoribus* (auctoritati)[34]; ut *corpus unum* (societatem) pluribus *membris* constitutum, quae intima necessitudine sibi invicem coniunguntur.

Quibus diversis membris, licet non eadem committantur *munera*, tamen *officia illa varia* in conservationem et bonum *totius corporis* ita distribuuntur atque conspirare debent (*finis socia-*

---

[27] Matth. XVIII, 17; Marc. XVI, 16.

[28] Math. XVI, 18 19. — Cfr. Mazzella, l. c., p. 365 ss., 654 ss.; Palmieri, *Tract. de Romano Pontifice*, p. 296 ss.; Wilmers, l. c., n. 87 ss.

[29] Ioan. XXI, 15 ss.

[30] Matth. XVI, 19: « Tibi dabo claves *regni caelorum* ».

[31] I tim. II, 15: « Ut scias quomodo oporteat in *domo Dei* conversari, quae est Ecclesia Dei vivi... ».

[32] Apoc. XXI, 2; Ephes. II, 19.

[33] Ioan. X, 16; XXI, 15, 17: « Et fiet unum *ovile* et unus pastor »; « *Pasce agnos* meos... *pasce oves* meas ».

[34] I Petr. V, 2; Act. XX, 28.

lis), « ut non sit schisma in corpore » (*unitas socialis*): quam comparationem ex humano corpore assumptam D. Paulus corpori Christi mystico expresse applicat: « *Sicut enim corpus unum est ... ita et Christus ... Vos autem estis corpus Christi* » [35].

2° Apostoli christianas communitates conditis legibus dirigunt [36], dissensiones circa fidem et mores ortas auctoritate sua componunt [37], complures abusus arguunt atque efficaciter corrigunt [38], eos qui « circa fidem naufragaverunt » [39], vel maiora quaedam ac publica crimina commiserunt [40], a communitate excludunt.

Quae omnia *externam societatem,* et quidem *iuridicam* et *publicam* etc., evidentissime ostendunt.

87. — *Prob. III.* Ex SS. Patribus.

Eandem doctrinam diserte et perspicue tradunt SS. Patres.

1° *S. Clemens Romanus,* vergente saeculo I, Corinthios adhortans ut, exstincto schismate, eorum Ecclesia paci et unitati restituatur, pluribus describit, qua ratione in *exercitu* res procedant: « Consideremus milites, ait, qui sub ducibus nostris merent, quam ordinate, quam obedienter quam submisse imperata exsequantur. Non omnes sunt praefecti neque chiliarchae neque centuriones neque quinquagenarii » [41].

Dein addit, qua ratione in *corpore* nostro « membra universo corpori necessaria et utilia sint; immo cuncta conspirent et una se subiiciant, ut salvum sit totum corpus » [42].

Pergit autem ostendendo et haec in *corpore Christo mystico,* i. e. in Ecclesia, observanda esse, ut quique nempe suum locum teneat « iuxta gratiae donum ipsi assignatum ... praescriptam ministerii sui regulam non transgrediens », ut ii speciatim e munere suo non deiiciantur qui Ecclesiae legitime praefecti fuerint et « inculpate *gregi Christi* » deservierint.

2° *S. Ignatius* ad Smyrnaeos scribit: « Omnes Episcopo obtemperate, ut Iesus Christus Patri, et presbyterio ut Apostolis;

---

[35] I Cor. I, 9 ss.; Ephes. IV, 1-16.
[36] Act. XV, 28, 41; XVI, 4; I Cor. XIV, 26-40. Huiusmodi praecepta omnes Apostolorum epistolae passim continent.
[37] Act. XV, 5 sq.
[38] Cfr. I Cor. I-VI.
[39] I Tim. I, 19 s.
[40] I Cor. V, 1-5
[41] Epist. I Clem. *ad Corinth.,* cap. 37.
[42] Loc. cit., cap. 38 ss.

diaconos autem revereamini ut Dei mandatum. Separatim ab Episcopo nemo quidquam faciat eorum, quae ad Ecclesiam spectant ... Ubi comparuerit Episcopus, ibi et multitudo sit, quemadmodum ubi fuerit Christus Iesus, ibi catholica est Ecclesia » [43].

3° Innumera alia sunt testimonia SS. Patrum, quae brevitatis causa hic omittenda ducimus [44].

88. Conclusio. — Paucis, igitur, Ecclesia:

1° Est VERA SOCIETAS, quia quatuor elementa ad constitutionem verae societatis requisita profecto in Ecclesia reperiuntur, i. e. *pluralitas hominum, finis proprius, media* proportionata, *vinculum* sive *unio* ex legitima auctoritate.

2° Est societas EXTERNA et VISIBILIS: *a*) quia triplex vinculum — fidei, communionis et regiminis [45] — est externum et visibile; *b*) quia Ecclesia missionem Christi continuat, quae profecto externa et visibilis fuit; *c*) quia tota vita socialis Ecclesiae — tum ex parte eorum qui praesunt, praedicando, ministrando, dirigendo, tum ex parte eorum qui subsunt, fidem profitendo, sacramenta recipiendo, mandatis obsequendo — est externa atque visibilis; *d*) quia Ecclesia aequiparatur *gregi, corpori, familiae, civitati, regno,* quae omnia externa et visibilia sunt.

3° Est societas SPIRITUALIS et SUPERNATURALIS ratione *a*) *finis* — *b*) *originis* — *c*) *mediorum.*

4° Est societas HIERARCHICA sive INAEQUALIS, quia in Ecclesia, *ex divina institutione,* habentur praepositi et subditi, qui auctoritative docent et praecipiunt, et qui obligatione tenentur audiendi et obediendi.

Christus potestatem docendi, regendi, sanctificandi homines solis Apostolis eorumque legitimis successoribus dedit, et omnes homines sub poena aeternae damnationis officio se illis subiiciendi obstrinxit. Inde sequitur Ecclesiam esse societatem *inaequalem* sive *hierarchicam.*

---

[43] Cfr. Rouët De Journel, *Enchiridion Patristicum,* n. 65, Friburgi B. 1911.

[44] Cfr. Rouët De Journel, l. c., nn. 20, 21, 25, 43 ss., 77, 84, 105, 256, 427, etc.

[45] Quamvis enim fides sit interna et invisibilis, tamen externa atque visibilis efficitur professione, quam Christus exigit; item sacramentorum virtus est quidem invisibilis, at usus eorundem visibilis est; pariter potestas in se spectata est quidem interna et invisibilis, prout tamen in subiecto exsistit, quod eam exercet, externa et visibilis est, aeque ac regia potestas sive rex, cui regni cuiuscumque incolae subduntur.

5° Ecclesia est societas NECESSARIA, quia a Christo D. fuit instituta *tamquam unicum medium obtinendae salutis,* et consequenter omnibus hominibus (adultis) praeceptum datum est amplectendi doctrinam Ecclesiae, recipiendi baptismum, regimini ecclesiastico se subiiciendi [46].

Per baptismum autem, professionem fidei, obedientiam ecclesiasticam, homo efficitur membrum Ecclesiae. Ergo ex voluntate Christi quilibet homo debet esse membrum Ecclesiae, ut aeternam salutem consequatur, seu nemo potest salvus fieri, qui *sciens* et *volens* extra Ecclesiam vivat et moriatur, cum quisque, *cui doctrina Christi sufficienter proposita est,* teneatur eam ingredi [47].

6° Ecclesia est societas UNIVERSALIS : a) *quia omnibus* et *singulis* hominibus *necessaria* est ad salutem aeternam consequendam (n. 89); — b) quia Christus reapse dixit Apostolis : « Euntes in mundum *universum,* praedicate Evangelium *omni creaturae* ... Euntes ergo docete *omnes gentes* » [48].

7° Ecclesia est UNICA vera societas religiosa a Christo D. instituta. Unum sane voluit esse ovile et unum pastorem, cui omnes suas oves commisit [49]; super unum fundamentum primatus totam Ecclesiam suam aedificavit, et uni dedit claves regni caelorum [50]. Atqui ex *unitate regiminis* sequitur *unitas societatis,* Ergo [51].

89. Quaedam in specie de Ecclesiae necessitate. — Nonnulla sunt naviter attendenda, ut doctrina de Ecclesiae *necessitate* probe intelligatur :

1° Ecclesia est NECESSARIA tum *necessitate praecepti,* tum *necessitate medii.* Necessarium *necessitate medii* generatim illud

---

[46] Matth. X, 14, 15, 40; Marc. XVI, 15; Luc. X, 16; Ioan. III, 5.

[47] Cfr. verba Conc. Later. IV (n. 1, 2, 3°); profess. fidei ab Innocentio III prop. Waldensibus; Decret. pro Iacobitis in Conc. Florent.; Breve Gregorii XVI ad Episcopos Bavariae an. 1832; Alloc. Pii XI, 9 dec. 1854, qui ait:

« Tenendum ex fide est, extra apostolicam Romanam Ecclesiam salvum fidei neminem posse, hanc esse unicam salutis arcam, hanc qui non fuerit ingressus, diluvio periturum ». Cfr. etiam Pii IX Syll., prop. 15, 16, 17, 18.

[48] Marc. XVI, 15; Matth. XXVIII, 19.

[49] Ioan. X, 16; XXI, 15 ss.

[50] Matth. XVI, 16.

[51] Alia argumenta, quae huc non spectant, vide apud dogmaticos, v. g. Pesch, l. c., n. 386 ss.; Wilmers, l. c., n. 405.

est, quod per se ipsum necessarium est, illud nempe, quo animae aliquid confertur, sine quo salus obtineri nequit.

Hoc modo ad salutem necessaria est gratia sanctificans, et quidem ut medium absolute necessarium est baptismi sacramentum, et hoc quidem ut medium ordinarium, quod suppleri potest baptismo flaminis (i. e. actu amoris perfecti) vel sanguinis (i. e. martyrio), quae sunt media extraordinaria [52].

Necessarium ad salutem *necessitate praecepti* illud est, sine quo salus obtineri non potest *ideo* tantum, *quia* praeceptum est.

Praeceptum nonnisi eum obligat, qui illud novit et implere potest, ideoque imponitur tantum adultis sive usu rationis pollentibus. Quod necessarium est necessitate medii tenet etiam infantes et ignorantes. Quare ignorantia vel impossibilitas excusat quidem a praecepto, non autem ab eo quod medii necessitate requiritur.

2° Homo potest pertinere ad *animam* Ecclesiae — cuius nomine simpliciter et absolute gratia sanctificans intelligitur — et ad *corpus.*

Hinc duplici modo quis potest esse membrum Ecclesiae: aut *re* (seu *actu*) aut *voto.*

Re (i. e. *actu*), qui baptismo eidem sunt aggregati; *voto,* qui eius desiderio tenentur. Hoc desiderium potest esse *explicitum,* ut est in catechumeno, qui Ecclesiam novit, vel *implicitum,* ut est in eo, qui Ecclesiam seu determinatam a Deo salutis viam ignorat, attamen, fide in Deum concepta, paratus est ad illam ingrediendam, ubi primum eam cognoverit.

3° Pertinere *actu* seu *re* ad Ecclesiam necessarium imprimis est *necessitate praecepti*; pertinere *actu* vel saltem *voto* necessarium quoque est *necessitate medii,* quia homo gratiae sanctificantis particeps fieri nequit, nisi aut *actu* aut *voto* sit membrum Ecclesiae, ita ut nemo ad animam Ecclesiae pertinere queat, nisi actu vel voto sit de eiusdem *corpore* [53].

Hinc facile intelligitur, quo sensu dicatur: « *Extra apostolicam romanam Ecclesiam, salvum fieri neminem posse* ». Nemo potest salvari, nisi aut actu aut voto (explicito vel implicito) sit de *vera* Ecclesia, et quidem de Ecclesia ut societate, ideoque de *corpore* Ecclesiae. Nemo enim gratiam sanctificantem recipit, seu animae Ecclesiae iungitur, nisi vel actu vel voto sit de Ecclesia *a Christo* instituta.

---

[52] Cfr. Cappello, *De sacramentis*, I, n. 124.

[53] Cfr. S. Thom., 2-2, p. art. 1; Suarez, *De sacram.,* disp. 29, sect. 3; S. Bellarm., l. c., lib. 3, cap. 3; Wilmers, l. c., n. 405 ss.; Pesch, l. c., n. 391 ss.

Item intelligitur, quo sensu dicatur, *Ecclesiam catholicam esse unicam salutis viam.* Est *salutis via,* quia Christus subsidia salutis a se instituta Ecclesiae commisit; est *sola,* quia Christus *soli* Ecclesiae *verae,* i. e. catholicae, non sectis, illa subsidia contulit, et homo actu aut voto ea salutis subsidia recipere potest ac debet tantum ab Ecclesia vera, ne mala sua dispositione obicem gratiae ponat.

90. Origo Ecclesiae, finis, media. — 1. Ex dictis manifesto patet, ORIGINEM Ecclesiae esse vere *divinam* et omnino *supernaturalem* quoad omnia eius elementa constitutiva.

Christus D. enim *directe* atque *immediate* eam instituit, et quidem non solum doctrinam per vivum magisterium conservandam ac propagandam tradidit, atque amplissimam potestatem regendi commisit, sed ipsam quoque formam regiminis, i. e. fundamentalem Ecclesiae constitutionem accurate determinavit.

2. FINIS Ecclesiae duplici sub respectu considerari potest: *in ordine ad Christum redemptorem,* et *in ordine ad singula eius membra.*

Ecclesia quatenus spectatur ut una persona moralis in ordine ad Christum, ad hoc instituta est ut eius missionem continuando, redemptionis opus perenne reddat, seu christianam religionem in mundo conservet.

Nos Ecclesiae finem consideramus *quoad membra* tantum. Quo sub respectu finis est duplex: *proximus,* qui respicit vitam futuram. Finem *ultimum* eum intelligimus, qui homini internus est, seu qui hominis ipsius perfectionem respicit, non finem *absolute* ultimum, qui Dei est, eius nempe gloria.

Finis *proximus* Ecclesiae est *sanctificatio* hominum seu professio religionis christianae; *remotus* est *via aeterna* sive caelestis beatitudo [54].

Unde finis Ecclesiae est omnino *spiritualis* et *supernaturalis.*

3. MEDIA sunt proportionata fini. Cum finis sit spiritualis et supernaturalis, etiam media debent esse imprimis *spiritualia* et *supernaturalia.* Eiusmodi sunt praesertim sacramenta et sacramentalia.

At media, ut apte consulant fini, debent esse proportionata etiam *membris societatis.* Quare, cum Ecclesia sit societas *humana* ratione membrorum, et cum homo constet *anima* et *corpore,* palam est, Ecclesiam indigere

---

[54] Cfr. Wilmers, l. c., n. 31 ss.; Tarquini, l. c., n. 4; Straub, l. c., n. 309 ss.; Cavagnis, l. c., n. 34; Liberatore l. c., p. 11 ss.; Pasquet, *Droit publique de l'Eglise,* p. 52 ss., Quebec. 1908; Cappello, *Chiesa e Stato,* pag. 28 ss.

etiam mediis *temporalibus,* quibus apte atque efficaciter valeat subditos suos, i. e. homines, ad proprii finis consecutionem conducere (cfr. can. 1495, 1496, 1502, etc.).

Propositio II

Ecclesia est societas vere iuridica et publica.

91. — Probe perspectis iis quae hucusque dicta fuerunt, supervacanea forsan alicui videri potest haec propositio; at ideo opportunum ducimus Ecclesiam esse societatem *iuridicam* et *publicam* speciatim demonstrare, quia plerique liberales, licet admittant eam esse societatem quandam, et quidem spiritualem et supernaturalem, necessariam et universalem, etc., contendunt tamen ipsam esse societatem liberam et privatam, ita ut vera potestate in subditos careat, ideoque possit « cohortari dumtaxat, suadere regere sua sponte et voluntate subiectos »[55], vel ad summum in foro tantum conscientiae suam potestatem exercere.

92. — I. Ecclesia est societas VERE IURIDICA non *ex pacto* hominum, sed *ex lege* eaque *divino-positiva,* ut perspicue constat ex eius natura, accedente positiva Christi *voluntate.* Sane:

1° Ecclesia ex dictis est *vera societas*; atqui vera societas concipi nequit sine *potestate* seu iure praecipiendi ex parte eorum qui praesunt, et officio obediendi ex parte eorum qui subsunt, i. e. sociorum. Ergo.

2° Ecclesia est societas *necessaria*; iamvero societas necessaria est suapte natura iuridica, quia eadem obligatione, qua socii tenentur ad finem consequendum, tenentur quoque ad ipsam societatem.

3° Ecclesia praeterea est societas vere *hierarchica*; atqui eiusmodi societas est necessario iuridica, ut patet ex ipso conceptu. Ergo.

4° Ad positivam quod attinet *voluntatem* Christi, huc spectant omnes textus sacrorum Librorum, qui clare ostendunt Christum dedisse Apostolis eorumque successoribus munus docendi, sanctificandi et regendi, amplissimam potestatem ligandi et solvendi, i. e. veram *iurisdictionem* sive *imperium*; simulque omnibus *sub poena aeternae damnationis,* praeceptum tradidisse amplectendi Ecclesiae doctrinam, recipiendi baptismum, ecclesiasti-

---

[55] Leo XIII, Encycl. « *Immortale Dei* ».

co regimini se subiiciendi. Unde: « *Qui crediderit et baptizatus fuerit, salvus erit; qui vero non crediderit, condemnabitur* » [56].

Iura sane et officia sunt correlativa. Si Apostolis eorumque successoribus traditum est *ius* sive *potestas* imperandi, ceteris eo ipso *officium* obediendi impositum est.

5° Idipsum confirmatur *doctrina* et *praxi Apostolorum, doctrina SS. Patrum, testimoniis imperatorum, doctrina et praxi Ecclesiae.*

De his omnibus infra (n. 99 ss.).

93. — II. Ecclesia est societas PUBLICA. Id evidenter constat 1° in genere, ex *fine* seu *missione* Ecclesiae quae maxime publica est; 2° ex eius *universalitate* et *necessitate* pro omnibus et singulis hominibus; 3° generatim ex argumentis modo allatis ad probandam eius naturam iuridicam [57].

Propositio III

Ecclesia est omnino distincta a societate civili eaque longe superior.

94. — *Prob.* 1° Ratione ORIGINIS, quia Ecclesia fuit immediate instituta a Christo D., ideoque est vere *divina* et *supernaturalis* tum quoad *ius* tum quoad *factum*; e contra, civilis societas derivatur quidem a Deo, sed *mediante natura,* i. e. a Deo qua auctore naturae, unde eius origo est mere *naturalis,* et quidem quoad *ius* dumtaxat.

2° Ratione FINIS; nam finis Ecclesiae est *spiritualis* et *su-*

---

[56] Marc. XVI, 15; Matth. X, 14, 15, 40; XVI, 16 ss.; XXVIII, 19; Luc. X, 16; Ioan. III, 5; XX, 21.

[57] Societatem *publicam* heic sumimus sensu vulgari, at proprio, secundum notionem alibi traditum.

Societas *publica,* proprie loquendo, non est idem ac societas *iuris publici.* Quare minus recte nonnulli auctores loquuntur.

Quaenam elementa *proprie* requirantur ad constituendam personam sive societatem *iuris publici,* gravis est controversia inter iuristas. Cfr. Deganello, *Le persone giuridiche di diritto pubblico,* p. 45 ss., Padova, 1907; Ranelletti, *Il concetto di pubblico nel diritto,* in *Rivista italiana per le Scienze Giuridiche,* fasc. 3, an. 1905, p. 337 ss.

Controversia est minoris momenti profecto. Quacumque admissa sententia, Ecclesia *in ordine suo* est procul dubio persona *iuris publici.* Cfr. Cappello, l. c., p. 146 ss.

pernaturalis, dum finis proprius societatis civilis totus continetur in ordine naturali ac temporali.

3° Ratione MEDIORUM, quia praecipua media quibus Ecclesia utitur ex Christi positiva ordinatione ad finem adipiscendum, sunt essentialiter *supernaturalia,* ut sacramenta; media, contra, quibus pollet societas civilis, sunt mere temporalia.

4° Ratione FORMAE REGIMINIS, quae in Ecclesia est *divina* et *supernaturalis,* ab ipso Christo immediate determinata; in societate civili, contra, forma regiminis a natura non est praefinita, sed relinquitur determinata factis humanis.

5° Ratione UNITATIS, UNIVERSALITATIS et NECESSITATIS, quia Ecclesia est *numerice una,* i. e. non solum ratione fidei et communionis, sed etiam ratione regiminis; et est *universalis* ac *necessaria* absolute; contra, societas civilis numerice est *multiplex,* quippe quae constare potest et reipsa constat pluribus Statibus, et est universalis atque necessaria *relative* tantum.

6° Ratione NOTARUM, quae Ecclesiae Christi propriae sunt (apostolicitas, catholicitas, unitas, sanctitas), ut certo cognosci possit [58]; quibus societas civilis caret omnino.

7° Ratione peculiaris charismatis INFALLIBILITATIS. Ecclesia enim instituta fuit a Christo infallibilis magistra tum in *definienda* doctrina revelata, tum in *quotidiano et ordinario* magisterio (cfr. can. 1323), civilis societas infallibilitate magisterii plane destituitur.

Ecclesia Christi simpliciter dicta multiplici ex capite distinguitur a Synagoga: 1° Haec erat coetus non solum sacer, sed etiam civilis; Ecclesia, contra, nulla ratione est regnum huius mundi; 2° Synagoga erat societas nationalis, Ecclesia est societas universalis; 3° Synagoga erat typus, Ecclesia est antitypus; 4° Synagoga conferebat sanctitatem legalem, Ecclesia confert sanctitatem non modo externam, sed etiam internam seu veram et perfectam.

Differunt etiam ratione *immediati* auctoris, *mediorum* et *sacerdotii* [59].

---

[58] Nomine *notae* intelligitur proprietas essentialis, quae soli verae Ecclesiae convenit eamque ut Ecclesiam Christi visibiliter manifestat Cfr. Pesch. l. c., n. 398; Wilmers, l. c., n. 274 s.; Billot, l. c., n. 123.

[59] Cfr. Franzelin, l. c., thes. 3 et 4; Pesch, l. c., n. 312; Palmieri, l. c., p. 14; Wilmers, l. c., n. 15, 6.

Propositio IV

Ecclesia est libera omnino atque independens a quacumque humana potestate.

95. — Plerique AA. [60] demonstrare solent perfectionem iuridicam Ecclesiae ex eius libertate atque independentia. At huiusmodi demonstratio, licet recte peracta, tamen, si res probe consideretur, praesertim si adversariorum errores spectentur, non videtur absoluta et perfecta. Nam plures adversarii, v. g. liberales, admittunt quidem Ecclesiam esse liberam et independentem in rebus *suis,* ut aiunt, i. e. spiritualibus, sed *plenam* et *supremam* potestatem, praesertim coactivam, ei denegant omnino.

Idcirco opportunius ducimus, duplicem propositionem demonstrandam proponere, aliam de libertate atque independentia Ecclesiae, aliam in specie de iuridica eiusdem perfectione.

96. — Deus « humani generis procurationem inter duas potestates partitus est, scilicet ecclesiasticam et civilem, alteram quidem divinis, alteram humanis rebus praepositam » [61]. Quaecumque legitima hominum societas ineatur, cum finis eius aeterna vel temporali felicitate necessario contineatur, sponte consequitur illam societatem habere finem aut fini Ecclesiae aut fini civilis societatis subordinatum, proindeque uni vel alteri supremae societati subesse (cfr. n. **70**).

Quo posito, si probetur Christum Ecclesiam suam civili societati nullatenus subdidisse, iure concludendum erit, Ecclesiam instituisse omnino *liberam* et a quacumque humana potestate *independentem.*

Sedulo notandum, aliam societatem posse ab alia pendere *directe* vel *indirecte.*

Directe dependens ea societas dicitur, quae finem habet in alterius fine contentum, adeo ut in prosecutione finis proprii potestate alterius societatis dirigenda sit, cui, cum incumbat cura totius, competat et ius singulas partes regendi. Haec igitur *directa* dependentia non adest, nisi inter duas societates quarum fines in eodem ordine continentur.

---

[60] Cfr. Chelodi, l. c., n. 16; Cavagnis, l. c., n. 206; De Luca, l. c. n. 43 s.; Biederlack, l. c., n. 37 s.; De Luise, *De iure publico seu diplomatico Ecclesiae,* p. 19 ss., Parisiis, 1877.

[61] Leo XIII, Encycl. « *Immortale Dei* ».

Indirecte autem dependens ea societas est, quae, licet in ordine suo libera sit et independens, finem tamen prosequitur alterius societatis fini subordinatum, adeo ut in prosecutione sui finis rationem habere, debeat finis societatis superioris, finem hunc scilicet tum non impediendo, tum etiam pro circumstantiis, quantum fieri possit et necessitas exigat, promovendo.

Iamvero Christus ita Ecclesiam suam instituit, ut neque *directe,* neque *indirecte* ullo modo a Statu pendeat, nempe ut prorsus libera sit atque independens. Ergo.

Paucis verbis : si Ecclesia penderet a Statu, id eruendum esset vel ex eius *natura* nempe ex *fine,* vel ex divini Fundatoris *voluntate.* Atqui id minime constat, immo ex utroque capite contrarium plane evincitur. Ergo.

97. — *Prob. I.* Ex natura Ecclesiae.

1° Finis Ecclesiae non est pars finis societatis civilis, sed ordinis longe excellentioris in se completus, immo perfectissimus, et quidem absolute ultimus. Ergo a priori dicendum, Ecclesiam neque *directe* neque *indirecte* Statui esse obnoxiam.

Imo non Ecclesia Statui, sed Status Ecclesiae indirecte subiicitur.

2° Ecclesia est *omnino distincta a societate civili eaque superior,* ut supra ostensum est. Atqui repugnat societatem ab alia omnino distinctam et superiorem, liberam non esse et ab illa, equidem inferiore, pendere.

3° Potestas Ecclesiae est *spiritualis* et *supernaturalis*; iamvero absurdum est, eiusmodi potestatem subesse Statui, i. e. societati ordinis temporalis et mere naturalis, deficiente debita proportione sive aptitudine inter finem unius societatis et finem alterius. Perinde foret profecto ac si caelestia a terrenis, divina ab humanis penderent.

4° Imo non solum potestas laica non est proportionata fini spirituali et supernaturali Ecclesiae consequendo, i. e. hominum sanctificationi ac vitae aeternae, sed ulterius, perspecta humana infirmitate atque malitia, illius consecutionem impedire potest, et reipsa, texte experientia, impedit. Unde fini Ecclesiae adipiscendo minus apte consultum fuisset *ex Dei ordinatione,* si potestas ecclesiastica subiiceretur civili auctoritati.

Nec valet supponere, ut quidam aiunt, Christum speciali providentia sanasse subiectum huius auctoritatis, ut aptum fieret ad exercendam etiam potestatem spiritualem. Id enim factum fuisse neque ex S. Scriptura neque ex Traditione constat; imo contrarium liquet tum ex historia tum ex ipso Evangelio, ubi persecutiones principum adversus Christi asseclas praedicuntur: « *Tradent enim vos in conciliis, et in synagogis suis flagellabunt vos: et ad praesides et ad reges ducemini propter me* » [62].

5° Ecclesia est *una* et *universalis*; atqui si ipsa a Statu penderet, talis profecto non esset, cum tot haberentur Ecclesiae *nationales,* quot sunt Status. Ergo.

Nec dicas, etiam admissa dependentia a principe civili, Ecclesiam remanere unam et universalem « ratione finis et mediorum, sive ratione fidei, sacramentorum et caritatis », ut aiunt quidam AA. [63]. Id nullatenus sufficit; nam Ecclesia, ex Christi institutione, est una non solum specifice, sed etiam numerice; porro ad constituendam numerice unam societatem, requiritur unitas regiminis.

6° Ecclesia est *perpetua* et *indefectibilis*; atqui si potestati civili esset obnoxia, huius mutationibus et variationibus necessario subiiceretur, seu eius perpetuitas sive indefectibilitas plane evanesceret. Ergo.

7° Accedit manifesta confirmatio ex *facto* ipso, i. e. ex *sufficientia mediorum*. Ecclesia enim habet *in se* omnia media ad suum finem consequendum: nulla igitur est ratio intrinseca dependentiae ab alia societate.

98. — *Prob. II*. Ex positiva voluntate Christi.

Christus D. liberam atque independentem omnino instituere voluit Ecclesiam suam eamque ut talem revera instituit.

Praecipua tantum referenda ducimus testimonia.

« *Tu es Petrus et super hanc petram aedificabo Ecclesiam meam. Tibi dabo claves regni caelorum: et quodcumque ligaveris super terram, erit ligatum et in caelis: et quodcumque solveris super terram, erit solutum et in caelis* » [64].

Ecclesia dicitur fundata super Petrum; iamvero, si potestas ecclesiastica penderet a civili potestate, esset fundata super reges, non autem super Petrum. Dicitur Petrus ligare et solvere *omnia* sua auctoritate; atqui si ecclesiastica potestas civili esset obnoxia, non Petrus, sed rex ligaret aut solveret.

---

[62] Matth. X, 17 s.

[63] Cfr. Cappello, l. c., p. 64; Cavagnis, l. c., n. 210; Biederlack, l. c., n. 39.

[64] Matth. XVI, 18, 19.

« *Amen dico vobis*: *quaecumque alligaveritis super terram erunt ligata et in caelo, et quaecumque solveritis super terram erunt soluta et in caelo* »[65].

Etiam hic Apostoli dicuntur ligare et solvere propria auctoritate, independenter a beneplacito civilis societatis; iamvero id minime dici posset nisi Ecclesia esset omnino libera et independens a laica potestate.

« *Pasce agnos meos ... pasce oves meas* »[66]. Christus hisce verbis committit Petro munus pascendi gregem, i. e. regendi fideles libere et independenter omnino a quavis potestate humana.

99. — *Prob. III.* Ex SS. Patribus.

Gregorius N. ait: « *Quid autem vos, principes et praefecti? ... Nam vos quoque imperio meo et throno lex Christi subiicit. Imperium enim nos quoque gerimus; addo etiam praestantius et perfectius; nisi vero aequum sit spiritum carni, et caelestia terrenis cedere* »[67].

S. Gelasius Pontifex docet: « *Duo sunt, imperator Auguste, quibus principaliter mundus hic regitur: auctoritas sacra Pontificum et regalis potestas ... Nosti etenim, fili clementissime, quod liceat praesideas humano generi dignitate, rerum tamen Praesulibus divinarum devotus colla submittis, atque ab eis causas tuae salutis exspectas ...* »[68].

S. Athanasius haec habet: « *Si namque illud Episcoporum decretum est, quid illud attinet ad imperatorem? Si imperatoriae minae sunt, quid opus hominibus nuncupatis Episcopis? Quandonam a saeculo res huiusmodi audita est? Quandonam Ecclesiae decretum ab Imperatore accepit auctoritatem, aut pro decreto illud habitum est?* »[69].

S. Ioannes Damascenus egregie tradit: « *Penes imperatores potestas non est, ut Ecclesiae leges sanciant. Attende quid dicat Apostolus: Et quosdam quidem posuit doctores ad perfectionem Ecclesiae* (I Cor. XII, 28). *Ad imperatores spectat recta reipublicae administratio: Ecclesiae regimen ad pastores et doctores. Eiusmodi invasio latrocinium est, fratres* »[70].

---

[65] Matth. XVIII, 18.
[66] Ioan. XXI, 15, 16, 17.
[67] Orat. 17 ad civ. nation., n. 8; Migne, *P. G., XXXV*, 975.
[68] Ad Imp. Anast.; Migne, *P. L., LIX*, 42.
[69] *Hist. arian. ad monach.*, n. 5; Migne, *P. G.* XXV, 775.
[70] Orat. 2ª de imag., n. 12; Migne, *P. G.*, XCIV, 1925.

S. GREGORIUS M. ait: « *Idcirco Ecclesiae praefecti sunt Pontifices a reipublicae negotiis abstinentes, ut imperatores similiter ab ecclesiasticis abstineant et quae sibi commissa sunt, capessant* » [71].

S. AMBROSIUS sic Valentinianum alloquitur: « *Allegatur Imperatori licere omnia, ipsius esse universa. Respondeo: Noli te gravare, imperator, ut putes te in ea quae divina sunt, imperiale aliquod ius habere. Noli te extollere, sed si vis diutius imperare, esto Deo subditus. Scriptum est: Quae Dei, Deo, quae Caesaris, Caesari. Ad imperatorem palatia pertinent, ad sacerdotem Ecclesiae. Publicorum tibi moenium ius commissum est, non sacrorum* » [72].

100. — *Prob. IV.* EX PRAXI APOSTOLORUM.

Apostoli Ecclesiae libertatem et omnimodam independentiam a civili societate semper asseruerunt ac strenue vindicarunt.

Re quidem vera:

1. Ipsi in ordinanda Ecclesia, quoad leges condendas, veritates docendas, disciplinam proponendam, minime consensum petierunt *a Synagoga*: imo, ipsa contradicente, id egerunt. Hinc neminem latet, quot persecutiones Ecclesia passa sit a suis iam incunabulis.

2. Apostoli hanc agendi rationem secuti sunt non modo in Palaestina, verum etiam *in universo orbe,* non solum quoad Synagogam, sed quoad *omnes principes ac reges terrae*; nimirum aut invita, aut inscia civili societate, Evangelium praedicaverunt et particulares Ecclesias fundarunt.

101. — *Prob. V.* EX CONSTANTI AC UNIVERSALI AGENDI RATIONE ECCLESIAE.

1° Ecclesia per tria saecula restitit tyrannidi Imperatorum Urbis, atrocissima tormenta sustinuit, mortes acerbissimas perpessa est. Iamvero haec agendi ratio quomodo explicari posset, nisi ipsa libera et prorsus independens esset a civili potestate?

2° Quoties Imperatores voluerunt se immiscere in negotiis ecclesiasticis, v. g. aevo medio occasione controversiae de *investituris*; item decursu saeculorum, quoties alii abusus irrepsere ex

---

[71] Migne, *P. L.* XXXV, 964.
[72] Epist. 20, n. 19; Migne, *P. L.* XVI, 1041.

parte principum circa spiritualem potestatem, Ecclesia suam libertatem atque independentiam strenue vindicavit.

3° Ecclesia igitur ab initio usque ad nostra tempora independenter sese gessit a civili potestate suamque libertatem plenam et absolutam semper proclamavit ac tuita est. Iamvero si Ecclesia esset *de iure* dependens a civili potestate, per viginti saecula errasset, quod absonum est. Ergo.

102. — *Prob. VI*. Ex testimoniis Imperatorum christianorum.

Christiani Imperatores et verbis et factis agnoverunt omnimodam Ecclesiam independentiam.

Constantinus M. episcopis arianis supplicem libellum exhibentibus, ut refert Rufinus [73], respondit : « *Deus vos constituit sacerdotes, et potestatem vobis dedit nobis quoque iudicandi, et ideo nos a vobis recte iudicamur; vos autem non potestis ab hominibus iudicari* ».

Honorius ait : « *... Cum si quid de causa religionis inter antistites ageretur, episcopale oportuerit esse iudicium; ad nos spectat religionis obsequium* » [74].

Nimis longum esset referre exempla et verba imperatorum et regum, post Constantinum, Theodosium, Carolum M., qui hanc Ecclesiae libertatem explicite vel saltem implicite, i. e. factis, agnoverunt [75].

103. — *Prov. VII*. Ex magisterio Ecclesiae.

1° Celebris est Constitutio Ioannis XXII « *Licet* », 23 oct. 1327, contra errores Marsilii Patavini et Ioannis de Ianduno, qua asseritur et vindicatur expresse plena Ecclesiae independentia a civili potestate.

2° Innumera sunt documenta, quibus RR. Pontifices disertis verbis libertatem atque independentiam Ecclesiae vindicarunt, abusus laicae potestatis reiicientes et varios errores solemniter condemnantes, praesertim adversus *R. Placet* et *Exsequatur*.

V. g. Constitutio « *Nova semper* » Clementis XI, 29 novembris 1714; « *Accepimus* » eiusdem Pontificis, 11 ian. 1715; « *Pastoralis regiminis* » Benedicti XIV, 30 mart. 1742; « *Pateretur* » Clementis XIII, 25 iun. 1766;

---

[73] *Hist. eccl.*, lib. I, c. 2.
[74] Ep. ad fratrem Arcadium Orientis imp.
[75] Cfr. Tarquini, l. c., n. 45; Cavagnis, l. c., n. 224; Rivet, l. c., p. 60.

« *Alias ad Apostolatus* », 10 ian. 1768, eiusdem Pontificis; « *Probe nostis* », Pii IX, 9 maii 1853; « *Iamdudum* » Pii X, 24 maii 1911.

3° In Syllabo Pii IX sequentes propositiones damnatae reperiuntur: « *Civilis potestatis est definire quae sint Ecclesiae iura ac limites, intra quos eadem iura exercere queat* » (n. 19ᵃ).

« *Ecclesiastica potestas suam auctoritatem exercere non debet absque civilis gubernii venia et assensu* » (n. 20ᵃ).

4° Id luculenter confirmat Codex, v. g. in cc. 100, § 1, 109, 120, 121, 146, 196, 215, § 1, 218, § 2, 265, 1160, 1260.

In can. 1322, § 2: « Ecclesiae, *independenter a qualibet civili potestate,* ius est et officium gentes omnes evangelicam doctrinam docendi ».

In can. 1495, § 1: « Ecclesia catholica et Apostolica Sedes nativum ius habent, *libere et independenter a civili potestate,* acquirendi retinendi ... ».

In can. 1496: « Ecclesiae ius quoque est, *independens a civili potestate,* exigendi a fidelibus ... ».

In can. 2214, § 1: « Nativum et proprium Ecclesiae ius est, *independens a qualibet humana auctoritate,* coercendi delinquentes ... ».

In cc. 2333, 2334, 2390, gravissimis poenis plectuntur, qui libertatem atque independentiam Ecclesiae laedunt.

Propositio V

Ecclesia est societas suprema [76].

Sensus est, Ecclesiam esse omnium societatum maximam, excellentissimam, nobilissimam, adeo ut nulla societas in mundo exsistat vel exsistere possit, quae sit maior, excellentior aut nobilior Ecclesia.

104. — *Prob.* Ex NATURA *seu* FINE ECCLESIAE.

Finis Ecclesiae ultimus (cfr. n. **81**) est *vita aeterna,* quae consistit in visione et possessione Dei, summi boni, ipsius nempe *Veritatis* et *Bonitatis.* Atqui huiusmodi finis est profecto supremus,

---

76 Cfr. Cappello, l. c., p. 65 ss.; Liberatore, l. c., p. 24 ss.; Cavagnis, l. c., n. 206; Tarquini, l. c., n. 43; Pesch, l. c., n. 380; Wilmers, l. c., n. 83; Palmieri, l. c., p. 115 ss.; De Luca, l. c., n. 43.

cum ad eum omnia referantur eoque nobilior excogitari nequeat. Finis determinat societatis naturam.

Ergo Ecclesia, quae habet finem excellentissimum et nobilissimum atque idcirco vere proprieque supremum, est societas suprema.

Etiam ratione *originis* et *sacramentorum,* praesertim SS. Eucharistiae, Ecclesia est nobilissima et excellentissima.

Propositio VI

Ecclesia est societas iuridice perfecta [77].

Sensus est, Ecclesiam esse societatem *in se* completam, plenam et omnimoda autonomia praeditam, supremum principatum et imperium habere, ideoque iura vere maiestatica seu regalitatis (vulgo *sovranità*) tam interna quam externa possidere.

105. — *Prob. I*. Ex natura Ecclesiae.

1° Ecclesia est societas *omnino libera* atque *independens* ab omni humana potestate, uti probatum fuit; atqui omnis societas libera et independens est reductive perfecta, quia si non esset perfecta, foret necessario imperfecta, et qua talis subiiceretur natura sua alteri societati. Ergo.

2° Ecclesia est societas *suprema;* atqui eiusmodi societas non potest esse incompleta seu imperfecta, sed necessario qua suprema est completissima et perfectissima. Ergo.

3° Ecclesia est *regnum* non utique temporale, sed spirituale; atqui regnum concipi nequit sine *supremo* principatu sive imperio, i. e. nisi sit societas iuridice perfecta. Ergo.

106. — *Prob. II*. Ex voluntate divini Institutoris.

Duplici via haec veritas probari potest; vel *absurditatem demonstrando* propositionis contrariae, vel *positiva* testimonia afferendo eiusmodi divinae voluntatis.

Absurdum est asserere, Christum noluisse Ecclesiam constituere societatem perfectam. Re quidem vera, si Ecclesia non esset

---

[77] Cfr. Cappello, l. c., p. 68 ss.; Tarquini, l. c., n. 42 ss.; Cavagnis, l. c., n. 206 ss.; eiusdem, *Della natura di società giuridica e pubblica competente alla Chiesa,* p. 8 ss.; Palmieri, l. c., p. 115 ss.; Wilmers, l. c., n. 78 s.; De Luca, l. c., n. 42 ss.; Paquet, l. c., p. 52 ss.; Moulart, l. c., p. 43 ss.

perfecta, necessario esset imperfecta ideoque non haberet in se omnia media quae ad finem consequendum sufficerent, sed iisdem *vel* omnino careret *vel* ab alia societate, i. e. civili, mutuare deberet.

Hinc: *a*) recta Ecclesiae administratio foret aut impossibilis omnino aut precaria; *b*) eiusdem unitas pro varietate consiliorum tum privatorum hominum tum maxime variarum societatum civilium in perpetuo discrimine versaretur; *c*) per tria priora saecula atque etiam hodie in regionibus infidelium Ecclesia suis ipsa hostibus dedita fuisset et esset.

Unde, nisi Christus Ecclesiam suam constituisset societatem perfectam, non bene, imo pessime eidem providisset. Atqui id blasphemum est. Ergo.

Ecclesia est *Sponsa* Christi, eius *civitas, grex, ovile, regnum.* Porro si Ecclesia non esset societas perfecta, Christus vel inanem voluntatem ostendisset vel admodum imperfecte eidem consuluisset. Atqui utraque hypothesis absurda es. Ergo.

\Positiva testimonia* manifesto evincunt, Christum Ecclesiam suam vere et proprie societatem perfectam constituisse.

Huc spectant omnia testimonia supra allegata (n. 84).

Sane Christus constituit in Ecclesia magistratus proprios, eisque dedit plenam et perfectam potestatem, amplissimis quidem verbis expressam, quae omnia media ad finem consequendum necessaria certissime complectitur; haec potestas Ecclesiae tam excellens, ampla et suprema est, ut inter ipsam et potestatem caelestem nulla alia sit media [78].

107. — *Prob. III.* Ex Traditione.

1° SS. Patres docent, *plenitudinem principatus ac potestatis* ad Ecclesiam regendam in proprio eius magistratu esse, nempe in Episcopis.

S. Ignatius docet: « *Quid aliud est Episcopus quam is, qui omnem principatum ac potestatem in Ecclesia obtinet?* » [79].

2° Affirmant, in Ecclesia esse *verum imperium* et quidem non modo praestantius civili, verum etiam *perfectius.*

S. Gregorius Naz. ait: « *Te quoque, imperator, imperio meo et throno lex christiana subiicit. Imperium enim et nos quoque Episcopi gerimus: addo etiam praestantius et perfectius* » [80].

3° Docent, praeter magistratus ecclesiasticos, neminem prorsus in Ecclesia quidquam posse, licet rex aut imperator sit.

---

[78] Cfr. Matth. XVI, 18, 19; XVIII, 19, 20.
[79] Epist. ad Trull.; Migne, *P. G.*, XX, 430.
[80] Orat. 17 ad Theodos.: Migne, *P. G.*, XXXV, 970.

S. Ioannes Damascenus haec habet: « *Ne tentes, imperator, ecclesiasticum statum dissolvere. Ait enim Apostolus: « Quosdam quidem posuit Deus in Ecclesia Apostolos, quosdam autem Prophetas, alios vero Evangelistas ... non autem dixit reges* » [81].

S. Ambrosius tradit: « *Ecclesia Dei est, Caesari utique non debet addici, quia ius Caesaris esse non potest Dei templum ... Imperator enim intra Ecclesiam, non supra Ecclesiam est* » [82].

108. — *Prob. IV.* Ex praxi Apostolorum.

Apostoli in fundandis Ecclesiis, in doctrina proponenda, in legibus condendis, ita se gesserunt, ut apertissime ostenderint Ecclesiam Christi esse vere societatem perfectam.

109. — *Prob. V.* Ex agendi ratione Ecclesiae.

1° Ecclesia ab ipsis primordiis usque ad hunc diem, plenam potestatem legiferam, iudiciariam et coactivam, potestatem nempe quae soli perfectae societati competit sibi vindicavit, eamque unanimi pastorum et populi consensu, admirabili constantia ac fortitudine tuita est, contra adversariorum quascumque impugnationes.

Martyres non solum suae conscientiae libertatem, effusione sanguinis, fortiter vindicarunt, sed ipsa quoque iura societatis, cui adhaerebant, strenue defenderunt.

2° Praefatam potestatem Ecclesia semper de facto exercuit, tum in Conciliis particularibus et oecumenicis, tum extra. Hinc innumerae leges, plurimi canones, longa decretorum series, corpus iuris canonici, Codex nuperrime promulgatus.

Quae omnia luculentissime ostendunt Ecclesiae supremum imperium competere, i. e. eam esse perfectam societatem.

110. — *Prob. VI.* Ex testimoniis et agendi ratione principum et imperatorum.

1° Praeter supra allegata (n. **103**), quaedam alia referenda ducimus.

Iustinianus imp. decernit [83]: « Maxima quidem in hominibus sunt dona Dei a suprema collata clementia, *sacerdotium* videlicet et *imperium*; et *illud* quidem *divinis ministrans*, hoc autem

---

81 *Orat.* 1 et 2 *de imag.*: Migne, P. G., XCIV, 1294 s.
82 Epist. 21, n. 35; Migne, *P. L.*, XVI, 1061.
83 Novell. 6.

humanis praesidens ac diligentiam exhibens; ex uno eodemque principio utraque procedentia exornant vitam ».

Unde sicut princeps quoad res humanas suprema pollet potestate, ita sacerdos supremum habet imperium quoad res divinas.

BASILIUS imp. in Synod. VIII laicos ita alloquitur: « Nullo modo vobis licet de ecclesiasticis causis sermonem movere. Haec enim investigare, patriarcharum, pontificum et sacerdotum est, qui regiminis officium sortiti sunt et caelestes adepti sunt claves; non nostrum, qui pasci debemus » [84].

Complura alia testimonia, brevitatis causa, omittimus [85].

2° Principes sua agendi ratione manifeste agnoverunt Ecclesiam ut societatem perfectam. Sane, ut utamur verbis Leonis XIII: « Quin etiam *opinione* et *re* auctoritatem Ecclesiae probarunt ipsi viri principes, rerumque publicarum gubernatores, ut qui paciscendo, transigendis negotiis, mittendis vicissimque accipiendis legatis, atque aliorum mutatione officiorum, agere cum Ecclesia tamquam cum *suprema* potestate legitima consueverunt » [86].

111. — *Prob. VII.* EX DECLARATIONIBUS MAGISTERII ECCLESIASTICI.

1° In Const. dogmatica « *Licet* » Ioannis XXII, 23 oct. 1327, adversus Marsilium Patavinum, defenditur, in genere, Ecclesiae independentia a potestate imperiali; in specie autem Ecclesiae vindicatur ius potestatis coactivae etiam quoad vim materialem, quod maxime proprium est societatis perfectae. Marsilius, qui haec negabat, damnatur ut haereticus.

2° *Pius VI* proscripsit ut haereticas propositiones synodi Pistoriensis negantes plenam et externam iurisdictionem ecclesiasticam [87].

3° In Syllabo *Pii IX* damnatur error: « Ecclesia *non est vera perfectaque societas*, plane libera ... » [88].

---

[84] Orat. in Conc. VIII, act. X; Labb., vol. VIII, col. 1134.

[85] Cfr. Roskovány, *Collectio monumentorum de potestate R. Pontificis*, rubr. *Pontificatus et imperium*, Nitriae 1867-1876; Baron, ad an. 1162, n. 10; Tarquini, l. c., n. 45; Cavagnis, l. c., n. 224; De Luca, l. c., n. 45; Hammerstein, l. c., p. 46.

[86] Encycl. « *Immortale Dei* ».

[87] Const. « *Auctorem fidei* », 28 aug. 1794, prop. 4 et 5; Denzinger, *Enchiridion*, etc., Romae 1909, n. 1367 s.

[88] Syll. n. 19; cfr. etiam nn. 20, 26, 41, et Encycl. « *Quanta cura* ». 8 dec. 1864; Denzinger, l. c., nn. 1538, 1567, 1568, 1569, 1587.

4° *Leo XIII* in Encycl. « *Immortale Dei* » de Ecclesia docet : « *Societas est genere et iure perfecta,* cum adiumenta ad incolumitatem actionemque suam necessaria, voluntate beneficioque Conditoris sui, omnia in se et per se ipsa possideat ».

5° *Pius X* eamdem veritatem in pluribus documentis docuit, v. g. in Encycl. « *E supremi* », 4 octobris 1903, « *Vehementer nos* », 11 febr. 1906, et in Alloc. « *Gravissimum* », 21 febr. 1906.

6° *Benedictus XV* in Bulla promulgationis Codicis declarat Ecclesiam esse « ita a Conditore Christo constitutam, ut *omnibus instructa esset notis quae cuilibet perfectae societati congruunt* ».

7° *Pius XI* hanc doctrinam expresse tradit in Encycl. « *Ubi arcano* », 23 dec. 1922, hisce verbis : « In eo dignitatis gradu statuitur Ecclesia, in quo a suo ipsius Auctore collocata fuit, *perfectae societatis* ».

8° In Codice plures canones continentur (cfr. n. **103**), quibus Ecclesiae vindicatur plena et suprema potestas legifera, administrativa, iudiciaria et coactiva, ea nimirum potestas, quae solius societatis perfectae propria est [89].

---

[89] Quaerunt theologi et canonistae, utrum Synagoga fuerit, an non, societas perfecta.

Synagoga duplici sub respectu considerari potest: qua societas religiosa, et qua societas civilis. Utroque sensu dici potest, perfecta. Perfecta ut societas religiosa; quia finem ultimum prosequebatur, et quidem necessario pro Hebraeis: perfecta ut societas civilis, quia a Deo ipso specialiter constituta fuerat pro regimine externo civili, ita ut non solum religionem curaret, sed bonum quoque temporale prosequeretur; unde erat societas perfecta civilis, sicuti perfectae sunt omnes civiles societates in mundo existentes.

Item quaerunt, num Ecclesia Dei penes populum hebraeum *ante Moysen,* fuerit necne societas perfecta.

Tempore patriarcharum, Ecclesia Dei non erat societas perfecta, penes populum electum, licet religio necessario esset colenda et quaedam forma specialis cultus adhiberetur. Ad veram enim societatem habendam, i. e. iuridicam, requiritur auctoritas imperans, quae ius habeat praecipiendi et cui omnes teneantur subiici. Iamvero Ecclesia Dei, ante Moysen, apud populum hebraeum, habebat utique finem idest vitam aeternam capessendam, media quaedam, licet imperfectissima, membra nempe socios, sed deerat auctoritas legitime constituta, quae praeciperet et cui ceteri parere tenerentur. Ergo.

Idem dicendum de Ecclesiae Dei *penes alios populos,* ante Christi adventum. Omnes populi debebant profecto religionem colere. Unde historice constat apud omnes gentes aliquam religionem semper viguisse. Tamen ne-

Articulus III

De methodo demonstrationis adhibenda cum adversariis

Demonstratio, quam hucusque exposuimus de natura Ecclesiae, respicit catholicos, eos nempe qui divinam revelationem admittunt.

Cum adversariis qui S. Scripturam ac Traditionem reiiciunt, alia quidem via tenenda est, sed ea quoque clare et manifeste demonstratur perfectio iuridica Ecclesiae.

112. — *Prob. I.* Ex natura Ecclesiae, prout de facto exsistit.

Exsistentia Ecclesiae eiusque vita socialis est *factum*, quod profecto negari nequit, factum nempe *historicum, externum, visibile, manifestum,* quod neminem latet, nec latere potest.

1° Certissimum est, exsistere in mundo quandam congregationem hominum, qui eamdem fidem profitentur, iisdem sacramentis utuntur, iisdem pastoribus subsunt; quae congregatio dicitur *Ecclesia,* eiusque membra vocantur *christiani* seu *catholici.*

2° Item certissimum est, huiusmodi hominum congregationem sive *Ecclesiam* iam a suis exordiis veram potestatem exercuisse, legiferam quidem, iudiciariam et coactivam, independenter a civili auctoritate, imo, contra principum et magistratuum intrusiones, suam libertatem atque independentiam strenue constanterque vindicasse.

3° Quare inde ab incunabulis Ecclesia praescriptiones tulit, praecepta fidei morumque edidit, disciplinam ordinavit, leges condidit, iudicia exercuit, poenas irrogavit, bona temporalia possedit,

---

que iure naturali neque iure positivo specialis auctoritas fuerat constituta, cui rerum sacrarum procuratio esset commissa. Quare, deficiente legitima potestate, deerat quoque societas perfecta.

Demum quaeritur, an, *post adventum Christi,* societas religiosa, *apud populos infideles,* sitne iuridice perfecta.

Negative respondendum. Christus enim instituit Ecclesiam suam tamquam medium absolute necessarium omnibus et singulis hominibus pro vita aeterna adipiscenda. Inde consequitur ipsam tantummodo habere ius exsistendi et homines ad finem religiosum ordinandi, ceteras omnes societates religiosas esse iuridice illegitimas.

Cfr. Palmieri, l. c., p. 9 ss.; Billot, l. c., p. 101 ss.; 151 ss.; Wilmers, l. c., n. 305.

etc. : hinc canones Conciliorum, constitutiones sive decretales RR. Pontificum, *Corpus iuris canonici,* tandem *Codex iuris canonici* nuperrime promulgatus.

Hoc est *factum* historice certissimum, quod ipsi adversarii admittere debent, cum negari nullatenus queat. Unde Ecclesia *iam a viginti saeculis* exsistit in *mundo,* et quidem *tamquam suprema auctoritas* in rebus divinis, i. e. in iis omnibus quae ad sanctificationem et salutem hominum spectant.

Huiusmodi *factum* habet *iuridice* valorem *maximum, decisivum* et *peremptorium.* Agitur sane de iuridica possessione, non utique centenaria tantum, sed millenaria et ultra. Porro omnes norunt, possessionem centenarium et immemorabilem constituere iuris titulum « meliorem de mundo », ut aiunt iuristae [1].

Quod factum maiorem adhuc obtinet vim et efficaciam ex peculiaribus adiunctis, naviter attendendis.

Ecclesia sane diffunditur in totum orbem: martyres, effuso sanguine, haud minus conscientiae quam libertatem Ecclesiae defendunt; haec omnibus armis innumerisque certaminibus impugnatur. At incassum profecto. Ecclesia, hostibus universis profligatis, tot dynastiis politicis et regnis mundanis superstes exsistit. Hoc factum explicari nullo modo potest, nisi admittatur, *exsistentiam* Ecclesiae eiusque *potestatem* esse *legitimam,* et quidem speciali Dei auxilio instructam.

Idque magis elucet, si consideretur, leges ab Ecclesia latas obesse vitiis et passionibus, nova atque inaudita praecepta, v. g. de caritate erga proximum, de mortificatione fovenda, de castimonia sectanda, complecti; praeterea, si consideretur, populos, diversos quidem et lingua et moribus atque conditione, Ecclesiam agnoscere eiusque legibus parere; demum, si attendatur, non solum mulierculas, plebem rudem et indoctam, sed viros doctissimos, magistratus, principes et imperatores Ecclesiae auctoritati se ultro subiicere.

113. — *Prob. II.* Ex TESTIMONIIS ET AGENDI RATIONE PRINCIPUM.

1° Ecclesiam qua societatem iuridicam agnoverunt imperatores Constantinus M., Honorius, Theodosius, Iustinianus, etc.

2° Qua talem eam agnoscunt celebre edictum Longobardorum, leges *carolingicae,* quas vocant, et generatim universae nationum leges medii aevi [2].

---

[1] Id equidem admittunt ipsi laici scriptores, qui amore veritatis ducti atque ideo praeiudiciis in Ecclesiam sepositis, sincera anima doctrinam iuridicam tradunt.

Calisse (*Diritto ecclesiastico,* p. 158, Firenze, 1902) ait: « *La Chiesa deve considerarsi quale di fatto essa è* ».

[2] Cfr. Calisse (l. c., p. 159 s.), qui ait: « Anche nelle leggi medioevali

3° Ius romanum recognoscit *leges* ab Ecclesia conditas earumque observantiam magnopere inculcat ac tuetur. Atqui *lex* ferri non potest nisi a legitima potestate. Ergo [3].

Imo nonnullae leges ecclesiasticae acceptantur tamquam *leges* civiles, adeo ut etiam in foro saeculari obligent omnino. V. g. *Iustinianus* statuit: « Sancimus *vim legum obtinere* sacros ecclesiasticos canones in sanctis quatuor Synodis expositos et confirmatos ».

4° Plerique Codices moderni ius canonicum admittunt vel tamquam fontem *principalem,* in quibusdam praesertim materiis, vel saltem tamquam fontem *accessorium* et *subsidiarium.*

5° Supremi rerum publicarum moderatores complura concordata inierunt, decursu saeculorum, cum Sede Apostolica, quae concordata ad instar pactorum internationalium habentur [4].

Huiusmodi agendi ratio Statuum est manifesta recognitio, explicita vel saltem implicita, *personalitatis iuridicae* Sedis Apostolicae atque Ecclesiae catholicae erga ceteras societas, eiusque *supremae* potestatis.

Anzilotti egregie docet: « La Chiesa cattolica ha una personalità anche nel diritto internazionale; personalità che si manifesta specialmente con la stipulazione di Concordati e con l'esercizio del diritto di legazione a mezzo del suo organo supremo, la Santa Sede » [5].

6° Ecclesiae et Sedi Apostolicae expresse agnoscitur *personalitas iuridica internationalis* tum a iuristis [6] tum a plerisque

---

si ha qualche accenno a considerare la Chiesa come *una società universale dotata di capacità giuridica*; già l'editto longobardo la riconosce *tutta quanta* (la società) sottoposta alla giurisdizione del Pontefice ».

[3] Novell. 131, cap. 1.

[4] Cfr. *Raccolta di Concordati su materie ecclesiastiche tra la S. Sede e le autorità civili*, Roma, Tip. Vaticana, 1919, ubi referuntur conventiones inter sacram civilemque potestatem initae ab an. 1098 usque ad an. 1914.

His accenseri debent recentissime inter S. Sedem et Gubernia civiles Conventiones, de quibus vide Restrepo, *Concordata regnante SS. D. Pio XI inita*, Romae, 1934.

[5] *Corso di diritto internazionale*, I, p. 140, Roma, 1928.

[6] Cfr. Cappello, *La posizione internazionale della Chiesa cattolica e della S. Sede*, in *Civiltà Cattolica*, 1926, q. 1825, p. 27 ss.

Personalitatem iuridicam internationalem Ecclesiae agnoscunt A. Chrétien, De Olivast, Kohler, Pillet, Thillimore, Heffter, Nys, Corsi, Anzillotti, Jemolo, Diena, etc.

Cfr. etiam Fiore, *Trattato di diritto internazionale pubblico*, p. 521 ss., ed. 3ª; Castellari, *La S. Sede*, vol. II, p. 540; Calisse, l. c., p. 161, 453; Imbart-Latour, *La Papauté*, cap. 8, p. 70, Paris, 1893; Bompard, *Le Pape et le droit des gens*, p. 14 ss., Paris 1888; Contuzzi, *Diritto internazionale*

modernis Codicibus, v. g. a Codice Anglico, Hisp., Austr., a Gubernio italico in *Pactis Lateranensibus* diei 11 febr. 1929, etc.

Tractatus Lateranensis, in art. 2, haec habet: « *L'Italia riconosce la sovranità della S. Sede nel campo internazionale come attributo inerente alla sua natura*, in conformità alla sua tradizione ed alle esigenze della sua missione nel mondo ».

Itaque concludendum cum ipsis scriptoribus iuris publici internationalis, qui doctrina et animi sinceritate praestant, *Ecclesiam catholicam* eamque solam (non autem sectas schismaticas sive heterodoxas) esse *veram personam externam, visibilem, publicam* et vere *iuridicam* [7].

114. Consectaria. — Ex eo quod Ecclesia est societas iuridice perfecta, i. e. summus principatus, haec sponte sequuntur:

1° Ipsa habet *plenam, independentem supremam* potestatem in *subditos,* (« *sovranità* » interna).

2° Habet perfectam *personalitatem* iuridicam erga alias societates (« *sovranità* » externa, internationalis) [8].

3° Quam personalitatem *ex ipsa sua natura* habet, antecedenter et independenter a concessione vel recognitione principum civilium (cfr. can. 100, § 1, 1495, § 1).

4° Caput Ecclesiae, i. e. R. Pontifex est vero proprioque sensu Princeps (cfr. can. 218, § 2, 1556).

---

pubblico, p. 25, Milano, 1905; Cappello, *Chiesa e Stato,* p. 141 ss., 225 ss.; Trezzi, *La posizione giuridica della S. Sede nel diritto internazionale,* p. 53 ss.; Iannaccone, *La personalità giuridica internazionale della Chiesa,* in *Diritto ecclesiastico,* luglio-agosto 1930; Le Fur *Le Saint-Siège et le droit des gens,* p. 20 ss.

[7] Fiore (op. cit., vol. I, lib. 1, p. 47) docet: « *La Chiesa cattolica è una vera persona giuridica nel diritto internazionale ... Essa sola, e non le altre chiese, è una vera persona giuridica secondo i principii di diritto internazionale* ».

[8] « La parola *sovranità* significa che la potenza o società sovrana è la *più alta nel suo genere,* ossia, in altri termini, che esclude nella propria sfera giuridica, secondo il concetto esattissimo di Leone XIII nella citata Enciclica, ogni autorità *dello stesso ordine.* Perciò la sovranità non è concetto assoluto, ma relativo; essa non impedisce alla Chiesa ed allo Stato di sussistere, l'uno accanto all'altra, nello stesso territorio, di governare gli stessi sudditi, perchè diverso è il fine delle due società, diverso è l'oggetto a cui si riferisce l'esercizio della giurisdizione, diverso e ben distinto è il campo giuridico in cui ciascuna può e deve esercitare la propria azione ». Cappello, *La posizione internazionale della Chiesa cattolica e della S. Sede,* in *Civiltà Cattolica,* 1926, q. 1825, p. 35.

5° Gaudet, consequenter, iure legationis activae et passivae (cfr. can. 265).

6° Inire potest conventiones diplomaticas (cfr. canones 3, 1471), aliaque id genus agere valet.

Suprema potestas seu regalitas, competens ex ipso iure divino Ecclesiae catholicae et Sedi Apostolicae sive R. Pontifici, de qua huc usque, nullatenus confundenda est cum regalitate, quae ad R. Pontificem spectat in quantum est Princeps civilis seu Caput Status ex Pactis Lateranensibus noviter constituti, i. e. Civitatis Vaticanae.

Illa regalitas est *spiritualis* et *ex iure* divino profluit eoque unice regitur; haec, contra, est *politica* et generalibus iuris internationalis principiis regitur, quamvis requisita ad plenam et absolutam independentiam R. Pontificis a quavis humana auctoritate quod attinet, cum fundamento in ipso iure divino.

Nullius momenti, ad rem nostram quod spectat, est disputatio iuristarum de *fundamento* personalitatis Ecclesiae catholicae, iure internationali perspecto.

Articulus IV

Obiectiones

contra naturam iuridicam Ecclesiae

115. — *Ob. I.* Ecclesia est societas in ordine religioso, non autem in ordine iuridico externo, qui totus subiicitur civili potestati. Ergo iuridice perfecta dici nequit.

R. Ecclesia est societas perfecta in ordine religioso *completo*. Atqui religio extenditur ad ordinem tum *internum* tum *externum,* tam *publicum* quam *privatum.* Ergo [9].

Ordo autem externus ac iuridicus duplex est: *spiritualis* et *temporalis,* alter ab altero omnino distinctus. Hic subest potestati civili, ille potestati ecclesiasticae.

116. — *Ob. II.* Potestas societatis cuiuslibet dimetienda est ex fine: iamvero finis Ecclesiae est spiritualis ac supernaturalis. Ergo Ecclesia cum habeat ius tantummodo ad media spiritualia et supernaturalia, caret omnino mediis temporalibus ideoque perfecta societas non est.

R. Ecclesia est societas spiritualis quoad finem, *Conc.;* quoad

---

[9] Cfr. Cappello, *Chiesa e Stato,* p. 97 ss.; Tarquini, l. c., n. 46 Cavagnis, l. c., n. 226 ss.; Muncunill, l. c., n. 317 ss.; De Luca, l. c., n. 46 ss.; Rivet, l. c., p. 66 ss.; Biederlack, l. c., n. 42.

membra quibus constat, *Nego*: siquidem non meris spiritibus, sed hominibus constat. Quare uti debet mediis, quae habeant proportionem ad finem spiritualem obtinendum, *Conc.*; quae in se et natura sua sint tantum spiritualia, *Nego*.

Homines enim, cum constent *spiritu* et *corpore,* perduci nequeunt ad finem, licet spiritualem, mediis tantum spiritualibus. Materia autem, qualitas et proportio *mediorum* ex finis *necessitate* determinanda est.

117. — *Ob. III.* Ecclesia, iuxta monitum D. Pauli: « *Nemo militans Deo, implicat se negotiis saecularibus* » [10], abstinere debet a temporalibus.

R. Abstinere debet a temporalibus, quae eam removeant a proprio fine, *Conc.*; quae sint media ad finem, *Nego*. Qua quidem distinctione textus Apostoli explicandus foret, si esset ad rem, ut legenti patet et egregie ostendit S. Bellarminus (l. c.).

118. — *Ob. IV.* Ecclesia, monente Apostolo, (II Tim. II, 4), abstinere debet a negotiis temporalibus et ex praecepto Christi [11], ab omni *dominatu.* Ergo verum imperium non habet, nec habere potest.

R. Ecclesia abstinere debet a negotiis temporalibus, quae removeant a proprio fine, *Conc.*; quae sunt media ad finem, *Nego*. Item abstinere debet ab omni *dominatu,* quatenus hac voce intelligitur *spiritus ambitionis,* qua quispiam alios sibi subiicit, ut privatae suae gloriae, privatisque suis commodis inserviat, *Conc.*; ab omni *dominatu,* quatenus hac voce intelligitur officium regendi, mediaque ad finem consequendum idonea apte administrandi, *Nego*.

Id enim perinde esset ac dicere: Ecclesia adhorrere debet ab officio suo; quod non modo impium, verum etiam stultum esset.

119. — *Ob. V.* Ecclesia bonis temporalibus indiget. Atqui haec bona a potestate civili debet accipere. Ergo non est sibi sufficiens, ideoque saltem quoad huiusmodi bona a civili potestate pendet.

R. Ecclesia bonis temporalibus indiget, *Conc.*; atqui haec bona a potestate civili debet accipere, *dist.*: auctoritative, *Conc.*; non auctoritative seu dependenter, *Nego*.

---

[10] II Tim. II, 4.
[11] Luc. XXII, 25 s.

Eo ipso quod Christus munus commisit Ecclesiae praedicandi verbum Dei, ministrandi sacramenta, cultum divinum exercendi aliaque ministeria spiritualia peragendi, ius illi tribuit utendi omnibus mediis quae necessaria sunt ad huiusmodi munus rite obeundum. Et sicuti Ecclesia non pendet a potestate civili quoad ministeria spiritualia exercenda, ita nequaquam ab eo dependet quoad usum mediorum, quae ad finem assequendum requiruntur.

Unde paucis: *Conc.* ma.; *Nego* min. et cons.

120. — *Ob. VI.* Nulla aut fere nulla sunt in Ecclesia officia iuridica. Ergo est societas iuridice imperfecta et civili societate inferior.

R. 1° Omnia officia in Ecclesia, quae respiciunt forum *externum,* sunt generatim iuridica. Ergo, ex hoc capite, non datur discrimen inter societatem ecclesiasticam et civilem, cuius officia nonnisi forum externum respiciunt.

2° Non omnia et singula officia quae spectant ad forum internum, sunt mere moralia, quia alius est ordo iuridicus Ecclesiae, et alius profecto est ordo iuridicus societatis civilis. Ecclesia potest vi urgere actus quoque fori interni, et non raro urget per applicationem poenarum [12].

121. — *Ob. VII.* Religio est *libere* profitenda. Ergo excludit vim seu obligationem iuridicam.

R. 1° Religio excludit coactionem physicam, *Conc.*; coactionem moralem sive legis, *Nego.*

2° Libertas conscientiae iuridica in eo consistit, quod quis non compellatur ad eam religionem profitendam, ad quam officio iuridico non adstringitur; non vero ut impune valeat recedere a religione erga quam officio iuridico obligatur.

3° Socialis perseverantia in professione et exercitio religionis atque ideo ecclesiasticae communionis semel susceptae, est iuridice obligatoria. Ergo.

122. — *Ob. VIII.* Si Ecclesia esset societas perfecta, haberetur duplex suprema potestas in eodem territorio et circa eosdem

---

[12] Hinc patet, probandos non esse AA., etiam catholicos, qui censent officia, forum *internum* respicientia, ex potestate quae illud attingit, esse *universim* moralia et non iuridica. Ne ipse quidem Cavagnis (l. c., n. 237, initio) alienus videtur.

subditos. Atqui hoc manifeste repugnat, quia oriretur iugis conflictus cum potestate civili, ideoque magna perturbatio. Ergo.

R. 1° Si quid valeret argumentum, valeret profecto contra societatem civilem, i. e. ad eam exspoliandam potestate sua, quia absurdum est rationem magis haberi felicitatis temporalis, quae est finis societatis civilis, quam vitae aeternae, quae est finis Ecclesiae.

2° Duplex potestas repugnat in eodem territorio et super eosdem subditos, si utraque sit *eiusdem ordinis* et circa *eamdem materiam*, i. e. si membra sub *eodem respectu* regat. Atqui in casu nostro, id minime verificatur. Nam alius est ordo societatis civilis et alius ecclesiasticae, alia materia unius aliaque materia alterius, diversus omnino est ambitus actionis utriusque potestatis. Ergo nulla datur repugnantia.

Quapropter conflictus inter unam et alteram societatem *per se,* sive *ex rei natura,* oriri nequit; at solum per *accidens.* Quo in casu, ita omnia determinata sunt, ut nulla possit haberi, nisi ex hominum vitio, perturbatio. Praesto enim sunt a iure ipso naturali regulae, quibus et modus et iudex designatur ad eiusmodi controversiam, quae inter societatem superiorem et inferiorem orta sit, facillime definiendam.

123. — *Ob. IX*. Status in Statu repugnat. Ergo Ecclesia nequit admitti qua societas perfecta [13].

R. Ex dictis patet solutio. *Duae* quidem *societates civiles,* quae idem territorium habeant eosdemque subditos, repugnant; duae societates *ordinis* et *finis* omnino *diversi* nequaquam repugnant, cum altera alteram minime excludat.

Quare ita distingui potest effatum « *Status in Statu repugnat* »: Repugnat Status, i. e. societas *civilis* perfecta in altera societate *civili* quae iisdem membris constet, *Conc.*; repugnat Status, i. e. quaevis societas perfecta, in alia societate perfecta, *Dist.*; si sint eiusdem speciei, *Conc.*; si diversae, *Subdist.*; si fines utriusque invicem opponantur, *Conc.*; secus *Neg.*, dummodo aliqua subordinatio inter fines exsistat [14].

---

[13] Notissima est haec obiectio prolata, v. g. a principe Bismarck die 16 april. 1875 in Parlamento Germaniae. Cfr. Hommerstein, l. c., p. 75.

Minus recte Cavagnis (l. c., n. 241) huiusmodi effatum Febronio tamquam primo auctori tribuit.

[14] « Il problema di una doppia sovranità, considerato l'ordine teleologico, non presenta difficoltà alcuna. Tutte le collettività sociali sono enti teleologici, i quali non esistono che per il conseguimento di un determinato

Addimus: Ecclesia non est in Statu, sed tantum personae et instituta ecclesiastica in eo reperiuntur, ita tamen ut a Statu nullatenus dependeant. Praeterea Ecclesia extensione multo latius patet quam Status. Nonne Christus D. dixit Apostolis: « Euntes in mundum *universum* ... euntes docete *omnes gentes* »?

Unde Status sunt in Ecclesia *ut receptum in recipiente;* populi ad christianam religionem vocati recipiuntur a vocante ut *pars in toto.* Ecclesia Statibus constat, ut Status familiis. Quilibet Status habet suos limites; Ecclesia, contra, est regnum Christi universale.

124. — *Ob. X.* Societas perfecta habere debet territorium; atqui Ecclesia non habet territorium; ergo non est societas perfecta.

R. Latet aequivocatio in istis verbis. *Territorium habere* significare potest vel *a)* habere *dominium* et *possessionem, occupationem quasi physicam* detinere alicuius regionis, vel *b) iura sua exercere* in aliqua orbis terrarum parte, ibique *subditos habere.*

Ius territoriale intelligi potest de *dominio regionis* quae territorium constituit, vel de *gubernatione personarum.* In primo casu *proprietatem* constituit, in altero *iurisdictionem,* quae spectari potest quoad regimen *politicum* et quoad regimen *religiosum.*

Si *territorium habere* intelligitur altero sensu i. e. quatenus iura exerceri possint alicubi, falsum est Ecclesiam territorium non habere, nam ex ipso divini sui Fundatoris oraculo, Ecclesia pro territorio habet totum orbem, cum Apostolis dictum sit: « *Euntes ergo docete omnes gentes ... Euntes in mundum universum* ». Unde *S. Bernardus* Eugenium Papam sic alloquebatur: « Orbe exeundum est ei, qui forte velit explorare, quae non ad tuam pertinent curam » [15].

Quatenus *territorium habere* significat *physice detinere, occupare,* atque *dominium politicum* alicuius regionis habere, certe

---

fine, che costituisce precisamente il criterio d'una specifica *differenziazione.* L'elemento teleologico restringe la sfera d'azione di ciascuna collettività sociale, circoscrivendo necessariamente il potere di essa al dominio nel quale il rispettivo suo fine dev'essere conseguito, ed esclude dall'idea di sovranità ogni specie di assolutismo.

Perciò l'elemento teleologico, anche nella dottrina giuridica, è di capitale importanza. Esso spiega perchè differenti corpi sociali possano *coesistere* pacificamente l'uno accanto all'altro, perchè nel mondo vi siano due poteri supremi, l'ecclesiastico ed il civile, perchè esistano due società perfette e sovrane, libere e indipendenti nell'ordine loro, la Chiesa e lo Stato ». Cappello, *La posizione internazionale della Chiesa cattolica e della S. Sede,* in *Civiltà Cattolica,* 1926, q. 1825, p. 36.

[15] *De consideratione,* lib. III, cap. 1.

pertinet ad societatem civilem *ita* regionem possidere in qua debet
ordinem et pacem publicam procurare, *ut* nulla alia societas civilis
ibidem *hoc modo* se sistere possit. Hoc altero sensu Ecclesia territorium non habet, cum eius finis sit omnino ultra ordinem temporalem et politicum.

> Unde paucis ita distinguendum: Societas perfecta debet habere terri-
> torium, *Dist.*: *territorium*, i. e. *locum* ubi *sua iura exercere, subditos regere*
> valeat, *Conc.*; *territorium*, i. e. aliquam *physicam occupationem*, et *domi-*
> *nium* regionis, *Subdist.*: societas perfecta civilis, *Conc.*; omnis societas per-
> fecta, *Neg.*

125. — *Ob XI.* Admissa duplici societate perfecta in eodem
territorio, sequitur iugis atque inevitabilis conflictus; atqui hoc
aperte repugnat; ergo.

R. Per se nullus conflictus sequitur nec oriri potest, cum ex
dictis utraque societas diversae sit naturae et circa diversa imperet.

Per accidens conflictum quandoque oriri concedimus, sed
tunc habentur certae et obviae normae ad eundem dirimendum,
quarum prima est: *societas inferior, i. e. civilis, cedere debet, su-*
perior seu ecclesiastica debet praevalere.

ARTICULUS V

De erroribus circa Ecclesiam

126. **Adversarii practici.** — 1. Inter adversarios naturae et
potestatis Ecclesiae non sunt *proprie* recensendi, qui potius visi
sunt *violentia* et *armis* iura ecclesiastica sibi usurpare quam *argu-*
mentis ea impugnare. Id saepius fecerunt imperatores bizantini
et germanici, aliique reges et principes non pauci qui, dominationis
libidine moti, practice omnem sibi vindicabant potestatem etiam
contra iura ecclesiastica.

2. Nec valde insistendum est erroribus *Wicleffi* et *Huss*, qui
novum systema non condiderunt, sed iniurias contra R. Pontificem et hierarchiam protulerunt, omnia subvertentes.

Damnati fuerunt a Martino V in Concilio Constantiensi, sess.
VIII et XV [1].

---

[1] Denzinger, nn. 477 ss. 522 ss.

127. Protestantes. — Protestantes, praesertim antiquiores, nobis *directe* non adversantur. Omnem Ecclesiae *visibilitatem* reiicientes, quasi *a priori* eius *potestatem* ut *independentem* et a *Christo ortam* negant.

Ecclesia, aiunt, ex institutione Christi est coetus invisibilis *fidelium, i. e. sanctorum* qui soli Deo sunt cogniti (ita Lutherus), vel *praedestinatorum* (sic Calvinus). Natura quidem duce. Christiani in societates quasdam convenerunt; sed hae societates non sunt *proprie* Ecclesiae Christi.

Pastores seu *ministri* aliquam a populo Christiano *delegationem* obtinent ad praedicandum, ad ministranda sacramenta, at *nullam* veram *iurisdictionem* exercent: per eam enim mutaretur Ecclesiae natura contra voluntatem Christi, et fieret Status in Statu, contra potestatem et iura principum.

Brevi factum est, ut Protestantes potestatem, quam Ecclesiae ut propriam et independentem denegabant, ipsis principibus in Ecclesiam attribuerent. Ut id autem iustificarent, excogitarunt varia systemata.

Complures ex recentioribus Protestantibus, qui fere rationalistae sunt, ad scholas positivistarum, historicorum et liberalium apte reduci possunt.

128. Marsilius Patavinus. — Doctrinae catholicae de natura Ecclesiae eiusque potestate illi *directe* adversantur, qui admittunt quidem Ecclesiam esse unice veram et a Christo fundatam societatem visibilem, sed vel aperte vel aequivalenter negant eam esse societatem iuridicam, independentem, perfectam.

Dux et antesignanus horum omnium fuit *Marsilius Patavinus*, qui sectatores habuit *Regalistas, Gallicanos, Iansenistas, Febronianos, Iosephistas*, et hodierno *liberales*.

Iam *Gulielmus Occam*, « *doctor invincibilis* », dux *nominalistarum* favere volens praetensionibus Philippi Pulchri, regis Galliae, et imperatoris Ludovici Bavari, systema quoddam adumbraverat, quod iura pontificia et imperialia fere aequabat et quam maxime spiritualem potestatem coarctabat [2].

---

[2] Phillips, *Kirchenrecht*, III, § 133; Doellinger, *Lehrbuch der Kirchengesch.*, II, 289.

Opera Guilelmi de Occam, in quibus errores reperiuntur haec sunt: *Dialogus*, p. I, lib. 5, c. 29, 35 (Goldast, *Monarchia*, II, p. 498); *Octo quaestiones*, quaest. 4, cap. 1 (Goldast l. c., p. 556).

Occam errores retractavit. Cfr. Raynald. ad an. 1349, n. 16, tom. XVI, p. 290.

Sed longe maiorem celebritatém nactus est funestioremque influxum exercuit liber « *Defensor pacis* », quem *Marsilius,* cum *Ioanne de Ianduno,* publicavit.

Marsilius de Menandrino, vulgo *Patavinus* a loco originis dictus, rector fuit Universitatis Parisiensis. Liber cum suis auctoribus damnatus est a Ioanne XXII Const. « *Licet* », 23 octobris 1927 [3]. Marsilius an. 1343 decessit, Ecclesiae non reconciliatus.

Summa doctrinae haec est : 1° Marsilius dependentiam Ecclesiae a societate civili ita propugnat, ut plenam fere servitutem inducat. Quaelibet potestas fori externi quoad *ipsas res ecclesiasticas tollitur. Imperatoris est leges ad* vitam clericalem et religiosam instituendam condere, dies festos indicere; ab ipso pendet valor decretorum disciplinarium etiam a Conciliis generalibus latorum, valor excommunicationis et interdicti; ad ipsum spectant potestas circa ieiunia, canonizationes, appellationes a iudiciis, designatio ministrorum et beneficiatorum, ipsa promotio, suspensio et depositio R. Pontificis [4].

Quae potestas ideo competit imperatori, quia potestas spiritualis a Christo *societati fidelium* concredita est. Haec societas est « *legislator humanus fidelis* », cui Marsilius plenam potestatem spiritualem tribuit [5]. Haud negat, saltem aperte, exsistere in societate ecclesiastica, supra simplices laicos, aliquam ordinis hierarchiam institutionis divinae; sed tenet « quod omnes sacerdotes, sive sit Papa sive Archiepiscopus, sive sacerdos simplex, sunt ex institutione Christi auctoritatis et iurisdictionis aequalis » [6]; et nullam *iurisdictionem* immediate a Christo acceptam penes ipsos agnoscit.

2° In systemate Marsilii omnis potestas *ipsi populo christiano directe* et *immediate* committitur, ab eoque transfertur *directe* ad *principes* fideles, maxime ad *imperatorem,* inde ad *Episcopos* per *imperatorem* vel *principes.* Si vero principes non sunt Christiani, tunc populus potestatem directe ad Episcopos transmittit, sub auctoritate tamen populi et principum exercendam.

Ista potestas *delegata* semper manet, ita ut possit ampliari, restringi, revocari [7].

---

[3] Raynaldus (ad an. 1927, n. 1, p. 319) dicit: « Marsilius Patavinus theologicae scientiae improbus interpres, et Iandunus philosophicarum argutiarum nugarumque artifex, qui novis haeresibus *ex inferis* excitatis, id *unum* moliebantur, ut *Ecclesiam Dei exciderent, vel foedissimae subiicerent servituti* ».

[4] Cfr. Part. III, cap. 23, 34, 37, 41.

[5] Cfr. Part. III, cap. 16, 18, 21 ss.

[6] Prop. 4; Denzinger, n. 386.

[7] Part. I, c. 12, 13, 14.

Inde populo christiano magnus influxus in legislationem ecclesiasticam, imo et in ipsas definitiones fidei tribuitur [8].

Ecclesiae denegatur ius independens possidendi bona temporalia et potestas coactiva: « Tota Ecclesia simul iuncta nullum hominem punire potest punitione coactiva, nisi concedat hoc imperator » [9].

Itaque Marsilius totam Ecclesiae constitutionem subvertit: potestatem nempe Papae et Episcoporum, naturam hierarchicam Ecclesiae, eius potestatem legiferam, iudiciariam et praesertim coactivam, aut aperto negat aut omnino pervertit.

129. Regalismus et Gallicanismus [10].

— 1. Inde a tempore Philippi Pulchri, qui acriter contra Bonifacium VIII contendere ausus fuit, nunquam defuerunt in Gallia, et etiam alibi, iurisperiti qui, vestigia Gulielmi Occam et Marsilii prementes, regiam potestatem omnibus viribus extollerent, pontificiam maxime deprimerent.

Huiusmodi conatus et impugnationes quasi sedem fixam obtinuerunt apud multa regni *Parlamenta,* praesertim Parisiense. Fatendum Episcopos et clerum per annos plures his tentaminibus fortiter restitisse.

Schisma occidentale, postea vero Protestantismus amorem et reverentiam erga Sedem Apostolicam maxime imminuerunt, adeo ut validum incrementum praedictis erroribus praebuerint.

2. *Gallicanismus* (item *Regalismus*) est ulterior evolutio principiorum pragmaticae sanctionis Bituricensis.

Edita fuit an. 1438 a Carolo IV, rege Galliarum, per conventum Episcoporum, doctorum, baronum, eo fine habitum, ut reconciliaretur conciliabulum Basileense cum Eugenio IV, et 23 articulos complectitur.

Abolita fuit a Ludovico XI die 27 nov. 1461; iterum renovata, expuncta est per Concordatum inter Leonem X et Franciscum I an. 1516.

3. *Summa utriusque systematis* haec est:

1° Reges sunt omnino independentes a R. Pontifice;

2° Potestas pontificia limitatur per sacros canones, mores et instituta a regno et ecclesia gallicana recepta;

---

[8] Part. III, cap. 2, 5, 8.

[9] Prop. 5; Denzing., l. c., n. 387.

[10] Cfr. Charlas, *Tractatus de libertatibus Ecclesiae gallicanae,* Roma, 1720; Robillard d'Avrigny, *Memoires chronologiques et dogmatiques pour servir à l'histoire ecclesiastique depuis* 1600 *jusqu'en* 1716, Nimes, 1781; Esmein, *Cours élémentaire d'histoire du droit français,* Paris, 1909; Hano-

3° Ecclesia *practice* subiicitur Statui;

4° Status veram potestatem in Ecclesiam habet, adeo ut exercere valeat *appellationem ab abusu, placitum regium, canonum custodiam* (ius *invigilandi, droit de surveillance, ius influendi, droit de l'influence*), quo nomine latet, ut palam est, omnimoda ingerentia Status sub praetextu defendendi Ecclesiam, auferendi abusus, etc.

Hinc « *libertates gallicanae* », quarum nomine cohonestantur huiusmodi usurpationes Status quoad res ecclesiasticas; unde merito Fenelonius eas vocat « *servitutes* erga regem, *licentiam* adversus R. Pontificem ».

Parlamenta et Universitas Parisiensis strenue et pertinaciter huiusmodi principia defenderunt, et clerus *nationalis* (non vero totius Galliae) in celebri declaratione an. 1682 ea sollemniter proclamavit.

Quae *declaratio cleri gallicani*, edita a nonnullis episcopis, nomine et auctoritate Ludovici XIV, istas quatuor propositiones comprehendit:

Prop. I. *Papae iurisdictio complectitur tantummodo res spirituales, non autem res temporales neque directe neque indirecte.*

Prop. II. *Concilia oecumenica sunt supra Papam, etiam excluso tempore schismatis.*

Prop. III. *Papa in exercitio suae auctoritatis subiacet iuri communi.*

Prop. IV. *Papa in quaestionibus ad fidem spectantibus habet quidem partes primas, sed eius decisiones non sunt irreformabiles nisi post habitam Ecclesiae universalis consensionem et acceptationem.*

Haec declaratio reprobata fuit ab Innocentio XI per litteras in forma Brevis 11 april. 1682, et postea ab Alexandro VIII [11]. Sed nihilominus Gallicanismus viguit usque ad initium saeculi XIX [12], vel melius usque ad Concilium Vaticanum.

---

taux, *Introduction du Recueil des instructions données aux ambassadeurs,* etc., Paris 1888; *Dictionnaire apologétique de la foi catholique,* v. *Gallicanisme.*

[11] Const. « *Inter multiplices* », 4 aug. 1690; Denzinger, n. 1189 ss.

[12] Cfr. *Articles organiques* Napoleonis I (1802).

Sunt 77 sub titulo: « *Articles organiques de la Convention du 26 messidor an. IX, et loi du 18 germinal an. X* ».

Huiusmodi articuli numquam fuerunt a S. Sede accepati, imo saepe contra eosdem reclamavit. Cfr. Pii VII, Alloc. Constit. 24 maii 1802.

In Bulla « *Quam memoranda* », 10 iun. 1809, iterum significabat idem Pontifex articulos sibi ignotos statim improbasse: « Iis siquidem articulis, non solum *exercitium catholicae religionis*, et penitus *libertas* in maximis potissimisque rebus readimitur quae, in ipso Conventionis exordio, ut ipsius basis et fundamentum, verbis asserta, pacta, promissa, solemniter fuerat; verum eorum quibusdam etiam haud procul impetitur *Evangelii doctrina* ».

Gallicanismus, praesertim cum Iansenistae ei faverent, extra fines Galliae, in Belgio [13], et in Italia [14] receptus, atque in alias quoque regiones, Germaniam praesertim et Hispaniam, sub aliis *nominibus,* et eadem ratione, late diffusus est.

Petrus Pithou (1538 vel 1539-1596) primus *systematice* posuit fundamenta *Gallicanismi* in noto suo opusculo [15], quo veluti in codicem legalem gallicanas libertates redegit.

Opusculum hoc reprobatum fuit a Praelatis Galliae, et a S. Sede proscriptum per decr. 15 ian. 1610, 11 sept. 1610, 27 maii 1614, atque in Indicem relatum. Etiam in alio opere [16] reperiuntur multi errores. Item damnatum fuit per decr. 10 sept. 1610, 27 maii 1614, et in Indicem relatum.

Petrum Pithou secuti sunt Carolus Fevret (1538-1661) [17], Petrus de Marca (1594-1662) [18], Ioannes Launoy (1603-1678), vir iudicii hypercritici et ingenii intemperantis [19], Petrus Dupuy (1582-1651) [20], Stephanus Baluze (1630-1718) [21], Paschasius Quesnel (1634-1719) [22], Ludovicus Ellies Dupin (1657-1719) [23], Iacob. Benignus Bossuet (1627-1704) [24].

---

[13] Assertor praecipuus fuit canonista *Van Espen* (1646-1728), infectus iansenismo et Febronii magister. Noluit iudicio Ecclesiae se subiicere.

[14] Synod. Pistorien. an. 1786 a Pio VI Const. *« Auctorem fidei »,* 28 aug. 1794, damnata. Cfr. Denzinger, n. 1364 ss.

[15] *Les libertés de l'église gallicane, rédigés en 83 articles,* Paris, 1594.

[16] *Ecclesiae gallicanae in schismate status, ex actis publicis (Etat de l'église gallicane durant le schisme, extrait des régistres et actes publiques),* Paris, 1595. Cfr. *Ind. libr. proh.,* v. *Pithoeus.*

[17] *Traité de l'abus,* Dijon, 1653. Opus in Indicem relatum.

[18] *De concordia sacerdotii et imperii seu de libertatibus ecclesiae gallicanae; dissertationum libri VIII, studio Stephani Baluzii editi.*

Quae dissertationes proscriptae fuerunt per decr. 7 april. 1642, 5 nov. 1664 atque in Indicem relatae.

[19] Plura eius scripta, i. e. 27 reprobata et in Indicem relata fuerunt. Cfr. *Ind. libr. proh.* v. *Launoius (Launoy).*

[20] *Preuves des droits et libertés de l'église gallicane,* Paris, 1638.

[21] Hic edidit dissertationes Petri de Marca; de quibus paulo supra.

[22] Huius auctoris 16 scripta damnata et in Indicem relata sunt. Cfr. *Ind. libr. proh.,* v. *Quesnel.*

[23] Ipsius 6 libelli damnati et in Indicem relati fuerunt. Cfr. *Ind. libr. proh.,* v. *Dupin Ludovicus Ellies.*

[24] *Defensio declarationis cleri Gallicani* (scripta an. 1682), Luxemburgi, 1730.

Eiusdem auctoris *« Projet de réponse à m. De Tencin archevêque d'Embrun communiquée aux ecclésiastiques du diocèse de Troyes pour leur instruction »,* per decr. 11 aug. 1745 prohibitum et in Indicem relatum fuit. Cfr. *Ind. libr. proh.,* v. *Bossuet.*

Opus *« Sur les libertés des Gallicanes »,* Avignon 1790, fuit quidem attributum Fénelon; at immerito. Pertinet ad Fleury.

130. Richerius eiusque systema. — 1. Principem locum inter regalistas tenet *Edmundus Richerius* (Richer), collegii Sorbonici aliquando syndicus, quo ex munere, eiusdem collegii decreto, ob errores suos deturbatus est (n. 1560, m. 1631).

Eius «opera omnia» proscripta et in Indicem relata sunt per decr. 29 oct. 1622, 4 april. 1707 [25].

2. Totum Richerii systema his continetur capitibus:

1° Summa potestas ecclesiastica, ut Marsilius Patavinus (n. **128** ss.), exsistit in coetu fidelium, cui proinde *immediatius atque essentialius* (ut ipse loquitur) claves a Christo traditae fuerunt. Unde, ait, nulla est ecclesiastica lex, nisi quae consensu populi seu coetus fidelium fuerit confirmata.

2° *Potestas ministerialis* universo ordini hierarchico, i. e. Romano Pontifici et Episcopis, qui *Apostolorum* loco sunt, et presbyteris, qui *discipulis* successerunt, ab ipso Christo *immediate* tradita est, licet diverso gradu; ita ut Episcoporum, et presbyterorum, in specie autem parochorum iurisdictio non a Romano Pontifice, vel ab Ordinario, sed *immediate* ab ipso Christo derivetur.

3° R. Pontifex totius Ecclesiae *caput ministeriale* est, ad unitatem in toto orbe Christiano conservandam per custodiam et exsecutionem canonum, eiusque potestas regimine temperata est *aristocratico*; nam ipse Ecclesiam inconsultam, dissentientem, invitam, vel inauditam obligare minime valet. Unde auctoritas pontificia extenditur solum ad Ecclesias particulares per mundum dispersas, sed nequaquam ad Ecclesiam universalem in concilium congregatam.

4° Eadem fere proportione Episcoporum potestas in propria dioecesi definitur. Episcopus enim subditos suae dioecesis, absque eorum consensu *per presbyteros curatos* praestito obligare nequit.

5° Praerogativa infallibilitatis toti Ecclesiae (quo nomine *populus* seu *coetus fidelium* intelligitur) fuit collata, ipsi autem Petro nullo modo; ideoque R. Pontifex ante assensum Ecclesiae in doctrina fidei atque morum infallibilis non est.

6° Ecclesiae neque territorium, neque ulla potestas coactiva competit.

7° Princeps politicus, ut dominus reipublicae ac territorii, vindex est atque protector legis divinae, naturalis et canonicae. Unde valet leges ferre, et gladium adhibere in hunc finem; spe-

---

[25] Cfr. *Ind. libr. proh.*, v. *Richerius*.

ciatim vero ipse est iudex legitimus appellationum, quas *ab abusu* vocant.

Hoc est celebre Richerianum systema ex Marsiliano, ut patet, conflatum.

Eiusdem auctor damnatus est tum a provinciali synodo Parisiensi anno 1612, mense martio, et a provinciali synodo Aquensi eodem anno, mense maio; tum pluribus decretis sacrae Congregationis Indicis, l. e. 10 maii 1613 sub Paulo V; 2 dec. 1622 sub Gregorio XV; 4 mart. 1709 sub Clem. XI; denique peculiari edito Brevi ab Innocentio XI, 17 mart. 1681, quo Brevi « *Historia Conciliorum generalium* » eiusdem Richerii damnata est, quod in ea systema suum saepe defendit [26].

Ipse autem Richerius bis, ut videtur, ficte; postea sincero animo doctrinam suam reprobavit, paulo ante obitum, i. e. anno 1630 [27].

131. Iansenismus [28]. — Licet iansenistae in multis theoretice discrepent a gallicanis, tamen plures errores practice profitentur circa R. Pontificis auctoritatem, maxime vero circa Ecclesiae potestatem legiferam, iudiciariam et coactivam.

Qui errores alte proclamati in Synodo Pistoriensi an. 1794, proscripti fuerunt a Pio VI in Bulla « *Auctorem fidei* » [29].

132. Febronianismus [30]. — *Ioannes Nicolaus de Hontheim*, suffraganeus Archiepiscopi Trevirensis, discipulus iansenistae belgae Van Espen, librum « *De statu Ecclesiae* » publicavit an. 1763, sub nomine fictitio *Iustini Febronii*. Iste liber proscriptus fuit per decret. 27 febr. 1766, 24 maii 1771, 29 mart. 1773 [31].

[26] Cfr. *Ind. libr. proh.*, v. *Liber* (de ecclesiastica et politica potestate) *unus, Richerius.*

[27] Tarquini, l. c., lib. II, n. 7; Phillips, l. c., § 132 s.; Walter, l. c., § 113 s.

[28] Cfr. praesertim Rapin, *Histoire du Iansénisme*, lib. X, p. 350 ss.; Dechamps, *De haeresi ianseniana*, p. 65 ss., Paris, 1728; Pourlon, *Les assemblées du clergé et le Iansénisme*, p. 23 ss., Paris, 1909.

[29] Cfr. prop. 4, 5, 6, 7, 8, 59, 60, etc.; Denzinger, nn. 1367-1371, 1422-1423.

[30] Cfr. Zaccaria, *Antifebronius vindicatus*, p. 12 ss.; eiusdem, *Antifebronius abbreviatus*, p. 5 ss.; Bahrdt, *Dissert. adversus Iustin. Febronium*, Lipsiae, 1763; Corsi, *De legitima potestate et spirituali monarchia R. Pontificis*, Florentiae, 1765; Ballerini, *De potestate et spirituali monarchia R. Pontificis*, Florentiae, 1765; eiusdem, *De potestate ecclesiastica ... una cum vindiciis auctoritatis pontificiae contra opus Iust. Febronii*, Veronae, 1768.

[31] Titulus libri est: De statu Ecclesiae et legitima potestate R. Pontifici liber singularis ad reuniendos dissidentes in religione christiana compo-

Systema Febronii, quod totum est in deprimenda R. Pontificis potestate, triplicem in partem dividi potest: *doctrinalem historicam* et *practicam.*

133. — Quoad DOCTRINAM haec tradit:

1° Ecclesiae status non est *monarchicus.* Licet non obscure toti fidelium coetui claves fuisse traditas affirmet, nihilominus de ea re non admodum est sollicitus, cum totus eius finis sit in deprimendo Romano Pontifice.

2° Aliquis *Primatus* in Ecclesia necessarius est; nihilominus quod Romanae Sedi fuerit affixus, id ab Ecclesiae placito, non a divino iure est repetendum, ideoque fieri potest ut ab ea revocetur.

Natura ac fundamentum Primatus in eo consistit, ut unitas servetur. Unde haec deducuntur: *a) Primatum* recte appellari *Primatum consociationis; b)* iura, quae de eodem praedicantur, duas in classes esse distinguenda, in *essentialia,* quae eidem perpetuo inhaerent, et in *adventitia,* quae amoveri possunt, et ut plurimum debent; *c)* essentialia ea tantum habenda sunt, quae conferunt ad unitatem legitimo modo procurandam; cetera sunt *adventitia.*

Legitimus modus huius exsequendi Primatus officium, idest unitatis curandae, est tantum in *advigilando* et in *dirigendo,* consilii scilicet, *non coactionis more.*

Primatus a R. Pontifice in totam Ecclesiam habetur *distributive* tantum, non *collective;* ideoque:

a) Concilii generalis auctoritas ipsum sibi subiicit R. Pontificem, eumque tum quoad fidem, tum quoad mores iudicat;

b) Concilium neque necessario a Romano Pontifice indicendum est, neque, invitis Episcopis, suspendi aut dissolvi ab eodem potest, neque finitum cum fuerit, eiusdem indiget approbatione;

c) Concilii decreta, licet ea sint, quae sua natura revocari queant, i. e. ad disciplinam pertinentia, a Papa abrogari aut mutari nullatenus possunt;

d) appellatio a R. Pontificis sententia ad Concilium generale legitima omnino est.

3° *Infallibilitas* neque Papae, neque Concilio generali, veluti dos eiusdem certa competit, sed uni Ecclesiae.

4° Vim obligandi ne Concilium quidem generale quoad decreta disciplinaria habet, sine fidelium acceptatione.

5° Episcopi singuli *immediate* a Christo accipiunt *potestatem iurisdictionis, non secus ac potestatem ordinis.*

---

situs (una cum appendicibus atque vindiciis posteriori operis editioni adiectis). Cfr. *Ind. libr. proh.,* v. *Febronius.*

Unde: *a*) eorum potestas circa disciplinam *plena et absoluta* est; idcirco necesse non est recurrere ad Sedem Apostolicam in *causis maioribus,* vel petere, cum opus est, ab eadem dispensationes ab iis legibus, quae pertinent ad ius commune ecclesiasticum;

b) eadem Episcoporum potestas, consequenter, coarctari nullo modo potest neque *quoad res,* neque *quoad personas;* adeoque *exemptiones Regularium, reservationes casuum* et *beneficiorum,* necnon *ius annatarum,* et quaecumque alia exsistunt huius generis, totidem sunt abusus;

c) R. Pontifex in Episcoporum dioecesibus statuere nihil potest, sine eorum consensu.

6° Principes saeculares canonum custodes ac vindices sunt, etiam adversus R. Pontificem, ita ut ipsum Concilium generale sua auctoritate indicere valeant.

134. — Quoad PARTEM HISTORICAM, Febronius explicare contendit, qua ratione potestas primatialis R. Pontificis, ut ipse ait, ita *excreverit.* Haec docet:

1° Duplici via id factum fuit, alia *fortuita* et *inculpabili,* alia *dolosa* et *culpabili.*

2° Ad *fortuitas causas* haec referenda sunt:

a) *splendor titulorum,* quibus R. Pontifex, eiusque sedes condecorata est; figuratae et *ampullatae,* ut ipse ait, ea de re Patrum locutiones;

b) *dignitas* Sedis Romanae, tum quod *Apostolica* est, tum quod *Patriarchatum* totius Occidentis adnexum habet, cuius tantum ratione (proindeque occidentalium tantum Ecclesiarum respectu) eadem exsistit *Mater* et *Magistra;*

c) *consuetudo Episcoporum* tum referendi ad R. Pontificem graviores causas tum etiam deferendi ad ipsum plurium negotiorum, ut loquitur Febronius, arbitratum, sive ob receptum morem, ut idem asserit, eas sedes consulendi, quae digniores et antiquiores erant, sive praesertim ob personalem RR. Pontificum doctrinam et sanctitatem.

3° Ad *dolosas* et *culpabiles* pertinent: *a*) *quamplures proprie dictae* usurpationes a RR. Pontificibus abusu temerario perpetratae; *b*) *falsae decretales* (quas potissimum contendit fuisse causam exaggerati Primatus) ab Isidoro confictas, et a RR. Pontificibus magna laetitia, ita ipse, exceptas.

135. — Quoad PARTEM PRACTICAM, totus est Febronius in tradendis remediis, quibus R. Pontificis auctoritas coerceatur. Septem proponuntur:

a) apta de ea re populi instructio;

b) concilium generale liberum;

c) conspiratio Episcoporum per concilia nationalia fovenda;

d) vis atque auctoritas catholicorum principum;

e) retentio Bullarum apostolicarum tum per Episcopos, tum per principes saeculares, idest *Placitum,* ut aiunt, tum *episcopale* tum *regium;*

f) aperta *resistentia,* quam legitimam vocat;

g) appellatio ab abusu; idest appellatio ad principes saeculares adversus Ecclesiae, praesertim vero ipsius R. Pontificis, sententias.

> Febronianismus late in Germaniam diffundi coepit, et plures canonistae atque ipsi etiam principes electores ecclesiastici et archiepiscopus Salisburgensis in *punctationibus Emsensibus* (1786) eadem principia proferre ausi sunt. Quos Pius VI ad officium revocavit simulque S. Sedis doctrinam et praxim strenue defendit.
>
> Huiusmodi febronianismi principia fundamentum constituerunt legibus civilibus contra iura Ecclesiae, tum in Austria, tum in Italia (praesertim in Etruria), tum alibi.

136. Iosephinismus [33]. — Recipit hoc systema theorias Febronianas hisque addit principium *absolutismi* (seu *iuris eminentis*) regii, et plenitudinis potestatis territorialis, quae aliam quamcumque excludit in Statu, ideoque etiam ecclesiasticam.

Auctoritas Episcoporum ad nihilum *practice* reducitur: ipsi sunt exsecutores tantum mandatorum principis. Religio est merum instrumentum gubernationis, quae huic fini aptari et, quatenus opus est, in *accidentalibus,* i. e. in omnibus quae ad fidem non spectant, mutari debet.

Hinc turpis illa *libido,* quae huius systematis propria fuit, universa *reformandi* et *ordinandi,* a *maioribus* (matrimonio, ordinibus religiosis, administratione dioecesium) usque ad *minima* (in cultu, liturgia, devotionibus popularibus, etc.).

> Hoc systema a Josepho II (1780-1790) ad apicem perfectionis in Austria adductum fuit, ubi viguit usque ad an. 1848. Vestigia tum in Austria tum in Etruria diutius manserunt, et quaedam etiam hodie perdurant. At in aliis quoque regionibus, v. g. in Hispania, Lusitania, etc., viguisse, etsi sub alio nomine, omnibus notum est.

---

[33] Cfr. Phillips, l. c., § 136; Aichner, l. c., § 44; Rivet, l. c., p. 51 ss.; Bachofen, l. c., p. 129 ss.

137. Liberalismus [34]. — Distingui solet in *absolutum, moderatum* et *catholicum*. Non omnes tamen eodem sensu accipiunt. Sane liberalismus est complexus errorum, qui respiciunt tum Ecclesiam et civilem societatem, tum in genere ius divinum naturale et positivum atque ecclesiasticum, tum in specie veritates credendas et praecepta observanda, i. e. veritates speculativas et practicas.

1. Liberalismus ABSOLUTUS (qui dici potest etiam *positivismus, naturalismus, laicismus, historicismus,* quamvis aliqua ratione ab his discrepet) contendit omnia iura a Statu derivari, eique universa subesse.

Hinc prop. 39ª Syll.: « Reipublicae Status, *utpote omnium iurium origo et fons,* iure quodam pollet nullis limitibus circumscripto ». Unde etiam Ecclesia plane subiicitur Statui, et si iura ac potestatem habet, haec nonnisi ex eius benigna concessione repetit. Status autem illa moderari, restringere, auferre quoque valet.

2. Liberalismus MODERATUS admittit quandam iuridicam Ecclesiae personalitatem; at eam nullatenus agnoscit tamquam supremam civilique societate superiorem. Imo non solum affirmat Statum esse ab Ecclesia omnino independentem, sed ulterius addit Ecclesiam in foro externo et sociali nihil agere posse nisi sub dependentia ac de consensu principis, cum propria eius potestas, aiunt, nonnisi forum internum sive conscientiae attingat.

At non omnes ita sentiunt, cum diversi gradus sint liberalismi *moderati*.

2. Liberalismus CATHOLICUS agnoscit quidem, speculative loquendo, Ecclesiam ut societatem a Statu independentem eaque superiorem, atque idcirco eius iura, at simul contendit huiusmodi iura non esse practice urgenda, praesertim quoad exercitium potestatis coactivae, quoad relationes cum Guberniis, quoad immunitates, etc. Complura eaque gravissima consectaria, ut patet, inde profluunt.

138. Modernismus. — Inter varios errores *modernismi* [35],

---

[34] Cfr. I. Morel, *Somme contre le catholicisme libéral,* Paris 1877; D'Hulst, *Le droit chrétien et le droit moderne,* p. 65 ss.; Moulart, l. c., p. 118 ss.; Liberatore, *La Chiesa e lo Stato,* Napoli 1872; Muncunill, l. c., n. 689 ss.; Sardá y Salvany, *El liberalismo es pecado,* p. 10 ss.

[35] Systema *modernismi sive reformismi* multiplici sub respectu considerari potest: *theologico, philosophico, scripturistico, iuridico* et *historico*. Totum ordinem rerum divinarum penitus subvertit, universas haereses

plures sunt, qui Ecclesiae constitutionem eiusque naturam ac potestatem respiciunt.

Summa errorum haec est:

1° Notio Ecclesiae corrumpitur omnino. Sane iuxta *modernistas,* Ecclesia non est nisi *consociatio singularum conscientiarum,* quae in fide profitenda et in quibusdam mediis adhibendis conveniunt. Huiusmodi consociatio non *ab extrinseco* oritur, quatenus iure positivo divino praecipiatur, sed *ex intimo uniuscuiusque sensu* manat, in quantum singuli credentes naturaliter optant suam fidem cum aliis communicare, uti ceteras quascumque cognitiones.

2° Ecclesiae potestas non immediate a Christo D. ortum habet, sed a *fidelium conscientiis,* i. e. « *ex collectiva unione conscientiarum* » derivatur.

3° Quare potestas Ecclesiae non est absoluta, independens atque immutabilis, sed a *religiosa credentium conscientia* omnino pendet eiusque iugi mutationi atque variis vicissitudinibus necessario subiicitur.

4° Leges ecclesiasticae in tantum sunt honestae ac rationabiles, in quantum *sensui fidelium religioso* respondent; consequenter Ecclesia leges suas mutare debet iuxta temporum evolutionem, et quidem non modo quoad formam externam vel practicam applicationem, at etiam quoad essentiam praeceptorum, quia ipsa dogmata evolutioni subsunt perenni, ipsaque hominum *conscientia* intrinsecus evolvitur atque perficitur.

5° Auctoritas Ecclesiae, cum ex *conscientiis* oriatur, directe et immediate nonnisi forum internum attingit; proinde vim coactivam in devios contumacesque adhibere non potest, sed consiliis tantum ac monitionibus uti tenetur, « ne limites iuris praetergrediatur et tyrannidis foeditate sese commaculet ».

Status est omnino independens ab Ecclesia; haec, contra, in iis quae for<i>a</i>m externum respiciunt, laicae potestati necessario subest. Unde potestas ecclesiastica, proprie loquendo, nequit ullum actum exterius exercere, absque Status venia. Ecclesia enim ex fidelium conscientia prodit ab eaque omnem suam auctoritatem mutuat; « hinc merito dicitur religio ambitu conscientiarum tota contineri ». Itaque si velit Ecclesia extra conscientiae

paucis complectitur, nihil sartum tectumque in catholica religione relinquit. Modernistarum theorias Pius X reprobavit ac sollemniter proscripsit in Encycl. « *Pascendi* », 8 sept. 1907. Cfr. etiam Mot. propr. « *Sacrorum antistitum* », 1 sept. 1910.

sanctuarium auctoritatem exercere, id agere omnino prohibetur, nisi prius assensum a Statu obtinuerit.

Ecclesia, ex dictis, est societas *libera* et non *iuridica;* quare vim externam adhibere nequit contra devios et contumaces ita ut poenas spirituales et a fortiori temporales infligere non valeat.

Nec refert, aiunt, quod Ecclesia temporibus praeteritis auctoritatem externam ac vere socialem exercuerit, et plus minusve etiam hodiedum exerceat. Id enim vel ex abusu, vel ex benigna Statuum concessione, vel ex diuturna populorum ignorantia repetendum est. Atqui, addunt, temporum perspecta evolutione, ratio suadet ut Ecclesia in messem alienam manus non amplius immittat neque ad extranea ullo modo deflectat, sed intra ambitum finis spiritualis restricta, coscientiis fidelium consulat, materne dirigat, leges opportune mutans, iuxta sui ipsius naturam ac proprium religionis finem [36].

---

[36] Cfr. Cappello, *Instit. iur. publ. eccl.*, II, p. 495 ss.; eiusdem, *Errori modernistici nello studio del diritto pubblico ecclesiastico, ossia la natura giuridica della Chiesa cattolica difesa contro le aberrazioni del modernismo*, Roma, 1912.

CAPUT II

DE POTESTATE ECCLESIAE

Articulus I

De potestate Ecclesiae in genere

139. Potestas ordinis et potestas iurisdictionis. — 1. Finis Ecclesiae proximus est *hominis sanctificatio,* quae comparari debet tum *gratia sanctificante,* quam Christus per *sacramenta* conferri voluit, tum *hominis cooperatione,* i. e. per rectam fidem et per bonam vitam.

Hinc necessario sequitur, duplex potestatis genus in Ecclesia esse oportere: eam scilicet, quae ordinatur ad efficienda ac ministranda sacramenta, quaeque *potestas ordinis* dicitur, et eam, quae ad fidelium cooperationem dirigendam et efficaciter urgendam, quantum fieri potest, instituta est, quaeque *potestas iurisdictionis* vocatur.

Quare duplex exsistit in Ecclesia hierarchia: *ordinis* et *iurisdictionis* (cfr. can. 108).

2. Potestas ordinis *directe* et *immediate* respicit *internam* sanctificationem hominum per sacramenta a Christo in hunc finem instituta: unde *immediatus* effectus in homine est sanctificatio *ex opere operato* [1].

Potestas iurisdictionis *directe* et *immediate* ordinatur ad *gubernationem,* seu hominem tum quoad intellectum tum quoad voluntatem apte dirigit eumque efficaciter pertitatem consequatur. Unde etiam finis potestatis iurisdictionis est sanctificatio hominis, at *ex opere operantis* obtinenda.

3. Potestas *iurisdictionis* confertur per *legitimam missionem;* potestas *ordinis per sacram ordinationem* (cfr. can. 109) [2]. Haec

---

[1] Cfr. Cappello, *De Sacramentis,* I, 10.
[2] Cfr. Cappello, *Summa iuris canonici,* I, n. 253 ss.

tamen, interdum a legitimo Superiore ecclesiastico conceditur, sive
ea adnexa officio sive commissa personae reperiatur (cfr. cc. 210,
239, § 1, 22°, 294, § 2, 957, § 2, 964, etc.).

4. Potestas ordinis alia est iuris *divini*, scil. potestas conficiendi et ministrandi sacramenta, alia iuris *ecclesiastici*, nempe
potestas consecrandi ecclesias, calices, etc., seu quae respicit sacramentalia.

Haec potestas, cum sit ex Ecclesiae institutione, potest ab ea auferri vel
coarctari aut certis conditionibus subiici vel aliis quoque ministris concedi;
imo *entitative* non distinguitur a potestate iurisdictionis et ultimatim, aliter quam potestas ordinis iuris divini, ad illam reducitur ab eaque dimanat.

R. Pontifex potest conferre simplici *presbytero* potestatem
confirmandi et ministrandi certos ordines.

5. Potestas iurisdictionis est *ordinaria* vel *delegata*. Illa dicitur, quae ipso iure, sive communi sive particulari, adnexa est
officio stricte sumpto ad normam can. 145; haec vocatur, quae
commissa est personae (can. 197, § 1).

Potestas competens Ecclesiae dividitur in *propriam* et *vicariam* (can.
cit. § 2).

Prior est, quae *necessario* et *essentialiter* competit Ecclesiae qua *verae
societati perfectae*, ita ut eiusmodi exsistentiam et naturam *connaturaliter*
sequatur, atque idcirco *nomine proprio* ut in foro *suo* ab Ecclesia exercetur.

Altera ea dicitur, quae Ecclesiae concessa est vi *specialis commissionis*,
ideoque ipsi competit tantum quatenus Ecclesia est *Dei instrumentum eiusque ministerium* gerit, et consequenter eam exercet *nomine Dei*. Vi huius
potestatis Ecclesia infallibiliter declarat verbum Dei, solvit matrimonium
ratum et non consummatum, etc. An attingat quoque infideles, vide n. **431.**

**140. Relationes peculiares inter potestatem ordinis et po-
testatem iurisdictionis.** — Istae potestates partim inter se *conveniunt*, partim *differunt*, praesertim ratione *causae efficientis,
finis* et *essentiae*.

1° Ratione CAUSAE EFFICIENTIS conveniunt, quatenus a Deo
ambae proficiscuntur. Differunt, quia Deus *immediate* concurrit
ad potestatem *iuris divini* [3] conferendam, ita ut homo, qui ordinem
confert, nonnisi ut Dei instrumentum agat; potestas iurisdictionis

---

[3] Quidam ordines sunt certissime *iuris divini*. De nonnullis, i. e. de
subdiaconatu ac de quatuor minoribus (loquimur de Ecclesia latina) controvertitur, num sint institutionis *divinae* an *ecclesiasticae*. Longe communior
hodie sententia tenet esse iuris ecclesiastici. Quae sententia uti vera habenda.
Cfr. Cappello, *De sacra ordinatione*, n. 91 ss.

a Deo uni R. Pontifici immediate conceditur, qui ceteris eam tribuit ex propria auctoritate et tamquam vera causa secundaria, non autem ut merum instrumentum.

2° Ratione FINIS conveniunt, ex dictis, quatenus utraque potestas ultimatim hominem dirigit ad sanctificationem et salutem aeternam; differunt in eo, quod potestas ordinis *immediate* ad sanctitatem internam atque idcirco ad caelestem beatitudinem dirigit; potestas iurisdictionis *mediate* tantum homines sanctificat.

3° Ratione ESSENTIAE conveniunt, quia utraque potestas est vere supernaturalis.

Differunt: *a*) Potestas ordinis nititur *charactere*; potestas iurisdictionis, contra, est *relatio moralis* inter Superiorem et subditum: inter eum nempe qui regit, et eum qui regitur.

b) Potestas ordinis, quippe quae nititur charactere, quod est signum *indelebile,* immutabilis omnino est ac ita indelebilis, ut usus dumtaxat licitus, non autem ipsa essentia et validus usus auferri queant; potestas iurisdictionis, est *mutabilis* quoad *durationem, extensionem,* etc., ipsa essentia cum usu valido tolli potest, quia nititur voluntate hominis.

c) Potestas ordinis, cum sit ens absolutum quod in ordinibus iuris divini a Deo tantum immediate producitur, est magis supra naturam, quam potestas iurisdictionis, quae est relatio moralis, quaeque, licet ponat aliquid supernaturale in utroque termino extremo, nempe in uno characterem baptismi, in altero potestatem regendi sive immediate a Deo (si agitur de R. Pontifice) sive ab hominibus (si agitur de ceteris Papa inferioribus) concessam, tamen, his positis, sponte consequitur. Ergo Deus non adeo immediate concurrit ad utramque potestatem conferendam [4].

141. Potestas magisterii et regiminis. — 1. Potestas ecclesiastica communiter dividi solet in potestatem *ministerii, magisterii* et *regiminis.*

Potestas **ministerii** respicit sacramenta conficienda et ministranda, cultum divinum exercendum, praesertim per Missae Sacrificium aliasque functiones sacras.

Potestas **magisterii** respicit res fidei et morum docendas ac definiendas.

---

[4] Cfr. S. Thom., 2-2, q. 39, art. 3; Wernz, II, n. 3; Pesch, l. c., n. 272 ss.; Wilmers, l. c., n. 166; Billot, l. c., p. 339 ss.

Potestas **regiminis** ad Ecclesiae gubernationem spectat, et secumfert ius condendi leges, iudicandi poenisque coercendi.

2. Potestas *magisterii,* proprie loquendo, non est *tertia* quaedam potestas, a potestate *iurisdictionis* distincta. Haec *genus* est; potestas *regiminis* et *magisterii* sunt *species,* quae sub eodem *genere iurisdictionis* continentur [5].

Sane magisterium ecclesiasticum non est mere *doctrinale* sive *nuda docendi facultas,* qua nulla imponitur obligatio, sed est *munus publicum,* i. e. *auctoritativum,* ex quo oritur obligatio credendi seu acceptandi propositam doctrinam.

Unde potestas magisterii differt quidem a potestate regiminis, quatenus illa refertur ad *credenda,* haec ad *agenda;* utraque tamen in hoc convenit, quod unaquaeque proxime *voluntati* praecepta imponit. Quae praecepta potestatis *regiminis* dirigunt *voluntatem* fidelium quoad *agenda;* praecepta potestatis *magisterii* voluntati imponuntur ad regendum *intellectum* circa *credenda;* nam fides est utique actus intellectus, fidei tamen assensus imperatur a voluntate [6].

142. Potestas fori interni et externi. — 1. In Ecclesia, attento fine, duplex est potestas: fori *externi* et fori *interni* (cfr. can. 196).

Potestas fori **externi** ea dicitur, quae *primario,* et *directe* respicit bonum *publicum* Ecclesiae; potestas fori **interni** refertur *primario* et *directe* ad bonum *privatum* fidelium. Haec potestas in sola Ecclesia proprie reperitur, quippe quae sola societas est in mundo, quae *directe* et *immediate* bonum *publicum* simul et *privatum* intendit.

Potestas fori interni seu conscientiae subdividitur in potestatem fori interni *sacramentalis,* quae in solo iudicio sacramenti Poenitentiae exercetur, et in potestatem fori interni *extra-sacramentalis,* quae exercetur extra sacramentum Poenitentiae (cfr. can. 196).

2. Quidam dicunt potestatem fori interni extra-sacramentalis non esse *veram* potestatem *iurisdictionis,* eamque Ecclesiae non competere qua societati, i. e. non esse potestatem *socialem.*

Id minus recte affirmatur. Sane: 1° Ecclesia dispensat in

---

[5] Cfr. Conc. Vat., Sess. IV, cap. 1, 4; Tarquini, l. c., n. 2; Bouix, *De princip. iur. canon.,* p. 542 ss.; Palmieri, l. c., p. 240 s.; Franzelin, l. c., p. 46 s.

[6] Cfr. Billot, l. c., p. 350 ss.; Pesch, l. c., n. 273; Wernz, l. c., n. 3; Wilmers, l. c., n. 166; Palmieri, l. c., p. 163 ss.

foro *interno* extra-sacramentali, v. g. super impedimentis matrimonialibus *occultis* (cfr. cc. 258, 1043, 1044, 1045, § 3, 1047)[7]; atqui dispensatio, cum sit relaxatio legis in casu particulari (can. 80), est actus iurisdictionis; ergo.

2° Codex haec diserte habet: « Potestas *iurisdictionis* seu *regiminis,* quae ex divina institutione est *in Ecclesia,* alia est fori externi, *alia fori interni,* seu conscientiae, sive sacramentalis, sive *extra-sacramentalis* » (can. 196). Ergo certissimum est agi de *vera potestate iurisdictionis* et quidem, si materia est mere ecclesiastica, de potestate *propria,* atque idcirco in foro *proprio* Ecclesiae exercenda.

Quae potestas, praeterea, est vere *socialis,* tum quia ex dictis est « potestas iurisdictionis seu regiminis », quae extra societatem non habetur neque haberi potest, tum quia Ecclesia exsistit qua *regnum Christi* seu qua *societas spiritualis* et *supernaturalis* a Christo D. instituta, ideoque eatenus aliqua potestas competit Ecclesiae, quatenus est huiusmodi regnum sive societas. Nulla igitur habetur potestas in Ecclesia, quae *socialis* non sit.

Inde complura eaque ad ius publicum ecclesiasticum quod attinet, maximi momenti profluunt consectaria.

Dolendum maxime est, plures AA. *nimis serviliter* applicare Ecclesiae conceptum societatis et potestatis, quem post Aristotelem passim tradunt philosophi et iuristae. Ecclesia, alte conclamandum, est quidem *vera* societas, sed *spiritualis* et *supernaturalis,* atque *suprema,* ut alibi diximus, sicut matrimonium est verus contractus (cfr. can. 1012), sed plane sui generis. Unde sicut matrimonio, qua contractui, nequeunt applicari omnia quae de contractu generatim dicuntur, ita Ecclesiae, qua societati, nequeunt applicari quae universim de societate et iurisdictione in foro civili traduntur.

143. Monitum. — Maxime praestat nonnulla de potestate Ecclesiae in specie addere, nempe de eius *exsistentia,* de *obiecto* atque *extensione,* de *iis quae ipsi opponuntur,* de *historico conspectu circa eiusdem exercitium,* ut tota haec materia tanti profecto ponderis accuratius et uberius tradatur.

_____

7 Cfr. Cappello, *De Matrimonio,* nn. 200, 220, 227, 232 ss.

Articulus II

De potestate legifera Ecclesiae

144. Exsistentia. — *Prob. I.* Ex natura Ecclesiae.

Ecclesia est societas perfecta (n. **105** ss.). Atqui potestas legifera necessario competit societati perfectae (n. **36** ss.). Ergo.

145. — *Prob. II.* Ex S. Scriptura.

1° Christus Dominus verum regnum spirituale constituit, quod profecto gubernari nequit nisi legibus.

2° Christus Apostolis potestatem dedit, quam ipse a Patre acceperat [1], quae certe etiam ad leges ferendas extendebatur.

3° Magis directe vindicatur haec Ecclesiae facultas ex *potestate clavium*, et *munere oves pascendi* commisso Petro [2] necnon ex *ligandi et solvendi potestate* tum Petro tum ceteris Apostolis concessa [3].

a) *Claves tradere*, ex usu loquendi etiam profano, et certe *scripturistico*, significat plenam concedere potestatem in ea quae clavibus obserantur (domus, civitas), seu plenam potestatem tribuere in illos qui ad regnum caelorum pervenire debent. Quae potestas in homines liberos per leges et decreta primario et principaliter exercetur.

b) Munus *pascendi oves* denotat potestatem eas *auctoritative* ducendi et a periculis removendi: oves autem *rationales* modo proportionato regendae sunt, i. e. per obligationem, quae intellectum et voluntatem attingat, seu per leges.

c) *Ligare* et *solvere* sumi debent sensu *morali*, pro potestate statuendi aliquod vinculum morale seu imponendi obligationem moralem aliquid faciendi aut vitandi: quod maxime fit veras et proprias leges condendo.

146. — *Prob. III.* Ex doctrina et praxi Apostolorum.

In re tanti momenti Apostoli nec de ambitu suae potestatis errare nec ea abuti potuerunt. Ipsi legem divinam interpretati sunt veramque legem moralem statuerunt iam in Concilio Hierosolymitano [4].

Nec alia desunt exempla, quibus Apostoli potestatem legife-

---

[1] Ioan. XX, 21.
[2] Matth. XVI, 19; Ioan. XXI, 15-17.
[3] Matth. XVI, 19; XVIII, 18.
[4] Act. XV, 21 ss.

ram exercuerunt, v. g. decernendo de bigamis non ordinandis, de neophytis non promovendis [5].

147. — *Prob. IV*. Ex praxi Ecclesiae.

Haec a suis iam primordiis usque ad nostram aetatem, i. e. usque ad Codicem iuris canonici a Benedicto XV promulgatum, leges et decreta semper tulit, tum in Conciliis, tum extra Concilia per RR. Pontifices aut Episcopos.

Quod factum *constans* et *universale* habet valorem maximum ac plane decisivum.

148. — *Prob. V*. Ex declarationibus infallibilis magisterii ecclesiastici.

1. *Conc. Trid.* definivit [6] obligationem legibus Ecclesiae parendi: « *Si quis dixerit baptizatos liberos esse ab omnibus Sanctae Ecclesiae praeceptis quae vel scripta vel tradita sunt, ita ut ea observare non teneantur nisi se sua sponte illis submittere voluerint, a. sit* ».

Et in *Concilio Vaticano* definitum est, R. Pontificem habere « *plenam et supremam potestatem iurisdictionis in universam Ecclesiam, non solum in rebus quae ad fidem et mores, sed etiam in iis quae ad disciplinam et regimen Ecclesiae per totum orbem diffusae pertinent ...* ».

Quae potestas *iurisdictionis* certissime complectitur etiam ius *leges* ferendi.

Id ex aliis quoque constat compluribus magisterii ecclesiastici documentis, v. g. ex declar. Conc. Florent. de primatu R. Pontificis, ex Pii VI Const. « *Auctorem fidei* » (n. 4 s.), ex Syllabo Pii IX, Prop. 19, 20, 28, etc.

Accedunt canones 9, 81, 218, 219, 227, 291, 335, 362, 1038, 1040, etc.

149. — *Prob. VI*. Principum testimonia id confirmant.

Ipsi principes civiles legiferam Ecclesiae potestatem agnoverunt. V. g. imperator *Iustinianus* ait: « Si civiles leges, quarum potestatem nobis Deus pro sua in homines benignitate credidit, firmas ab omnibus custodiri ad obedientium securitatem studemus, quanto plus studii adhibere debemus circa ss. canonum et

---

5 Tim. III, 2, 6.
6 Sess. VII, can. 8.

divinarum legum custodiam, quae super salute nostrarum animarum definitae sunt? » [7].

150. Extensio potestatis legiferae. — 1. Dimetienda est extensio ex *fine* Ecclesiae [8].

Ut quaevis alia societas, Ecclesia *directe* et *immediate* respicit bonum *publicum,* i. e. bonum *commune* fidelium, in quantum sunt membra societatis ecclesiasticae; at, pro indole sua speciali *directe* et *immediate* respicit etiam bonum *singulorum* fidelium, quia *singulos* sanctificare eosque ad vitam aeternam ducere debet.

2. Unde Ecclesia: 1° condere potest leges *disciplinares,* quibus imprimis ordo socialis conservatur et fovetur, subditi pro temporum et conditionum varietate opportune diriguntur; 2° ferre valet leges stricte *morales,* quae fidem nempe aut bonos mores spectant, sive confirmet legem divinam naturalem et positivam, sive eam congrua sanctione muniat, sive etiam determinet et quodammodo integret (cfr. cc. 196, 218).

Sane Ecclesia suis legibus modo *interpretatur legem naturalem* aut *positivam divinam,* modo *novas* statuit *obligationes,* quibus accuratius determinat quae in lege divina naturali et positiva solum indeterminate continentur, aut ex integro praescripta fert de iis quae ne indeterminate quidem in illa continentur, vel demum peculiares sanctiones sive poenas ad urgendam legum observantiam statuit.

« A lege naturali — ait *S. Thomas* — dupliciter potest aliquid *derivari*: uno modo sicut *conclusiones ex principiis;* alio modo sicut *determinationes* quaedam *aliquorum communium* » [9].

Ita Ecclesia, praeter *interpretationes* legis naturalis et divinae, *conclusiones* etiam ex his *derivat* et *praecipit* atque legali *sanctione munit;* eas quoque *determinat,* ubi generalia tantum praecipiuntur.

Hinc facile intelligitur, cur possit Ecclesia *punire,* v. g. idololatriam, homicidium, fornicationem poenitentia etiam publica; cur legem divinam, quae poenitentiam praescribit, per obligationem ieiunii et abstinentiae *determinare* valeat, etc. [10].

---

[7] Praef. Novell. 137. Cfr. etiam Novell. 131, cap. 1.

[8] Finis intelligitur *adaequatus,* ut palam est. Hinc facile diluuntur ea, quae nonnulli obiiciunt.

[9] *Summ. theol.,* 1-2, q. 95, art. 2.

[10] S. Bellarm., *De R. Pontif.,* lib. IV, cap. 16; Soglia, I, § 8; II, § 5; Wilmers, l. c., n. 386 ss.; Rivet, l. c., p. 73.

Ecclesia non ex potestate *sociali* sive propria, sed ex potestate *vicaria,* habet ius et mandatum interpretandi *authentice* legem divinam, naturalem et positivam (cfr. can. 1322, § 1). Hisce interpretationibus ligantur non solum fideles, ut palam est, sed etiam infideles, at hi, non quatenus illae ab Ecclesiae traduntur, sed quatenus sunt obiective verae.

Cfr. Cappello, *De Sacramentis,* III, n. 67, 1; Wernz, I, n. 103.

3. Ecclesia VI POTESTATIS ADMINISTRATIVAE, quae est veluti corollarium potestatis legiferae potest :

a) sibi magistratus constituere (cc. 109, 145, § 1, 147, 329, 455);

b) locum et ambitum iurisdictionis eis definire (cc. 215, 216, 335);

c) societates minores erigere (cc. 492, 493, 494, 696);

d) personas morales creare etiam non collegiales eisque iuridicam personalitatem tribuere (cc. 100, § 1, 1409, 1489, § 1);

e) erigere scholas aliaque instituta ad suum finem necessaria (cc. 1352, 1385);

f) imponere taxas, exigere tributa, etc. (cc. 1355, 1356, 1496).

Leges ecclesiasticae, quae potius ad cives spectant, at qua membra societatis, quae nempe *directe* bonum spirituale *commune* intendunt, vocari solent *disciplinares;* quae *directe* et *immediate* promovent *uniuscuiusque* sanctificationem, leges *morales.*

Haec distinctio est quidem generatim vera, at non omnino adaequata; nam dari possunt et reapse dantur quaedam leges *disciplinares,* quae *directe* intendunt bonum *singulorum,* v. g. ieiunii et abstinentiae; item dantur quaedam leges *morales,* quae *directe* respiciunt *ordinis socialis tuitionem,* uti sunt, v. g. leges quae ius divinum iuridica sanctione communiunt.

151. — *Limites* potestatis legiferae Ecclesiae reperiuntur in eius *fine.* Quare ex dictis de potestate societatis perfectae, haec non extenditur ad ea, quae sunt *extra finem,* i. e. quae necessaria non sunt ad finem consequendum.

Unde Ecclesia nequit condere leges, quarum scopus sit *bonum* mere *temporale.* Potest tamen, imo tenetur subditos monere de obligatione, qua ligantur, observandi huiusmodi leges, quando iustae sunt et a legitima auctoritate conditae.

Contra potestatem legiferam Ecclesiae, *liberam omnino* atque *independentem* — adeo ut nulla humana auctoritas *iure* possit eam impedire aut quomodolibet aliquam facultatem sibi vindicare — defenditur a regalistis et a liberalibus ius quod *Exsequatur* sive *R. Placet,* audit, de quo infra (n. **157**).

152. Leges sive canones fidei, morum et disciplinae. — 1. Canones imprimis dividi solent in *dogmaticos* et *disciplinares.* Tota quippe christianorum vita duabus normis, nimirum credendi regula et regula agendi, continetur. Prior a dogmaticis, altera a disciplinaribus canonibus exhibetur.

At, cum de regula agendi sermo est, canones *morum* a canonibus *disciplinae* aptius separantur, atque idcirco, sicuti triplex est iuris canonici obiectum — nempe *fides, mores* et *disciplina* — sic etiam leges seu canones trifariam dividuntur, scil. in canones *fidei, morum* et *disciplinae*.

2. Canones FIDEI illi sunt, in quibus aliquid credendum proponitur. Unde ipsorum obiectum est aliqua veritas divinitus revelata, quam fideles firmiter credere ac profiteri *tenentur*.

Plures sunt huiusmodi canones in Codice, v. g. de hierarchia ordinis et iurisdictionis (cc. 107, 108), de primatu R. Pontificis (can. 218 ss.), de sacramentis (cc. 731, 732, 737 ss., 780 ss., 801 ss., 870 ss., 937 ss., 948 ss., 1012 ss.), de cultu divino (can. 1255, § 1), de magisterio ecclesiastico (can. 1322 ss.), etc.

At non omnes canones, in quibus veritas aliqua enuntiatur, dogmatici sunt. Proprio sensu dicuntur *dogmatici*, qui catholicae fidei regulam sive dogmata tradunt, atque omnes fideles ita ad credendum obstringunt, ut haereticus sit qui pertinaciter non assentiatur.

Itaque duo requiruntur ut canon vere *dogmaticus* sit: 1° *divina revelatio*, ut scil. quod canone docetur, in verbo Dei sive scripto sive tradito contineatur, cum fides catholica auctoritate solius Dei nitatur; 2° *Ecclesiae propositio*, ut nempe illud ipsum, quod canone docetur, tum Ecclesia proponat, tum etiam iubeat ab omnibus fidelibus pro veritate catholica teneri (cfr. can. 1323, § 1)[11],

2. Canones MORUM ea respiciunt, quae in humanis actibus propter se honesta sunt vel inhonesta, atque idcirco vel agenda vel omittenda. Versantur proinde in praeceptis naturalibus proponendis et explicandis, quibus mores hominum informantur.

Tales sunt, v. g. in Codice canones de voto (can. 1037, § 1), de iuramento (cc. 1316, § 1, 1317, § 1, 1318), de periculo perversionis in scholis amovendo (cc. 1372, § 1, 1374), de vetita librorum lectione (can. 1399, 2°, 3°, 6°, 7°, 9°), etc.

Canones *morum*, stricto sensu accepti, firmi et stabiles perpetuo manent, cum quidquid iubent, intrinsecus bonum sit, et quidquid prohibent, malum ac inhonestum; quare eis parendum est ab universis hominibus omnium temporum et locorum atque conditionum.

---

[11] Cfr. Soglia, I, § 9; Billot, l. c., p. 420 ss.; Pesch, l. c., n. 461 ss.; Straub, l. c., n. 630 ss.; Wilmers, l. c., n. 230.

4. Canones DISCIPLINAE feruntur ad tuendam puritatem fidei, honestatem morum et sanctitatem cultus divini.

Quadruplex genus *disciplinae* late sumptae distinguendum est in hac re.

1° Sunt canones *disciplinae*, qui respiciunt *tutelam fidei et morum,* quatenus sanctione legali muniunt ius divinum naturale et positivum, i. e. poenas in eos statuunt, qui circa fidem moresve deliquerint.

2° Alii canones *determinant* praecepta iuris divini seu naturalis seu positivi, quatenus *tempus* vel *modum* praefiniunt ad ea observanda, quotiescumque nec modus nec tempus in praecepto fuerit praefinitum. Huius generis sunt, v. g. canones de confessione et communione paschali (cc. 859, 906)[12].

3° Sunt canones qui ea respiciunt, de quibus ius divinum nihil, ne indeterminate quidem, habet; canones nempe qui referuntur ad regimen societatis ecclesiasticae. Lex enim divina nullatenus omnia constituit, quae ad eam gubernandam requiruntur, sed Ecclesiae tradita fuit a Christo D. potestas statuendi universa quae ad id necessaria sunt.

Hinc canones, v. g. de electionibus (cc. 101, 105, 106 ss.), de iudiciis (can. 1552 ss.), etc.

4° Demum sunt canones, qui in ordinandis religionis actibus versantur, quique pertinent ad *liturgicam disciplinam,* ut aiunt.

Huius generis sunt canones de sacramentorum administratione (can. 733), de sacramentalibus (can. 1144 ss.), de locis sacris (can. 1154 ss.), de custodia et cultu sanctissimae Eucharistiae (can. 1276 ss.), de sacris processionibus (can. 1290 ss.), etc.

153. An potestas legifera Ecclesiae attingere possit actus mere internos. — Quaestio praecise huc spectat: num Ecclesia *possit* praecipere vel prohibere tum *indirecte* tum etiam *directe* actus vere et proprie *internos.* De externis, licet occultis ac de mixtis scil. de internis cum externis necessario coniunctis, nulla est controversia.

1° **Duplex est AA. sententia**[13]. Plures dicunt Ecclesiam

---

12 Cfr. Cappello, *De Sacramentis*, I, nn. 471, 1, 475 s.

13 Certum est, potestatem civilem attingere non posse actus *mere internos.* Potestas enim dimetienda est ex fine. Porro actus mere interni ad finem societatis civilis directe nihil conferunt, quippe qui etiam sine illis obtineri potest. Ergo.

potestate *propria* actus mere internos praecipere vel prohibere non posse, actus vero internos cum externis necessario coniunctos solum indirecte esse obiectum legis ecclesiasticae.

Alii censent Ecclesiam directe praecipere posse vel prohibere non solum actus mixtos, sed etiam actus mere internos [14].

Haec sententia, omnibus mature perpensis, certa nobis videtur, *dummodo rite intelligatur,* scil. intelligatur 1° de potestate in se et absolute considerata; 2° de potestate exercenda in foro Ecclesiae *adaequate* sumpto, in foro praesertim *interno* non sacramentali, minime vero de potestate exercenda et urgenda in foro externo tantum.

Quae distinctione facta et probe intellecta, patet plures adversarios potius verbis, quam re a nobis dissentire [15].

154. Argumenta sententiae affirmantis. — *Praecipua argumenta* huius sententiae sunt ista:

1° Ecclesiae amplissima atque illimitata potestas legifera concessa fuit: *quidquid ligaveris ... quaecumque alligaveritis* (cfr. n. 90); unde non est coarctanda ad actus externos, nisi id manifestis argumentis probetur, scil. nisi evincatur potestatem in actus mere internos excludi aut a iure divino aut a proprio Ecclesiae fine. Atqui huiusmodi probatio sive exclusio deest; ergo.

2° Ecclesia praecipere valet omnia, quae ad consecutionem proprii finis conducunt; atqui finis societatis ecclesiasticae, i. e. sanctitas et salus aeterna praecipue per actus internos obtinetur, cum ab his totam vim, v. g. merendi, actus externi nanciscantur. Ergo.

3° Actus mixtos Ecclesia ita imperat, ut actus internus aeque directe quam externus praecipiatur. Sane assensum fidei internum Ecclesia eodem modo praecipit, quo dissensum contrarium prohibet; atqui hunc dissensum prohibet *directe.* Scil. proscribendo haeresim, Ecclesia non tam ratione negationis fidei externae

---

[14] Sylvius, *Comment. in Summ. theol.,* 1-2, q. 91, art. 4; Elbel, *Theol. mor., tract. de leg.,* n. 314; Ball.-Palm., *Opus theol. mor.,* I, n. 308 ss.; Noldin, *Summa theol. mor.,* I, n. 138; Straub, l. c., n. 667 ss.; Dorsch, *Inst. theol. fundamentalis,* p. 180 ss., Oeniponte, 1914; Lehmkuhl, *Theol. mor.,* I, n. 221; Sebastianelli, *Praelectiones iuris canonici,* I, n. 50, Romae, 1896; alii veteres apud Suarez, l. c., n. 4, et plures recentissimi, v. g. Lercher, Cicognani, Van Laak, etc.

[15] V. g. Wernz (I, n. 98) cum aliis negat Ecclesiae potestatem praecipiendi aut vetandi in foro *externo* actus mere internos.

actum iunctum internum vetat, quam ratione negationis fidei internae actum iunctum externum prohibet.

Nisi tribuatur Ecclesiae potestas in actus internos, explicari nequit saltem *certo* et *perspicue,* quomodo ipsa, proscribendo errores, exigere valeat imperio quidem directo assensum internum, quo fideles eius iudicia complectantur [16].

Immerito quidam respondent, id fieri ex potestate vicaria. Huius potestatis est tantum inducere vel remittere obligationem, qua erga Deum ipsum directe subditi Ecclesiae tenentur. Eiusdem profecto potestatis est leges ferre, cuius est praevaricationes puniendo coercere; atqui praevaricationes legum fidei Ecclesia poenis canonicis iurisdictione *propria* coercet; ergo [17].

4° Nisi admittatur potestas Ecclesiae in actus internos, vix explicari potest aut ne vix quidem eius potestas in actus externos *occultos omnino,* qui neque cognoscuntur de facto neque ullo modo cognosci possunt nec unquam cognoscentur, ob peculiares circumstantias in quibus positi fuerunt.

5° Cur societas civilis nequit irrogare poenas *latae sententiae* et punire delicta *occulta omnino?* Cur, contra, Ecclesia id facere valet? Ratio discriminis unice repetenda est ex *fine,* nempe ex *ambitu* potestatis *socialis* ideoque ex diverso *ordine* utriusque societatis. Nisi admittatur huiusmodi discrimen, res erit iuridice incerta et inexplicabilis.

6° Ecclesia veram potestatem exercet circa actus mere internos eosque interdum reapse praecipit.

Sane: *a)* Praescribit validam et dignam sacramentorum receptionem (cfr. can. 861), intentionem ad conficiendum sacramentum necessariam, i. e. intentionem faciendi quod facit Ecclesia, etc. Perperam dicitur, actus internos nonnisi *tamquam conditionem* ad actus externos exigi, quasi vel relatio ad internos actus vel ipsi actus interni sacramentis ab Ecclesia praeceptis non sint essentiales. Ceterum ipsa *conditio,* qua talis, est actus internus. Ergo [18].

------

[16] Cfr. decr. S. Offic. 3 iul. 1907, prop. 7.

[17] Cfr. Straub, l. c., n. 671.

[18] Ex mente veterum theologorum valida ac digna sacramentorum susceptio refertur ad actum mere internum, ideoque plerique cum Suarez (disp. 69, sect. 3, n. 2) et Lugo (disp. 16, sect. 2, n. 44; sect. 4, n. 83) tenent praecepto communionis recipiendae satisfieri per sacrilegam communionem. Quam sententiam suo tempore *communem* vocat Lugo (l. c., n. 83). Cfr. Cappello, *De Sacramentis,* I, n. 477.

Inde validissimum argumentum in favorem sententiae affirmantis eruitur, ita ut iidem Scholastici, attenta praxi hodierna Ecclesiae circa praeceptum *dignae* confessionis et communionis, necessario et logice ex suis principiis praedictam sententiam amplecterentur.

Quae potestas praecipiendi actus *internos* saltem *mixtos,* et quidem tales, qui non per actus externos cum illis coniunctos manifestentur, certa est. Atqui ea posita, potestas directa in actus mere internos immerito Ecclesiae denegatur; nam difficultas maior non exsistit contra actus mere internos quam contra mixtos, et ratio finis pro utrisque eadem viget.

b) Applicatio Missae *pro populo* [19] vel ad mentem Superioris [20] est actus internus, qui in se vel directe praeceptus sacrificio superadditur. Neque desinit applicatio esse actus internus, ut nonnulli aiunt, quatenus pro obiecto rem externam habet. Secus actus fidei, quo v. g. resurrectio creditur, non esset mere internus; praeterea obiectum applicationis praecipue interno sacrificii fructu continetur.

Nonne sacrificium Missae *valide* et *licite* conficitur etiam sine peculiari *applicatione*? Igitur certissimum est, applicationem non esse *formam* celebrationis sacrificii Missae seu actum internum *necessario* et *essentialiter* coniunctum cum actu externo celebrationis: haec quippe sine illa *certissime* haberi potest. Unde si Ecclesia potest praecipere peculiarem applicationem Missae, eadem ratione praecipere valet alios quoque actus internos.

c) Ecclesia interdum statuit poenas contra delinquentes *scienter, temere, consulto, sponte, ex praesumptione,* etc. (cfr. cc. 2229, § 2, 2318, § 1, 2318, § 1, 3°, 2321, 2326, etc.); quae verba actus respiciunt internos forsan extrinsecus numquam dignoscendos, quibus tantum positis, censurae incurruntur.

7° Potestas *dominativa,* quae competit v. g. patrifamilias (cfr. can. 1312, § 1) et quae *mere naturalis* est, attingere valet actus etiam mere internos. Curnam eadem vis denegabitur pote-

---

[19] Cfr. can. 306, 339, 440, 466.

[20] S. C. de Religiosis, 3 maii 1914: *Acta Apost. Sedis,* VI, p. 231.

Pro asserendo praecepto tantum indirecto, dici nequit, applicatione compleri sacrificium in se praeceptum. Nam neque applicatio aliqua indefinite, neque haec prae illa debitum complementum sacrificii dici potest, et ab Ecclesia potius ordine inverso applicatio determinata in se praecipitur.

Nec infirmatur hoc argumentum animadvertendo, negata potestate praecipiendi actum internum applicationis cum actu externo Missae per accidens coniunctum, actum ipsum externum secundum proprium valorem dispositioni Ecclesiae subtractum iri. Etenim hinc non sequitur, actum illum interdum praecipi indirecte, sed liquet solum, quam necessaria sit potestas Ecclesiae praecipiendi applicationem, ut effectum sacrificii ad finem suum disponat. Cfr. Straub, l. c., n. 675.

Quidam dicunt applicationem non esse actum mere internum, quia Superior habet ius exigendi ut subditus declaret, utrum applicaverit, an non.

Haec ratio nihil probat. Sane eatenus Superior habet ius exigendi praefatam declarationem, quatenus subditus *teneatur* Missam applicare ad mentem Superioris, et in tantum subditus ad id *tenetur,* in quantum Superior *possit* praecipere applicationem; et ulterius, in tantum Superior hoc facere *valet,* in quantum applicatio, in eorum sententia, est actus externus. Quod praecise probandum est, secus manifesta principii petitio haberetur.

stati ecclesiasticae, quae est *sacra, spiritualis* et *supernaturalis*? Si pater potest *directe* irritare vota etiam mere interna filiorum impuberum, seu attingere huiusmodi irritatione voluntatem eorum, cur Christi Vicarius, i. e. R. Pontifex non poterit sua potestate divinitus accepta *directe* attingere subditorum voluntatem per actus interni iussionem aut prohibitionem?

8° Ipsi adversarii concedunt S. Poenitentiariam praecipere posse ac re vera interdum praecipere actus *mere internos*. Ita v. g. Ottaviani, qui docet: « Non enim dubium est, Ecclesiam illa potestate, qua pollet in foro interno, singulorum conscientiam cum attingat, ut *internae* ipsorum directioni et sanctificationi prospiciat, posse, si id necessarium sit, ea quoque praecipere quae exterius nullimode apparent » [21].

Postea in nota iure animadvertit, S. Poenitentiariam non solum iudicare et punire actus *internos,* sed etiam actus *mere internos* imponere posse.

Porro iurisdictio, qua S. Poenitentiaria huiusmodi actus imponit, est vere *ecclesiastica,* eadem quippe qua actus externos praecipit.

DICES FORTE: forum *internum* est *forum Dei.* Quid inde? In primis distinguendum: forum *sacramentale* est vere forum Dei, *extrasacramentale* est forum Ecclesiae. Praeterea natura potestatis non mutatur ex diversitate fori; v. g. potestas, qua Ecclesia absolvit in foro sacramentali a censuris, dispensat ab irregularitate, etc., est potestas *propria*. Ergo.

155. — SENTENTIAE NEGANTIS ARGUMENTA aut erroneo fundamento nituntur aut valde debilia videntur.

1° Potestas legifera humana per se respicit tantum actiones *exterius* ordinandas, i. e. quae pertinent ad communitatem hominum ut talem.

Resp. Finis societatis civilis est quidem bonum *externum,* commune, temporale, uti suo loco dicemus. Sed finis societatis ecclesiasticae, qui proxime in hominis sanctificatione et remote in vita aeterna consistit, etiam per actus *internos,* imo potissimum por eos obtinetur, cum sanctitas *externa* non sufficiat, sed *interna,* i. e. *vera* requiratur. Cui fini assequendo Ecclesia sua *propria potestate* apte atque efficaciter consulere debet, pro fidelium quorumcumque necessitate, et continuata Christi missione.

2° Eo usque, aiunt, sese extendit potestas legifera, quous-

---

[21] Op. cit., I, p. 261.

que se porrigit potestas coactiva; atqui violationem legis de actibus internis, utpote incognitam, Ecclesia coercere nequit; ergo.

Resp. Hoc argumentum profecto firmum non est.

a) Si valeret, ne actus quidem mixtos neque ipsa sacramenta, quatenus pro sua validitate postulant actus internos externe non cognoscendos, Ecclesia regere posset.

b) Imo actus ipsi *externi omnino occulti,* qui deficientibus testibus et omnibus vestigiis, sunt incogniti prorsus, potestati Ecclesiae subducerentur.

Quodsi *per accidens* occulti declarantur, *per accidens* item ab ecclesiastica iurisdictione eximuntur [22]; sin potius in se vel pro momento suo, quam respectu cognitionis sunt considerandi huiusmodi actus, eadem ratione vel potiore actus interni potestati ecclesiasticae vindicabuntur.

c) Potestas legifera humana, sine potestate iudicandi et puniendi in foro externo, inefficax atque inutilis minime est. Nam lex in conscientia obligat coram Deo, qui iudicaturus ac puniturus est eius violationem, ideoque sanctione per se efficaci nullatenus caret. Quod adeo verum est, ut Ecclesia pro lege v. g. ieiunii et abstinentiae vel Sacri audiendi laesa, canonicam poenam infligere non soleat.

d) Ecclesia potestatem iudicandi et puniendi non uno eodemque modo, sed pro varia obiecti indole exercere valet. Unde violatores legum de actibus internis, aeque atque eos, qui per actus ex-

---

[22] Huiusmodi actus externus dicitur a nonnullis (cfr. Caietan., tract. I, *de auct. Papae et Concilii,* cap. 19; Billot, II, p. 143, in nota) occultus *per accidens.* At minus recte id affirmari videtur.

Etenim in iure canonico et civili actus externus malus sive delictum potest esse occultum *natura sua,* i. e. *per se,* et occultum *per accidens.* Quare delictum *natura sua* seu *per se* occultum, in sententia opposita puniri non posset; dum re vera punitur, ex. gr. haeresis submissa voce a Titio manifestata, nocturno tempore, in cubiculo clauso, nemine audiente.

Praeterea actus occultus, utpote talis, non cognoscitur; et potest esse ita occultus ob circumstantias in quibus positus fuit, ut *nullo modo* cognosci queat. Unde, si non potest cognosci, neque examini sive iudicio subiici potest.

Quapropter recurrendum est ad aliquod principium diversum, ut rite intelligi et explicari possit, cur Ecclesia huiusmodi actum, penitus ignotum, punire valeat.

Demum, si actus externus occultus, qui dicitur talis per accidens et consideratur ut visibilis ac socialis, potest ex hoc motivo coerceri, nulla est ratio efficax cur eadem potestas deneganda sit auctoritati civili.

ternos occultos peccant, coercere posset, si vellet, poenis latae sententiae, i. e. ipso facto incurrendis [23].

Nam ubi agitur de poenis latae sententiae, reorum conscientiae illae exsequendae committuntur. Ecclesia non cognoscit, non examinat, nihil facit. Reus, testis, iudex qui applicat seu exsequitur sententiam, unus est, ipse nempe legis violator.

Proinde totum negotium conscientiae ipsius remittitur. Atqui testimonium conscientiae idem est, sive agatur de actu externo sive agatur de actu interno. Ergo.

Ipse *Suarez* [24] fatetur praefatum argumentum difficultate non carere. Nam si lex obligat in conscientia, ut praesertim dicendum de lege Ecclesiae, haec obligatio est sufficiens efficacia legis, imo poenae seu censurae ipso facto incurrendae. « Ergo non repugnat Ecclesiam habere potestatem ad ferendas leges, quae in conscientia obligent pro actibus internis, etiamsi non posset ad illos exterius et per homines actionem cogere ». Ita eximius Suarez (l. c.).

3° Si Ecclesia, aiunt, respicit bonum commune, ordinem socialem sive provehendum sive restaurandum, non habet causam interveniendi in iis quae exterius non apparent, seu quae ordinem externum socialem non tangunt.

Resp. a) Finis Ecclesiae *totaliter* sive *adaequate* accipiendus est, qui necessario respicit perfectam sanctificationem ideoque etiam *internam.*

b) Ordo *iuridicus* sive *socialis* Ecclesiae non est idem ac ordo societatis civilis nec eadem ratione spectandus. Ecclesia sane est societas *sui generis.*

c) Si Ecclesia non haberet ius « interveniendi in iis quae exterius *non apparent* », ne in iis quidem posset intervenire, quae omnino occulta et incognita exsistunt. Falsum quippe est *interna,* v. g. bonos aut pravos affectus, sancta aut impia desideria, nullatenus referri ad *finem* Ecclesiae. Porro ratio finis cuiuslibet societatis est terminus comparationis et commensurationis ad quantitatem potestatis dimetiendam.

4° Potestas, quae respicit forum internum, non est potestas regiminis, nec socialis, nec propria, sed vicaria.

Resp. Haec omnia aut *falso* aut *gratis* asseruntur. Quod etiam potestas, quae respicit forum internum, sit iurisdictionis sive *regiminis,* nullatenus negari potest, cum expressis verbis id doceat

---

[23] Cfr. Cappello, *De censuris,* n. 4.
[24] *De leg.,* lib. IV, cap. 12, n. 6.

Codex iuris canonici (can. 196). Quae potestas eo ipso quod est *regiminis*, est etiam *socialis*, cum in societate dumtaxat regimen reperiatur. Si vero *regiminis* et *socialis* est, *propria* quoque erit dicenda quoad forum internum extra-sacramentale, exceptis tantum quibusdam rebus quae natura sua nonnisi ministerialiter competunt Ecclesiae.

5° Nonnulli adversarii, ut vim argumentationis effugiant, dicunt forum *internum* penitus subductum esse potestati sive regimini Ecclesiae, cum sit *forum Dei*.

Resp. Confundendum non est forum internum *sacramentale* cum foro interno *extra-sacramentali*. Illud est quidem *forum Dei*, hoc autem est forum Ecclesiae.

6° Potestas, aiunt, praecipiendi aut vetandi actus internos non est necessaria Ecclesiae. Ergo.

Resp. a) Distinguendum inter ea quae absolute necessaria, et quae opportuna ac utilia sunt. Neque potestas *vicaria* absolute necessaria est Ecclesiae, et nihilominus ei competit ex voluntate Christi [25].

b) Eo ipso quod huiusmodi potestas non excluditur a natura seu a fine Ecclesiae aut a positiva voluntate Fundatoris, iure dicitur contineri in amplissimis verbis: « *Quodcumque ligaveris ... quodcumque solveris ...* ». Habetur igitur fundamentum theologicum ad illam vindicandam.

7° Innocentius III ait: « *Nobis datum est de manifestis tantummodo iudicare* » [26].

Resp. Mirandum sane atque dolendum, patronos oppositae sententiae in sui favorem hunc textum allegare [27]. Qui nihil profecto probat. Aliud sane est « *iudicare* », aliud praecipere aut prohibere.

Quod Ecclesia nequeat iudicare in foro *externo* de mere in-

---

[25] Ottaviani (*Instit. iur. publ. eccl.*, I, n. 138) docet ab Ecclesia praecipi etiam *interna*, « non vi potestatis fori externi ... sed vi potestatis fori interni, *vel* etiam alia potestate, quae proprie non sit iurisdictionis ». Iste auctor de facto, etsi forte non verbis, nobiscum aliisque merito convenit in vindicanda Ecclesiae potestate praecipiendi *interna*. At minime intelligere possumus verba: « *vel etiam alia potestate, quae proprie non sit iurisdictionis* », quia quaelibet potestas in Ecclesia exsistens, necessario referenda *vel* ad potestatem iurisdictionis *vel* ad potestatem ordinis, nisi forte sermo sit de potestate vicaria, quae huc non spectat.

[26] Cap. 34, X, V, 3.

[27] Cfr. Wernz., I, n. 98: Billot, l. c., II, p. 143.

ternis, ultro admittimus. Sed alia profecto est quaestio, quae huc spectat: utrum scil. Ecclesia in foro *interno* possit actus internos praecipere aut vetare.

Innocentius, uti liquet ex collatis locis parallelis, non loquitur ibi de omni iudicio, sed solum de eo quod peragitur *cum cognitione et discussione causae.* Quae cognitio et discussio causae non semper ac necessario requiritur; secus actus externi quidem, sed occultissimi, qui neque de facto cognoscuntur neque ullo modo cognosci possunt, puniri non possent; quod falsum est [28].

8° Allegatur auctoritas *S. Thomae* et *Suaresii* [29].

Resp. a) Angelicus nequaquam *data opera* agit de potestate Ecclesiae. Nomine legis *humanae* in textu S. Thomae, verius ea designatur, quae a lege naturali derivatur et ex se ad finem naturalem dirigit et humanitus errare potest, non legem ecclesiasticam, quae supernaturalis est et Deo assistente, si fertur universalis, infallibiliter bona est, quaeque opportune communitur iudicio sententiae latae divinitus efficacis, contra crimina occulta [30].

Simili ratione interpretandi videntur alii textus *Angelici* [31].

Igitur de mente S. Thomae *certo* non constat. Ipse *Prümmer O. P.* dicit: « Negare *videtur* S. Thomas » [32]. Nequit proinde allegari inter patronos oppositae sententiae.

b) *Suarez* contrariae opinioni ideo praecipue adhaesit, quia putavit usu Ecclesiae non commendari potestatem praecipiendi actus internos. *At expresse affirmat eam non repugnare.*

Praeterea sententiae nostrae ipse favet, concedendo, probabiliter non posse ab Ecclesia praecipi opus externum offerendum pro tali necessitate in particulari, nec sumptionem Eucharistiae dignam, quin directe actus interior praecipiatur [33]. Atqui, ut diximus supra, tum celebrationem Missae pro determinata necessitate tum sacramenti dignam receptionem Ecclesia revera praecipit. Ergo.

---

[28] *Raus,* textu Innocentii III relato, iure concludit: « Patet demum Ecclesiam in foro suo *interno* etiam de internis iudicare, quare recto sensu intelligi debet vulgare adagium: Ecclesia de internis non iudicat » (*Institutiones canonicae,* ed. alt., p. 32).

[29] S. Thom., *Summ., theol.,* 1-2, q. 91, art. 4; Suarez, *De leg.,* lib. IV, cap. 12, 13; *De censuris,* disp. 4, sect. 2.

[30] Cfr. S. Thom., l. c., q. 106, art. 1 et 2; q. 107, rat. 4.

[31] Loc. cit., q. 100, art. 9; 2-2, q. 104, art. 5.

[32] *Theol. mor.,* I, n. 182, Friburgi B., 1923.

[33] *De leg.,* lib. IV, cap. 13, n. 14 ss.; cfr. etiam lib. II, cap. 10, n. 14.

156. Conclusio. — Ex dictis, praxi et agendi ratione Ecclesiae labentibus saeculis perspecta, *certum* est:

1° potestatem circa actus mere internos non repugnare naturae seu fini Ecclesiae, teste Suarez cum aliis;

2° nullum argumentum ex S. Scriptura vel Traditione in contrarium deduci;

3° huiusmodi potestatem plane congruere cum fine Ecclesiae, i. e. maxime conferre ad *perfectam* sanctificationem hominum, etiam internam, obtinendam;

4° nullam rationem decisivam aut validissimam aut vere validam afferri a patronis alterius opinionis;

5° admissa potestate in actus internos, facile et recte explicari quaedam facta, quae secus aut nullo modo aut vix possent adaequate explicari, uti est v. g. irrogatio poenae *latae sententiae* et punitio delicti *occulti penitus*;

6° hanc potestatem cedere in decus Ecclesiae et supremae iurisdictionis honorem.

His omnibus accurate serioque consideratis, affirmativam sententiam, *rite intellectam* iuxta superius enuntiata, ultro amplectimur eamque ut certam habemus.

157. Regium Placet et Exsequatur. — 1. Eius nomine intelligitur a regalistis et a liberalibus *facultas quam auctoritas civilis impertitur Bullis, Brevibus pontificiis, ceterisque actis auctoritatis ecclesiasticae, ut vim in sua ditione habeant* [34].

Placet specifice sumptum est facultas quam civilis auctoritas impertitur actis *episcopalibus* seu a potestate *interna* manantibus, ut vim in sua ditione obtineant. *Exsequatur* est facultas quae datur Bullis ac Brevibus ceterisque actis *pontificiis*, i. e. auctoritatis *extraneae*. Nos utrumque promiscue hic sumimus.

Ab aulicis DD. huiusmodi ius extensum fuit ad Bullas non modo *disciplinares*, verum etiam *dogmaticas*.

Non agitur, ut patet ex tradita notione, de *modesta* atque *officiosa* ex parte magistratuum civilium exsecutione, at de iure, quod dicitur « *naturaliter* insitum auctoritati politicae » *vim* tribuendi, necne, Bullis ac Brevibus RR. Pontificum aliisque actis ecclesiasticae potestatis.

2. RR. Pontifices iure omnino *R. Placet* reprobarunt uti *inde-*

---

[34] Cfr. Van-Espen, *De promulgatione legum ecclesiasticarum*, p. 5 ss.; eiusdem, *Ius eccl. universum*, part. 2, tit. 24, cap. 6.

cens, temerarium, scandalosum, absurdum, omni iustitiae contra- rium. Sane:

1° Christus contulit Ecclesiae *plenam, supremam, indepen- dentem* auctoritatem, scil. eam uti societatem iuridice perfectam instituit. Ergo.

2° *R. Placet* nititur falso supposito. Supponunt adversarii Ecclesiam legibus suis aliquid moliri contra Status incolumita- tem. Atqui id falsum et iniuriosum maxime est.

Si hoc principium esset admittendum, valeret profecto etiam pro Eccle- sia quoad leges aliaque acta potestatis civilis. Non quidem a paritate, sed longe a fortiori; ratione *superioritatis,* quam Ecclesia habet respectu civilis societatis; et ratione legitimae *suspicionis,* quia saecularis potestas saepis- sime, fatente historia, leges contra Ecclesiam tulit.

3° Status vi *R. Placet* acta ad regimen Ecclesiae spectantia suo iudicio sive foro subiicit: atqui ipse est omnino incompetens. Ergo.

4° *R. Placet* postulat, ex dictis, ut acta seu pontificia seu episcopalia vim et valorem non habeant sine placito principis.

Atqui, hoc concesso, destruitur natura ipsa Ecclesiae, totus- que ordo religiosus penitus subvertitur.

3. Iure meritoque Ecclesia contra huiusmodi abusum semper protestata est, a Martino V usque ad tempora nostra.

Leo X, Const. « *Supremo* », 22 febr. 1518, dicit: « *indecens* et *absurdum,* quinimo *temerarium* esse censemus quod aliquis qua- vis occasione litteras Apostolicas sine R. Pontificis speciali com- missione examinare velle praesumat ».

Clemens XI, Const. « *Nova semper* », 29 novembris 1714, vo- cat *R. Placet* « *exsecrandum abusum* per sacros Canones et plu- rimas notissimas pontificias Constitutiones *sub anathemate dam- natum* ».

Innocentius X, epist. ad Leopoldum archiducem, 11 nov. 1651, appellat *R. Placet* « *destructivum Apostolicae potestatis* ».

Pius IX, Const. « *Probe nostis* », 9 maii 1853: « Putidum im- piumque commentum illud est, Apostolicae Sedi divinitus collata iura, ac traditum a Christo Domino supremi regiminis in Eccle- sia clavum, et potestatem humanis placitis, nutibusque arctari, praescribi aut imminui posse ».

Conc. Vaticanum [35]: « *Damnamus ac reprobamus illorum sen-*

---

[35] Const. I, de Ecclesiae Christi, cap. 3.

tentias ... qui contendunt, quae ab Apostolica Sede vel eius aucto-ritate ad regimen Ecclesiae constituuntur, vim ac valorem non habere, nisi potestatis saecularis placito confirmentur ».

Cfr. etiam can. 218, § 2, et Pii IX Syll. prop. 28 et 29.

158. Origo et vicissitudines. — De historica origine praefati abusus pauca dicenda.

1. Ante saec. XV nullibi reperitur regii placiti usus tamquam *ius* ad principes spectans. Aliquando hi sibi potestatem vindica-runt coarctandi libertatem Ecclesiae sua acta promulgandi.

Quae tentamina inveniuntur iam saec. XII in Anglia et Si-cilia, dein in Gallia (an. 1381) quando dux Andegavensis, regni administrator, iussit coerceri rectorem Academiae Parisiensis ob publice lectas litteras Urbani VI, quibus dux ad obedientiam re-vocabatur. Item in Sicilia an. 1405, in Lusitania an. 1486, in His-pania an. 1509.

Haec autem iniusta tentamina nondum procedebant ex erroneo conceptu alicuius *iuris* quod sibi uti *proprium* Status competere existimaret in omnia Ecclesiae acta inspicienda atque examinanda [36].

2. Tempore lugendi schismatis occidentalis, cum plures bul-lae falsae vel pseudo-Pontificum circumferrentur, Urbanus VI, uti habet Bonifacius IX in Bulla « *Intenta salutis* », 15 ian. 1403, concessit « quibusdam *Praelatis* quod in eorum civitatibus et dioe-cesibus non posset fieri exsecutio aliquarum litterarum apostoli-carum, nisi prius huiusmodi litterae ipsis Praelatis vel eorum of-ficialibus et per ipsos essent approbatae », atque ita Bullae authen-ticae a falsis distinguerentur.

Hinc patet, *ex concessione pontificia* placitum *non fuisse re-gium,* sed *ecclesiasticum* sive *episcopale.*

3. Durante schismate, ipsi principes coeperunt civili sanc-tione munire bullas Pontificum quibus adhaerebant.

4. Quidam Episcopi, praesertim vero principes, concessionem factam ab Urbano VI ita interpretati sunt, ut contenderent litteras pontificias, ubi etiam de earum authenticitate manifesto constaret, sine consensu et *placito* civili promulgari non posse.

Quapropter Bonifacius IX citata Bulla « *Intenta salutis* » dictam po-

---

[36] Cfr. Herg.-Hollw., l. c., n. 116; Tarquini, *De regio Placet,* p. 5 ss.; Rivet, l. c., p. 102. Consentit ipse Hinschius, *Kirchenrecht,* III, p. 751.

testatem suppressit et, post eum denuo solemniter revocavit Martinus V in Concilio Constant. (1414-1418), Bulla « *Quod antidota* », 30 april. 1418.

5. Anno 1493 Alexander VI rogatus a Ferdinando et Isabella regibus Hispaniae permisit examinari bullas indulgentiarum ab Ordinariis locorum, a Nuntio apostolico et a Capellano maiore regis, quia tunc temporis plures falsae in Hispania circumferebantur, quaestus causa.

Item quibusdam aliis principibus concessio facta est, quoad Bullas beneficiorum. Proinde non de *iure proprio* principis agitur, at de mera concessione R. Pontificis.

Imo circa huiusmodi Bullas concessa est generatim principibus simplex *visura,* quin aliquid in eis scribere aut sigillum aliudve signum apponere possent.

Hodie regium placitum quoad Bullas *dogmaticas* in usu generatim non est; pariter, saltem plerumque, quoad leges *disciplinares.*

Manet apud nonnullas nationes quoad provisionem beneficiorum et quaedam alia auctoritatis seu pontificiae seu episcopalis acta [37].

Articulus III

De potestate iudiciali Ecclesiae

159. Exsistentia. — *Prob. I.* Ex natura Ecclesiae.

1° Ecclesia est societas iuridice perfecta; atqui societas iuridice perfecta habet potestatem iudicialem; ergo.

2° Ecclesiae competit potestas legifera; sed haec potestas necessario exigit iudicialem; ergo.

160. — *Prob. II.* Ex S. Scriptura.

1° Verba Christi: « *Quodcumque ligaveris... quaecumque solveritis...,* etc. » [1], potestatem verae *iurisdictionis* denotat, ideoque nedum legiferam, verum etiam iudicialem, eamque a fortiori, exprimunt potestatem: iudicia enim magis directe hominum actiones attigunt, *ligant* nempe vel *solvunt.*

2° Christus ait: « *Si peccaverit in te frater tuus, vade et corripe eum inter te et ipsum solum... si autem te non audierit,*

---

[37] In Italia ex Pactis Lateranensibus *Placet* et *Exsequatur* proprie dictum suppressum est.

[1] Matth., XVI, 19; XVIII, 18.

adhibe tecum adhuc unum vel duos ... Quod si non audierit eos, dic Ecclesiae; si autem Ecclesiam non audierit, sit tibi sicut ethnicus et publicanus. Amen dico vobis, quaecumque alligaveritis, etc. » [2].

Habes heic *actorem, reum, testes, iudicem* (Ecclesiam, i. e. Praelatum ecclesiasticum), *accusationem* (*dic*), et tandem *sententiam,* cuius transgressio poenam excommunicationis meretur : uno verbo habes externum iudicium, cuius potestas in Ecclesia est.

161. — *Prob. III.* Ex doctrina et praxi Apostolorum.

1° Apostolus ait : « *Tamquam non venturus sim ad vos, sic inflati sunt quidam ... Quid vultis? in virga veniam ad vos, an in charitate et spiritu mansuetudinis? ... Ego quidem absens corpore, praesens autem spiritu, iam iudicavi ut praesens eum qui sic operatus est, in nomine Domini nostri Iesu Christi, congregatis vobis et meo spiritu, cum virtute Domini nostri Iesu, tradere huiusmodi satanae in interitum carnis, ut spiritus salvus sit in die Domini nostri Iesu Christi* » [3].

Igitur Paulus *iudicat* (iam *iudicavi*) absens ex notitia delicti accepta non per confessionem, sed per famam (*auditur inter vos fornicatio et talis fornicatio,* etc.), admonet tamen iudicium huiusmodi solere fieri in praesentia (*ut praesens*), praesente scil. iudice atque adstantibus assessoribus eius (*congregatis vobis*) et reo; pro hac vice supplevit fama delicti. Sententia autem fertur a Paulo per potestatem sibi a Christo datam (*cum virtute Domini Iesu*). Potestas ergo et mos erat in Ecclesia huiusmodi iudicia habendi.

2° Item Paulus [4] monet Episcopum ne accusationem recipiat adversus presbyterum, nisi sub duobus vel tribus testibus. Accusatio ideo in foro externo ad iudicem defertur, ut sententia feratur; porro *iudicium* quo sententia fertur, constat *reo, accusatore, testibus* et *iudice*; ergo.

162. — |*Prob. IV.* Ex doctrina et praxi constanti Ecclesiae.

1° Complures sunt declarationes magisterii ecclesiastici, quas singulas referre supervacaneum existimamus [5].

---

[2] Matth., XVIII, 15 ss.

[3] I Cor. IV, 18, 21; V, 3 ss.

[4] I tim. V, 19.

[5] V. g. Conc. Trid., Sess. XXIV, *de matrim.*, can. 12; Breve Pii VII ad Archiep. Moguntin., 8 oct. 1803; Litt. Apost. « *Ad Apostolicae* » Pii IX,

Codex hanc doctrinam confirmat atque disertis verbis enuntiat, praesertim in can. 1553, 1960.

2° Id confirmatur usu perenni Ecclesiae. Sane ius canonicum a primordiis ad nos usque conditum, magna ex parte respicit iudicia ecclesiastica recte ordinanda et instituenda, ius inquirendi, corrigendi, reformandi, lites dirimendi, puniendi, etc.

Integer liber IV Codicis (can. 1552-2194) agit de *processibus* et liber V (can. 2195-2414) de *delictis* et *poenis*. Porro Ecclesia circa obiectum et extensionem suae potestatis est infallibilis, ita ut ius alienum veluti proprium neque usurpare neque exercere possit.

Concludendum, igitur, Ecclesiam iudiciali potestate ex iure divino pollere.

163. Extensio et obiectum potestatis iudicialis Ecclesiae. — 1. Eo usque, generatim, sese extendit potestas iudiciaria Ecclesiae, quo extenditur potestas legifera, ideoque eius obiectum, in genere, sunt res *fidei, morum* et *disciplinae*.

2. In SPECIE, haec notanda: 1° Quaedam res subiiciuntur potestati iudiciali Ecclesiae *ex ipsa sua natura*, quaedam *ratione* tantum *personarum*, i. e. *ex privilegio fori*;

2° quaedam obiecta spectant *iure proprio* et *exclusivo* ad Ecclesiam;

3° quaedam iure *devolutivo* vel *acquisito* ex titulo superveniente;

4° quaedam iure *proprio* sed *cumulativo*, ita ut etiam potestas civilis competens sit.

3. Ecclesia iure PROPRIO et EXCLUSIVO cognoscit: 1° de causis quae respiciunt generatim res *spirituales*;

2° de causis respicientibus *res temporales inseparabiliter spiritualibus adnexas*;

3° de violatione *legum ecclesiasticarum*, ac de *omnibus* in quibus inest *ratio peccati* (seu quoties *ratio boni spiritualis* positive vel negative procurandi urgeat), at non universim, sed solum sub respectu *spirituali*, quod attinet *ad culpae* seu *delicti definitionem* et *poenarum ecclesiasticarum irrogationem*;

Res dicuntur *spirituales* ob respectum ad vitam spiritualem seu melius supernaturalem. Possunt esse spirituales *formaliter*, ut gratia, fides, etc.;

------

22 aug. 1851; eiusdem, Allocut. « *Acerbissimum* », 27 sept. 1852; Syll. prop. 74, etc.

causaliter, ut sacramenta; *significative,* ut sacramentalia; *effective,* ut iurisdictio ecclesiastica, conservatio etc.

Res *spiritualibus adnexae* sunt res natura sua temporales seu ordinis naturalis, quae tamen *vel* fovent vitam spiritualem supernaturalem, ut ritus sacri, festa etc.; *vel* sunt effectus alicuius rei spiritualis, ut legitimitas natalium et ius coniugum ad cohabitandum; *vel* ordinantur ad rem spiritualem tamquam media ad finem, ut ius patronatus, ius beneficiarii quoad fructus beneficii.

4° de omnibus causis sive contentiosis sive criminalibus quae respiciunt personas privilegio fori gaudentes ad normam can. 120, 614, 680 (cc. 1553, § 1, 2198).

Tria priora causarum genera pertinent ad Ecclesiam ex IPSA SUA NATURA; quartum quatenus ab aliis distinguitur, *ratione personarum* seu *ex privilegio fori.*

4. Quaenam sint causae, in quibus tum Ecclesia tum civilis potestas aeque competentes sunt quaeque dicuntur MIXTI FORI (cfr. can. 1553, § 2, 1961, 2198), alibi exponemus, ubi nempe de *materiis mixtis* sermo erit (n. **262** ss.).

164. Appellatio ab abusu [6]. — 1. Palam est ex alibi dictis (cfr. n. **160**), potestatem iudicialem Ecclesiae esse *plenam* et omnino *independentem.*

Eam impugnarunt Richerius, Febronius, et in genere Gallicani aliique scriptores aulici, qui principi vindicarunt ius recipiendi *appellationem* sic dictam *ab abusu* a sententiis ecclesiastici tribunalis.

2. Appellatio est *provocatio ab inferiore ad iudicem superiorem, ratione gravaminis illati vel inferendi.* Fit a sententia *iniqua* vel a sententia *iniusta.*

Illa est, quae fertur a iudice competente et servatis iuris sollemnitatibus, sed *male,* saltem ex appellantis aestimatione; haec adest, cum fertur vel a iudice incompetente, *vel* spretis sollemnitatibus iuris, *vel,* iuxta nonnullos, si *manifeste* sit *iniusta.* Ita canonistae aulici, non satis accurate.

Appellatio, quae fit a sententia *iniqua,* dicitur simpliciter *appellatio ab abusu.*

3. Unde, secundum Richerium, Febronium et Gallicanos, ap-

---

[6] Cfr. Suarez, *Defensio fidei,* lib. IV, cap. 34; Palmieri, *De R. Pontif.,* th. 23; Tarquini, lib. II, n. 10; Rivet, l. c., p. 106 ss.; Cavagnis, lib. II, cap. 3, n. 44 ss.; Soglia, l. c., § 66; Phillips, III, § 131, p. 152 s.; Liberatore, *La Chiesa e lo Stato,* cap. 3, art. 7, qui egregie disserit.

pellatio ab abusu est *provocatio a iudice ecclesiastico, qui sua potestate abusus est, ad iudicem laicum* [7].

Plures ex illis admittunt quidem iudicem *saecularem* non posse de ipsa materia *ecclesiastica* cognoscere, atque ideo *appellationem simplicem* reiiciunt; contendunt autem competere ipsi *appellationem ab abusu,* i. e. eumdem cognoscere posse tum de competentia iudicis ecclesiastici, tum de iuris sollemnitatibus non servatis. At competentia iudicis ecclesiastici, in eorum systemate, intra limites valde angustos coarctatur.

Rationes, quae a fautoribus huius theoriae invocantur, sunt hae: 1° auctoritatis civilis est cognoscere quid *ad forum saeculare pertineat,* quid *ecclesiastico,* consequenter, *foro* reservetur; 2° ipsius est membra sua *ab omni tyrannide* et *oppressione defendere.*

In specie omnino reiicitur ius Episcopi sententias *ex informata conscientia* pronuntiandi [8].

4. Falsitas huius theoriae evidentissima.

Sane: 1° Appellatio fit a iudice *inferiore* ad *superiorem* (et subauditur *in eodem ordine*); iamvero potestas *ecclesiastica* iudicialis non est inferior *laicali,* sed longe superior, atque ab illa plane *independens,* cum versentur in *ordine* prorsus *diverso.* Idcirco potestas civilis est *incompetens* tum in rebus spiritualibus, ex suapte natura, tum in connexis cum spiritualibus, quae item, ex eodem capite, pertinent ad iudicem qui de spiritualibus cognoscere valet.

2° Ratio prima adducta a fautoribus est merum sophisma. Iudex saecularis valet quidem de sua competentia decernere, sed in ordine tantum ad res de quibus tribunalia laicalia iudicare possunt, utrum scilicet ad ipsum pertineant vel ad alios iudices laicales; aut etiam potest se incompetentem declarare, quando ad ipsum defertur quaestio, quae certe ad tribunal ecclesiasticum pertinet.

Sed minime ad ipsum spectat, quando quaestio certe ecclesiastica est, decernere utrum *huic* vel *alii tribunali ecclesiastico* reservetur. Quae determinatio ipsius Ecclesiae est; si vero dubium exsistat, utrum res *foro ecclesiastico* an *laicali* sit adiudicanda, item Ecclesiae est dubium dirimere, utpote quae societas ordinis superioris est [9].

---

[7] Cfr. Charlas, *Tract. de libertatibus Ecclesiae gallicanae,* Romae 1725, lib. III, cap. 4.

[8] Cfr. can. 2186 ss.; Cappello, *De visitatione SS. Liminum,* etc., I, p. 438 ss.

[9] Huc apte veniunt verba Bonifacii VIII in Bulla « *Unam Sanctam* »: « Si deviat terrena potestas, iudicabitur a potestate spirituali; sed si deviat spiritualis minor, a suo superiore; si vero suprema, a solo Deo, non ab homine poterit iudicari ».

Altera ratio adversariorum, i. e. *defensio subiectorum ab oppressione et tyrannide,* gratuitam iniuriam contra Ecclesiam continet. Quodsi in aliquo casu particulari *evidens* est incompetentia iudicis, patet recursus ad iudicem *ecclesiasticum*; sententia reici potest, nec locus est appellationi ab abusu.

Si tribunal ecclesiasticum certe incompetens fuerit vel modo evidenter iniusto processerit, nil vetat quominus etiam a potestate laicali imploretur, ut interdum factum fuit, iudicium tribunalis *ecclesiastici competentis* [10].

3° Nonnulla facta historica, quae adversarii obiiciunt, optime explicantur.

S. Athanasius, v. g., ad Constantinum imperatorem contra sententiam Synodi Tyriae confugit [11]. At id fecit, non quia aliquam auctoritatem in imperatore circa res ecclesiasticas agnosceret, ut patet ex ipsius verbis; sed quia in illis adiunctis solum per imperatorem poterat se liberare a vexationibus Episcoporum arianorum, qui sententiam tulerant in illa Synodo.

Ipse enim imperator Synodum convocaverat, uti colligitur ex verbis eiusdem Athanasii [12]: « Nos autem imperatorem adeuntes, iniurias ab Eusebianis illatas ipsi renuntiabimus, utpote qui Synodum cogi iussisset, cui praesidebat eius comes » [13].

Item *S. Chrysostomus* contra sententiam manifeste iniustam a Theophilo, patriarcha alexandrino latam, ad imperatorem appellavit, ut brachium saeculare in favorem Ecclesiae invocaret.

Cetera facta, quae obiici possent, nihil evincunt. Nam si evenerunt absque approbatione auctoritatis ecclesiasticae, profecto illegitima fuerunt; si vero ex concessione explicita vel implicita legitimae auctoritatis Ecclesiae, fuerunt quidem licita, at nihil probant in favorem appellationis ab abusu [14].

Manifestum est, ob mutatas circumstantias huiusmodi recursus necessitatem, numquam aut vix hodie verificari, cum facile pateat recursus ad metropolitam et ad S. Sedem.

4° *Leo XII* in epist. ad Galliae regem an. 1824 appellationem ab abusu vocat « omnium perturbationum fontem, vexatio-

---

[10] Cfr. c. 11, C. XI, q. 1.

[11] Cfr. Sozomen., *Hist. eccl.,* lib. II, cap. 28; Migne, *P. G.,* 67, 1014; Hefele-Leclerq., *Hist. des Conciles,* lib. III, § 49 ss.

[12] Apol. *Contra Arian.,* n. 80; Migne, *P. G.,* LXV, 402.

[13] Cfr. Sozomen., l. c., cap. 25; Socrat., *Hist. eccl.,* lib. I, cap. 28.

[14] Opponitur auctoritas *S. Gregorii M.* qui in epist. 65 ad Mauritam Aug. (Migne, *P. G.,* LXXVII, 662) videtur potestatem civilem ecclesiasticae anteponere.

Dicendum, S. Gregorium, modestiae causa, id facere. Sane in eadem epist. docet *terrestre regnum caelesti regno* debere *famulari;* et in epist. 5 (Migne, l. c., 99) ad metropolitas, corrigit legem imperatoris prout bonum Ecclesiae postulat.

num in clerum scaturiginem et manifestam iurium Ecclesiae usurpationem ».

Pius IX damnavit in Syll. pro. 41: « Civili potestati ... competit etiam *ius appellationis* quam nuncupant *ab abusu* »[15].

165. Notae historicae de exercitio potestatis iudicialis Ecclesiae. — 1. Videndum paucis, QUO MODO et QUA AMPLITUDINE Ecclesia, per varias historiae suae epochas, potestatem iudicialem exercuerit, ut manifesto appareat quid ipsa ut ius *proprium* et *inalienabile* sibi semper vindicaverit, quid, contra, ex *consuetudine* et *iure historico* vel ex *concessione principum* acquisierit.

2. Prioribus saeculis, SUB ETHNICORUM DOMINATIONE, fideles prohibebantur ab Ecclesia suas lites ad iudices infideles deferre, secundum normam ab Apostolo traditam [16].

Episcopi, formidolosis illis temporibus, sollemnitates iuris certe non servabant, quae in iudiciis saecularibus servari solebant, imo saepius in hisce negotiis caritatem potius quam iurisdictionem explicabant: sed manifestis testimoniis evincitur, ipsos vera iudicia, licet summaria tantum, interdum exercuisse.

Unde, ethnicis dominantibus, *temporales* quoque causae ab Episcopo cognitae fuerunt.

3. IMPERIO AD IMPERATORES CHRISTIANOS DELATO, rerum mere civilium cognitio ad iudices saeculares devenit; at nec *statim* nec *absolute* id factum est.

Sane: 1° Omnes causae *spirituales* iudicio Ecclesiae reservatae sunt; quod, ut inconcussum principium, ab ipsis imperatoribus agnitum est.

2° Statim ab initio agnitum *expresse* non fuit a iure civili *forum privilegiatum clericorum,* in tota sua amplitudine, quatenus etiam *causas* mere *civiles* vel *delicta iuris communis* complectitur. Sed *practice* omnes eorum causae apud sola tribunalia ecclesiastica agitatae sunt.

Constantinus M., duabus constitutionibus, a. 321 et 331 (333) publicatis [17], concesserat ut litigantes, etiam laici, ad Episcopos suas causas deferre

---

[15] In Codice, uti in iure antiquo, plectuntur excommunicatione reservata speciali modo S. Sedi rei huiusmodi appellationis (cc. 2333, 2334, 2°).

In Italia ex lege 13 maii 1871, vulgo « *delle guarentigie* », praefata appellatio sublata est (tit. 2, art. 17). Item, generatim, in plerisque nationibus, saltem sub certo quodam respectu.

[16] I Cor. VI, 1 ss.

[17] Cfr. c. 35, 26, C. XI, q. 1.

possent; qui competentes ad iudicandum fiebant, etiam altera parte dissentiente. Ecclesia vero severe prohibuit ne clerici suas lites ad iudices saeculares deferrent, praescribens ut eas Episcoporum vel Synodorum provincialium iudicio subiicerent [18]. Quod varii RR. Pontifices suis etiam Decretalibus confirmaverunt, quarum plures defert Gratianus in C. XI, q. 1 [19].

Iustinianus hoc ius *exclusivum* Ecclesiae agnovit in pluribus Novellis (79, 83, 123, c. 21).

3° Concilia et Pontifices mandarunt, ut etiam controversiae inter laicos et clericos tribunalibus ecclesiasticis reservarentur. Quod ius ab Honorio (a. 412) est agnitum : « Clericos nonnisi apud Episcopos accusari convenit ... (siquidem aliter non oportet) » [20]. Quae permissio non parum a successoribus Honorii restricta, iterum a Iustiniano agnita est, ita tamen ut utriusque litigantis consensus requireretur, ut res apud tribunal Episcopi iudicari posset.

4° Laicis eadem fere ac clericis concessa fuit facultas, post Constantinum M., suas causas ad tribunal ecclesiasticum deferendi, etiam altera parte reluctante.

Serius restricta est haec facultas ad casus quibus alter litigans consentiret. Sic Arcadius a. 398 et Honorius a. 408; quorum constitutiones Iustinianus in suo Codice admisit [21].

4. Quod attinet ad POPULOS GERMANICOS, conversos ad religionem christianam, haec animadvertenda.

1° Semper admissa firmiterque vindicata fuit *exclusiva* Ecclesiae potestas in causas *spirituales*.

2° Concilia particularia constanter adlaborarunt, ut obtinerent clericorum exemptionem a foro saeculari.

Aliqua tamen Concilia permittebant ut, in foro laicali vocati, illud adirent, saltem consentiente Episcopo. At saec. VIII et IX Ecclesia tandem obtinuit ut forum privilegiatum clericorum omnino admitteretur; idque in Decret. Gregor. IX confirmatum.

Quare reperitur regula, quam iam in can. 14 Conc. Later. III (a. 1179) statuerat Alex. III : « Sane quia laici quidam ecclesiasticas personas et etiam ipsos Episcopos iudicio suo stare compellunt, eos, qui de cetero id praesumpserint, a communione fidelium decernimus segregandos ».

Huic reservationi causarum clericorum vix ullae habebantur exceptiones, praeter causas feudales. Vigebat tamen principium, quod clericus laico

---

[18] Cfr. Conc. Chalced. (an. 452) can. 9; Kirch, *Enchir.*; n. 866.
[19] C. 12, 13 (Gelasii), C. 38-40 (S. Gerg. M.), etc.
[20] L. 41, Cod. Theodos., *De Episcopis*, XVI, 2.
[21] L. 7, 8, Cod. de Episc. aud., I, 4.

litem intentans, ipsum ad tribunal laicale vocare debebat, iuxta notam regulam: « *Actor sequitur forum rei* ».

3° Populi FRANCORUM ab initio non agnoverunt *forum* Ecclesiae ut *voluntarium* et *permissum* pro laicis inter se contendentibus. Paulatim autem eadem circa hanc rem disciplina quae in imperio Romano viguerat, etiam inter Germanos pleno valore vigere coepit, immo et ulterius extensa est.

Sed probe notandum, Ecclesiam numquam tunc temporis sibi vindicasse iurisdictionem in laicos ut *ius* quoddam *proprium*, sed vel ex *consuetudine* et iure *historico*, vel praesertim *iure* quodam *devolutivo*.

Nam Ecclesia causas in bonum populi christiani, quas iudices civiles aut negabant aut nimis protrahebant, ad se vocare vel saltem neglectas iudicare profecto potuit.

Causas vero ad certas personas pertinentes, quarum semper curam speciali modo ad se spectare Ecclesia consideravit, ob munus a Christo acceptum caritatem promovendi et exercendi, scil. viduarum, pupillorum, orphanorum et aliarum miserabilium personarum, ad se deferri ita voluit, ut illas invitas ad suum forum trahere iudex saecularis prohiberetur.

Quod rudibus et feris his temporibus necessarium omnino fuit, ne iniuste vexarentur et oppressioni obnoxiae fierent debiles et auxilio destitutae personae.

Item quaedam causae non mere spirituales, at cum spiritualibus aliqua ratione connexae, foro ecclesiastico addictae fuerunt, v. g. contractus laicorum, si legatum ad causas pias continebat, etc. [22]

166. Limites ecclesiasticae iurisdictionis. — Ecclesiastica iurisdictio in causis tractandis coepit coarctari inde praesertim a saeculo XIV. Principes non solum iurisdictionem in *rebus civilibus* ad se avocare, sed etiam in *causis cum spiritualibus connexis,* immo et circa negotia *mere spiritualia* sibi ius tribuerunt.

Ecclesia strenue et constanter causas *mere spirituales* sibi vindicavit.

De causis cum spiritualibus connexis, *Conc. Tridentinum* plura statuit, v. g. de rebus beneficialibus, de exsecutione et mutatione ultimarum voluntatum, de piorum locorum administratione, de oblationibus, decimis, etc. [23]

─────

[22] Cfr. cc. 6, 10, 11, X, II, 1; Ben. XIV, *De Synod. dioec.*, lib. IX, cap. 9 n. 10 s.; Bouix, *De iudiciis eccl.*, I, p. 118; Engel. lib. II, tit. 2, n. 67; Schmalzgr., lib. II, tit. 2, n. 106 ss.

[23] Cfr. cap. 13, X, II, 1; cap. 3, 6, 17, 19, X, III; 26; Conc. Trid., Sess. XXII, cap. 8 de ref.

Tridentinis dispositionibus non obstantibus, praesertim saec. XVIII et XIX, fere omnes illae causae iurisdictioni ecclesiasticae subductae sunt. Iniustam hanc intrusionem, ad vitanda maiora mala, Ecclesia interdum patienter tolerare debuit; interdum RR. Pontifices consultius duxere privilegia principibus concedere, quae propria auctoritate iampridem sibi usurpaverant [24].

Paulatim FORUM PRIVILEGIATUM CLERICORUM arctioribus limitibus fuit circumscriptum, adeo ut maxime ex parte sublatum fuerit, praesertim quoad causas mere civiles et delicta communia. Ecclesia tamen privilegium fori semper sibi strenue vindicavit atque hodie quoque vindicat, et canonicis poenis eos plectit, qui illud violant (cfr. can. 210, 614, 680, 1553, § 1, 3° 2341).

De causis *laicorum* circa res *temporales* Ecclesia hodie non cognoscit [25], nec profecto cognoscere valet, nisi incidenter et accessorie (cfr. can. 1553, 1961).

Certe iniusta fuit potestatis ecclesiasticae restrictio, ubi iura quaedam obtinuerat non ex mera concessione principis ad instar privilegii vel iuris precarii, sed ex consuetudine legitime praescripta vel ex concessione Status *per modum conventionis* et *stricti pacti.*

Attamen potestas civilis nunc causas mere saeculares, olim Ecclesiae reservatas, cognoscens, ex *proprio iure* agit, non autem, ut quidam immerito tenent, *ex delegatione* ecclesiastica [26].

Articulus IV

De potestate coactiva Ecclesiae

167. Exsistentia. — *Prob. I.* Ex natura Ecclesiae.

1° Ecclesia est societas perfecta (n. **139**); atqui societati perfectae competit etiam potestas coactiva (n. **78**); ergo.

2° Ecclesia habet potestatem legiferam et iudicialem; iamvero haec potestas exigit necessario potestatem quoque coactivam; ergo.

---

[24] Cfr. Conc. Trid., Sess. XXII, cap. 8 de ref.; Sess. XXIV, cap. 13 de ref.

[25] Apud Ecclesiam Alexandrinam Coptorum tribunal ecclesiasticum adhuc cognoscit de causis ad statum personalem spectantibus, v. g. de validitate testamenti aut legati vel cuiuscumque dispositionis ob mortis causam factae, de successione, de haeredum designatione, de minoritate et maioritate, de constitutione tutoris vel curatoris, etc. Cfr. *Synod. Alexandr. Coptorum an. 1898,* sect. III, cap. 6, tit. 4, p. 215 s., Romae, 1899.

[26] Ben. XIV, l. c., n. 11; Reiffenst., lib. II, tit. 2, n. 158; Wernz, V, n. 273; Nussi, *Conventiones,* p. 198.

168. — *Prob. II.* Ex verbis Christi.

1° Christus tum Petro tum Apostolis universalem potestatem *ligandi* et *solvendi* tradidit [1]; quae verba clare ius etiam coactivum significant. Sane nedum *volentes*, verum etiam *inviti* possunt *ligari*. *Contumaces* autem ad obedientiam non inducuntur, nisi ex poenarum metu, iuxta illud: « *Oderunt peccare boni virtutis amore, oderunt mali formidine poenae* ».

2° Christus ait: « *Si Ecclesiam non audierit, sit tibi sicut ethnicus et publicanus* » [2]. Haec verba poenam excommunicationis exprimunt, uti expresse docet Ioannes XXII in Const. « *Licet* », quae profecto est potestas coactiva [3].

169. — *Prob. III.* Ex doctrina et praxi Apostolorum.

1° *S. Paulus* ait: « *In promptu habentes ulcisci omnem inobedientiam* » [4].

2° Corinthios ita interrogat: « *Quid vultis? in virga veniam ad vos, an in charitate et spiritu mansuetudinis?* » [5].

Tradit satanae incestuosam Corinthium, Hymenaeum et Alexandrum.

170. — *Prob. IV.* Ex praxi constanti et infallibili magisterio Ecclesiae.

1° Ecclesiae ab initio usque ad nostra tempora potestate infligendi poenas semper usa est. Totus liber V Codicis (cc. 2195-2414) est de *delictis ac de poenis*. Quae constans et universalis praxis erroris aut abusus minime argui potest.

2° *Ioannes XXII* Const. « *Licet* », 23 oct. 1327, damnavit ut haereticam propositionem Marsilii Patavini: « Tota Ecclesia simul iuncta, nullum hominem punire potest punitione coactiva, nisi concedat hoc imperator » [6].

Ad hanc condemnationem alludit *Pius VI* Const. « *Auctorem fidei* », quando ab ipso notatur prop. 5ª Pistoriensium, asserens abusum esse auctoritatis ecclesiasticae « exigere per vim exteriorem subiectionem suis decretis ... quatenus intendat Ecclesiam non habere collatam sibi a Deo potestatem ... devios contumacesque exteriore iudicio ac *salubribus poenis coercendi* atque *cogendi*: inducens in systema alias damnatum ut *haereticum* » [7].

---

[1] Matth., XVI, 19; XVIII, 18.
[2] Matth., XVIII, 17.
[3] Cfr. Straub, l. c., n. 628 ss.; Soglia, II, § 7; Palmieri, l. c., p. 129 s.
[4] II Cor. X, 6.
[5] I Cor. IV, 21.
[6] Denzing., n. 387.
[7] Denzing., n. 1368.

In Syll. damnata reperitur sub n. **24** sequens prop. : « Ecclesia *vis inferendae potestatem non habet* ...

Leo XIII Encycl. « *Immortale Dei* » docet Christum dedisse Apostolis potestatem « *iudicandi puniendique* », atque diserte proponit catholicam doctrinam de iure punitivo Ecclesiae [8].

Ecclesiae doctrina expressis verbis enuntiatur in can. 2213, § 1 (cfr. n. **172**).

171. Ecclesiae competit potestas infligendi poenas etiam temporales.

Prob. I. Ex NATURA ECCLESIAE.

1° Ecclesia, cum sit societas perfecta, debet habere omnia media, quae ad finem consequendum *requiruntur* : atqui ipsa, qua societas *humana* ratione membrorum, indiget etiam mediis humanis et materialibus, i. e. poenis temporalibus ad coercendos devios contumacesque; ergo.

2° Ecclesiae competit plena potestas legifera et iudiciaria sive universalis facultas ligandi subditos; atqui huiusmodi potestas, ne vana et inutilis sit, secumfert ius quoque infligendi poenas temporales, eas nempe quae vere utiles et efficaces sint; ergo.

172. — Prob. II. Ex DOCTRINA ECCLESIAE.

1° Exstat imprimis damnata prop. 5ᵃ Marsilii (n. **170**), qui praecise potestatem infligendi poenas temporales denegabat Ecclesiae.

2° Concilium Trid. [9] docet : « *Si quis dixerit, huiusmodi parvulos, cum adoleverint, nec alia interim poena ad christianam vitam cogendos, nisi ut ab Eucharistiae, aliorumque Sacramentorum perceptione arceantur, donec resipiscant, anathema sit* ».

Ergo Ecclesia non modo punire valet per privationem Eucharistiae et aliorumque Sacramentorum, idest per poenas *spirituales,* sed etiam per alias poenas, seu *temporales,* uti ex integro textu aperte colligitur.

Iuxta idem Concilium [10], procedendum est « *in causis civilibus ad forum ecclesiasticum pertinentibus, contra quoscumque, etiam laicos, per mulctas pecuniarias ... seu per captionem pignorum, personarum districtionem ...* ».

---

[8] Cfr. Choupin, *Le pouvoir coercitif de l'Eglise*, p. 5 ss.; Devoti, lib. IV, tit. 1, § 10; Straub, l. c., n. 633 ss.; Muncunill. l. c., 432 ss.

[9] Sess. VII, *de baptismo*, can. 14.

[10] Sess. XXV, cap. 3 de ref.

Concilium poenas gravissimas statuit contra duellum patrantes, et quidem etiam *temporales* [11].

3° Benedictus XIV in Brevi « *Ad Assiduas* », 4 martii 1755, damnavit doctrinam P. La Borde, qui negabat Ecclesiae ius inferendi poenas *temporales.*

4° Pius IX Encycl. « *Quanta cura* » proscripsit hanc prop. : « Ecclesiae ius non competere violatores legum suarum poenis *temporalibus* [12] coercendi ». Quae, si non est definitio ex cathedra, ut multi opinantur, saltem sollemnis declaratio doctrinalis est, quam negare impium ac temerarium procul dubio foret [13].

5° Can. 2214, § 1, haec diserte habet : « *Nativum* et *proprium* Ecclesiae *ius* est, independens a qualibet humana auctoritate, coercendi delinquentes sibi subditos poenis tum spiritualibus tum etiam *temporalibus* ».

173. — *Prob. III.* Ex praxi Ecclesiae.

Constans et universalis usus potestatis Ecclesiae infligendi poenas, et quidem temporales, nedum legitimum titulum, sed etiam originem divinam iuris huiusmodi luculentissime evincit (cfr. n. 183).

174. Extensio et obiectum potestatis punitivae Ecclesiae. —

1. Eo usque, generatim, potestas coactiva extenditur, quo se extendit potestas legifera et iudiciaria.

---

[11] Cfr. Sess. XXV, cap. 19 de ref.

[12] A. Moulart, in *Revue Apol.,* 15 aug. 1908, p. 728, censet hanc vocem accipiendam non esse de poenis materialibus sive corporalibus, sed tantum de poenis externis sed publicis. Negandum prorsus, quia talis usurpatio vocabuli *temporalis* est violenta et usitatae significationi omnino contraria.

Item graviter errat Vacandart (*L'Inquisition,* p. 304 ss.), qui censet *ex doctrina Ecclesiae* posse eiusdem potestatem coactivam restringi ad poenas *spirituales* tantum.

Nec minus errat, dum (in *Rev. du Clergé français,* 15 febr. 1905) aut existimat Encycl. « *Quanta cura* » rem non decidere, aut insinuat doctrinam a Pio IX propositam non esse doctrinam Ecclesiae, sed quorundam theologorum sententiam medio aevo in honore habitam atque illius temporis necessitatibus congruentem.

[13] Id vindicat quoque Syllabus (prop. 24) contra Nuytz, professorem in Universitate Taurinensi, qui ius infligendi poenas temporales Ecclesiae negabat. Cfr. Heiner, *Der Syllabus,* p. 132; *Civiltà Cattolica,* 1902; II, 5 ss.; Margotti, *Processo di Nepomuceno Nuytz, professore di diritto canonico nell'Università di Torino,* p. 100, Torino 1852; *I documenti citati nel Syllabus.* Estratto dal periodico « *Archivio dell'Ecclesiastico* », Firenze, 1865, p. 117.

2. *Obiectum* poenae ecclesiasticae est delictum, cuius notio atque elementa tum subiectiva tum obiectiva alibi exposita fuerunt.

3. Potestas coactiva Ecclesiae *de facto* solet respicere tantum actiones *externas*, sive publicas sive occultas; *de iure*, iuxta traditam doctrinam de actibus internis, attingere posset etiam actus mere internos.

In Codice plures sunt poenae sive communes sive peculiares clericorum taxative determinatae, non exclusis poenis temporalibus — cuiusmodi sunt mulcta pecuniaria et, aliqua ratione, etiam infamia iuris, prohibitio vel praescriptio commorandi in certo loco vel territorio (can. 2255, 2291, 2298).

Graviter errant AA., qui restringunt ius punitivum Ecclesiae, etiam per poenas *latae sententiae* ad eas dumtaxat actiones, quae ad bonum *publicum* societatis ecclesiasticae referuntur. Praefatum ius respondet Ecclesiae fini *totali et adaequato,* qui nedum publicum, sed privatum quoque respicit bonum fidelium.

Item minus recte quidam tenent, Ecclesiam nonnisi actiones *graviter* malas punire posse. Curnam huiusmodi restrictio? Nihil prohibet, salva iustitia et aequitate, quominus etiam actiones *leviter* malae congrua poena proportionata seu levi ab Ecclesia plectantur.

Obiectiones [14].

175. — I. Poena est « *malum physicum* contra delinquentem sancitum a publica potestate »: atqui *malum physicum* attingere nequit animam hominis *spiritualem*; ergo.

R. Nomine *mali physici* non intelligitur tantum, ut falso supponit obiectio, malum materiale et sensibile, sed privatio cuiuslibet boni subiectivi, sive *materialis,* e. g. mulcta, sive *spiritualis,* e. g. *excommunicatio.*

Poena autem, etiam qua malum physicum, animam attingit et concurrit ad sanctificationem, quatenus voluntas, quae est potentia omnium actionum humanarum directiva, ad legem servandam inducitur intuitu boni quo, delicto patrato, privaretur (cfr. n. **66**).

176. — II. Censura privat hominem bonis spiritualibus; ergo opponitur fini Ecclesiae seu sanctificationi, ideoque applicari nequit.

---

[14] Cfr. Cappello, *Chiesa e Stato,* p. 116 ss.; Tarquini, l. c., n. 46 ss.; Rivel, l. c., p. 86 ss.; Cavagnis, l. c., I, n. 293 ss.; De Luca, l. c., n. 46 ss.; Paquet, l. c., p. 131 ss.; Liberatore, l. c., n. 151 ss.; Ottaviani, I, p. 334 ss.

R. Censura non privat homines *hominibus* bonis spiritualibus, sed *quibusdam tantum* (can. 2241, § 1). Hinc suspensus accedere potest ad tribunal Poenitentiae, veniam peccatorum obtinere
et sic gratiam sanctificantem obtinere, si congruis dispositionibus
polleat. Fideles, tempore interdicti, privantur quidem divinis officiis et nonnullis sacramentis, non tamen iis sacramentis quae magis necessaria sunt, v. g. baptismo et poenitentia.

Excommunicatus et personaliter interdictus *licite* accedere nequeunt ad
sacramenta suscipienda; at mediis sanctificationis non privantur ut in culpa
perseverent, sed, contra, ut ex privatione bonorum spiritualium quamprimum
a contumacia recedant sincereque resipiscant.

177. — III. Finis Ecclesiae *libere* obtineri debet; atqui poena tollit libertatem; ergo.

R. 1° Si poena privaret hominem libertate, concludendum foret, ne civilem quidem societatem et Deum ipsum posse delinquentes poenis percellere. Quod absonum est.

2° Confundenda non est *physica* libertas cum *morali*: haec,
non illa, aufertur per poenas.

Finis Ecclesiae nequit obtineri nisi per actus liberos, *Dist.*:
liberos ab *intrinseca* necessitate, *Conc.*; liberos *a coactione, Subdist.*: a coactione quae actum mere externum sive physicam obtinet, *Conc.*; a coactione *morali*, qua movetur voluntas ad melius
agendum, *Neg.*

178. — IV. Poenae debent esse proportionatae fini; atqui finis Ecclesiae est spiritualis; ergo Ecclesia nequit infligere poenas
temporales.

R. Poenae debent esse proportionatae fini, non quatenus sint
eiusdem naturae ac finis, sed quatenus aptae sint ad finem consequendum.

Porro Ecclesia est quidem societas *spiritualis* et *supernaturalis* ratione finis, sed simul *humana, externa* et *visibilis* ratione
membrorum. Unde poenae temporales, *attenta natura societatis
externae, visibilis, humanae*, sunt necessariae, quippe quae efficaciter conferunt ad finem Ecclesiae consequendum.

179. — V. Societas ea tantum bona per poenas auferre potest, quae ipsa dedit. Atqui Ecclesia nonnisi bona spiritualia tribuit. Ergo illa, non autem temporalia, auferre valet [15].

---

15 Cfr. V. Bolgeni, *Dei limiti della potestà ecclesiastica e civile*, p. 48 s.

R. 1° Idem foret dicendum de civili societate, quae non posset vitam et libertatem auferre, cum neutram ipsa civibus concedat.

2° Falsum omnino est suppositum, quod societas possit punire tantum auferendo bona quae ipsa confert.

Sane homines fiunt membra Ecclesiae non *partialiter,* sed *totaliter,* nimirum quoad totam activitatem, et proinde *totus* homo cum corpore et anima bonisque subiicitur Ecclesiae. Quae proinde auctoritatem suam exercere valet in totam hominis personalitatem, atque etiam in bona quorum dominium personalitatem consequitur. Unde potest eadem auferre per poenas, quoties necessarium videatur ad finem obtinendum.

180. — VI. Poenae temporales applicari nequeunt absque vi armata; iamvero Ecclesia caret vi armata; ergo.

R. Utrum Ecclesiae competat *immediate* vis armata, vide **n. 185.**

Certum est Ecclesiae competere saltem ius *mediatum,* eam nempe exigendi *auctoritative* a civili societate christiana, quoties id postulet bonum Ecclesiae. Unde *virtualiter* profecto habet (cfr. can. 2198).

Huc spectant testimonia SS. Patrum et magisterii ecclesiastici supra allegata.

Quaedam poenae, v. g. infamia, mulcta pecuniaria, etc., applicari possunt etiam sine vi armata proprie dicta.

Nec refert quod Ecclesia brachium saeculare hodie exquirere non soleat. Aliud sane est ius, aliud ipsius usus, qui temporum exigentiae subiicitur.

181. — VII. *SS. Patres* potestatem infligendi poenas manifeste excludunt. V. g. *S. Ambrosius*: « Lacrymae meae arma sunt; talia enim munimenta sunt sacerdotis. Aliter nec debeo nec possum resistere » [16].

Item *S. Ioannes Chrysostomus*: « Christianis enim minime omnium licet delicta peccantium vi emendare [17].

Pariter *S. Augustinus* expresse docet vim contra schismaticos non esse adhibendam.

R. 1° *S. Ambrosius* dicit se resistere non posse Auxentio, qui vi armata res Ecclesiae invadebat. Inde minime negatur potestas coactiva Ecclesiae etiam per poenas temporales, sed ostenditur tantum Episcopum per se vim armatam non habere, qua exercitui invasoris resistere possit.

---

[16] Serm. contra Auxentium, n. 2; Migne, *P. L.,* XVI, 1050, post epist. 21.
[17] *De sacerdot.,* lib. II, n. 3; Migne, *P. G.,* XLIII, 634.

2° *S. Ioannes Chrysostomus* agit, uti apparet ex contextu, de morbis *animi* curandis, qui certe non curantur, nisi voluntarie medicinam infirmus recipiat.

3° *S. Augustinus* [18] priorem suam sententiam correxit, inquiens: « Quia nondum expertus eram vel quantum mali eorum auderet impunitas, vel quantum in eos ad melius mutandos conferre posset diligentia disciplinae ».

Alia, quae ex Patribus obiici solent, universim reducuntur ad improbandum *aut* usum vis coactivae pro conversione ad fidem, *aut* castigationes immoderatas vel minus opportunas [19].

182. — VIII. Poenas corporales Ecclesia infligere nequit, uti, ceteris omissis, liquet ex non usu.

R. 1° Poenae moderatae etiam corporales certe infligi possunt, et in veteri iure poenali in usu fuerunt, v. g. carcer, exsilium, fustigatio, etc. (n. **186**); nec omnino aliena est hodierna disciplina (cfr. can. 2291, 4°, 12°, 2298, 1°, 7°, 8°).

2° Quod si hodie vix adhibentur poenae corporales, id nullatenus defectui potestatis tribuendum est, sed prudenti agendi rationi Ecclesiae, quae temporum exigentiis et necessitatibus sese accommodat in iis, quae ex praecepto divino non sunt necessario adhibenda.

3° Quaestio de poenis *determinatis* — num scil. haec illave poena infligi possit — unice pendet ab opportunitate, ideoque resolvenda est secundum diversa temporum et locorum adiuncta. Quare non *iuris,* sed quaestio *facti* est.

183. Notae historicae de poenis ecclesiasticis [20]. — 1. Poenae MEDICINALES seu censurae quae nunc vigent in foro canonico (cfr. can. 2255, § 1), etiam saeculis elapsis in usu fuerunt: initio excommunicatio, postea suspensio, serius interdictum. At non semper huiusmodi poenarum iuridici effectus iidem fuerunt nec iisdem vocibus poenae nuncupatae.

---

[18] *Retract.,* lib. II, cap. 5; Migne, *P. L.,* XXXII, 632.

[19] Cfr. Palmieri, *Prolegom. de Ecclesia,* § 19; Tarquini, l. c., n. 48; Sardagna, *De Ecclesia,* contr. 7ª.

[20] Cfr. Stremler, l. c., p. 65 ss.; Hober, *Die Suspension,* p. 12 ss.; eiusdem, *Die Deposition und Degradation,* etc., p. 20 ss.; eiusdem. *Das Interdict.,* p. 8 ss.; Eck, *De natura poenarum secundum ius canonicum,* p. 18 ss.; Kahn, *Etudes sur le délit et la peine en droit canon.,* p. 12 ss.; Wernz, l. c., n. 98; Schiappoli, *Diritto penale canonico,* n. 189 ss.

2. *Praecipuae* poenae VINDICATIONE *spirituales* fuerunt et sunt (cfr. can. 2291, 2298); *a*) *inhabilitas* ad officia, beneficia, dignitates, gratias obtinendas; *b*) *privatio* officii, beneficii, muneris ecclesiastici, sepulturae ecclesiasticae; *c*) *remotio* ab actibus legitimis ecclesiasticis exercendis (can. 2291, 8°); *d*) *depositio*, qua clericus, firmis obligationibus e suscepto ordine exortis et privilegiis clericalibus, *perpetuo* ab exercitio potestatis ordinis et iurisdictionis arcetur; *e*) *degradatio*, quae in se continet depositionem perpetuam, privationem habitus, ecclesiastici et reductionem clerici ad statum laicalem (can. 2305, § 1).

Degradatio, ut distincta a *depositione*, circa finem saec. XII introducta est, cum potestas civilis, non obstante privilegio fori, in clericos reos delictorum communium animadvertere coepit; tunc Ecclesia, ad consulendum ordinis ecclesiastici decori, clericos gravissime delinquentes privilegiis exspoliari et iustitiae saeculari tradi permisit.

3. Poenae TEMPORALES, praeter *infamiam*, fuerunt praesertim *carcer, exsilium, mulcta pecuniaria, fustigatio.*

1° Quoad INFAMIAM, Ecclesia initio ea admisit, quae ius civile statuebat, ita ut illos qui in foro laico infames haberentur sive *de facto* sive *de iure*, arceret ab ordinibus et gradibus ecclesiasticis, reprobatis illis casibus quos lex romana minus iuste praefinierat, v. g. in eos qui secundas nuptias inierant. Alios postea casus infamiae *iuridicae* et ipsa admisit [21].

Etiam Codex infamiam *iuris* et *facti* admittit (cfr. cc. 984, 5°, 987, 7°, 2291, 4°, 2293 ss.).

2° A primis saeculis Ecclesia CARCERES habuit, qui iam a Iustiniano (an. 539) memorantur, et *decaneta* vocabantur [22].

Apud populos Germanicos, cum carcer etiam in usu esset, reclusio ut poena ecclesiastica iam saeculo VI et VII occurrit. Clerici praesertim in monasteriis detinebantur, ad statum laicalem redacti. Religiosi quoque, pro sodalibus coercendis, carceres habebant.

Haec poena toto medio aevo viguit, et adhuc post Tridentinum inter ordinarias poenas ecclesiasticas recensetur; at fere ad reclusionem in domo *correctionis* vel *monasterio* redacta.

In Codice *carcer* non memoratur, sed tantum praescriptio commorandi in certo loco vel territorio (can. 2298, 8°).

---

[21] Cfr. Stremler, l. c., p. 41 ss.; Suárez, *De censuris,* disp. 48, sect. 1; Thesaurus, P. I, cap. 33.

[22] Cfr. Piat. Mont., II, p. 585; Stremler, l. c., p. 61 ss.; Schiappoli, l. c., n. 194 ss.

3° *Exsilium,* i. e. *expulsio* extra *dioecesim* vel *regionem* aut *locum,* in foro ecclesiastico olim viguit[23]; at rarius quam ceterae poenae, nec amplius a Tridentino memoratur.

Nunc ex Codice viget prohibitio et praescriptio commorandi in certo loco vel territorio (can. 2298, 7°, 8°).

4° Mulcta pecuniaria iam a saeculo VII in Ecclesia viguit, praesertim ex moribus populi Germanici desumpta. Tridentinum eam memorat, additis cautionibus ad abusus tollendos[24].

Complura S. C. Concilii decreta moderationem in mulctis, sive laicis sive clericis imponendis, commendat. Haec poena etiam hodie viget (can. 2291, 12°).

5° Fustigatio sive *flagellatio,* ex usu Romano et etiam Germanico, in iudiciis ecclesiasticis interdum adhibita fuit, etiam contra clericos et monachos[25].

Quae poena temporibus medii aevi, ob feritatem morum conveniens erat; nec silentio praetereundum, in monasteria receptos fuisse pueros et adolescentulos, imo nimis frequenter homines vix a vitiorum coeno ereptos. Haec poena paulatim arctioribus limitibus fuit circumscripta; a Tridentino non amplius memoratur neque a Codice, ita ut aliena a foro ecclesiastico iam facta fuerit[26].

184. Monitum de usu poenarum. — De memoratis poenis ut aequum feratur iudicium, spectari debent circumstantiae temporis, necnon mores et legislatio civilis. Quibus si Ecclesia sese

---

[23] Cfr. c. 3, C. III, q. 5. — Symmachus in Conc. Rom. (an. 503); c. 18, C. XVI, q. 1. — Pelagii I epist. (an. 555-560); cap. 1, X, V, 2. — S. Greg., epist. (an. 601).

[24] Sess. VI, cap. 1 de ref.; Sess. XXIII, cap. 1 de ref., Sess. XXV, cap. 14 de ref., Bened. XIV, *De Synod. dioec.,* lib. X, cap. 10, n. 1.

[25] Cfr. Wernz, l. c., n. 101; Schiappoli, l. c., n. 189 ss.; Pertile, l. c., p. 250.

[26] Olim *ex usu civili,* viguit in foro ecclesiastico etiam bonorum publicatio. Haec poena profecto severa est, et merito a legibus nostris recessit. At, proprie ac rigorose loquendo, nequit dici in se iniusta. Directe enim non plectit innocentem, sed reum, cuius sunt bona; et sicut filii pauperis pauperes naturaliter et non iniuste sunt, ita quoque filii divitis, qui divitias facto suo amisit. Aliae poenae, quae in patremfamilias irrogantur, indirecte damnum etiam familiae aierunt, ut carcer, exsilium, privatio officiorum, etc. Ceterum Ecclesia huiusmodi poenam inflixit tantum 1ᵃ in materia feudali, ut delinquentes feuda amitterent, quae ab ipsa sub peculiari conditione fidelitatis receperant; 2° contra gravissima quaedam delicta *mixtae* naturae, ut duellum (Conc. Trid., Sess. XXV, cap. 19 de ref.), et conspiratio cum infidelibus adversus christianos (cap. 6, de Iudaeis, X, V, 6; cap. 1 eod. tit. in Extrav.).

accommodavit in usu suae potestatis, sapienter egit. Quos autem abusus introducere potuit culpa ministrorum eius, hi in eam nullatenus sunt refundendi.

Ecclesiam influxum salutarem atque efficacissimum exercuisse in ius poenale nationum mitius reddendum, in disciplinam carcerariam ad humanitatis, clementiae et moralitatis normas ordinandam, certissimum est; idque liberales ipsi et protestantes fateri coguntur [27].

185. Utrum Ecclesiae competat vis publica seu armata. — 1. Certum est Ecclesiae competere huiusmodi vim saltem *mediate* sive *virtualiter,* quatenus eam *auctoritative* petere potest a principe christiano.

Id constat:

1° Ex NATURA ECCLESIAE, quae, cum sit societas perfecta, omnia media possidere debet, quae necessaria sunt ad proprii finis consecutionem.

2° Ex NATURA SOCIETATIS CIVILIS, quae, utpote Ecclesiae subordinata et ultimatim aeternam quoque hominum felicitatem prosequens, tenetur Ecclesiae inservire atque socios adiuvare ad ultimum finem obtinendum.

3° Ex MAGISTERIO ECCLESIAE, nempe ex Bulla « *Unam sanctam* » Bonifacii VIII, qui ait: « Uterque gladius est in potestate Ecclesiae, spiritualis scilicet gladius et materialis. Sed is quidem pro Ecclesia, ille vero ab Ecclesia exercendus. Ille sacerdotis, is manu regum et militum, *sed ad nutum et patientiam sacerdotis* »; item ex variis testimoniis alibi allegatis (n. 172).

Can. 2198 doctrinam catholicam de hac re expresse ac perspicue ita enuntiat: « Delictum quod unice laedit Ecclesiae legem, natura sua, sola ecclesiastica auctoritas persequitur, *requisito interdum, ubi eadem auctoritas necessarium vel opportunum iudicaverit, auxilio brachii saecularis* ».

2. Num vero ad Ecclesiam spectet IMMEDIATE seu ACTU vis publica seu armata, ita ut ministros instituere valeat, quibus fa-

---

[27] Cfr. Cappello, *Le teorie della scuola positivista,* etc., in « *Civiltà Cattolica* », q. 419 ss.; Carmignani, l. c., § 39; Cremani, lib. II, cap. 6, art. 5, § 4; Pertile, l. c., p. 293 ss.; Guizot, *Storia generale dell'incivilimento in Europa,* I, p. 210, Lugano, 1884; De Beys, *Histoire criminelle des peuples modernes,* p. 8, Paris, 1896.

[28] Tarquini, l. c., n. 47; cfr. etiam Taparelli, op. cit., dissert. VI, cap. 3, nota 116.

cultatem tribuat vim externam, ubi opus fuerit, exercendi, disputatur. Alii affirmant [28], alii negant [29].

Utraque sententia est probabilis. Argumenta contra affirmantem, petita ex testimoniis SS. Patrum, ex indole Ecclesiae, ex inutilitate vis armatae ecclesiasticae, etc., nullatenus peremptoria sunt, cum *exercitium* sive eius *opportunitatem* respiciant, non autem *ius in se* et *absolute* consideratum.

Porro palam est, *ius* confundendum non esse cum eius *exercitio.* Practice Ecclesia vi armata immediate numquam usa est, nec utitur, nec forte utetur [30].

186. Utrum Ecclesiae competat ius gladii. — 1. Praemittenda: 1° Nomine iuris GLADII intelligitur ius inferendi mutilationem et praesertim poenam mortis.

2° Agitur de delicto *mere ecclesiastico,* uti est, v. g. simonia, quia delictum *mixtum* (de delicto mere civili, nulla est quaestio), subiicitur quoque foro laico, a quo poena mortis certe infligi potest [31].

3° Quaestio considerari potest duplici sub respectu : utrum Ecclesia IMMEDIATE competat ius gladii, ita ut ipsa per carnificem a se delectum directe mortem inferre valeat; an solum MEDIATE, quatenus sententiam capitalem exsequatur per ministerium principis.

4° Nullatenus confundendum est IUS cum USU seu *exercitio* iuris. Quare disputatio mere speculativa est, cum practice Ecclesiae ab huiusmodi iure exercendo, sive mediate sive a fortiori immediate, omnino abstinendum sit.

2. Nonnulli affirmant Ecclesiam hoc iure *immediate* pollere [32];

---

[29] Bianchi, op. cit., 1, pag. 44 ss.; 529, 557.

[30] Attendantur verba Pii XI in Epist. Encycl. « *Firmissimam constantiam* », 28 mart. 1937, ad Episcopos Mexicanos, ubi diserte loquitur de iure defensionis ex parte catholicorum contra persecutores. *A.A.S.*, XXIX, p. 189 ss.

[31] Certum est poenam capitalem iuste infligi posse a societate civili (cfr. Gen. XI, 6; Ex. XXI, 12; Matth. XXVI, 52; Rom. XIII, 4).

Inter primos et praecipuos adversarios poenae mortis nominandus est Caesar Beccaria (1716-1793), professor mediolanensis, in opere *Dei delitti e delle pene*, Mediolani, 1764.

Qui hodie poenam capitalem ex iure criminali abolendam esse contendunt, non omnes eo usque procedunt, ut ipsum ius gladii publicae potestati denegent, sed plerique, omissa iuris quaestione, ad rationes politicae opportunitatis et utilitatis confugiunt.

[32] Tarquini, l. c., n. 47, ad 7; Liberatore, l. c., n. 150; Mazzella, *De relig.*

plerique, saltem *mediate,* quatenus illius exercitium principi saeculari committat[33]. Plures, praesertim recentiores, negant[34].

Hinc patet quaestionem hanc theoretice consideratam, liberae disputationi theologorum et canonistarum relinqui, multosque graves AA. pro utraque sententia haberi. Nec desunt argumenta in utriusque favorem. Quare immerito Heiner (l. c.) dicit: « Stultum esset adhuc defendere ius gladii »[35].

187. Argumenta sententiae affirmantis. — 1° Ecclesia, cum sit societas perfecta, habere debet omnia media, quae ad finem consequendum necessaria sunt. Atqui inter media societati perfectae necessaria est etiam ius gladii. Ergo.

Sane, aiunt, interdum reperiuntur homines *incorrigibiles,* qui magna crimina patrant et societati ecclesiasticae sua communicatione gravissime nocent. Iam vero in his adiunctis ut innocentes defendantur, et mali propagatio impediatur, requiritur poena capitalis, qua huiusmodi delinquentes a societate prorsus abscindantur: neque ad id sufficit carcer, quia per eum nec satis nec semper impediri potest communicatio cum ceteris malique propagatio.

2° Ecclesia *brachio saeculari* tradidit reos poena mortis plectendos, atque ita quidem tradidit, ut ipsa fuerit causa *principalis,* princeps vero nonnisi *ministerialis.*

Idque confirmatur ex *Conciliis* et *RR. Pontificibus.* Sane Conc. Constantiense damnavit art. 14 Ioannis Huss, quo improbatur traditio haereticorum saeculari iudicio, i. e. poenae capitali.

---

et Eccl., disp. 4, art. 6, n. 764, not. 1; Duballet, *Principes de droit canonique,* I, n. 414, etc.

[33] S. Thomas, 2-2, q. 11, art. 3; Suarez, *De fide,* disp. 20, sect. 3; sec. 1; S. Bellarminus, *Controv. De laicis,* lib. III, cap. 21 s.; De Lugo, *De fide,* disp. 24, sect. 2; Valentia, in 2-2, disp. 1, q. 11, punct. 1; Tanner, *De fide,* disp. 1, q. 8, dub. 6; Pirhing, lib. V, tit. 7, n. 92; Dicastillo, *De cens.,* disp. 1; Schmalzgr., lib., V, tit. 7, n. 65 ss.; Fagnanus, lib. V, tit. 7 in c. Abolendam; De Luca l. c., p. 142 ss.; Billot, *De Ecclesia Christi,* I, p. 481 ss., ed. 3ª; eiusdem, *De habitudine Ecclesiae ad civilem societatem,* p. 114 s.; Lépicier, *De stabilitate et progressu dogmat.,* p. 197 s.; Muncunill, l. c., n. 442; Straub, l. c., n. 640; Dorsch, op. cit., p. 180.

[34] Soglia, lib. I, cap. 1, § 8; Vecchiotti, *Instit. canon.,* II, lib. 4, cap. 1, § 4; Cavagnis, l. c., n. 300 ss., 319 ss.; Moulart, l. c., p. 453 ss.; Satolli, *Conferenze di diritto pubbl. eccl.,* p. 47; Rivet, l. c., p. 90 ss.; Vermeersch, *La tolérance,* p. 69 ss.; idem, in *Etudes,* t. 126, p. 433 ss.; Herg.-Hollw., l. c., p. 542 s.; Choupin, *Valeur des decisions du Saint-Siège,* p. 511 ss., Paris 1913; idem, in *Dictionn. apologètique,* v. *Héresie;* Bachofen, l. c., n. 48, 3; Heiner, *Der Syll.,* p. 135.

[35] Quo iure Ottaviani (I, p. 356) nobis adscribat quod nequaquam diximus, percipere non valemus.

Lucius III [36] iubet haereticos relinqui arbitrio potestatis laicae, quod est poenae mortis tradere.

Innocentius III [37] mandat saeculares principes compelli, « ut pro defensione fidei praestent publice iuramentum, quod de terris suae iurisdictioni subiectis *universos haereticos ab Ecclesia denotatos*, bona fide pro viribus *exterminare* studebunt » [38].

Leo X inter errores Lutheri proscriptos recenset etiam trigesimum tertium, qui ita se habet: « Haereticos comburi est contra voluntatem Spiritus ». Ex quo sequitur, licitum esse haereticos comburere, et cum haeresis sit directe contra Ecclesiam, ad hanc spectat, illam, saltem mediate, licita poena punire.

3° Accedunt testimonia *SS. Patrum*, v. g. *S. Hieronymi* [39] et *S. Augustini* [40].

Argumenta contrariae sententiae vel nihil evincunt, quia *exercitium*, non autem *ius* gladii respiciunt, ideoque probant solummodo poenam capitalem non esse opportunam et convenientem, vel ad summum excludunt ius *immediatum*, non vero *mediatum*.

Item ea quae ex SS. PP. obiiciuntur, praesertim ex *S. Cypriano* [41], *Lactantio* [42] et *S. Ioanne Chrysostomo* [43], nihil probant, quia non agunt de potestate, at de eius usu, qui est res disciplinaris et mutabilis.

Demum in contrarium minus recte allegantur verba Christi [44] et S. Pauli [45].

188. Argumenta praecipua sententiae negantis.

1° Finis poenae ecclesiasticae est emendatio rei; atqui poena capitalis non est « proprie emendatrix »; ergo.

2° Poena mortis non est necessaria pro defensione societatis ecclesiasticae, cum sufficiat carcer perpetuus; imo practice est *inutilis* et *impossibilis* quoad applicationem; ergo.

3° Ius gladii repugnat Ecclesiae mansuetudini, quae tan-

---

[36] Lib. V Decret., tit. 7, cap. 9.
[37] Lib. V Decret., tit. 7, cap. 13. Vocabulum « *exterminare* » non poenam capitalem inferre significat, sed *reiicere, expellere*.
[38] Cfr. etiam Alexandr. IV, lib. V, tit. 2, c. 4, in 6°; Innocent. IV, lib. V, tit. 4, c. 1, in 6°.
[39] *Comm. in epist. ad Galatas* 9; Migne, *P. L.*, XXVI, 403.
[40] Ep. 185 ad Bonifac., nn. 19, 32; Migne, *P. L.*, XXXIII, 801 s.
[41] Epist. 62 ad Pomponium; Migne, *P. L.*, IV, 371.
[42] *Div. Inst.*, lib. V, cap. 20; Migne, *P. G.*, VI, 615.
[43] Homil. 46 in Matth., n. 1 s.; Migne, *P. G.*, LVIII, 447.
[44] Matth. XIII, 29; XXVI, 52; Luc. IX, 55.
[45] II Cor. II, 4. Cfr. Mazzella, l. c., n. 764; Muncunill, l. c., n. 442; De Luca, l. c., p. 146; Tarquini, l. c., n. 47.

topere inculcatur a Christo D. [46], eiusque fini proximo, qui est singulorum sanctificatio.

4° *Nicolaus I* ait: « *Ecclesia gladium non habet nisi spiritualem, non occidit, sed vivificat* » [47].

Ecclesia, ut dicit S. Leo M., « *cruentas refugit ultiones* » [48]. Hinc effata: *Ecclesia abhorret a sanguine*: *Ecclesia non occidit*.

5° Ecclesia numquam usa est poena capitali; et quoties delinquentem, v. g. clericum degradatum, tradebat brachio saeculari, rogabat magistratum civilem, ne sanguinem effunderet, uti habetur in *Pontificali Romano* [49].

Nonnulla facta, quibus ostenditur Ecclesiam poenam mortis inflixisse, non sunt ad rem. Sane RR. Pontifices, atque etiam Episcopi interdum applicarunt quidem huiusmodi poenam, *at qua principes temporales*, et contra reos non solum criminum ecclesiasticorum, sed etiam complurium delictorum iuris communis, uti patet, v. g. legenti historiam Iordani Bruno aliorumque eiusdem generis [50].

Inquisitio, *qua tribunal ecclesiasticum*, numquam poenam capitalem inflixit ob delictum mere ecclesiasticum. Huc non spectat Inquisitio Hispanica, quae tribunal *mixtum* seu potius *civile* fuit [51].

---

[46] Matth. XIII, 29; XXVI, 52; Luc. IX, 55. Cfr. etiam II Cor. II, 4.
[47] Cfr. c. 6, C. XXXIII, q. 2.
[48] Epist. 15 ad Turribium; Migne, *P. L.*, LIV, 1680.
[49] Tit. *Degradationis forma*, in fine.
[50] Cfr. Guiraud, *Inquisition*, in *Diction. apolog.*, p. 834 ss.; Choupin, *Hérésie*, in *Diction. apolog.*, p. 446 ss.

Ad inquisitionem *hispanicam* quod attinet, *historice* constat 1° finem religioso-nationalem habuisse; 2° eius organizationem potius civilem fuisse quam ecclesiasticam, indolem regiam et politicam potius quam religiosam et pontificiam; nam rex nominabat magnum inquisitorem, qui de beneplacito regio eligebat inquisitores minores sive adsessores; 3° iudicasse non solum de criminibus religiosis, quae ob specialem Hispaniae conditionem merito habebantur ut delicta contra *patriam* ipsam sive *nationem*, verum etiam de aliis compluribus, ex. gr. de seductoribus, usurariis, latronibus ecclesiarum etc.; 4° RR. Pontifices pluries improbasse nimiam severitatem inquisitionis, v. g. Sixtum IX in Brevi diei 29 ian. 1482. Cfr. Pastor, *Geschichte der Päpste*, II, p. 583, ed. 2ª; Blötzer, *Inquisition*, in *The catholic encyclopedia*, p. 36 s.; Lea, *History of the Inquisition in Spain*, London and New York 1906; Hello, *La vérité sur l'Inquisition*, p. 12 ss.; Paris 1922.

[51] Triplex Inquisitio distinguenda est: 1° medii aevi; 2° hispanica; 3° Sacra Universalis Inquisitionis Congregatio.

1° Illa, qua *tribunal inquisitionis*, primum instituta fuit ab Innocentio III, occasione haeresis Albigensium, qui Galliam meridionalem, Provinciam maxime, erroribus vastabant aliisque criminibus, homicidiis, nimirum, incendiis, morum corruptela.

Gregorius IX an. 1232 *Officium Inquisitionis* Ordini Praedicatorum commisit; postea ab Innocentio IV demandatum fuit etiam Ordini Minorum;

6° Poena mortis ob crimina religiosa fuit introducta et applicata a potestate *civili* [52], non ex mandato Ecclesiae nec ipsius nomine, sed auctoritate et nomine proprio [53].

Quae civilis legislatio fuit praeformata influxu christianae religionis sive moribus fidelium, qui strenue insurgebant contra haereticos multis aliis flagitiis ordinarie contaminatos [54].

---

deinceps commissum plerumque Praedicatorum Ordini. Paulatim, in pluribus dioecesibus, constituta sunt peculiaria inquisitionis tribunalia.

Per huiusmodi mandatum S. Sedis, nullatenus sublatum fuit ius et officium *inquirendi,* quod Episcopis *ratione muneris* competit.

Unde *inquisitio* quoad *substantiam* semper fuit atque erit: idque verificatur in qualibet societate bene ordinata, ut sese defendat ab hostibus eorumque machinationibus, et passim nomine *censurae* vel *politiae* venit. Agitur in casu de *fidei deposito* integre, fideliter sancteque servando.

Mutatio adest tantum circa modum *inquirendi, instituendi processum* et *puniendi reos.*

2° Isabella regina Castellae et Ferdinandus Aragoniae rex obtinuerunt a Sixto IV an. 1473 institutionem tribunalis inquisitionis hispanicae, praesertim contra Mauros sive relapsos sive ficte conversos, qui merito tamquam hostes patriae ac nefarii proditores censebantur.

3° Saeculo XVI, haeresi Lutherana exorta, Paulus III Const. « *Licet* », 21 iul. 1542, Sacram *Universalis Inquisitionis* Congregationem instituit. At non videtur constituta fuisse ab initio tamquam tribunal proprie dictum. Qua tale, verius originem habuit a Paulo IV, qui an. 1558 supremum inquisitorem deputavit Ghislieri, card. Alexandrinum. Cfr. Baron., *Annales eccl.,* ad an. 1558, n. 23; Fourneret, in *Le canoniste contemporain,* t. XXXI (1908), p. 583.

Hanc Congregationem confirmarunt et amplioribus facultatibus respective cumularunt Pius IV (Const. « *Pastoralis officii* », an. 1562: « *Romanus Pontifex* », an. 1563: « *Cum nos* », et « *Cum inter* », an. 1564) et Pius V (Const. « *Sanctissimus* », an. 1566; « *Sollicitae nostrae* », an. 1566; « *Inter multiplices* », an. 1566), maxime vero Sixtus V Const. « *Immensa* », 22 ianuarii 1588.

[52] Ex sententia lata ab Inquisitione Romana paucissimi poena capitis mulctati fuerunt; inter quos Petrus Carnesecchi, protonotarius apostolicus, sub Pio V an. 1567; Antonius Palearius (della Paglia, seu Pagliaricci), sub eodem Pio V an. 1570; Iordanus Bruno, apostata dominicanus, sub Clemente VIII an. 1600.

Adversarii nihil habent profecto, quod Ecclesiae catholicae iure obiicere possint, si ad doctrinam et praxim attendant protestantium et anglicanorum. Cfr. Grisar, *Luther,* I, p. 494 ss., 572 ss., 627 ss.; II, p. 282 ss., 326, 340; III, p. 489 ss., 713, 720.

[53] Cfr. Douais, *L'inquisition,* p. 265; Hergenröther, *Katholische Kirche,* etc., XI, p. 552 s.

[54] Cfr. Vacandart, *L'Inquisition,* p. 49 s.; De Canzons, *Histoire de l'inquisition,* etc., I, p. 475.

Ideo vero gravissimae sanctiones latae fuerunt contra haereticos, quia ipsi pessimi perturbatores erant ordinis publici: quod nemo profecto negabit, si, historia duce, inspiciet quid fuerint haeretici praesertim priorum saeculorum, quid etiam saec. XII et XIII Cathari et Albigenses, omnia perturbantes et subvertentes.

7° Traditio brachio saeculari non est, uti contendunt patroni alterius sententiae, aequivalens damnatio ad poenam capitalem, etiam in illis delictis quae lege civili tali poena puniuntur. Nam iudex civilis, cui ab Ecclesia traditur reus, si illam poenam infligendam decernit, ex lege *civili,* non autem canonica, sententiam pronuntiat, et poenam *fori laicalis,* non vero ecclesiastici, applicat [55].

8° SS. Patres negant aut saltem negare videntur Ecclesiae huiusmodi ius gladii. Ita, v. g. *S. Cyprianus* [56], *Lactantius* [57], *S. Ioannes Chrysost.* [58] aliique.

189. Conclusio seu doctrina tenenda. — Omnibus mature perpensis, *haec tenenda videntur:*

1° Nullus textus S. Scripturae nullumque testimonium SS. Patrum aut RR. Pontificum afferri potest, ex quo *certo* constet Ecclesiae competere, vel non, ius gladii.

2° Nullum argumentum ex multis a patronis utriusque sententiae adductis, est vere *concludens* et *decisivum;* imo quaedam sunt valde debilia.

3° Sententia, quae *immediate* tribuit Ecclesiae ius gladii, minus probabilis dicenda. Aliae duae sententiae, scil. quae affirmat Ecclesiae competere *mediate* ius gladii, et quae negat istud ius sive immediate sive mediate, tum intrinsece tum extrinsece, perspectis rationibus et auctoritate patronorum, probabiles dicendae.

4° Ista disputatio est mere speculative. *Practice* exercitium iuris gladii esse OMNINO ALIENUM ab Ecclesia, dicendum ac retinendum est.

---

[55] Cfr. Douais, l. c., p. 364 s.; Wernz, VI, n. 190.
[56] Epist. 62 ad Pompon.; Migne, *P. L.,* IV, 371.
[57] *Div. Inst.,* lib. V, cap. 20; Migne, *P. G.,* VI, 615.
[58] Homil. 46 in Matth., n. 1 s.; Migne, *P. G.,* LVIII, 477.

CAPUT III

DE RELATIONIBUS
INTER ECCLESIAM ET STATUM

Articulus I

Notiones generales de civili societate

190. Natura. — I. Societas civilis definiri potest: *Congregatio hominum ad bonum commune, temporale, completum, per media externa, sub vinculo iuris, assequendum.*

Dicitur:

1° bonum *commune*, quia civilis societas *directe* ac *immediate*, aliter ac Ecclesia, nonnisi *publicam* utilitatem, i. e. *omnium* civium, non singulorum, intendit;

2° *temporale*, quia eius finis *proximus* et *immediatus* totus continetur in ambitu vitae praesentis;

3° *completum*, quia eius obiectum non est hoc illudve bonum particulare, at, contra, sunt omnia bona temporalia, atque idcirco societas est completa sive perfecta;

4° *per media externa*, quia haec necessario congruere debent fini, ideoque, cum finis sit externus, etiam media externa sint oportet;

5° *sub vinculo iuris*, ad significandam eius naturam iuridicam [1].

2. Societas civilis est naturaliter *necessaria, iuridica, publica, perfecta* ideoque omnino *independens* in ordine suo (cfr. n. **36**).

Hoc Ecclesia diserte agnoscit: « Deus humani generis procurationem inter duas potestates partitus est, scilicet *ecclesiasticam* et *civilem*, alteram quidem *divinis*, alteram *humanis* rebus praepositam. *Utraque* est in suo ge-

---

[1] Cfr. Meyer, I, n. 415 ss.; II, n. 266 ss.; Taparelli, l. c., n. 735 ss.; Liberatore, *Instit. ethicae et iur. nat.*, P. II, cap. 2, art. 1 ss.; Castelein, l. c., p. 430 ss.; Cavagnis, l. c., n. 364 ss.; Paquet, l. c., p. 26 ss.

nere *maxima*: habet utraque certos, quibus continetur, terminos, eosque sua
cuiusque natura causaque proxima definitos; unde aliquis velut orbis circumscribitur, in quo sua cuiusque actio *iure proprio versetur* » [2].

191. Finis societatis civilis. — 1. Gravissime errant, qui
censent civilem societatem ordinari *exclusive* ad personarum et
iurium securitatem, vel ad humanae culturae evolutionem, vel ad
felicitatem temporalem, sine ulla relatione ad Deum, i. e. ad *ultimum* subditorum *finem* qui est aeterna beatitudo; item qui affirmant eam « *plene, totaliter, exclusive ordinare individuum et familiam* », sine ullo respectu ad utriusque vires atque sufficientiam.

2. Sepositis aliis erroribus, qui huc non spectant, vera doctrina est, *societatem civilem praescindere non posse a fine ultimo;*
tum quia temporalis felicitas dicit ordinem ad spiritualem et supernaturalem, tum quia singuli cives directe ac positive tenentur
ad illam tendere.

3. Hinc finis societatis civilis, iuxta veram doctrinam, est *bonum totius hominis temporale, commune, externum, supremo homini fini subordinatum, ideoque cum relatione ad hunc finem
consequendum* [3].

192. Societas civilis quoad individuum et familiam. —
1. Sicuti familia divinitus instituta est ad supplendam insufficientiam individui in iis omnibus, quae tum physicam tum moralem vitam concernunt, ita civilis societas ab Auctore naturae instituta fuit *ad supplendam familiae insufficientiam,* cui omnia suppeditare tenetur media necessaria, ut efficaciter atque perfecte in-
digentiae membrorum consulere valeat.

Unde familia est *complementum individui,* societas *complementum familiae.*

Quare societas *directe* et *immediate* est complementum *familiae, mediate* et *consequenter* complementum *individui* [4].

Porro individuus ac familia praecedunt tempore, ordine atque
natura civilem societatem; igitur *antecedenter* et *independenter* ab
ipsa suam exsistentiam suaque iura habent.

---

[2] Leo XIII, Encycl. « *Immortale Dei* » Cfr. etiam Encycl. « *Sapientiae
christianae* », 10 ian. 1890.

[3] Cfr. S. Thom., 1-2, q. 95, art. 2; q. 95, art. 1 et 4; q. 96, art. 2 et 3;
q. 99, art. 3; Suarez, *De legibus,* lib. III, cap. 11; Meyer, II, n. 298 ss.;
Taparelli, l. c., n. 721 ss.

[4] Cfr. Meyer, l. c., n. 320 ss. Taparelli, l. c., n. 739; Cappello, *Chiesa
e Stato,* p. 292 ss.

2. Quae iura societas civilis nullo sub respectu violare seu laedere potest, sed, contra, omnino tenetur eadem agnoscere atque tueri.

In Syllabo Pii IX damnatur propositio 39a: « Reipublicae status, *utpote omnium iurium origo et fons,* iure quodam pollet nullis circumscripto limitibus ».

Stulta, igitur, impia et maxime iniuriosa est eorum theoria, qui contendunt Statum esse principium atque fundamentum omnium iurium, omnia complecti et absorbere, ab eoque individuos ac familias seu omnes personas seu physicas seu morales sua mutuare iura. Nihil absurdius et scelestius.

Articulus II

Varia systemata circa relationes inter Statum et Ecclesiam

193. Praemittenda. — 1. Systemata circa relationes inter Statum et Ecclesiam apte reduci possunt ad ista sex: 1° hegemonia Status; 2° hegemonia Ecclesiae sive directa eius potestas in Statum; 3° separatio Status ab Ecclesia; 4° systema coordinationis; 5° systema potestatis directivae; 6° potestas Ecclesiae indirecta in Statum.

2. Haec systemata non sunt adaequate distincta, cum alterum de altero in nonnullis participet; nec universas theorias in specie complectuntur, quae tamen ad unum vel alterum ex iisdem congruenter reduci queunt.

Singula systemata exponenda ducimus.

194. Hegemonia Status. — Haec theoria uni *Statui* supremum imperium tribuit et Ecclesiam ab eo omnino dependentem facit. Huiusmodi systema *omnipotentiae Status* invectum fuit a Marsilio Patavino; illud foverunt regalistae, gallicani, febroniani; sequuntur positivistae iuridici, modernistae et alii.

Demonstrata independentia et iuridica perfectione Ecclesiae, hoc systema totum sponte corruit.

195. Potestas directa Ecclesiae in Statum. — Universa potestas publica, spiritualis et temporalis, Ecclesiae a Deo commissa est, ita ut principes ex potestate tantum a R. Pontifice accepta populos regant, atque idcirco omnes eorum actus subsint *directae* Ecclesiae iurisdictioni.

Systema *potestatis directae* (hierocratia) propositum fuit primo a Ioanne Saresberiensi, episcopo Carnutensi († 1180), in opere: « *Polycratius, sive de nuptiis curialium* ». Dein, saltem verbis (de sensu genuino verborum, seu de doctrina non plane constat) etiam a nonnullis aliis, inter quos eminent S. Thomas, episcopus Cantuariensis († 1170), Henricus de Segusia, cardinalis Hostiensis († 1271), Augustinus Triumphus († 1328) in opere: « *Summa de potestate ecclesiastica* », Alvarus Pelagius († 1346) in opere: « *Summa de planctu Ecclesiae* », Nicolaus Archiep. Panormitanus († 1445, 1447-), Sylvester († 1523 vel 1524), Navarrus († 1586) [1].

Consulto diximus: *saltem verbis*. Nam terminologia tunc temporis nondum erat accurate praefinita; ideoque allegati auctores non sunt omnes atque indiscriminatim de errore arguendi.

Hoc systema, ut infra demonstrabitur (n. **200** ss.), falsum est.

196. Separatio Status ab Ecclesia. — 1. Iuxta hanc theoriam Status Ecclesiam qua societatem publicam et perfectam penitus ignorat, atque idcirco ipsa neque iura neque officia *peculiaria* habet: sed quadam libertate praedita, civiliter vivere et agere potest infra Statum, perinde ac ceterae consociationes secundum normas iuris communis.

Forma vero *separationis* varia est, prout hostili vel indifferenti aut benevolo animo in religionem perficitur.

Hinc notissima formula: « *Libera Chiesa in libero Stato* » [2].

En sensus huius formulae: Ecclesia est libera in templis et in nonnullis actibus (non in omnibus) vitae *privatae*, at in universam activitatem externam atque in omnem Ecclesiae potestatem Statui competit « quaedam, aiunt, *ingerentia*, ne eius *supremum ius*, quod ad totum ordinem externum se extendit, impediatur ».

Quidam catholici, ut comes Montalembert, systema separationis seu independentiae reciprocae utriusque societatis, ex intentione procurandi Ecclesiae libertatem propugnarunt, ut nimirum Ecclesia omnia sua iura omnemque potestatem legiferam, iudiciariam et coactivam libere exercere posset. Status vero nulla in re Ecclesiae subiicitur, et absolutum indifferentismum religiosum profitetur. Hinc formula: « *L'Eglise libre dans l'Etat libre* », a Montalembert in conventu catholicorum Belgii an. 1863 infeliciter proposita.

Hoc systema est falsum omnino, ut infra ostendetur (n. **207** ss.).

---

[1] Cfr. Suarez, *Defens. fidei*, lib. III, cap. 6; S. Bellarm., *De R. Pontif.*, lib. V, cap. 1; Hergenröther, l. c., p. 411 ss.

[2] Cfr. Cappello, *Chiesa e Stato*, p. 556; Liberatore, *La Chiesa e lo Stato*, p. 104.

2. A nonnullis catholicis proponitur theoria separationis non qua *thesis,* sed qua *hypothesis,* scil. tamquam *minus malum,* ob peculiaria adiuncta, seu uti medium quoddam practicum consulendi Ecclesiae libertati [3].

197. Systema coordinationis. — 1. Hoc systema non omnes eodem sensu accipiunt. Quidam intelligunt reciprocam independentiam utriusque societatis, plenam et absolutam; alii sumunt pro perfecta independentia Ecclesiae et societatis civilis, at solum *in ordine suo;* alii accipiunt pro independentia perfecta unius ab altera societate, ita tamen, ut Ecclesiae, ratione finis superioris, competat aliqua potestas directiva [4].

2. In priore sensu haec theoria confunditur cum separatione; in altero sensu est doctrina vera, i. e. doctrina potestatis *indirectae;* in sensu postremo, nequit admitti, ut statim dicemus.

198. Systema potestatis directivae [5]. — 1. Praecipui fautores fuerunt Bossuet [6], Dupin [7], Fleury [8].

---

[3] Apud varias nationes, quae systema separationis induxerunt, *duplex* eius *forma* apte distingui potest: alia ex rationibus politicis orta: *alia* ex odio contra religionem. *Illa* principia christiana in vita *publica* non excludit; *haec,* contra, penitus abiicit.

Status foederati Americae Sept. inde a sua origine (an. 1787) nullam Ecclesiam agnoscunt, communem quendam christianismum in legibus et administratione sequuntur.

Simili ratione separatio viget in Brasilia (an. 1890) et in *Cuba* (an. 1902). In ditione *Canadensi,* in *Australia* et ceteris maioribus *colonis* anglicis habitudo ad Ecclesiam eiusmodi est, ut dubium sit an agatur de vera separatione.

In *Belgio* viget quidem separatio ex constitutione (an. 1831), sed Ecclesia qua societas iuris publici agnoscitur, et Status aedificia sacra, scholas catholicas et ministros ecclesiasticos sustentat.

Item in *Hollandia* (an. 1848) nulla est Ecclesia Status, at societates religiosae iuris publici esse censentur.

In *Gallia* (an. 1905) separatio impio studio inducta fuit. Item in *Lusitania* (an. 1911); sed concordia deinceps restituta.

[4] Cfr. Liberatore, l. c., p. 88 ss.; Wernz, l. c., n. 10, not. 36; Bachofen, l. c., n. 114; *Acta theol. Oenip.,* to. XI, p. 387 ss.

[5] Cfr. Hergenröth., I, dissert, VIII, n. 40 ss.; Laurent, l. c., n. 956; Moulart, lib. II, cap. 2, art. 2; Wernz, l. c., n. 10; Rivet, l. c., p. 117.

[6] *Defens. declar. cleri Gallic.,* part. I, lib. II, cap. 5.

[7] *Traité de la puissance ecclésiastique et temporelle,* Paris, 1707.

[8] *Hist. Eccl.,* IV, lib. 19, n. 21.

Recentius hoc systema secutus est *Gosselin* in opere *Du pouvoir du Pape sur les souverains au moyen âge,* Paris 1845.

Haec theoria, proprie sumpta, excludit omnem iurisdictionem, et solam, agnoscit facultatem declarandi legem moralem, monendi, adhortandi. Ecclesia, consequenter, potest *dirigere* principes per monita, instructiones, adhortationes, consilia; obligationes, quibus tenentur, eos docere, et si illas transgressi fuerint, non solum monere, verum etiam reprehendere. Item iudicare valet de iustitia vel iniustitia legis humanae, atque in iurium collisione declarare quid lex Dei praecipiat.

2. Quidam admittunt posse R. Pontificem etiam *declarare* aliquam legem *manifesto iniustam* esse *nullam,* et forte « *tyranno,* qui naturali iure sua potentia excidit, *non amplius esse obediendum* ». Sed, aiunt, Ecclesia, nequit in ulla re, quae ad principum potestatis exercitium spectat, coercere poenis spiritualibus, multo minus poenis temporalibus, nec quidquam statuere valet, quod ipsorum potestatem directe aut indirecte afficiat.

Hinc art. 1 declar. cleri gallicani (cfr. n. **163**), in quo dicitur: « Reges et principes in temporalibus nulli ecclesiasticae potestati Dei ordinatione subiici, neque auctoritate clavium Ecclesiae *directe* vel *indirecte* deponi, aut illorum subditos eximi a fide atque obedientia, ac praestito iuramento fidelitatis sacramento solvi posse ».

3. Nonnulli recentiores alio sensu accipiunt potestatem *directivam,* ita quidem ut ipsa, in eorum sententia, excludere non *videatur* (ita dicimus, quia verborum sensus sat manifestus non est) media spiritualia atque ipsas quoque poenas ecclesiasticas, saltem spirituales; eamque sufficere censent [9].

At recedendum non est a communi acceptione, ut omnis aequivocatio atque error penitus propulsetur. Sane potestas mere *directiva* excludit, ex ipsa vocis notione, veram iurisdictionem seu ius imperandi.

Huiusmodi theoria potestatis *directivae* admitti nequit.

199. Systema potestatis indirectae. — 1. Haec potestas veram iurisdictionem includit, i. e. ius praecipiendi, iudicandi, coercendi.

Dicitur *indirecta* quia res temporalis *in se* et *per se* nullatenus subiicitur auctoritati Ecclesiae, quae ad fideles dirigendos in viam salutis aeternae constituta est.

---

[9] Cfr. Sagmüller, l. c., p. 42 ss.; Bachofen, l. c., n. 117 s.; Scherer, I, p. 52 s.

At si res temporalis *dicat ordinem ad finem spiritualem,* quatenus *ipsi obsit* vel *necessaria* sit, Ecclesia in eam, *sub respectu spirituali,* suam potestatem exercere valet.

2. Systema potestatis *indirectae* praesertim S. Bellarminus *scientifice* proposuit, explicavit atque defendit [10].

Sed eiusdem nequaquam ipse inventor fuit, ut perperam nonnulli affirmant; nam *tum* Patres, *tum* Doctores ante Concilium Trid., *tum* sequentes fere omnes theologi et canonistae illud docuerunt, quamvis et nomen et accurata eius delimitatio nonnisi post saec. XVI in communem usum transierint.

3. Haec est vera doctrina, de qua infra (n. **206** ss.).

ARTICULUS III

Doctrina catholica de relationibus inter Ecclesiam et Statum

Falsas theorias decursu temporum traditas reiiciendas ducimus, et catholicae doctrinae principia exponenda, ut inde clare liqueat *quaenam inter Statum et Ecclesiam relationes* intercedere debeant.

Propositio I

200. — *Ecclesiae non competit potestas directa in res temporales seu in Statum.*

Praenotanda. — 1° Res temporalis hic sumitur non sensu *ontologico* seu secundum *naturam materialem,* sed sensu *finali,* i. e. secundum *destinationem.* Idcirco res *temporalis* ea dicitur quae directe et immediate ad finem vitae *praesentis* refertur. Potest esse *materialis* seu corporalis, vel *moralis.*

---

[10] *De Romano Pontifice* (in opere *De contr. fidei,* to. I, lib. 5); *De membris Ecclesiae* (ibid., lib. 3); *De translatione imperii Romani a Graecis ad Francos; Tractatus de potestate R. Pontificis in rebus temporalibus contra Guil. Barclaium.*

Plures dicunt opus S. Bellarmini de potestate indirecta R. P. in res temporales proscriptum fuisse atque in *Indicem librorum prohibitorum* de facto relatum. Hoc, proprie loquendo, verum non est — idque peculiari Dei providentiae tribuendum — ut liquet ex litteris P. Claudii Aquaviva Praep. Gen. S. I. ad Praep. Germ. Sup. die 9 nov. 1590 datis. Cfr. Hilgers, *Der Index der verbotenen bücher,* p. 12 s., 525.

2° Potestas dicitur *directa* vel *indirecta,* non quatenus *rem* ipsam *tangat* necne, sed prout res subiicitur potestati vel *propter se,* i. e. *natura sua,* aut saltem generali sua *destinatione,* vel *propter aliud.* Unde utraque potestas sive *directa* sive *indirecta* exercetur *in ipsam rem,* at diverso modo.

3° Res est simpliciter *temporalis* vel *mere temporalis,* prout habet respectum ad finem spiritualem vel non. In res *mere temporales* Ecclesia nullam potestatem habet, nec directam nec indirectam.

4° In res *temporales,* quae habent respectum ad finem spiritualem, Ecclesiae competit potestas, at non directa, sed indirecta tantum. Quae potestas, licet versetur circa res temporales, non ideo tamen temporalis est, sed vere proprieque spiritualis, quia sub respectu finis spiritualis, *sub eoque tantum,* res temporales attingit.

5° Res *temporales* dicuntur etiam *civiles,* eaeque subsunt qua tales iurisdictioni Status.

Unde sensus propositionis est: Ecclesia non habet potestatem ordinis temporalis sive politicam.

Non agitur de simplici DD. opinione, i. e. de sententia plus minusve probabili. Propositio catholicam doctrinam enuntiat.

201. — *Prob.* I. Ex natura Ecclesiae.

1° Potestas cuiuslibet societatis dimetienda est ex fine; atqui finis Ecclesiae est spiritualis; ergo.

2° Eatenus aliqua potestas tribuenda est societati, quatenus sit necessaria ad eius finem consequendum; atqui potestas *directa* in negotia saecularia seu potestas politica non est necessaria ad consecutionem finis Ecclesiae, sed potius nociva; ergo.

Non est necessaria, quia, ut scite animadvertit *Suarez* [1], « ad unitatem et regimen pacificum Ecclesiae sufficit debita subordinatio, quae esse debet inter potestatem temporalem et spiritualem, quam exemplo corporis et spiritus optime declaravit *S. Gregorius Naz.* » [2].

Est *potius nociva,* quia huiusmodi potestas implicat hominem negotiis saecularibus, quae natura sua a spiritualibus maxime avertunt; praeterea moraliter impossibile est unum hominem, sine detrimento rei religiosae et politicae, utrique ponderi universalis gubernationis sufficere.

202. — *Prob.* II. Ex natura ipsius societatis civilis.

Haec sane est vere *perfecta* et in genere suo *maxima.* Quod vix aut ne vix quidem concipi posset, si Ecclesia directam potestatem haberet in negotia temporalia.

---

[1] *De legibus,* lib. III, cap. 6, n. 5.
[2] Orat. XVIII; c. 6, D. 10.

203. — *Prob*. III. Ex positiva voluntate Christi.

1° *Christus D*. dixit Petro: « *Tibi dabo claves regni caelorum ... Quodcumque ligaveris ... quodcumque solveris, etc.* » [3]. Non igitur claves regni *terreni*, sed claves regni caelestis promisit, ideoque non temporale dominium vel iurisdictionem politicam, sed unice potestatem *spiritualem*.

2° Sicuti verba: « *Quodcumque ligaveris, quodcumque solveris* » sunt intelligenda de potestate clavium, ita etiam verba: « *Pasce agnos meos, pasce oves meas* » [4] intelligenda sunt procul dubio secundum eamdem potestatem.

3° *Christus* dixit Pilato: « *Regnum meum non est de hoc mundo* » [5]. Ergo Ecclesia seu *regnum Christi* non est temporale sive terrenum, quale est regnum Caesaris, sed *spirituale*. « Non enim — ait *S. Augustinus* [6] — rex Israel Christus ad exigendum tributum, vel exercitum ferro armandum hostesque visibiliter debellandos; sed rex Israel, quod mentes regat, quod in aeternum consulat, quod in regnum caelorum credentes, sperantes, amantes perducat ».

204. — *Prob*. IV. Ex doctrina et agendi ratione RR. Pontificum.

RR. Pontifices potestatem directam in res temporales numquam sibi vindicarunt, imo a se diserte abnuerunt, potestatem temporalem in suo ambitu independentem et supremam agnoscentes.

1° *Gelasius I* ad Imp. Anast.: « Duo sunt, imperator Auguste, quibus principaliter mundus hic regitur: auctoritas sacra Pontificum et regalis potestas » [7].

2° *Nicolaus I* in epist. 86 ad Michaelem Imperatorem: Postquam Christus venit, inquit, simul Rex et Pontifex, « ultra sibi nec imperator iura Pontificatus arripuit, nec Pontifex nomen imperatorum usurpavit, *quoniam Christus Iesus sic actibus propriis et dignitatibus distinctis officia potestatis utriusque discrevit* » [8].

3° Huc spectant decretales *Innocentii III*, cap. *Novit*, de

---

3 Matth., XVI, 18 s.
4 Ioann., XXI, 15 ss.
5 Ioann., XVIII, 36.
6 Tract. 51 in Ioann., n. 4; cfr. etiam Suarez, l. c., n. 14 ss.
7 Cfr. Migne, *P. L.*, LIX, 42.
8 Denzinger, n. 232.

iudiciis, cap. *Venerabilem*, qui filii sint legitimi, et cap. *Solitae*, de maioritate et obedientia. Cfr. n. **224** s.

4° *Leo XIII* in Encycl. « *Immortale Dei* » et « *Sapientiae christianae* » disertis verbis hanc doctrinam tradit.

5° Quae doctrina diserte confirmatur a Codice (cc. 1016, 1063, § 3, 1933, § 3, 1961, 2198).

205. — REFELLITUR OBIECTIO. Quidam ausi sunt dicere RR. PP., praesertim Bonifacium VIII in Bulla « *Unam sanctam* », potestatem directam sive iurisdictionem politicam sibi vindicasse.

Ista assertio est valde iniuriosa et falsa omnino, ut liquet ex documentis pontificiis mature perspectis et absque praeiudicio consideratis, testibus adversariis ipsis [9].

Notum cuique est, veteres Scholasticos atque ipsos Romanos Pontifices usos fuisse peculiari similitudine, scil. *animae* et *corporis, solis* et *lunae, gladii sub gladio,* ad exprimendas relationes inter Ecclesiam et civilem societatem.

Unde immerito quidam deducunt, Romanos Pontifices medii aevi, Scholasticorum doctrinam secutos, sibi *directam* potestatem in Statum vindicasse. Similitudo enim denotat *honorem, dignitatem, praeeminentiam,* atque inde solum *indirectam* subordinationem Status erga Ecclesiam.

Nec veterum Scholasticorum vera communisque doctrina illa fuit, ut eruditissime prae aliis probat *S. Bellarminus,* nec RR. Pontifices eam ullo pacto secuti sunt.

Quaedam testimonia afferenda ducimus.

Petrus Lombardus docet: « Sancta Dei Ecclesia ... habet *spiritualem tantum* (potestatem) quantum ad exsecutionem *sua manu* exercendam. Sed habet *etiam temporalem* quantum ad eius *iussionem*: quia eius nutu extrahendus est (gladius), ut dicit Bernardus » [10].

Caietanus [11] docet: « Anima praeest corpori in triplici genere: scilicet *effective*, quia efficit corporeos animalis motus; *formaliter*, quia est illius forma; et *finaliter*, quia corpus est propter animam. Et simile est proportionaliter de potestate spirituali respectu potestatis saecularis: est siquidem ut *forma* illius, et *movens* et *finis*.

« Manifestum est enim, quod spirituale est formale respectu corporalis; ac per hoc potestas disponens de spiritualibus est *formalis* respectu potestatis

---

[9] Cfr. Card. Hergenr., op. cit., p. 421; Suarez, l. c.; Spondanus, *Ann. eccl.* ad annum 1302, n. 11; Journet, *La jurisdiction de l'Eglise sur la Cité,* p. 112 ss.

[10] IV Sent., D. 37.

[11] In 2-2, q. 60, art. 6.

disponentis de saecularibus, quae temporalia sunt. Indubie quoque liquet quod corporalia et temporalia sunt propter spiritualia et aeterna, atque ad illa ordinantur ut *finem*. Et quoniam altior finis, altiori *agenti* moventi atque dirigenti respondet; consequens est, *ut potestas spiritualis,* quae circa spiritualia ut primum obiectum versatur, *moveat,* atque *dirigat potestatem saecularem* et quae illius sunt in spiritualem finem.

« Ex hoc patet quod suapte natura potestas spiritualis praecipit potestati saeculari *ad fidem spiritualem:* haec enim sunt in quibus potestas saecularis subditur spirituali ».

Idem *Caietanus* in alio opere ait: « Nonnulli Summi Pontifices inveniuntur definivisse se in temporalibus habere supremam potestatem, ceteri vero oppositum ».

Ad haec ita respondet: « Dicitur quod quia potestas Papae *directe* est *respectu spiritualium* ad supremum simpliciter finem humani generis, ideo suae potestati duo conveniunt: 1º quod non est *directa* respectu temporalium; 2º quod est respectu temporalium *in ordine ad spiritualia* ... Ex his sequitur quod utrumque potest determinari de Papa: et quod *habet* supremam potestatem in temporalibus, et quod *non habet* supremam potestatem in temporalibus: affirmatio namque est vera *in ordine ad spiritualia; negatio* est vera *directe,* seu *secundum seipsa temporalia* » [12].

Hugo a S. Victore docet: « Quanto vita spiritualis dignior est quam terrena, et spiritus quam corpus, tanto spiritualis potestas terrenam sive saecularem *honore* et *dignitate praecellit* » [13].

Ioannes a S. Thoma ait: « Agemus de ipsa auctoritate et primatu supremi Capitis ... quantum ad potestatem et obiecta ad quae se extendit, quae sunt in duplici genere; nam extenditur ad *spiritualia,* et ad temporalia secundum quod haec *ordinata sunt ad vitam aeternam* » [14].

Dominicus Soto: « Adnotandum est, non aliam Christum suo Vicario reliquisse potestatem, quam ipse, in quantum homo orbisque Redemptor, accepit ... Atqui in quantum homo poterat quidem, si voluisset, universale dominium orbis, etiam saeculare, accipere. Sed tamen quod nos asserimus est non recepisse eiusmodi dominium et regnum, sed *solum spirituale,* et de temporalibus quantum ad illud erat necessarium » [15].

Propositio II

Status est indirecte subordinatus Ecclesiae.

206. — *Prob.* Ex FINE UTRIUSQUE SOCIETATIS.

1. In primis distinguendum est inter finem *operis* et finem *operantis*. Si consideratur finis operantis, certum est, supremum bonum ad quod *per intentionem operantis* omnes actus humani sunt

---

[12] *Apologia de auctoritate Papae,* tract. 2, part. II, cap. 13.
[13] *Summ. theol.* lib. II *de sacr.,* part. II, c. 4; Migne, *P. L.* CLXXVI, 481.
[14] *Cursus theol.* VII, p. 138, ed. Vives.
[15] In IV, D. 25, q. 2, art. 1.

ultimo referendi, esse unum bonum unumque finem aeternae beatitudinis.

Quare, loquendo de actionibus humanis prout imperio subsunt debitae rectaeque intentionis, non est locus distinctioni inter actiones *subordinatas* fini ultimo *directe* vel *indirecte tantum,* quia omnes sunt media *directa* ad consecutionem aeternae salutis.

Si vero a *fine operantis* fiat abstractio, et *finis operis* dumtaxat consideretur, patet duos esse fines et consequenter duos quoque ordines mediorum, scil. bonum beatitudinis aeternae ad quod referuntur media quae sunt spiritualia, et bonum vitae praesentis ad quod referuntur ea quae sunt temporalia.

Porro, licet inter duos istos non adsit subordinatio directa, exsistit tamen subordinatio *indirecta,* quatenus bonum temporale ita est sub spirituali, ut non solum nequeat ei ullo modo obesse, sed ipsi inservire omnino debeat tamquam removens impedimenta, et necessarias ponens conditiones, ut libera sit atque expedita prosecutio finis spiritualis et supernaturalis.

2. Eadem relatio quae exsistit inter fines, necessario admittenda est inter societates ipsas. Unde societas civilis subordinatur indirecte Ecclesiae, seu potestas temporalis potestati spirituali. Exinde tamen minime sequitur potestatem temporalem poni sub spirituali, ratione sui proprii finis. Ipsa manet et revera est suprema in suo ordine, quia ad illam fit ultima resolutio in tota communitate quae ei subiicitur.

Sane princeps in ordine ad finem civilis gubernationis nulli superiori subest. At cum ordo temporalis et civilis ad spiritualem et aeternum sit referendus, consequitur, materiam potestatis civilis ita esse ordinandam, ut impedimento fini spirituali nequaquam sit, et praeterea ut positivum quoque famulatum praestet, si quando contingat media, quibus potestas temporalis instruitur, requiri ad removenda impedimenta quae fini spirituali forte obsunt aut sint necessaria ad hunc finem consequendum [16].

3. Itaque potestas politica seu civilis ipso iure naturali subest potestati spirituali, non quidem ratione proprii sui finis temporalis, sed ratione finis spiritualis; et haec dependentia seu subordinatio « vocatur *indirecta,* quia illa superior potestas circa temporalia *non per se* aut *propter se,* sed *quasi indirecte* et *propter aliud* interdum *versatur* » [17].

---

[16] S. Bellarm., *De Rom. Pont.,* lib. V, cap. 6; Suarez, *Defens. fidei,* lib. III, cap. 5; Billot, *Tract. de Ecclesia Christi,* II, *de habitudine Ecclesiae ad civilem societatem,* p. 76 ss.; Paquet, l. c., p. 179 ss.; Militia. *De Ecclesiae potestate indirecta,* p. 8 ss.

[17] Suarez, l. c., n. 16.

Duobus autem in casibus id, ex dictis, contingit:

1° quando negotia temporalia obsunt fini spirituali;

2° quando haec sint necessaria ad illum consequendum [18].

4. Praedicta subordinatio societatis civilis non est in eius detrimentum, at, contra, in maximam cedit rei politicae utilitatem; nam prosperitas civitatis non consistit in tranquillitate quam sola vis materialis gignit, sed potius in ea quam fovent boni mores ac firmat religio, in ea quae oritur ex *vera moralitate*, i. e. ex legum observantia sive mutua iurium reverentia ac fideli officiorum adimplemento ex parte eiusdem societatis subditorum.

Haec doctrina, breviter et velut a priori tradita, clarius atque profundius intelligetur ex demonstratione sequentium propositionum.

Propositio III

Separatio Status ab Ecclesia utpote omnino falsa maximeque perniciosa reiicienda est.

207. — I. Repugnat universali rerum ordini.

Omnia quae a Deo ortum habent intimo quodam necessarioque ligamine inter se devinciuntur, seu mutua quadam relatione ligantur. Id manifesto patet tum *a priori*, si consideremus Dei infinitam sapientiam, potentiam atque bonitatem, tum *a posteriori*, si entia singula inspiciamus eorumque naturam.

Quae ordinatio nedum reperitur in entibus physicis, verum etiam in finibus: finis contingens dicit ordinem ad necessarium, inferior ad superiorem, temporalis ad spiritualem, intermedius ad ultimum. Ergo finis societatis civilis nequit separari a fine societatis ecclesiasticae, neque proinde Status ab Ecclesia.

208. — II. Repugnat humanae naturae.

Homo est ens absolute atque intrinsecus *unum*, quod dissociari aut dividi nequaquam potest, ita et uno eodemque tempore ad finem civilis et ecclesiasticae communitatis necessario tendere

---

[18] S. Bellarminus (l. c.) haec egregie tradit: « Itaque spiritualis (potestas) non se miscet temporalibus negotiis, sed sinit omnia procedere sicut antequam essent coniunctae (potestates), *dummodo non obsint fini spirituali, aut non sint necessaria ad eum consequendum* ... Si autem tale quid accidat, spiritualis potestas potest et debet coercere temporalem omni ratione ac via, quae ad id necessaria esse videbitur ».

debeat. Iamvero si Status praescinderet ab Ecclesia, aperto ageret contra naturam ipsam hominis, quasi separare vellet finem temporalem a spirituali et supernaturali; quod absonum est.

209. — III. Repugnat naturae societatis civilis.

Status Ecclesiam sive veram religionem agnoscere tenetur. Societas enim civilis quoad exsistentiam et auctoritatem a Deo ortum habet, ita ut Deum eiusque Ecclesiam agnoscere ac reveri debeat.

Quin imo, Statui colenda est religio etiam intuitu sui proprii finis. Neminem profecto latet religionem esse fundamentum moralitatis, ex qua publica communitatis tranquillitas exsurgit.

Systema proinde *separationis* naturae et fini societatis civilis adversatur, *tum* quia laedit officium strictissimum, quo ipsa erga Deum devincitur, *tum* quia bono publico maximum affert detrimentum.

210. — IV. Iura humanae libertatis laedit.

Cives uno eodemque tempore sunt subditi Status et Ecclesiae; ideoque duplici officio ligantur. Posita separatione Status ab Ecclesia, subditi catholici *publice* ac *socialiter* officio erga Deum et Ecclesiam satisfacere, etsi velint, nequeunt. Iamvero libertatis iura sancte servari oportet. Ergo cives ab officiis rite erga Statum et Ecclesiam implendis, citra scelus, nullatenus praediri possunt.

211. — V. Damna gravissima affert familiis, individuis ipsique societati.

Cum Deus sit « omnis honestatis iustitiaeque principium », liquido patet nonnisi ex religione homines copias opportunitatesque ad vitam honeste ducendam mutuare, experientia teste.

Item ad familias quod attinet, pax et concordia rectaque liberorum educatio haberi nequit absque religione. Iamvero qui populo praesunt, hoc omnino rei publicae debent, ut non solum commodis et rebus externis, sed maxime animi bonis tum quoad individuos tum quoad familias, legum sapientia, consulant.

Quae omnia, religionis influxu remoto, i. e. posita separatione Status ab Ecclesia, tuto atque efficaciter obtineri nequeunt [19].

---

[19] Cfr. Cappello, *Chiesa e Stato*, p. 682 s.

Benedictus XV in Alloc. «*In hac quidem*» die 21 nov. 1921 habita, egregie ait: «Nullus enim negaverit rei civilis religiosaeque consensionem

12 — F. M. Cappello S. I. · *Summa Iuris publici ecclesiastici.*

212. — VI. Plena separatio tum speculative tum practice impossibilis est.

Subiectum utriusque potestatis, ecclesiasticae scilicet et civilis, unum idemque est. Iamvero si civilis auctoritas in legibus ferendis nullum respectum habet ad leges ecclesiasticas, facile oriri potest conflictus inter unius alteriusve societatis leges.

Praeterea dantur materiae mixtae, quae suapte natura referuntur ad finem utriusque communitatis; atqui conflictus *inevitabilis* exsisteret quoad has materias, nisi societates mutuo consensu mutuaque concordia procederent.

Item practice impossibilis est separatio. Etenim Status plus minusve liberalismi principiis imbuuntur, ita ut in regendis civitatibus abnuant divinarum rerum haberi rationem et Ecclesiam obnoxiam proclament laicae iurisdictioni. Status proinde, vi separationis, ab Ecclesia nequaquam se *totaliter* et *sincero animo* seiungit, sed eiusdem sphaeram iuridicam, uti aiunt, impio ausu aggreditur eiusque iura aperto laedit. Quod historia satis superque confirmat [20].

213. — VII. Vergit in maximum Ecclesiae damnum.

Eo sensu eoque fine profecto liberales contendunt civilem ab ecclesiastica esse seiungendam potestatem, ut Status, tamquam fons ac origo omnium iurium, praevalere et Ecclesia cedere semper debeat.

Quapropter separatio in veram propriamque Ecclesiae persecutionem convertitur, teste historia [21].

214. — VIII. S. Scripturae ac Traditioni aperte adversatur.

Omnes textus S. Scripturae ex quibus liquet Christum Dominum independentem ac supremam Ecclesiae tradidisse potestatem, manifesto reprobant, sive explicite sive implicite, separationis systema.

Innumera sunt testimonia SS. Patrum, quae huc spectant. Cfr. n. **112** ss.

---

ad tranquillitatem publici ordinis, quod bonum est fundamentum ceterorum, non parum conferre ».

[20] Cfr. etiam Greg. XVI Encycl. « *Mirari vos* », 15 aug. 1832; Alloc. « *In hac quidem* » Benedicti XV, 21 nov. 1921.

[21] Cappello, *Chiesa e Stato*, p. 693.

215. — IX. A RR. Pontificibus reiecta damnataque fuit.
Pius IX vocat *impiam* et *absurdam* eorum doctrinam qui contendunt « optimam societatis publicae rationem civilemque progressum omnino requirere, ut humana societas constituatur et gubernetur nullo habito ad religionem respectu, ac si ea non exsisteret » [22].

Idem Pontifex in Syllabo (n. 5) sequentem propositionem damnavit : « Ecclesia a Statu, Statusque ab Ecclesia seiungendus est » [23].

Leo XIII in Encyclicis « *Immortale Dei* », « *Sapientiae christianae* » et « *Libertas* » expresse loquitur de separationis systemate illudque vocat *impium, perniciosum* atque *absurdum*.

Pius X in Encycl. « *Vehementer* » ait : « Civitatis rationes a rationibus Ecclesiae segregari oportere, profecto falsissima maximeque perniciosa sententia est ».

Etiam in Encycl. « *Iamdudum* », 24 maii 1911, idem Pontifex separationem Status ab Ecclesia gravissimis verbis improbat.

Benedictus XV in Encycl. « *Ad beatissimi* », 1 novembris 1914, eamdem doctrinam egregie tradit.

Item *Pius XI* expresse ac perspicue catholicam exponit doctrinam de hac re in Encycl. « *Ubi arcano* », 22 dec. 1922.

Quibus omnibus perspectis, neminem latet systema separationis prorsus reiiciendum esse atque damnandum.

Propositio IV

Separatio Status ab Ecclesia, prout proponitur a liberalismo catholico, nequit simpliciter et absolute admitti.

216. — Liberalismus, vulgo *catholicus* dictus, separationem *de iure* Status ab Ecclesia reiicit quidem, at de *facto* utpote hodiernis moribus accommodatam eam proponit ac tuetur.

Quae theoria *per se* omnino est reprobanda, cum supponat catholicam doctrinam et Ecclesiae naturam mutabilem quodammodo esse, pro variis temporum adiunctis.

Per accidens autem admitti potest, *per modum* scil. *exceptionis,* ad maiora mala vitanda, in quibusdam peculiaribus et extra-

---

[22] Encycl. « *Probe nostis* », 8 dec. 1864.
[23] Alloc. « *Acerbissimum* », 27 sept. 1852.

ordinariis circumstantiis, dummodo veritatis et iustitiae iura incolumia serventur.

Consulto dicimus: *dummodo veritatis et iustitiae iura incolumia serventur*; nam separatio nonnullis sub conditionibus fieri debet, quae Ecclesiae iuridicam existentiam ac libertatem tutam plane reddant; secus, nequaquam admitti valet.

217. — Hae sunt huiusmodi conditiones:

1° ut Ecclesia agnoscatur veluti corporatio sive societas cum suis iuribus et privilegiis;

2° ut plena gaudeat libertate in exercitio potestatis legiferae, iudiciariae et coactivae;

3° ut cultus catholicus seu privatim seu publice exerceri possit libere omnino;

4° ut Ecclesia iure expedito polleat quoad sobolis christianem institutionem, maxime vero clericorum;

5° ut Ecclesiae ius acquirendi, possidendi et administrandi bona temporalia agnoscatur;

6° ut status religiosus libere promoveri possit, et civibus plena tribuatur libertas illum amplectendi, sine detrimento iurium civilium [24].

Traditam doctrinam aperto confirmat *Leo XIII* in Encycl. « *Libertas* » hisce verbis: « Multi denique rei sacrae a re civili distractionem non probant; sed tamen faciendum censent, ut Ecclesia obsequatur tempori et flectat se atque accommodet ad ea, quae in administrandis imperiis hodierna prudentia desiderat. Quorum est *honesta* sententia, *si de quadam intelligatur aequa ratione, quae consistere cum veritate iustitiaque possit*: nimirum ut, explorata spe magni alicuius boni, indulgentem Ecclesia sese impertiat, idque temporibus largiatur, quod *salva officii sanctitate* fas invexerit » [25].

Propositio V

Ecclesiae non competit potestas mere directiva in res temporales, scil. in Statum.

218. — Haec potestas minime congruit cum subordinatione finium et consequenter potestatum; quae subordinatio secumfert veram dependentiam potestatis inferioris a superiore, et relatio-

---

[24] Cfr. Cappello, l. c., p. 737 ss.; De Angelis, *Praelectiones iuris canonici*, lib. I, Appendix, n. 14.

[25] Cfr. eiusdem Leonis XIII Encycl. « *Au milieu* », 16 februarii 1892.

nes vere iuridicas inter potestates sive societates ipsas. Nam potestas mere directiva excludit ius ferendi leges, maxime vero ius coactivum.

Hinc fit ut, concessa Ecclesiae sola potestate mere directiva in temporalia, praesto ei non sint media *efficacia* ad suum finem consequendum. Porro attenta humana infirmitate atque malitia, nisi rebelles et contumaces valeat coercere, usurpationes et abusus potestatis saecularis pati cogitur, maximo cum detrimento missionis suae.

Quod repugnat profecto eius naturae atque ipsius divini Fundatoris, i. e. Christi D. voluntati.

Propositio VI

Ecclesiae competit potestas indirecta in res temporales, seu in societatem civilem.

219. Praenotanda. — 1° Potestas haec indirecta est potestas vere proprieque *spiritualis*, quamvis attingat temporalia [26].

2° Nomine *rerum temporalium* intelliguntur omnes res, quae ex sua *destinatione* referuntur ad *vitam praesentem* seu *terrenam*. Huiusmodi sunt negotia saecularia, res politicae, leges civiles, princeps, Status.

Proprie et accurate loquendo, potestas Ecclesiae in res temporales *fidelium* distinguenda est a potestate indirecta Ecclesiae in *societatem civilem*.

3° Haec potestas dicitur *indirecta*, quia non *propter se*, i. e. *natura sua* attingit res temporales, sed *propter aliud*, i. e. *propter respectum spiritualem*, quem habent res ipsae temporales, quatenus ad finem quoque Ecclesiae referuntur.

4° Unde *ratio* et *mensura* huius potestatis indirectae desu-

---

[26] Journet (*La jurisdiction de l' Eglise sur la Cité*, Paris, 1931, p. 83 ss.), qui accurate et erudite disserit de potestate indirecta Ecclesiae in Statum, vocat *accidentalem* eam subordinationem, qua Status erga Ecclesiam tenetur, « *subordination accidentelle* ».

Ista vox « *accidentelle* » minus proprie et accurate adhibita videtur. Nam aliud est loqui de *subordinatione* qua tali, aliud loqui de singulis rebus temporalibus, quae, si quidem *spiritualis respectus* extrinsecus superveniat, per accidens subsunt potestati ecclesiasticae *ratione huiusmodi respectus spiritualis*. Subordinatio ipsa tamen in se considerata dici nequit *accidentalis*.

menda unice est ex praefato *respectu spirituali,* quo deficiente cessat ipsa potestas.

5° Agitur de potestate *publica* sive *sociali,* ideoque verae et proprie dictae *iurisdictionis,* quae triplicem importat functionem, *legislativam* scil., *iudiciariam* et *coactivam.*

6° Sermo est de societate *christiana* sive *baptizatorum,* quia nonnisi in subditos suos, i. e. baptizatos Ecclesia auctoritatem exercet.

7° Doctrina quae in thesi enuntiatur, est COMMUNIS, CERTA, CATHOLICA [27].

220. — *Prob.* I. DEPENDENTIA sive SUBORDINATIO STATUS AB ECCLESIA, de qua supra (n. **206**), secumfert necessario potestatem indirectam Ecclesiae in Statum seu in res temporales. Agitur enim de subordinatione seu dependentia *iuridica.*

Unde ex ipsa natura seu fine Ecclesiae manifesto patet potestatem ei competere in temporalia, *si* et *quatenus* referuntur ad finem *spiritualem.*

Sane, Ecclesia accepit a Christo curam *totius* dominici *gregis,* i. e. *plenam* et *supremam* potestatem gubernandi *omnes* fideles eosque ducendi ad consecutionem aeternae salutis.

Hanc sane potestatem significant verba: *Quodcumque ligaveris, quodcumque solveris,* hanc potestatem secumfert munus Petro eiusque successoribus commissum *pascendi agnos et oves.*

Atqui omnimoda haec potestas importat procul dubio ut Ecclesia, quoad subditos suos, talem iurisdictionem habeat, quae se extendat ad *omnia* et *singula* media, etiam indirecta, in finem requisita; secus *tuto atque efficaciter* provisum non esset consecutioni salutis aeternae, i. e. finis ultimi absolute necessarii.

Quae assertio confirmatur ex duplici respectu, scil. tum ex parte principis christiani, qui est subiectum politicae potestatis, tum ex parte populi in quem exercetur, ut egregie explicat Suarez [28].

Ex parte quidem principis. Nam hic subditus est spiritualiter R. Pontifici; et potestas spiritualis data Petro seu R. Ponti-

---

[27] Cfr. S. Bellarm., l. c.; Militia, op. cit., p. 15 ss.; Suarez, *De legibus,* lib. IV, cap. 9, n. 2; *Defensio fidei cath.,* lib. III, cap. 22, n. 6 ss.; Billot, *De Ecclesia,* II, p. 76 ss.; Wernz, I, n. 10; Cavagnis, II, cap. 6, art. 1, n. 194 ss.; Paquet, l. c., p. 202 ss.

[28] Loc. cit., lib. III, cap. 22.

fici est universalis ad omnes actus subditorum dirigendos, quibus vita aeterna amitti vel acquiri potest. Atqui unus ex his actibus in principe christiano est debitus usus potestatis gubernativae, quia si illa iuste non utatur, peccabit et salutem aeternam non obtinebit. Ergo R. Pontifici, qui est spiritualis pastor principis christiani, competit facultas illum dirigendi in usu potestatis temporalis, « *pro quanto animae obesse vel prodesse potest* ».

Ex parte subditorum. R. Pontifex vi muneris a Christo D. accepti, tenetur curam spiritualem gerere omnium fidelium ideoque ab eis avertere damna spiritualia, quae ex abusu potestatis temporalis ipsis obvenire possunt. Ergo necesse est, ut potestas spiritualis dirigat potestatem politicam, ne ita temporalia disponat, ut spiritualibus noceant.

221. — II. Ecclesia est custos authenticus et infallibilis interpres iuris divini naturalis et positivi, i. e. totius ordinis iustitiae sive moralitatis. Atqui ipsae actiones politicae seu negotia saecularia possunt esse bona aut mala, honesta vel inhonesta, prout discrepant vel congruunt cum moralitatis normis. Ergo subiiciuntur *qua talia* iudicio *auctoritativo* Ecclesiae, quod per potestatem iurisdictionis exercetur.

222. — III. SS. Patres et Doctores hanc doctrinam modo innuunt, modo clare aperteque enuntiant.

Utuntur sane comparatione *corporis* et *animae*, ad relationes inter Ecclesiam et Statum designandas.

a) Iuxta *S. Ioann. Chrysost.*, imperium quod in Ecclesia viget « tanto civili excellentius est, quanto caelum terra; et quantum inter corpus et animam discriminis est, tantum item ab illa hoc distat » [29].

b) *S. Greg. Naz.*: « At vos quoque (principes et praefecti) imperio meo ac throno lex Christi subiecit. Imperium enim et nos gerimus: addo et praestantius et perfectius, si quidem aequum videatur spiritum carni, caelestia terrenis, cedere » [30].

Ivo Carnutensis ad Henricum II, Angliae regem, scribebat: « Regnum terrenum caelesti regno quod Ecclesiae commissum est, subditum esse debere semper cogitetis. Sicut enim sensus animalis subditus debet esse rationi, ita potestas terrena subdita esse debet ecclesiastico regimini. Et quantum

---

[29] Homil. XV, in II Cor.
[30] Orat. XVII; Migne, *P. G.*, XXXV, 975.

valet corpus, nisi regatur ab anima, tantum volet terrena potestas, nisi informetur et regatur ecclesiastica disciplina » [31].

Alexander Alensis ait: « Collatione facta potestatis spiritualis ad saecularem, potestas spiritualis est supra corporalem, spiritus supra corpus » [32].

Innocentius III: « Pontifex *in spiritualibus* antecedit, quae tanto sunt temporalibus digniora, quanto anima praefertur corpori ... Ad firmamentum igitur caeli, hoc est universalis Ecclesiae, fecit Deus duo magna luminaria, idest duas instituit dignitates, quae sunt pontificalis auctoritas, et regalis potestas. Sed illa, quae praeest diebus, i. e. spiritualibus, maior est; quae vero carnalibus, minor; ut quanta est inter *solem* et *lunam,* tanta inter Pontifices et reges differentia cognoscatur » [33].

Ex mente SS. Patrum et Doctorum comparatio *corporis* et *spiritus* ad indicandam habitudinem Ecclesiae ad Statum, denotat non modo *superioritatem*, verum etiam *dominationem* et *influxum* Ecclesiae in civilem societatem.

Omittimus alia testimonia [34].

Sicut enim anima dat vitam corpori, ipsum refrenat atque efficaciter cogit ut rectae rationi obtemperet adversus pravas concupiscentias, illud etiam corrigit et castigat atque in omnibus bene dirigit ne passionibus indulgeat, ita Ecclesia civilem societatem ducit secundum iustitiae sive honestatis normas, eam sua virtute suoque influxu movet, ipsius rectores admonet, reprimit et, ubi opus sit, etiam corrigit atque castigat.

223. — IV. Theologi et Canonistae hanc doctrinam unanimi consensu admittunt, licet non omnes, praesertim veteres, utantur voce *potestatis indirectae;* imo nonnullis huiusmodi vox minus placet. Quod nihil profecto refert. De doctrina sane, non de verbis, curandum est.

S. Bellarminus plus quam septuaginta AA. in medium adducit in praefatione tractatus adversus Gulielmum Barclaium, inter quos praeeminent v. g. S. Thomas, S. Bonaventura, Caietanus, S. Antoninus, S. Bernardus, Soto, Molina Turrecremata, S. Raymundus Valentia, Paludanus, etc. [35].

---

[31] Epist. 51 (alias 106); Migne, *P. L.*, CLXII, 125.

[32] *Summa theol.*, lib. II *de sacr.*, p. 3, q. 40, membr. 2.

[33] C. 6, X, *de maior. et obed.*, I, 33.

[34] Cfr. Isid. Pelusiot., lib. III, epist. 449; Tarquini, l. c., n. 34, p. 51.

[35] Iure Journet (op. cit., p. 164) ait: « Tout le monde voit en S. Bellarmin, avec raison, le théologien du *pouvoir indirecte*. Personne ne lui impute l'erreur du *pouvoir direct* ».

Cfr. De la Servière, *La theologie de Bellarmin*, p. 135 ss., qui accurate et erudite S. Bellarmini doctrinam theologicam tradit.

Sufficiat pauca tantum veterum Scholasticorum, afferre testimonia, praeter iam allegata (n. 205).

S. Thomas docet: « *Potestas saecularis subditur spirituali,* sicut corpus animae, et *ideo non est usurpatum iudicium, si spiritualis Praelatus se intromittat de temporalibus* quantum ad ea *in quibus subditur ei saecularis potestas* » [36].

Tria clare enuntiantur: *a)* potestatem saecularem subiici spirituali; *b)* Praelatum ecclesiasticum legitime, i. e. sine usurpatione, videre posse de temporalibus; *c)* huiusmodi ius Praelati non esse directum et illimitatum, sed indirectum et coarctatum intra ambitum subiectionis potestatis saecularis.

Turrecremata docet: « Licet Papa habeat aliquo modo iurisdictionem in temporalibus in toto orbe christiano, non tamen ita amplam, sive plenariam aut extensam..., sed *quantum necesse est pro bono spirituali conservando* ipsius et aliorum, sive *quantum Ecclesiae necessitas exigit*, aut debitum pastoralis officii in correctione peccatorum exposcit » [37].

Vitoria ait: « Papa habet potestatem temporalem *in ordine ad spiritualia*, i. e. *quantum necesse est ad administrationem rerum spiritualium*. Haec enim est (sententia) *omnium Doctorum* » [38].

Dominicus Soto ait: « Adhibetur quinta eademque *catholica* conclusio, contra eorum *haeresim* qui abdicant Pontifici temporalem potestatem. Potestas quaecumque civilis, eatenus est ecclesiasticae subiecta *in ordine ad spiritualia*, ut Papa possit per suam spiritualem potestatem, *quoties ratio fidei et religionis exegerit*, non solum ecclesiasticarum censurarum fulminibus adversus reges agere, eosque cogere; verum et cunctos christianos principes temporalibus bonis privare et usque ad eorum depositionem procedere » [39].

224. — V. Accedit MAGISTERIUM ECCLESIAE.

1. *Bonifacius VIII* in Bulla « *Unam sanctam* », 18 nov. 1302, Ecclesiae potestatem *indirectam* in principes seu Statum competere, non autem directam, ut quidam immerito asserunt [40], manifeste docet.

---

[36] *Summ. theol.*, 2-2, q. 60, art. 6, ad III.
[37] *Summa de Ecclesia*, lib. II, cap. 113.
[38] *De Indis recenter inventis*, sect. 1, n. 13.
[39] In IV Sent., D. 25, q. 2, art. 1.
[40] Quaedam verba Bullae difficultatem facere videntur. At intelligenda sunt ex toto contextu et ex modo loquendi quo AA. medii aevi utebantur ad relationes inter Ecclesiam et Statum significandas. Cfr. Hergenröth., *Dissert.*, VI, n. 29, not. 9; Palmieri, *De Romano Pontifice*, p. 550; Moulart, op. cit., lib. II, cap. 2, art. 3; Phillips, III, § 130; Journet, op. cit., p. 105 ss.

Quae habet Rivière (*Le problème de l'Eglise et de l'Etat*, p. 91) nec theologice nec iuridice admitti possunt.

« Uterque gladius, ait, est in potestate Ecclesiae, spiritualis scilicet gladius et materialis. Sed is quidem pro Ecclesia, ille vero ab Ecclesia exercendus. Ille sacerdotis, is manu regum et militum, sed ad nutum et patientiam sacerdotis. *Oportet autem gladium esse sub gladio et temporalem auctoritatem spirituali subiici potestati* ».

Haec verba, ut patet tum ex contextu tum ex *Aegidio Romano*, ex quo desumpta sunt [41], significant gladium temporalem esse reducendum, per spiritualem, in *finem ultimum* omnis humanae naturae et omnis ordinis humani. Proinde potestas *spiritualis* « instituere habet et iudicare, si (*temporalis*) bona non fuerit ».

Duo igitur clare in hac Bulla asseruntur: 1° subordinationem potestatis temporalis ad spiritualem; 2° hanc subordinationem conformem esse debere ipsi rerum ordini, qui exigit ut, sicuti spiritus materiae, ita spiritualis potestas praestet temporali.

Itaque, dum negatur independentia Status, asseritur potestas Ecclesiae in Statum, quae non potest esse directa neque est mere directiva, quaeque proinde debet esse estque revera indirecta [42].

Ut id clarius adhuc eluceat, occasionem historicam huius Bullae indicare iuvat.

Bello inter Philippum Pulcrum, regem Galliae, et Eduardum I, Angliae regem, orto, ex bonis ecclesiasticis pecuniam sibi uterque usurpaverat.

Bonifacius VIII id merito reprobavit. Inde irae regis Galliae, quem, cum frustra Pontifex placare tentasset, tandem Bulla « *Ausculta, fili* » admonuit de subiectione qua tenebatur erga Papam, ut Ecclesiae filius; simul eum urgebat et deprecabatur ut finem imponeret bello.

Quae Bulla, iubente rege ex consilio impiorum Petri Flotte et Gulielmi de Nogaret, fuit suppressa eique alia substituta, cuius tenor aptus omnino esset ad animos contra Bonifacium excitandos. Superbe enim et rigide Pontifex in fictitia Bulla declarabat: « Scire te volumus, quod in spiritualibus et temporalibus nobis subes ... Aliud credentes haereticos reputamus ».

Responsum vero huic Bullae, sub nomine regis (eiusdem probabiliter auctoris ac fictitia Bulla) divulgabatur hisce verbis: « Sciat tua maxima fatuitas, in temporalibus nos alicui non subesse ... Secus autem credentes fatuos et dementes reputamus » [43].

---

[41] *De eccles. potest.*, lib. I, cap. 3.

[42] Journet (op. cit., p. 164) ait: « Aussi est-il intéressant de relever ici que, pour établir le second de ses axiomes, *Bellarmin* a écrit une page qui est la meilleure explication théologique que nous connaissions de la Bulle *Unam sanctam* ».

[43] Cfr. Bianchi, op. cit., II, p. 450, 504; Phillips, l. c., § 130; P. du Puy, *Histoire du differend entre le pape Boniface VIII et Philippe le Bel, roy de France*, Paris, 1755, p. 44.

Bonifacius in Consistorio, coram deputatis Episcopatus Galliae, de hac falsa et calumniosa imputatione ita conquestus est: « Quadraginta anni sunt quod nos sumus experti in iure: scimus quod duae sunt potestates ordinatae a Deo. Quis ergo debet credere vel potest, quod tanta fatuitas, tanta insi-pientia sit vel fuerit in capite nostro. Dicimus quod in nullo volumus usur-pare iurisdictionem regis ... Non potest negare rex, seu quicumque alter fide-lis, quin sit nobis subiectus *ratione peccati* » [44].

Dein in duabus Bullis « *Rem non novam* » (3 sept. 1302) et « *Unam sanctam* » (18 nov. 1302), principia de relationibus inter Ecclesiam et Statum exposuit.

225. — *2. Innocentius III* in cap. « *Novit* » [45] expressis verbis vindicat Ecclesiae potestatem indirectam in res temporales. Textum *classicum* in hac materia istud caput constituit.

Occasio historica haec fuit. Ioannes « *sine terra* », rex Angliae, accusa-tus fuit apud Philippum Augustum, cuius feudatarius erat ratione ducatus Normanniae, quod Arthurum, nepotem suum, occidisset.

A Philippo in iudicium vocatus est. Ioannes renuit comparere. Tunc Philippus invasit armata manu Normanniam. Ioannes apud Papam conques-tus est, quasi rex Galliae fidem iuratam fregisset, ipsum impugnans ante finem *treguae*, i. e. suspensionis hostilitatum.

Innocentius III legatos ad Philippum misit, qui respondit se a R. Ponti-fice, in materia feudi, esse independentem. Innocentius per duas epistolas ad regem et ad episcopos Galliae suum agendi modum explicavit. Ex epistola ad Episcopos excerptum est cap. « *Novit* ».

Innocentius in cit. cap. declaret se nullam potestatem in res *mere temporales* sibi vindicare, sed solum in *peccatum; ratione* vero *peccati* et consequenter ad peccatum, *in rem* ipsam *tempo-ralem*.

Agebatur enim de controversia circa feudum et interim de lucta sus-pendenda. « Non (ergo) putet aliquis — ait Pontifex — quod iurisdictio-nem (aut potestatem) illustris regis Francorum perturbare aut minuere intendamus ... *Non enim intendimus iudicare de feudo, cuius ad ipsum* (i. e. regem) *spectat iudicium ... sed decernere de peccato, cuius ad nos pertinet sine dubitatione censura, quam in quemlibet exercere possumus et debemus ... Numquid non poterimus de iuramenti religione cognoscere, quod ad iudi-cium Ecclesiae non est dubium pertinere,* ut rupta pacis foedera refor-mentur? ».

Pontifex concludit, imperans ut rex vel pacem ineat vel saltem admittat inquisitionem et iudicium per delegatos Papae circa violationem iuramenti ferendum.

---

[44] Cfr. Du Puy, l. c., p. 77; Phillips, l. c. § 130; Gosselin, l. c., p. 583.
[45] Cap. 13, X, *de iudiciis*, II, 1.

Innocentius III eamdem doctrinam tradit in cap. « *Per venerabilem* »: « Non solum in Ecclesiae patrimonio (i. e. in Statibus propriis), super quo plenam in temporalibus gerimus potestatem, *verum etiam in aliis regionibus* certis causis inspectis, temporalem iurisdictionem *causaliter exercemus* » [46].

Quamvis interpretatio huius capitis (agitur de legitimatione sobolis adulterinae) difficultate non careat, certum tamen est, Innocentium sibi qua Pontifici vindicare *temporalem* iurisdictionem *casualiter* exercendam in certis *causis* seu *negotiis* peculiaribus.

Etiam in cap. « *Venerabilem* » Innocentius III de potestate R. Pontificis in temporalia aperte loquitur [47].

3. *Pius XI* diserte hanc potestatem Ecclesiae vindicat:

« Si terrenis hisce negotiis *mereque politicis* moderandis, *sine ratione,* se immiscere nefas putat Ecclesia, eadem tamen iure suo contendit ne quid inde causae praetendat civilis potestas, *sive* altioribus illis bonis, quibus salus hominum sempiterna continetur, quoque modo obsistendi, *sive* damnum perniciemve iniquis legibus iussisque intentandi, *sive* divinam Ecclesiae ipsius constitutionem labefactandi, *sive* denique sacra Dei iura in civili hominum communitate conculcandi » [48].

4. Item *Codex* expressis verbis hanc potestatem vindicat: « Ecclesia *iure proprio* et *exclusivo cognoscit ... de omnibus in quibus inest ratio peccati,* quod attinet ad culpae definitionem et poenarum ecclesiasticarum irrogationem » (can. 1553, § 1, 2°).

Verba « in quibus inest *ratio peccati* » desumpta ex textu Bonifacii VIII (cfr. n. **224**) et ex cap. *Novit* Innocentii III, non sunt intelligenda de peccato sensu mere theologico, ac propterea coarctanda ad forum dumtaxat internum, ut nonnullis immerito visum est; sed intelligenda sunt de iis omnibus rebus sive negotiis quae referuntur ad *bonum religionis* seu ad *finem Ecclesiae,* sive *positive* sive *negative.*

Positive quatenus huiusmodi res seu negotia sint necessaria ad bonum religionis scil. ad finem Ecclesiae consequendum; *negative,* quatenus eiusdem consecutioni obsint, ideoque sint removenda.

Quod relata verba non sint intelligenda tantum de foro *interno,* ex ipso textu et contextu evidenter liquet. Nam can. 1553, § 1, 2° loquitur de obiecto *iudicii* seu *processus* ecclesiastici, in foro quidem *externo* peragendi.

Eadem doctrina diserte traditur in can. 2198.

---

[46] Cap. 13, X, *qui filii sint legitimi,* IV, 17.
[47] Cap. 34, X, *de electione et electi potestate,* I, 6.
[48] Litt. encycl. « *Ubi arcano* », 22 dec. 1922.

226. — VI. Praxis S. Sedis id manifesto confirmat. Sane plura sunt facta historica, quae ostendunt RR. Pontifices veram potestatem exercuisse in reges et imperatores, quos *excommunicaverunt* vel etiam *deposuerunt,* eorum *subditos a iuramento fidelitatis solventes.*

V. g. *Gregorius VII* Boleslaum, Poloniae regem, excommunicavit, et Henricum IV imperatorem deposuit; *Alexander III*, Fridericum I, *Gregorius IX* et iterum *Innocentius IV*, in Concilio Lugdun. I, Fridericum II excommunicarunt: *Clemens VIII* excommunicavit Henricum VIII, regem Angliae, quem *Paulus III* declaravit regno privatum; *S. Pius V* idem fecit contra Elisabeth reginam, simul solvens subditos a iuramento fidelitatis.

Quam potestatem RR. Pontifices exercuerunt non modo in imperatores romanos qui peculiari vinculo obedientiae et obsequii erga Sedem Apostolicam tenebantur, et in principes qui se vasallos S. Sedis proclamaverant, verum etiam in alios [49].

Imo canones Conciliorum poenas latae sententiae statuunt contra principes, qui certa quaedam delicta patrant.

Ita *Lateranense III* (an. 1179) can. 27 a iuramento fidelitatis solvit subditos principum, qui viarum grassatores fiant aut haeresi faveant: *Lateranense IV* (an. 1215) eamdem poenam statuit contra eos, qui a terris suis haereticos non expellant: quod si praeterea expulsioni obstent, non tantum usum, sed etiam dominium directum suae potestatis amittent.

Concilium Lugdun. I (an. 1245) omnes qui Friderico II, imperatori deposito, obedire pergant, excommunicatione plectit.

Concilium Constant. poenam duorum mensium carceris statuit contra omnes Concilii perturbatores, etiamsi reges essent vel ipse imperator.

Concilium Trid. excommunicat omnes principes duellum in suis Statibus permittentes, declarans eorum bona, si feudalia, ad feudatorem revertenda, si ecclesiastica, ad Ecclesiam [50].

Interdum RR. Pontifices reprobarunt praescripta sive mandata principum, nullas atque irritas declararunt leges *civiles* [51].

---

[49] Phillips, l. c., § 133; Hergenröther, l. c., n. 12.

[50] Sess. XXV, cap. 19 de reform.

[51] Pius X in Encycl. « *Vehementer* » reiecit ac damnavit legem separationis in Gallia latam: « *Nos pro suprema quam obtinemus divinitus auctoritate sancitam legem, quae rempublicam Gallicanam seorsum ab Ecclesia separat reprobamus et damnamus* ».

Quidam AA. immerito docent Pium X usum fuisse potestate *indirecta.* Usus est, in casu, potestate directa: agitur quippe de re, natura sua, dogmatica.

227. Conclusio. — Omissa nunc quaestione de *obiecto* huius potestatis *immediato et directo,* de qua (n. **229**), certum est ex toto complexu factorum et ex poenis spiritualibus et etiam temporalibus in antecessum contra principes et reges statutis, Ecclesiam sibi vindicasse in eos aliquam potestatem, quae profecto plus est quam *directiva,* non tamen directa, cum semper exerceatur *ratione respectus spiritualis* qui in re illa reperitur.

Atqui Ecclesiam errasse in usu *constanti* et *universali* suae potestatis per tot saecula, citra scelus admitti nequit. Ergo.

Nec de errore argui potest *universalis consensus,* per quinque saltem saecula, omnium Sanctorum, Episcoporum, canonistarum et theologorum, qui haec facta legitima habuerunt. Ipsa Ecclesia, audiens et videns talem doctrinam ab omnibus publice doceri, non potuisset non obstare, si eam falsam, Sacrae Scripturae contrariam habuisset. Ecclesiae enim promissa est *perpetua* Spiritus Sancti *assistentia.*

Ex qua non impeditur quidem *omnis abusus* vel *culpa* ministrorum Ecclesiae, at nullatenus permittitur ut abusus quidam modo *continuo et constanti* committantur: hoc enim esset *directe* contra *morum tutelam* Ecclesiae commissam, imo vix non argueret in ea *errorem* circa potestatem aut illius limites [52]. Quod citra scelus admitti nequit.

Articulus IV

De extensione potestatis indirectae

228. Principia. — 1. Potestas indirecta sese extendit ad omnia temporalia, quae RELATIONEM AD FINEM ECCLESIAE, i. e. RESPECTUM SPIRITUALEM habent.

Huiusmodi relatio vero seu respectus reperitur in re temporali ratione aut *necessitatis* aut *oppositionis* ad finem spiritualem Ecclesiae, quatenus nempe res temporalis vel est *necessaria* ad hunc finem obtinendum, vel *impedit* eius consecutionem ideoque avertenda est.

Hunc spectant verba *S. Bellarmini* (n. **206**), aliaque Scholasticorum testimonia supra relata.

---

[52] Cfr. Bianchi, op. cit., lib. I, § 20; Cavagnis, l. c., n. 137 ss.; Rivet, l. c., p. 144 s.; Moulart, rat. 3; Militia, op. cit., p. 68 s.

Turrecremata haec egregie tradit: « Romanus Pontifex licet non habeat potestatem sive *directe* ita plenam in temporalibus sicut in spiritualibus, nihilominus etiam habet potestatem in temporalibus *ex consequenti* et hoc proprio iure, *quantum scil. necessarium est ad conservationem rerum spiritualium, ad directionem fidelium in salutem aeternam, et ad correctionem peccatorum et conservandam pacem in populo christiano* » [1].

229. — II. Potestas indirecta extenditur ad omnes PERSONAS, RES et ACTIONES, sub RESPECTU SPIRITUALI EOQUE TANTUM.

Sane omnes PERSONAE, seu privatae seu publicae, eo ipso quod sunt baptizatae, subiiciuntur iurisdictioni Ecclesiae ab eaque dirigi debent ad sanctificationem et beatitudinem caelestem consequendam.

Consulto dicimus *seu privatae seu publicae*, quia magistratus *qua magistratus*, princeps *qua princeps* subditur Ecclesiae, et non solum qua persona privata, ut immerito prorsus contendunt Gallicani. Proinde Ecclesia debet illum adiuvare, dirigere, gubernare in ordine ad vitam aeternam, non modo qua personam privatam, verum etiam qua personam *publicam*.

Omnes RES et ACTIONES — licet profanae, civiles, politicae — possunt esse honestae vel inhonestae, bonae vel malae, conformes aut difformes a norma iustitiae et moralitatis; proinde *qua tales* subduntur potestati Ecclesiae. V. g. si in aliqua regione quaestio agitaretur de re *sociali* vel *politica*, ex qua tanta esset animorum perturbatio magnaque dissensio inter *catholicos*, ut caritas christiana inde grave damnum pateretur, posset Ecclesia, *ob hanc rationem*, i. e. ad caritatem tuendam, imponere silentium.

Huc spectant quae egregie tradit Pius X in epist. encycl. « *Singulari* », 24 sept. 1912: « Quidquid homo christianus agat, *etiam in ordine rerum terrenarum*, non ei licere bona negligere quae sunt supra naturam, immo oportere, ad summum bonum, tamquam ad ultimum finem, ex christianae sapientiae praescriptis, omnia dirigat: *omnes enim actiones eius*, quatenus bonae aut malae sunt in genere morum, id est cum iure naturali et divino congruunt aut discrepant, *iudicio et iurisdictioni Ecclesiae subesse* » [2].

Inde explicantur complura facta historica, i. e. interventus RR. Pontificum in iis quae rem *socialem* vel *oeconomicam* aut *politicam* respiciunt.

---

[1] Op. cit., lib. II, cap. 14. Cfr. Dublanchy, *Turrecremata et le pouvoir du Pape dans les questions temporelles*, in *Revue Thomiste*, 1923, n. 21; Lo Grasso, op. cit. ed. alt. p. 414 ss.

[2] *Acta Apost. Sedis*, IV, 658.

230. — III. Potestas indirecta nequaquam restringenda est ad casum in quo GRAVIS urgeat NECESSITAS, v. g. si Ecclesia qua societas grave damnum pateretur, nisi interveniret, ut quidam affirmant [3].

Sane confundenda non est quaestio *iuris* cum quaestione *facti*. Aliud est quod Ecclesia potestatem indirectam in *omnes* et *singulas* res temporales de facto non exerceat, neque semper expedit ut id fiat; et aliud profecto est quod non possit.

Si in re temporali — quaecumque ea sit — invenitur *respectus spiritualis,* hic *semper* et *necessario* subiicitur iurisdictioni ecclesiasticae, ideoque *per se* et *absolute* loquendo, Ecclesia *semper* suam potestatem exercere posset in huiusmodi rem sub tali respectu.

231. — IV. Potestas indirecta, cum sit *publica* et quidem verae et propriae dictae *iurisdictionis,* potest esse LEGIFERA, IUDICIARIA et COACTIVA.

232. Num tribuenda sit R. Pontifici peculiaris potestas directiva. — Nonnulli praeter potestatem *indirectam* in res temporales, tribuunt R. Pontifici etiam potestatem *directivam,* quae dicitur *extensio* quaedam et **amplitudo** illius [4].

Id plerisque merito displicet. Nam si agitur de vera potestate iurisdictionis, haec necessario secumfert officium parendi; si non agitur de vera potestate, nullatenus dici potest *extensio* potestatis indirectae.

Adversariis facile praeberi potest occasio labendi in errores et ambiguitates, dum sibi persuadent agi de potestate directiva, cum agitur re vera de potestate indirecta.

Interdum R. Pontifex *hortatur* quidem et *monet* dumtaxat, quin praecipiat aut vetet ita ut *per se* (scil. dummodo ne adsit ex alio capite) desit in casu *stricta* obligatio obediendi. Inde tamen minime sequitur agi de *potestate* mere *directiva.*

233. Quaestiones. — Quod spectat practice ad applicationes potestatis indirecte, maxime in ordine ad reges seu principes,

---

[3] Cfr. Rivet, l. c., p. 113, in nota; Laurentius, l. c., n. 958; Chelodi, l. c., n. 27, not. 5; Pilati, *Potere diretto, indiretto e direttivo,* Roma, 1935; Lo Grasso, *Ecclesia et Status,* n. 377 ss.

[4] Cfr. Yves de la Brière, *Pouvoir pontifical dans l'ordre temporel,* in *Diction. apol. de la Foi cath.,* p. 113 ss.

plures sunt quaestiones et controversiae. Praecipuas exponendas
ducimus.

I. *Potestne R. Pontifex vi potestatis indirectae leges civiles
mutare, corrigere, abrogare?*

Quidam affirmant [5]; quidam negant [6]. Doctrina tenenda
haec est:

1° R. Pontifex potest certissime *nullam* et *irritam* declarare aliquam legem civilem, quae sit contra ius divinum seu naturale seu positivum. In tali casu habetur authentica declaratio
veritatis; de qua re inter catholicos nulla exsistit controversia.

2° Si lex civilis non sit *de se* nulla et irrita, at bono animarum nociva existimetur, princeps ipse, non Ecclesia, debet eam
corrigere vel abrogare; nam principis est *per se,* non autem Ecclesiae, leges civiles condere. Atqui illius est legem mutare vel
supprimere, qui eam condidit. Ergo.

At si princeps, etiam ab Ecclesia admonitus, id facere recu-
saverit, Ecclesia potest huiusmodi legem corrigere seu infirmare,
nam secus animarum salus grave pateretur damnum atque ita
impediretur consecutio finis Ecclesiae. Idque RR. Pontifices non
raro fecerunt. Cfr. n. **226**.

234. — II. *R. Pontifex potestne leges civiles condere?*

Plures simpliciter et absolute affirmant. Quae doctrina, nisi
recte intelligatur, admittenda non est. Unde ita distinguendum:

1° Ecclesia *per se* nequit leges in re civili condere, quia
potestatem *directivam* exerceret, quae excludi omnino debet;

2° potest compellere principem, etiam adhibitis canonicis
poenis, ad huiusmodi leges ferendas, si bonum spirituale fidelium
id exigat;

3° si auctoritas civilis renuat hoc facere, Ecclesia, *summo
iure* et *speculative* loquendo, valet eas condere, non quatenus sunt
leges civiles, sed quatenus requiruntur ad finem ipsius Ecclesiae

---

[5] Cfr. S. Bellarm., *De R. Pontif.*, lib. V, cap. 6; Cavagnis. l. c.,
n. 197 s.; Rivet, l. c., p. 146, et alii.

S. Bellarminus (l. c.) ait: « Quantum ad leges, non potest Papa ut
Papa ordinare, condere legem civilem vel confirmare aut infirmare leges
principum ... *tamen potest omnia illa facere,* si aliqua lex civilis sit necessaria ad salutem animarum et tamen reges non velint eam condere, aut si
alia sit noxia animarum saluti et tamen reges non velint eam abrogare ».

[6] Hergenröther, op. cit., Dissert. VIII, n. 43 s.; Bianchi, op. cit.,
lib. 1, § 8, n. 1; Hollweck, l. c., n. 71.

consequendum, i. e. prout habent respectum spiritualem; quo in casu, uti patet, non uteretur Ecclesia potestate directa, sed indirecta.

Ratio, qua moventur nonnulli AA. ad negandam talem potestatem, valida non est. Ad efficaciam, aiunt, alicuius legis requiritur influxus constans auctoritatis quae huius exsecutionem per potestatem administrativam et iudiciariam urgeat; at talem influxum constantem quomodo Ecclesia exercere possit vix apparet; nec certe hoc praestabit Status qui supponitur Ecclesiae infensus, secus ab ea monitus legem bonam pravae substituisset [7].

Quae ratio, inquam, non valet: tum quia, concessa Ecclesiae in casu praefato potestate legifera, concedenda quoque est potestas administrativa, iudiciaria et coactiva; tum quia, denegato ex iniuria influxu auctoritatis civilis, non ideo sequitur denegatio iuris in favorem Ecclesiae; v. g. hodie princeps civilis denegat Ecclesiae brachium saeculare, at ipsa nequaquam amittit ius illud auctoritative exigendi.

Id *summo iure* et *speculative* dicimus; fatendum, *practice* vix esse locum usui talis potestatis. Idcirco Ecclesia de facto non utitur.

235. — III. *Potestne Ecclesia cassare iudicia civilia, aut vicissim exercere?*

1° Certe non potest, si civilis potestas recte munere suo fungatur, adeo ut spiritualis finis nullatenus impediatur. Deest profecto ratio interventus, cum in tali casu res mere temporalis sit.

2° Si auctoritas civilis non recte officio suo fungatur, ideo supremo animarum bono damnum obveniat, Ecclesia habet ius urgendi ut iudicia rite exerceantur.

3° Si monitioni atque mandato Ecclesiae satisfactum non fuerit, ipsa potest reformare sententias, corrigere provisiones, cassare iudicia, et etiam eadem exercere, *dummodo consecutio finis spiritualis id revera postulet* [8].

236. — IV. *R. Pontifex valetne solvere subditos ab obedientia sive fidelitate erga principes?*

1. Omnes DD. catholici admittunt R. Pontificem posse *authentice declarare* subditos esse *solutos* suis obligationibus erga principes.

Num vero possit eos *solvere* a vinculo fidelitatis seu obedientiae, controvertitur.

---

[7] Ita v. g. Rivet, l. c. I, p. 149.

[8] Cfr. S. Bellarm., l. c., n. 198; Cavagnis, l. c., n. 198; Hergenröther, op. cit., Dissert. VIII, n. 44; Militia, op. cit., p. 85 ss.; Lo Grasso, op. cit. n. 494 ss.

Quidam negant [9]; alii affirmant. Fatemur verbis potius quam re aliam sententiam ab alia differre; nam in praxi eamdem extensionem potestatis R. Pontifici agnoscunt etiam patroni prioris opinionis.

3. Altera sententia nobis *vera* videtur. Sane ligamen obedientiae subditorum et ipsum quoque fidelitatis iuramentum non est natura sua ita indissolubile, ut numquam solvi queat ob tyrannidem sive abusum potestatis. Plures equidem DD. tenent, populum posse principem oppressivum et tyrannicum evertere [10].

Si hoc aliquando pro temporali reipublicae utilitate licet, a fortiori licebit ubi supremum religionis negotium ex principis excessibus grave damnum patiatur.

Stulte autem, imo absurde asseritur omnia tunc esse patienter toleranda: agitur enim de maximo Ecclesiae detrimento sive de animarum pernicie. Neque valet exemplum christianorum trium priorum saeculorum; nam, ceteris omissis, tunc temporis imperator erat paganus ideoque Ecclesiae nullo modo subiectus; dum e contra hic agitur de principe *christiano* qui est Ecclesiae subditus.

Itaque R. Pontifici reservatur iudicium, an delicta principis, quibus damnum religioni infert, ita gravia sint ut ligamen obedientiae solvatur. Quae causa ratione materiae est *spiritualis* ideoque iure auctoritas ecclesiastica intervenit suamque potestatem indirectam exercet.

Quod multo magis erit affirmandum, quoties habetur *iuramentum fidelitatis,* quippe quod, praeter vinculum obedientiae erga principem, inducit etiam *debitum religionis* erga Deum. In solutione autem huiusmodi vinculi ex iuramento derivati, interventus R. Pontificis requiritur, qui ex potestate vicaria agens solvit in terris nomine Dei quod in caelis ligatum exsistit [11].

237. — V. *Ecclesia vi potestatis indirectae valetne principes deponere?*

1. Quidam negant talem potestatem Ecclesiae competere [12], quia, dicunt, ad principes deponendos requiritur potestas *directa,*

---

[9] Cfr. Bianchi, l. c., lib. I, § 8, n. 1.

[10] Cfr. S. Thom., 2-2, q. 42, art. 2, ad 3; Suarez, l. c., cap. 4, n. 15; Meyer, II, nn. 431, 521.

[11] Cfr. can. 1316, 1320; Suarez, lib. II, cap. 38, n. 2, et cap. 40, n. 1 ss.; S. Alph., III, n. 189; Ball.-Palm., I, n. 417; D'Annibale, I, n. 314.

[12] Bianchi op. cit., lib. I, § 8, n. 1; Hollweck, l. c., n. 71; Hergenröther, l. c., Dissert. VIII, n. 40 ss.

cum indirecta non sufficiat. Atqui potestas directa ad Ecclesiam non pertinet. Ergo.

2. Alii plures affirmant, congrua tamen facta distinctione, cum S. *Bellarmino,* qui egregie docet: « Quantum ad personas, non potest Papa *ordinarie* temporales principes deponere etiam iusta de causa, eo modo quo deponit Episcopos, i. e. *tamquam ordinarius iudex*: tamen potest mutare regna et uni auferre atque alteri conferre, tamquam *Princeps spiritualis, si id necessarium sit ad animarum salutem* » [13].

3. Haec sententia vera nobis videtur. *dummodo rite intelligatur.* Sane negandum est, in depositione principum haberi exercitium potestatis *directae.* Nam *quicumque* sit *effectus* productus et *terminus* quem *directe* attingit, potestas quae illum attingit *non ratione sui* sed *propter aliud,* debet dici *indirecta.* Neque necesse est ut inter utrumque exsistat *nexus* quidam *physicus*: sufficit *moralis,* quo fit ut potestas quae in aliam rem exercetur, in illum terminum influat.

Quod exemplo mulctae, qua reus plectitur, comprobari potest. Nulla enim exsistit necessaria et naturalis connexio inter *delictum* et *bonum* alicuius hominis. Si tamen *mulcta* ei imponitur in *poenam delicti, bona* temporalia (v. g. summa pecuniae) ab eo iuste exiguntur et sumuntur.

Item, si princeps *deponitur* v. g. ob *scandala* sive *eius agendi rationem graviter Ecclesiae perniciosam,* quae efficaciter coerceri nequit nisi per depositionem, haec vi indirectae potestatis, non autem directae, iuste exercebitur; contra, depositio magistratus civilis per principem, vi potestatis directae fit, quia ad ipsum pertinet officia distribuere.

Idque verum est, sive spectetur potestas regia ut *bonum* principis quo privari potest, sive consideretur ut *munus* quod ipse exercere amplius non potest absque detrimento religionis.

4. R. Pontifex non solum authentice declarare valet principem suam amisisse auctoritatem, i. e. sese regno privasse propter abusum auctoritatis, sed potest etiam ipsam *personam* regiam attingere eique *potestatem* auferre ex causa gravissima, ubi *scil. Ecclesiae finis id exigat.*

---

[13] Loc. cit., cap. 6; Moulart, l. c., art. 4, § 1; Biederlack, l. c., n. 52; Rivet, l. c., p. 147, 153; Cavagnis, l. c., n. 211, qui minus accurate ex Rohrbacher quaedam historice refert.

238. — VI. *Quomodo explicandus est interventus RR. \Pontificum aevo medio quoad principum depositionem et solutionem subditorum a vinculo obedientiae sive fidelitatis?*

1. Nonnulli dicunt explicandum esse ex *iure historico,* i. e. ex *iure publico* tunc temporis vigente; idque applicant non modo depositioni, verum etiam poenis temporalibus universis tum a RR. Pontificibus tum a Conciliis in principes latis [14].

2. Alii tenent, et quidem rectissime, RR. Pontifices usos fuisse potestate indirecta. Dicimus *rectissime,* quia, licet ius historicum *acta* RR. Pontificum *iustificet* prorsus, *per se solum,* tamen, *adaequatam* non exhibet *explicationem declarationum,* quas ipsi dederunt.

Sane appellant ad potestatem sibi a Deo traditam, ab Apostolis Petro et Paulo acceptam, et si quando ad leges humanas alludunt, manifesto liquet, suam potestatem in eis nequaquam fundare, at solum inde suae sententiae confirmandae vim et rationem desumere, ex hoc praecise quod leges ipsae civiles agnoverint et approbaverint potestatem originis divinae [15].

Ita v. g. quando *Gregorius VII* deponit Henricum, quasi B. Petrum alloquens, ait: « *Ex parte omnipotentis Patris, et Filii, et Spiritus Sancti, per tuam potestatem et auctoritatem,* Henrico regi... regni ... gubernacula contradico (i. e. adimo) et omnes christianos a vinculo iuramenti quod sibi fecere vel facient, absolvo; et ut nullus ei sicut regi inserviat, interdico ».

Eamdem potestatem divinam invocat *Innocentius IV,* quando Fridericum II deponit in Concilio Lugdunen. I: « Cum Iesu Christi vices, licet immerito, teneamus in terris, nobisque in B. Petri persona sit dictum: *quodcumque ligaveris,* etc ... sententiando privamus, etc. » [16].

Item *S. Pius V,* quando reginam Elisabeth condemnavit: « Illius auctoritate suffulti, qui nos in hoc supremae iustitiae throno ... voluit collocare, *de Apostolicae potestatis plenitudine* declaramus praedictam Elisabeth haereticam ... quin etiam ipsam praetenso regni praedicti iure ... privatam; et item proceres, subditos et populos dicti regni ... a iuramento ... ac omni prorsus dominii, fidelitatis et obsequii debito perpetuo absolutos, prout nos illos praesentium auctoritate absolvimus; et privamus eamdem Elisabeth praetenso iure regni aliisque omnibus praedictis » [17].

239. — Itaque certum est RR. Pontifices EX AUCTORITATE CHRISTI ET APOSTOLORUM, non autem ex iure *historico,* suam repe-

---

[14] Gosselin, l. c., p. 553 ss.

[15] Moulart, l. c., art. 4, § 1; Rivet, l. c., p. 153; Cavagnis, l. c., n. 234; Lo Grasso, *Ecclesia et Status,* n. 264 ss.

[16] Cfr. Labbe, *Concil.,* X, p. 356.

[17] *Bull. Rom.,* to. VII, p. 811.

tere potestatem. Inde liquido patet, systema historicum falsum esse.

At nequaquam negamus, imo contra adversarios firmiter tenemus, tempore medii aevi ius publicum *speciale* viguisse, ex quo peculiares relationes oriebantur inter principes christianos et religionem catholicam sive Ecclesiam, atque inde ipsi R. Pontifici peculiarem potestatem obvenisse.

Ita v. g. iura specialia competebant Papae in imperatores [18]; item in reges, qui vasallos S. Sedis aliquo modo sese constituerant, ut erat v. g. rex Angliae, Daniae, Poloniae, Norvegiae, Lusitaniae, etc.

Praeterea constitutiones plurium regnorum decernebant, regem excommunicatum et in censura insordescentem vel Ecclesiae inimicum, regno indignum haberi ipsoque privari posse.

Interdum RR. Pontifices declaraverunt principes ob auctoritatis abusum SESE IPSOS REGNO PRIVASSE. Ita v. g. *Paulus III, in epist. ad Carolum V de depositione* Henrici VIII, ait: « Se ipse ille regno et regia dignitate privavit, ita ut sola declaratio privationis adversus eum supersit » [19].

Ad *singulos* casus quod attinet, non semper facile est distinguere inter veram *dispensationem* sive *solutionem* et simplicem *declarationem* privationis sive solutionis, ideoque num R. Pontifex regnum sive potestatem regiam directe abstulerit atque subditos suis erga principes obligationibus solverit, an potius *authentice* dumtaxat declaraverit principem *ex se* regnum amisisse, subditosque vinculo obedientiae erga eum esse solutos [20].

Quae difficultas traditae doctrinae nullum profecto praeiudicium affert.

Obiectiones

contra potestatem indirectam Ecclesiae in res temporales seu in Statum.

240. — *Ob. I.* Ex theoria potestatis indirectae omnia perturbantur. Nam R. Pontifex semper potest intervenire, ideoque libertas et independentia ipsaque auctoritas principis plane evanescit.

---

[18] Cfr. Pastor, l. c., p. 453 ss.; Grisar, *Geschichte Roms und der Päpste im Mittelalter*, I, p. 58 ss., Freib. B., 1898; Phillips, III, § 125.

[19] Cfr. Gosselin, l. c., p. 586.

[20] Hergenröther, l. c., p. 113; Moulart, lib. II, cap. 2, art. 2; Rivet, l. c., n. 45; Phillips, l. c., § 127.

Resp. 1° Tantum abest ut omnia perturbentur, quin, contra, regimen politicum intra terminos suos apte continetur per potestatem indirectam Ecclesiae, ne princeps auctoritate abutatur cum maximo reipublicae detrimento.

2° Pontifex non potest *semper* intervenire, sed solum cum *religionis* bonum eius interventum postulet. Id ex ipsa notione potestatis indirectae manifesto liquet.

Sane nullatenus vindicatur Ecclesiae omnimoda potestas in res temporales, sed solum « *quantum* necesse est pro bono spirituali conservando ipsius et aliorum, sive *quantum* Ecclesiae *necessitas* exigit aut *debitum pastoralis officii* in correctione peccatorum exposcit » [21].

3° Princeps suam omnimodam libertatem atque independentiam servat in rebus *mere* temporalibus sive politicis. Ipse habet quidem ius gubernandi liberum atque independens, sed gubernare tenetur secundum legem naturalem et divinam, ac bonum publicum efficaciter procurare debet.

Iamvero potestas indirecta Ecclesiae impedit praecise ne princeps deflectat a via iustitiae et moralitatis, ne leges iniustas et perniciosas condat, ne rempublicam in perniciem adducat; unde maxime confert ad bonum publicum.

241. — *Ob. II.* Admissa huiusmodi potestate indirecta, societas christiana in peiorem reducitur conditionem ac societas infidelium.

Resp. Ea societatis conditio melior procul dubio est, in qua ius divinum seu naturale seu positivum agnoscitur, leges ad normam iustitiae conduntur, bonum publicum vere procuratur. Atqui talis est societas christiana, admissa indirecta potestate. Ergo.

Sane melior aut peior conditio aestimanda non est ex *absoluta* et *illimitata* libertate sive licentia, ex qua homo possit omnia pro libitu agere atque impune peccare, sed unice ex *vera* libertate aestimari debet, quae nequaquam excludit dependentiam a legitima auctoritate, quae dirigat, moderetur et refrenet pravos animorum motus sive aestus passionum.

Sicuti intelligentia, quae intra fines veritatis continetur et ab errore protegitur, mirifice adiuvatur ad progrediendum, ita societas, quae ab Ecclesia adigitur ad legem divinam servandam, multo facilius ordinem socialem et publicam tranquillitatem conservabit.

---

[21] Turrecremata, op. cit., lib. II, cap. 114, concl. 2.

242. — *Ob. III.* Agnita R. Pontificis indirecta potestate, destruitur vera natura Status, et ex omnibus Statibus christianis conflatur Status quidem pontificius.

Resp. 1° Vera natura Status minime destruitur, quia eiusdem perfectio iuridica et omnimoda ab Ecclesia independentia in genere suo nequaquam aufertur, imo asseritur et vindicatur.

2° Si Ecclesiae competeret potestas *directa* in Statum, tunc utique actum esset de eius libertate et independentia. Sed talis potestas non competit. Ergo.

3° Confundendus non est Status *pontificius*, quo R. Pontifex pollet ex Dei providentia qua *temporalis princeps*, cum Statu *christiano* ubi nonnisi indirectam ipse potestatem exercere valet qua princeps *spiritualis*, i. e. qua Vicarius Christi, Successor B. Petri, Caput et Pastor Ecclesiae universalis.

243. — *Ob. IV.* Interventus RR. Pontificum, tempore medii aevi, in rebus temporalibus, praesertim quoad principum depositionem et subditorum solutionem a vinculo obedientiae, explicari debet ex *errore* vel *usurpatione* saltem *materiali.* Ita fautores gallicanismi [22].

Resp. Neque error neque ulla usurpatio admitti potest, cum agatur de usu *constanti* et *universali,* qui conciliari nullatenus posset cum sanctitate et infallibilitate Ecclesiae ex iugi promissa Spiritus Sancti assistentia.

Ceterum ex dictis (n. **238** s.) clare aperteque colligitur, RR. Pontifices conscios omnino suae potestatis intervenisse.

244. — *Ob. V.* Quae nonnulla Concilia egerunt, vel principes deponendo vel statuendo poenas contra violatores legum Ecclesiae, explicanda sunt ex quadam *delegatione auctoritatis* principum christianorum, qui Concilio per se vel per suos legatos interfuerunt. Ita gallicanismi fautores [23].

Resp. 1° Huiusmodi *delegatio* potestatis *gratis* omnino asseritur, cum in actis Conciliorum neque ulla mentio neque indicium ullum de ea reperiatur.

2° Acta Concilii oecumenici vim et auctoritatem non obti-

---

[22] Cfr. Bossuet, *Defens. decl. cleri gall.*, part. I, lib. I, sect. 2, cap. 31 s.
[23] Cfr. Bossuet, l. c.; Gosselin, l. c., p. 620 ss.

nent, nisi a R. Pontifice fuerint confirmata atque eius iussu promulgata.

3° Nemo dat quod non habet. Principes neque ad excommunicationem contra reges neque ad solutionem iuramenti fidelitatis ullam potestatem tribuere possunt, cum ea profecto careant.

245. — *Ob. VI.* Medio aevo plura R. Pontifici obvenerunt iura ex *consuetudine* vel *principum concessione.*

Resp. Ultro admittimus nonnulla iura RR. Pontifices acquisivisse ex titulo *adventitio,* v. g. ius omnimodae exemptionis clericorum quoad bona etiam patrimonialia a taxis communibus; ius admittendi ad suum tribunal etiam laicos eorumque causas universim cognoscendi et definiendi, etc.

At potestas indirecta, de qua nos loquimur, est *ius essentiale* Ecclesiae, non adventitium sive accidentale.

246. — *Ob. VII.* RR. Pontifices potestatem in principes a pluribus saeculis merito non exercent. Ergo ex consuetudine sive praescriptione eam amiserunt.

Resp. 1° Falsum est RR. Pontifices indirectam potestatem in principes seu Status a pluribus saeculis non exercere. Sane multiplici modo huiusmodi potestas exerceri potest et reipsa exercetur.

2° Cum talis potestas sit ius *nativum* Ecclesiae, ut modo diximus, utpote ex eius ipsa natura exsurgens, palam est consuetudine sive praescriptione auferri non posse nec ullo modo restringi aut mutari. Cfr. can. 1509.

Articulus V

Principia quae moderantur iuridicas relationes inter Ecclesiam et Statum catholicum

247. Notio Status catholici. — Status *catholicus* ille dicitur, cuius universi cives moraliter sumpti sunt catholici. Unde nullatenus requiritur, ut immerito quidam putant, etiam catholica legislatio. Etenim vel sermo est de Statu stricte *monarchico,* vel de Statu *democratico* aut *republicano.*

In hoc altero casu, quaecumque sint principia quibus singuli repraesentantes imbuuntur, semper tamen in legibus ferendis respicere debent principia populi, cuius mandatum gerunt: in *illo* casu, item princeps non iuxta privatas suas opiniones leges condere debet, sed iuxta principia civium moraliter sumptorum.

248. Principia. — Principia exponenda sponte sequuntur ex huc usque tradita doctrina, ita ut merito dici possint sintque revera totidem eiusdem corollaria.

I. *In res temporales, sub respectu finis temporalis, Ecclesia nullum habet ius.*

Sane potestas cuiuslibet societatis dimetienda est ex fine: atqui finis Ecclesiae est spiritualis et supernaturalis: ergo nihil potest quoad res temporales, sub respectu finis temporalis, quia sunt penitus extra eius finem.

Confirmatur constanti doctrina atque praxi Ecclesiae, quae numquam sibi vindicavit tale ius, imo penitus exclusum declaravit (cfr. n. 200 ss.).

249. — II. *Societas civilis in rebus spiritualibus nihil potest, sed sola Ecclesia.*

Id manifesto liquet ex dictis. Nam quaelibet societas ad omnia illa media eaque sola habet ius quae sunt necessaria ad finem, at servato ordine finium. Iamvero res *spirituales* vel non sunt necessariae ad finem temporalem societatis civilis, vel, si necessariae, pertinent ad ordinem superiorem.

Ergo civilis societas nihil disponere valet circa res spirituales, quae societati superiori subsunt.

250. — III. *Ecclesia praevalet societati civili ratione finis, ideoque haec indirecte Ecclesiae subiicitur.*

Patet ex dictis. Quae indirecta subordinatio nonnulla secumfert quae in sequentibus principiis continentur.

251. — IV. *Prosecutio finis spiritualis sive missio Ecclesiae nulla ratione impediri potest, ne intuitu quidem gravissimi damni temporalis exinde orituri.*

Constat: 1° Ex ipsa natura utriusque finis, spiritualis scil. et temporalis. Nam spiritualis finis Ecclesiae est *absolute* necessarius; finis Status, contra, est necessarius *relative* tantum, i. e. *si et quatenus* non impediat consecutionem finis *ultimi;* ideo *verum damnum, proprie non est, sed bonum.*

2° Ex agendi ratione Apostolorum, qui, nullo obstante vetito Synagogae aut populi tumultu, forti animo Iesum Christum praedicabant, asserentes: « *Oportet obedire Deo magis quam hominibus* ».

Id confirmatur ex pluribus oraculis Scripturalibus, quae, licet directe non evincant, indirecte tamen optime ad rem faciunt. Christus D. ait: « *Si oculus tuus dexter scandalizat te, erue eum et proiice abs te; expedit enim tibi ut pereat unum membrorum tuorum, quam totum corpus tuum mittatur in gehennam* »; « *Et si dextra manus tua scandalizat te, abscide eam et proiice abs te* »; « *Quid prodest homini si mundum universum lucretur, animae vero suae detrimentum patiatur?* » [1].

Omittimus alia plura, quae allegari possent.

252. — V. *In res temporales, quae vel per se vel per accidens necessariae sunt ad finem spiritualem, Ecclesia plenam exercet potestatem, ideoque societas civilis cedere omnino debet.*

Societas perfecta habet ius ad omnia media, quae sive proxime sive remote, sive per se sive per accidens referuntur ad proprium finem.

In casu autem conflictus, illa societas praevalet, quae finem praestantiorem prosequitur, et illa cedere tenetur, quae finem inferioris ordinis intendit. Atqui Ecclesia est superior, imo suprema; ergo.

253. — VI. *Societas civilis debet inservire Ecclesiae in omnibus mediis necessariis atque idcirco bona temporalia eidem subministrare tenetur.*

Ex iis quae diximus de iuridicis relationibus societatum perfectarum, quae formaliter tantum distinguuntur, liquet ipsum naturae ordinem exigere, ut societas inferior inserviat societati superiori, quatenus ipsi praebeat omnia media quae proxime vel remote eius finis consecutioni necessaria sunt. Atque societas civilis longe inferior est Ecclesia. Ergo.

254. — VII. *Ubi Ecclesia leges civiles servat ratione temporalis materiae, semper id facit salva sua independentia ac superioritate.*

Huiusmodi leges sunt v. g. quae publicam hygienem respiciunt. Necesse est ut sint *rationabiles, iustae* et *vere utiles;* secus, merito reiiciuntur.

---

[1] Matth. V, 29, 30; X, 37; XVI, 26.

Ecclesia has leges servat, non quatenus a Statu feruntur, sed quatenus fini proprio nullatenus repugnant, suntque necessariae vel saltem utiles. Igitur ratio propter quam servantur, est earum *rationabilitas, iustitia* et *utilitas.* Proinde salva omnino manet independentia atque superioritas Ecclesiae.

255. — VIII. *Ad Ecclesiam exclusive pertinet iudicium authenticus inter bonum spirituale ac temporale, et circa necessitatem rerum temporalium in ordine ad finem spiritualem.*

In casu conflictus inter duas societates formaliter distinctas, societas superior praevalere debet, ipsaque ius habet controversiam authentice dirimendi. Atqui Ecclesia est superior, Status inferior. Ergo.

Articulus VI

De officio Status catholici erga religionem et Ecclesiam atque de officio Ecclesiae erga eundem Statum

Duplici distincta propositione loquemur de mutuo officio, quo Status et Ecclesia ad invicem tenentur.

Propositio I

Status profiteri religionem eamque protegere ac defendere debet, ideoque Ecclesiam catholicam agnoscere atque tueri tenetur.

256. — Duplex officium asserimus et vindicamus, *negativum* scil. et *positivum,* quatenus Status non solum abstinere debet a quocumque impedimento, ex quo religio sive Ecclesia damnum directum vel indirectum patiatur; sed praeterea etiam positive, i. e. vere, realiter atque efficaciter eam adiuvare tenetur. Sane:

Prob. I. 1° Cives ligantur officio strictissimo erga religionem sive Deum, eo ipso quod ex nihilo creati, Dei virtute conservantur atque ad illum, tamquam ad ultimum et supremum finem, diriguntur.

Officio hoc tenentur cives tum *distributive* tum *socialiter sumpti,* quia relatio hominis ad Deum, ex ipsa eius natura essentialiter profluens, nequaquam destruitur per vinculum sociale, quin imo strictius atque efficacius firmatur.

Atqui Status iura et officia subditorum agnoscere, protegere ac defendere debet, inter quae profecto principem locum ea tenent, quae Deum sive religionem respiciunt. Ergo.

2° Officium religionis non minus pro *societate*, quae publice et stabiliter tamquam persona moralis subsistit et operatur, quam pro singulis hominibus valet.

Ipsa enim civilis societas a Deo auctore naturae ortum habet: tota eius potestas a Deo est. « *Non est potestas nisi a Deo; quae autem sunt, a Deo ordinatae sunt. Itaque qui resistit potestati, Dei ordinationi resistit ...* » [1]. « *Per me reges regnant, et legum conditores iusta decernunt; per me principes imperant, et potentes decernunt iustitiam* » [2].

Unde societas civilis a Deo manat eiusque virtute subsistit, operatur et finem suum attingit; ideoque suam dependentiam a Deo agnoscere, Deumque ut supremum Dominum revereri et profiteri tenetur [3].

3° Auctoritas civilis dirigere debet ad Dei obsequium et honorem omnia, quae agit, non solum quia omnia humana ad Deum ut *finem ultimum* dirigenda sunt; sed praeterea, quia princeps *qua talis* ex natura sua est *Dei minister* et huius auctoritate ad hoc pollet, ut res humanas, quantum ad suam sphaeram pertinent, secundum Dei voluntatem disponat.

Cum autem Deus per positivam religione mdeterminatum *modum* praescripserit, quo ipse coli ab homine et omnia humana ad se ut finem ultimum dirigi velit, praeter officium generale colendae religionis, oritur quoque officium particulare profitendi *religionem revelatam*, idque eo modo, qui divinitus praescriptus est.

4° Finis societatis civilis est felicitas temporalis, at *non quaecumque*, sed vera dumtaxat, ea scilicet quae est *hominis propria*, i. e. cum respectu ad perfectam beatitudinem in vita futura assequendam. Unde ratione sui ipsius *finis*, societas nequit a religione sive a Deo praescindere, sed cives in officiis et legibus, quibus reguntur, adiuvare debet, ut rite ordinentur ad consecutionem aeternae beatitudinis.

---

[1] Rom. XIII, 1-4.

[2] Prov. VIII, 15 s.

[3] « *Natura et ratio*, quae iubet vel singulos sancte religioseque Deum colere, quod in eius potestate sumus et quod, ab eo profecti, ad eumdem reverti debemus, *eadem lege adstringit civilem communitatem*. Homines enim communi societate coniuncti nihilo sunt minus in Dei potestate quam singuli; neque minorem quam singuli gratiam Dei *societas* debet, *quo auctore coaluit, cuius nutu conservatur, cuius beneficio innumerabilem bonorum, quibus affluit, copiam accepit* ».
Ita egregie Leo XIII in Encycl. « *Immortale Dei* », § *Hac ratione*. Cfr. etiam Encycl. « *Libertas* », 20 iun. 1888, § *Eadem libertas*.

5° Prosperitas temporalis, i. e. finis societatis civilis, praesertim in pace et tranquillitate reipublicae consistit. Atqui pax et tranquillitas consistere nequit sine moralitate, nempe sine legum observantia, mutua iurium agnitione ac tutela officiorumque adimplemento. Id autem haberi non potest absque religione; nam moralitas consistere nequit independenter a Deo, in quo unice verum perfectumque obligationis moralis fundamentum reponendum est.

6° Consentiunt philosophi et legislatores ethnici.

Plato ait [4]: « Primo in omni republica bene constituta, cura est de vera religione »; « Vera religio basis reipublicae ... Omnis humanae societatis fundamentum convellit, qui religionem convellit ».

Plutarchus asserit [5]: « Facilium urbem condi sine solo posse puto, quam religio penitus sublata, civitatem coire aut constare ».

Idipsum docent Aristoteles [6], Tullius Cicero [7] aliique.

Celeberrimi antiquitatis legumlatores, ut Pythagoras, Anacharsis, Solon, etc., religionem tamquam societatis fundamentum et necessarium fulcrum habuerunt et proclamarunt [8].

Quae veritas perspicue probatur in philosophia morali.

257. — Prob. II. 1° Status non religionem quamcumque profiteri atque defendere debet, sed veram tantum. Atqui vera religio una est, ea nempe quam Christus D. et instituit ipsemet et Ecclesiae suae tuendam propagandamque demandavit. Unde eodem officio erga Ecclesiam ligatur Status ac erga religionem ipsam.

2° Rectus rerum ordo postulat ut civilis societas Ecclesiam adiuvet. Ubi enim duae societates exsistunt, quarum membra sunt communia, una bonum altius, altera bonum inferius prosequens, inferior non solum leges iustitiae et caritatis servare tenetur erga societatem superiorem, sed etiam, quantum finis proprius permittit, eam positive adiuvare.

Idque eo vel magis dicendum, quia Status catholicus est unio membrorum Ecclesiae et aliquo vero sensu Ecclesiae membrum ipsemet est. Membra autem indifferenter se habere nequeunt ad finem totius corporis, sed ipsi inservire debent [9].

---

[4] De legib., lib. II et X.

[5] Adv. Colot. Episc.

[6] Polit., lib. VI, cap. 2, lib. VII, cap. 7.

[7] Orat. ad. Anyp.

[8] Cfr. Cappello, Chiesa e Stato, p. 328 s.

[9] Tarquini, l. c., n. 61; Rivet, l. c., p. 130; Moulart. lib. I, cap. 3, art. 1 s.; Taparelli, l. c., n. 1036 ss.

3° *SS. Patres, Doctores, RR. Pontifices* hanc doctrinam disertis verbis tradunt.

a) *Leo M.* ad Leonem Augustum scribebat: « Debes incunctanter advertere, regiam potestatem tibi, non solum ad mundi regimen, *sed maxime ad Ecclesiae praesidium esse collatam* » [10].

b) *Caelestinus I* ad imperatorem Theodosium: « *Maior vobis fidei causa debet esse, quam regni;* ampliusque *pro pace Ecclesiarum* clementia vestra debet esse sollicita, quam pro omnium securitate terrarum » [11].

c) *S. Ambrosius* in sermone contra Auxentium: « Carissimi imperatores *Ecclesiae* filii sunt et *patroni; quorum est eamdem ut parentem diligere eiusque causam et iura custodire* » [12].

d) *Concilium Trid.* [13] docet, Deum constituisse principes saeculares *sanctae fidei Ecclesiaeque protectores.*

e) Eadem saepissime inculcant RR. Pontifices medii aevi et posterioris aetatis usque ad tempora nostra, v. g. *Benedictus XIV* in Const. *« Providas »*, *Leo XII* in Litteris Apostolicis *« Quo graviora »*, *Gregorius XVI* in Encycl. *« Mirari vos »*, *Pius IX* in Encyclica *« Quanta cura »*, *Leo XIII,* in Encycl. *« Humani genus »* et *« Immortale Dei »*.

Pius IX in cit. Encycl. ita ex Leone M. Episcopos hortatur: « Ne omittatis docere, *regiam potestatem* non ad solum mundi regimen, sed *maxime ad Ecclesiae praesidium esse collatam* ».

258. — AD QUID SPECIATIM TENEATUR STATUS ERGA RELIGIONEM. 1. Societas civilis religionem profiteri, protegere ac defendere tenetur DEBITA ORDINATIONE SERVATA. Nam *superioris* societatis est ordinare quae ad finem proprium spectant, *inferioris* vero approbare atque ad exsecutionem cooperari, *si* et *quatenus* debet ac potest. Ita ordo servatur; secus societas inferior facile sibi usurpabit iura superioris.

Unde *sola* cura felicitatis *temporalis* ad Statum DIRECTE pertinet; INDIRECTE vero etiam moralitatis ac religionis defendendae officium, ita tamen ut DEPENDENTER AB ECCLESIA id fiat, quippe quae sibi directe demandatam habet religionis et moralitatis curam.

---

[10] Migne, *P. L.,* LIV, 1130.

[11] Migne, *P. L.* L. 511.

[12] Migne, l. c., 620. Cfr. etiam Gelas. I ad imperatorem Anastasium; Hormisd. ad Anastasium; Gregor. M. ad Mauritium; Agath. ad Constantium Pagonatum, apud Migne, *P. L.,* L. 43; LIII, 374; LXXVII, 663; LXXXVII, 1212.

[13] Sess. XXV, cap. 20 de reform.

2. Officia Status erga religionem catholicam sive Ecclesiam haec sunt *practice* praecipua:

1° propagationem regni Dei efficaciter adiuvare;

2° leges ferre quae omnino congruant cum iure divino et canonico;

3° subditos ad virtutem et proinde ad religionis obsequium apte informare;

4° Ecclesiae contra eius adversarios protectionem impertiri;

5° fidem christianam et Ecclesiam, ubicumque impugnatur, defendere, omnem conatum hostilem in eam etiam armata manu reprimendo [14].

Propositio II

Ecclesia erga civilem societatem tenetur officio positivo et negativo.

259. — Haec thesis non est nisi applicatio principiorum, quae supra exposuimus de relationibus iuridicis inter societatem superiorem et inferiorem ordinis diversi.

1° Ecclesia RES SUAS regere debet IURE PROPRIO, quin Statum ullo modo perturbet. Unde nequit impedimentum afferre civili communitati, leges condere quae bono publico adversentur, aliquid statuere quod in reipublicae detrimentum cedat.

2° Ex caritate tenetur Ecclesia, ubi opus fuerit, praebere Statui auxilia opportuna. Teste historia, id semper factum fuit. RR. Pontifices v. g. concesserunt interdum principibus ius decimandi, percipiendi fructus beneficiorum tempore vacationis, etc.

Ita hodie non amplius urgent exemptionem bonorum ecclesiasticorum a tributis, iis tantum exceptis quae cultui divino immediate inserviunt.

Praeterea Ecclesia benevolo animo leges disciplinares mutat pro variis populorum sive nationum adiunctis, sicque sua agendi ratione provide consulit publicae Statuum utilitati. Unde egregie *Leo XIII* in Encycl. « *Immortale Dei* » ait: « *Ecclesia maternae pietatis documenta praebet, cum facilitatis indulgentiaeque tantum adhibere soleat, quantum maxime potest* ».

3° Societas ecclesiastica debet civilem adiuvare in omnibus iis, quae proprio fini necessaria sunt, idque nedum ex solo motivo caritatis, verum ratione officii quo erga seipsam tenetur. Huius-

---

[14] Cfr. Hammerstein, l. c.; Billot, l. c., p. 114 ss.; Veuillot, *Illusion libérale*, § XVI ss.

modi media praesertim ea sunt, quae respiciunt ordinem moralem, tranquillitatem publicam sive ordinis socialis tutelam.

260. — 4° In statu conflictus, Ecclesia *per se* nullum respectum habere tenetur ad civilem societatem, sed unice finem proprium prosequi debet, qui est absolute necessarius, etiam cum damno (*apparenti,* nota verbum: proprie, i. e. ultimatim, non est damnum, sed bonum) reipublicae, ut supra dictum est (n. 251); *per accidens* aliquem respectum habere potest ad civilem communitatem ratione maioris mali vitandi.

Idem dicas de *iudicio* in casu conflictus. Ecclesia, *per se,* independenter a Statu potest authentice rem dirimere suamque ferre sententiam; *practice* tamen solet semper etiam principem interpellare, non utique ratione obligationis proprie dictae, sed solum ex convenientia sive benignitate.

Articulus VII
De materiis mixtis

Doctrina non est nisi corollarium sponte profluens ex iis quae alibi diximus, speciatim sub n. 201 s.

261. Notio rei mixtae. — Circa genuinum huius vocis sensum discrepant AA. [1]. Quaestio non de verbis sit, at de re. Haec tenenda:

1° Res *mixta* generatim ea dicitur, quae simul refertur ad finem spiritualem et temporalem, i. e. ad finem *utriusque societatis,* ecclesiasticae et civilis.

Igitur res hic non dicitur *mixta* ratione *elementorum,* sed ratione finis sive respectus, et illius conceptum perverteret omnino qui ex elementis res mixtas *iuridice* diceret.

2° Sumitur stricto, lato, et latissimo sensu. Mixta stricto sensu est, quae *directe* et *immediate* ad finem utriusque refertur, adeo ut ad ordinem spiritualem ac temporalem simul pertineat. Nihil interest, perspecta rei natura, an principalius an minus principaliter referatur.

---

[1] Cfr. Biederlack, l. c., n. 54; Rivet, l. c., p. 113 s.; Cavagnis, I, n. 421; Wernz, V, n. 270 s.

14 — F. M. Cappello S. I. - *Summa Iuris publici ecclesiastici.*

Quae res mixta *stricto sensu* talis potest esse PER SE et PER ACCIDENS.

Dicitur PER SE, si *natura sua* sive *propria destinatione* refertur directe ad finem *utriusque* societatis. Huiusmodi sunt v. g. scholae, matrimonium, cura pauperum et infirmorum.

Dicitur PER ACCIDENS, si res relationem habeat ad finem spiritualem vel temporalem ex *connexione* sive ex peculiari *circumstantia* superveniente, quae generatim ab humana voluntate procedit. Huiusmodi est v. g. contractus iuramento firmatus, quilibet *actus* cui accedit *ratio peccati* (cfr. cc. 1553, § 1, 2°, 2198).

Etiam res mixta PER ACCIDENS, posita *connexione* sive peculiari *circumstantia*, refertur *natura sua*, at sub tali respectu eoque tantum, ad finem spiritualem : idque sedulo notandum, cum plures AA. aut minus recte aut valde obscure loqui videatur.

3° Res mixta LATO SENSU ea vocatur, quae subest utrique potestati ex *concessione*, vel mutua partium *conventione*, aut *iure consuetudinario* sive *acquisito* (quod *historicum* nonnulli appellant), aut *iure devolutivo*.

4° Mixta LATISSIMO SENSU dicitura materia, quae licet *directe referatur* ad finem *unius* societatis ideoque ad eam tantum pertineat, *interest* tamen etiam alterius, quatenus huic quoque *commodum* sive *utilitatem* affert. Huiusmodi est v. g. delimitatio dioecesis, nominatio Episcoporum et parochorum quoad Statum, designatio magistratuum civilium quoad Ecclesiam [2].

Quae res, uti patet, nonnisi sensu *valde improprio* vocatur *mixta*; unde vehementer optandum, ut haec vox sive distinctio ab AA. omittatur, ne ulla sit occasio erroris.

263. Concursus potestatis ecclesiasticae et civilis circa res mixtas. — 1. PRAEMITTENDA :

1° Materia mixta potest ordinis NATURALIS, v. g. contractus, vel *supernaturalis*, ut sacramentum.

Haec autem talis est aut *natura sua*, v. g. baptismus, aut ex positiva *elevatione ad ordinem supernaturalem*, v. g. matrimonium fidelium, quia Christus D. ad sacramenti dignitatem evexit ipsum contractum matrimonialem inter baptizatos [3].

2° Causa *mixti fori* non est idem ac *res mixta;* ideoque ex eo quod res est mixta, non sequitur dari ius praeventionis, ita

---

[2] Biederlack, l. c.; Bachofen, l. c., n. 115; Rivet, l. c.
[3] Cfr. Cappello, *De matrimonio*, n. 26.

ut alterutra societas valeat causam agere, quae rem huiusmodi respicit.

Causa, quae versatur circa rem mixtam, est mixti fori *sub eo respectu eoque tantum* qui utrique potestati subest. Exemplum opportune sumatur ex matrimonio.

3° Ubi agitur de materiis mixtis, *substantia* et *effectus*, sive *separabiles* sive *inseparabiles*, attendendi sunt.

Substantia est id quod rem constituit, i. e. ipsa rei essentia, seu res mixta in se considerata.

Effectus inseparabiles illi sunt, qui ex re mixta sponte profluunt atque *necessario* connectuntur, ita ut nullatenus ab ea seiungi possint; *separabiles* dicuntur, qui non profluunt necessario a materia mixta, ideoque essentiales non sunt et, consequenter, separari queunt.

Effectus possunt esse *spirituales* et *supernaturales*, vel *temporales* et *naturales*.

Effectus *temporales* si *inseparabiles*, vocari solent civiles; si *separabiles*, mere civiles [4].

Ex. gr. in matrimonio baptizatorum, substantia est ipse contractus coniugalis seu ipsum sacramentum, i. e. contractus matrimonialis ad dignitatem sacramenti evectus.

Ad effectus *spirituales* et *supernaturales* pertinet augmentum gratiae sanctificantis, habituum et donorum supernaturalium, atque ius ad gratias actuales coniugali statui necessarias [5].

Ad effectus *inseparabiles* spectant vinculum coniugale, mutua coniugum iura et officia, ac prolis legitimitas; ad effectus *separabiles* pertinent quantitas dotis, iura patrimonialia et successionum quoad bona et privilegia civilia.

Quod huiusmodi effectus, aliter ac priores, separabiles sint, manifestum est. Nam quantitas dotis neque iure naturae determinatur neque stricte necessaria est; item parentes debent quidem liberis praestare alimenta atque educationem regulariter ipsorum statui proportionatam, at ius succedendi in privilegia civilia pendet a lege civili. Pariter ius haereditatis quoad bona, servato iure naturae, lege civili regitur [6].

4° Concursus utriusque potestatis considerari potest *vel* cum materia est de se spiritualis, et solum per accidens aut indirecte refertur ad ordinem temporalem, *vel* cum directe refertur ad

---

[4] Cfr. can. 1016, 1961; Cappello, op. cit., n. 71.

[5] Cfr. Cappello, op. cit., n. 736.

[6] Cfr. Gasparri, *Tract. canon. de matrimonio*, n. 287 s.; Cavagnis, II, n. 184 ss.; Cappello, op. cit., nn. 71, 737 ss.

utrumque, i. e. est vere mixta, licet ad unum referri possit principalius, ad alium minus principaliter.

Ita ex. gr. matrimonium, qua sacramentum, refertur ad ordinem spiritualem et supernaturalem; qua medium propagationis generis humani, ad ordinem temporalem et naturalem. Item iustitia refertur directe ad moralitatem atque ideo ad finem spiritualem, simul vero ad publicam tranquillitatem ideoque etiam ad finem temporalem [7].

263. — Principia. Sedulo attendenda sunt principia, quae moderantur concursum potestatis ecclesiasticae et civilis circa materias mixtas, eaque singula concinne exponenda.

I. *Ecclesia in huiusmodi res liberam et independentem habet potestatem.*

Id manifesto consequitur ex dictis. Sane ipsa supremo gaudet iure non solum quoad res spirituales, verum etiam circa res temporales quae ad proprium finem referuntur.

264. — II. *Societas civilis nihil statuere valet de rebus mixtis independenter ab Ecclesia, i. e. praescindendo a legibus ecclesiasticis.*

Agitur enim de materia, quae subest utrique potestati, ideoque facile haberi potest conflictus inter legem ecclesiasticam et civilem, si haec sine ullo respectu ad illam forte condatur. Porro in hoc casu societas inferior debet cedere, superior praevalere (n. 248): consequenter, lex politica corrigenda est. Quod si non fiat, gravis profecto exsistit deordinatio.

Status autem duplici ratione attendere tenetur ad legem ecclesiasticam, ubi agitur de materiis mixtis: 1° quatenus nihil prohibeat, quod a lege ecclesiastica praecipiatur; 2° quatenus nihil iubeat, quod ab ipsa vetetur.

265. — III. *Status, servata subordinatione Ecclesiae, potest leges condere circa res mixtas ordinis naturalis non supernaturalizatas.*

Sane nulla in casu adest repugnantia.

Non ex parte materiae, quae cum sit mixta et quidem ordinis naturalis non supernaturalizata, subiicitur quoque civili potestati.

Non ex parte Ecclesiae, quia servatur debita ei subordinatio.

---

[7] Cfr. Cavagnis, l. c., nn. 428, 435; Biederlack, l. c., n. 54; Meyer, II, n. 324 ss.

266. — IV. *Potestas civilis nihil decernere potest circa substantiam aut effectus inseparabiles rei mixtae supernaturalis vel supernaturalizatae.*

Ratio evidens est. Substantia huius rei cum sit ordinis supernaturalis, subtrahitur omnino saeculari potestati, quae est ordinis temporalis.

Item effectus, licet temporales, effugiunt plane eiusdem potestatis competentiam, si sunt inseparabiles, quia cum substantia necessario connectuntur, unam eandemque rem cum ipsa constituentes, adeo ut quidquid attingit tales effectus, attingat quoque, ratione inseparabilitatis, substantiam rei.

267. — V. *Status agnoscere debet effectus inseparabiles rei mixtae supernaturalis vel supernaturalizatae, de quibus sola iudicat Ecclesia.*

Qui enim causam debet agnoscere, etiam effectus necessarios agnoscere debet; et qui de illa iudicat, de his quoque iudicare valet.

Qui vero nihil potest circa causam, neque ullam habet potestatem circa effectus inseparabiles, cum hi in illa virtualiter contineantur.

268. — VI. *Status, servata Ecclesiae subordinatione, leges condere valet circa effectus temporales separabiles rei mixtae supernaturalis vel supernaturalizatae.*

Sane omnis deordinatio et incompetentia abest omnino. Agitur de effectibus *temporalibus* qui natura sua ad civilem societatem spectant; de effectibus *separabilibus*, qui necessariam non habent relationem cum essentia rei, ita ut ipsi ordinari queant, independenter a substantia; de legibus quae feruntur *servata Ecclesiae subordinatione*, ideoque suprema eius potestas salva consistit.

269. Corollaria. — Ex tradita doctrina plura eaque maximi momenti corollaria sequuntur:

1° Potestas saecularis privatione effectuum civilium punire potest omissionem praescriptionum, quas ipsa tulerit circa effectus temporales separabiles.

Si lex civilis praescribere valet conditiones requisitas pro his effectibus consequendis, eosdem profecto negare potest, si statutae praescriptiones non serventur.

2° Status exigere nequit, ut minister Ecclesiae in exercitio sui ministerii consulat effectibus temporalibus rei mixtae, ideoque sanctione civili nullatenus valet eum obligare ad huiusmodi effectus procurandos.

Sane minister Ecclesiae est independens a potestate laica in munere suo obeundo, ita ut nonnisi ad leges ecclesiasticas attendere debeat. Praeterea ministerium ecclesiasticum effectus temporales inseparabiles tantum, non autem separabiles, secumfert, ac de illis dumtaxat, non de his iudicat Ecclesia.

Proinde minister ecclesiasticus nequit puniri, si effectus temporales separabiles non curet, de quibus neque ad eum neque ad eius ministerium spectat.

3° Lex civilis exigere potest, servata Ecclesiae subordinatione, ut subditi, quoad effectus temporales separabiles, servent civiles praescriptiones, eosque punire valet, ei eas non servaverint.

Ratio est, quia cives subsunt legi civili ad huiusmodi effectus quod spectat, ideoque eam servare tenentur; si vero puniuntur, poena non infligitur ob actum spiritualem, sed ex alio capite.

4° Contra, lex civilis nequit exigere ut fideles utentes ministerio ecclesiastico civiles praescriptiones servent quoad substantiam vel effectus inseparabiles, sive spirituales sive temporales, rei supernaturalis vel supernaturalizatae, eosque ob hanc omissionem punire.

Agitur enim de actu spirituali, qui effugit omnino competentiam Status; proinde omnis lex de hac re ab eo lata, est ipso iure nulla atque irrita.

5° Status potest punire nomine Ecclesiae violationem legum ecclesiasticarum circa res spirituales.

Dicitur *nomine Ecclesiae*, ideoque procul abest quaevis iniuria sive deordinatio. Id confirmatur doctrina alibi tradita (n. **256** ss.).

Nequit princeps punire *nomine proprio* ministros Ecclesiae, qui leges ecclesiasticas transgressi fuerint in exercitio proprii ministerii.

Id vero duplici ratione: tum quia Ecclesia in suo ministerio omnimoda gaudet independentia a laica potestate, tum quia ministri ecclesiastici fruuntur privilegio fori (cfr. cc. 108, 120, 1553, § 1, 3°).

6° Societas civilis, servata subordinatione Ecclesiae, poenis *nomine proprio* plectere valet *laicos* ob violationem legum ecclesiasticarum, *si* et *quatenus* reipublicae intersit easdem servari.

Independenter autem ab Ecclesia, seu *debita non servata subordinatione*, palam est, id fieri non posse.

270. Quaestiones. — I. *Civilis societas potestne iudicium ferre de facto spirituali?*

R. Princeps sive magistratus civilis nequit profecto iudicare *de facto aliquo spirituali* QUA SPIRITUALI, cum agatur de re quae suapte natura plane effugit competentiam laicae auctoritatis.

Unde nullatenus valet ferre iudicium de *legitimitate* facti, num scil. valide an invalide, licite an illicite positum fuerit.

271. — II. *Potestne Status iudicare de exsistentia aut possessione iurium spiritualium vel de nudo facto spirituali?*

R. 1. Certum est Statum esse omnino incompetentem circa EXSISTENTIAM vel POSSESSIONEM iurium *spiritualium* v. g. iuris eligendi vel praesentandi aut nominandi ad beneficia vel officia ecclesiastica : res enim est *spiritualis* et iudicium circa *possessionem* aut *exsistentiam* refertur ad ipsam *substantiam* rei.

2. Ubi agitur de NUDO FACTO spirituali, controvertitur. Alii affirmant; alii negant; alii dubitant[8]. Dissensus potius in verbis, quam in re videtur reponendus.

Sententia affirmativa nobis certa videtur, *dummodo servetur debita subordinatio Ecclesiae.* Sane iudicium circa NUDUM factum spirituale non respicit huiusmodi factum QUA SPIRITUALE, sed tantum qua MATERIALE sive SENSIBILE.

Porro sicuti individuus quilibet potest iudicium ferre de facto materiali et sensibili, quoties nullus adsit in organis corporeis defectus, ita etiam societas civilis, quae physicis constat personis, iudicare valet de aliquo facto, in quantum est materiale sive sensibile, i. e. prout subest humanae perceptioni et cognitioni[9].

Huiusmodi *nudum* factum versari potest dumtaxat circa eius *exsistentiam* (v. g. num Titius celebraverit matrimonium an non, num sit baptizatus necne, clericus an laicus), non autem circa *legitimitatem, valorem, liceitatem* eiusdem.

---

[8] Cfr. Pichler, lib. IV, tit. 17, n. 26; Feije, *De imped. et dispens. matrim.*, p. 7; Wernz, V, n. 273, not. 58; Cavagnis, I, n. 436 ss.

[9] Cfr. Cappello, *De matrimonio*, n. 754; Cavagnis, l. c.; Gasparri, *De matrimonio*, II, n. 1311.

Fingamus casum. Titius heredem instituit Caium, dummodo is, relicta concubina, validum contrahat matrimonium. Orta lite circa hereditatem adipiscendam, Caius exhibet iudici authenticum testimonium parochi vel Ordinarii de rite celebrato matrimonio. Magistratus civilis, perspecto testimonio ecclesiasticae auctoritatis, pronuntiat Caium nuptias contraxisse ideoque ius ad hereditatem habere.

Quis dicet iudicem civilem in casu id agere non potuisse?

272. — III. *Ecclesia estne competens in causis quae respiciunt effectus temporales separabiles, i. e. mere civiles, rei supernaturalis vel supernaturalizatae?*

R. Si causa de effectibus MERE CIVILIBUS, v. g. de dote, de successione haereditaria, de donatione nuptiali, etc., agatur PRINCIPALITER, ad civilem magistratum pertinet; si INCIDENTER et ACCESSORIE, competentia est *cumulativa*, quatenus cognosci ac definiri potest non solum a iudice laico, verum etiam ab ecclesiastico, et quidem non ex concessione principis, sed *ex propria potestate* (cfr. can. **1961**).

Siquidem ex principio generali iuris, iudex, in cuius tribunali lis legitime pendet, competens est circa *universam* causam, *nisi obstet ipsa rei natura*, i. e. *ratio ordinis superioris*. Quae postrema verba manifesto ostendunt, cur dictum principium non valeat in omnibus causis, ac propterea etiam de magistratu civili, quippe qui ne incidenter quidem iudicare potest de causa spirituali, cum obstet *ratio ordinis superioris*.

Ultima autem ratio praedicti principii seu iuris Ecclesiae in casu, derivanda est ex relatione negotii temporalis sive civilis cum re spirituali, ideoque referenda, saltem aliquo sensu, ad potestatem indirectam.

Practice tamen huiusmodi causae temporales relinqui solent iudici laico [10].

273. Monarchia Sicula. — Haec, re mature considerata tam historice quam iuridice, dicenda:

1º Rogerius, comes Siciliae, fuit quidem honoris causa titulo Legati S. Sedis insignitus, sed nullum exsistit documentum pontificium, ex quo constet ipsi concessam fuisse *veram iurisdictionem* et *potestatem* in rebus ecclesiasticis.

2º Item nullum est documentum pontificium, ex quo liqueat successoribus Rogerii fuisse confirmatam aut concessam praefatam iurisdictionem. Admissa authentia historica concessionis factae ab Urbano II (an. 1098), nihil inde sequitur.

---

10 Bened. XIV, *De Synod. dioec.*, lib. IX, cap. 9, n. 5; Cappello, l. c.

3° Nullus Pontifex recognovit ratamque habuit sic dictam *monarchiam* sive *legatiam siculam.*

4° Nonnulli Pontifices quaedam privilegia regi eiusque successoribus tribuerunt, quae tamen nullatenus secumferebant praetensam amplissimam iurisdictionem in rebus ecclesiasticis.

5° Plures sunt RR. Pontifices qui contra « assertam iurisdictionem », « praetensum ius », « usurpatam iurisdictionem ecclesiasticam », alte conclamarunt atque vehementer protestati sunt. Ita v. g. Clemens XI, Const. « *Ad plurimas* », 23 dec. 1713.

Ex documentis pontificiis, quae passim a patronis allegantur in favorem praedictae monarchiae, quaedam sunt falsa, quaedam valde incerta et obscura, quaedam intelligenda sunt de titulo honoris causa ac de nonnullis peculiaribus privilegiis, exclusa tamen vera et proprie dicta iurisdictione ecclesiastica.

Documenta, quae affert Sentis [11], sunt quidem authentica; nihil tamen ex iisdem iure potest erui de concessione *verae iurisdictionis ecclesiasticae* facta Rogerio eiusve successoribus.

6° *Monarchia* seu *legatia Sicula* fuit penitus suppressa a Pio IX Const. « *Suprema* », 28 ian. 1864.

---

[11] *De monarchia Sicula,* Friburgi 1870, p. 48 ss.; Cfr. Galeotti, *Della legazione apostolica in Sicilia,* Torino 1868, p. 25 ss.

CAPUT IV

DE HABITUDINE ECCLESIAE
AD STATUM ACATHOLICUM

274. Praemittenda. — Status acatholicus est CHRISTIANUS vel INFIDELIS seu PAGANUS, prout religionem christianam profitetur vel non.

Christianus est HAERETICUS, SCHISMATICUS aut INDIFFERENS, prout haeresim vel schisma aut nullam religionem profitetur. Status schismaticus practice vix, imo ne vix quidem hodie differt a Statu haeretico, quia schisma cum haeresi semper aut fere semper coniungitur.

Status INDIFFERENS spectari potest tum ex parte principis sive auctoritatis publicae, tum ex parte civium.

Hodie, ex usu loquendi, dicitur indifferens Status, si auctoritas publica seu Gubernium *indifferentismum religiosum* sectetur, etsi cives sint catholici. Quae denominatio, ut patet, est impropria omnino, rigorose loquendo, quia nonnisi ex summa iniuria id accidit. Sane, eo ipso quod cives sunt catholici et catholicam religionem profitentur, Status necessario deberet hanc religionem profiteri, suasque leges, consequenter, secundum catholicam religionem ferre.

ARTICULUS I

De habitudine Ecclesiae ad Statum infidelem

275. Infideles qua privati. — 1. Si infideles considerentur ut homines *privati,* habent obligationem *moralem,* et quidem obiective gravissimam, ingrediendi Ecclesiam; tenentur enim officio gravissimo ea praestandi, quae ad ultimum ipsorum finem consequendum requiruntur. Atqui Ecclesia constituta est a Christo tamquam medium unicum salutis, adeo ut *extra eam non detur salus.*

Ergo unusquisque debet ingredi Ecclesiam, ut finem ultimum, i. e. beatitudinem aeternam consequatur.

2. Quae obligatio nullam potestatem *iurisdictionis* tribuit Ecclesiae in infideles. Sane huiusmodi potestas neque *ex S. Scriptura* neque *ex Traditione* eruitur; imo contrarium ex divina revelatione constat. Nam *oves* suas tantum Christus commisit Petro pascendas, non autem eas quae non sunt « ex hoc ovili » [1].

Ex verbis *Pauli*: « *Quid enim mihi de iis qui foris sunt iudicare?* » [2], axioma prodiit in iure iamdiu receptum: « *Ecclesia de his qui foris sunt non iudicat* ».

Id *Patres Tridentini* expressis verbis docent: « Cum Ecclesia in neminem iudicium exerceat, qui non prius in ipsam per baptismi ianuam fuerit ingressus... » [3].

Quae doctrina a *Codice* diserte traditur et confirmatur (can. 87). Siquidem nonnisi *baptismate* homo constituitur *persona* in Ecclesia Christi, ideoque efficitur subiectum iurium et officiorum.

In specie, quoad fidem suscipiendam, infideles *liberi* sunt, adeo ut nullatenus cogendi sint ut Ecclesiam ingrediantur. Hoc sane principium semper in Ecclesia sancte religioseque servatum: « *Non inviti salvandi sunt, sed volentes. Ergo non vi, sed liberi arbitrii facultate ut convertantur suadendi sunt, non potius impellendi* » [4].

Unde Ecclesia severe prohibet, ne filii infidelium, extra periculum mortis, invitis parentibus baptizentur [5].

Utrum Ecclesia posset, absque iniuria proprie dicta, filios infidelium baptizare, insciis aut invitis parentibus, extra periculum mortis, controvertitur. Verius affirmandum.

276. — 3. Quare infideles legibus Ecclesiae DIRECTE non subiiciuntur, cum subditi non sint. At in nonnullis casibus subsunt INDIRECTE. Scil.:

1° Quando agitur de iis legibus, quae sunt DECLARATIONES sive INTERPRETATIONES IURIS DIVINI, quaeque ab Ecclesia tamquam huius iuris infallibili interprete referuntur.

Infideles tenentur his legibus seu declarationibus, non qua-

---

[1] Cappello, *Chiesa e Stato*, pag. 528 ss.
[2] I Cor. V, 12.
[3] Sess. XIV, cap. 2 de ref.
[4] Conc. Tolet., IV, cap. 56. Cfr. S. Thom., 2-2, q. 11, art. 8; Cappello, *La Chiesa di fronte agli infedeli*, in *Teologia missionaria* (Roma, 1929), p. 115 ss.
[5] Cfr. can. 750; Bened. XIV, epist. « *Postremo mense* », 28 febr. 1747, nn. 8, 23; epist. « *Probe* », 15 dec. 1751, § 14.

tenus proponuntur ab Ecclesia, seu vi iurisdictionis ecclesiasticae, sed quatenus obiective rei *veritati* respondent ideoque ex ipso iure divino. Nam veritas una est; lex autem divina servari debet secundum veritatem; porro interpretatio ab Ecclesia tradita est *unice vera;* ergo.

Inde tamen non sequitur, quemlibet *subiective* ligari hac lege sive interpretatione: poterit enim vel eam ignorare aut, si noverit, nescire se teneri ad eam amplectendam, cum in Ecclesia ius eam tradendi non agnoscat.

Unde infideles, practice excusantur semper aut fere semper a peccato *formali* hac in re, i. e. a praefatis legibus Ecclesiae sive declarationibus acceptandis.

2° Ratione CONNEXIONIS causarum sive INDIVIDUITATIS *rei.* Id verificatur praesertim in contractu matrimoniali. V. g. sicut fidelis tenetur ad formam iuridicam matrimonii, ita etiam infidelis eam necessario servare debet: ille quidem directe, hic indirecte.

Item si pars infidelis sit habilis ad matrimonium ineundum, sed contrahere velit cum persona baptizata iure canonico inhabili, indirecte ipsa quoque fit inhabilis, quia matrimonium, ut dicitur, *claudicare* nequit.

Pariter, si alteruter ex coniugibus infidelibus convertatur ad fidem et baptizetur, eius matrimonium per dispensationem R. Pontificis solvi potest; ideoque ipse coniux infidelis subiicitur indirecte potestati Ecclesiae, ratione coniugis conversi et baptizati.

Demum, id universim locum habet in causis matrimonialibus, si una pars tantum sit baptizata [6].

277. Status infidelis. — 1. In eum Ecclesia, ut liquet ex dictis, *nullam habet potestatem iurisdictionis* directam vel indirectam, de qua supra n. **190** ss.

2. Habet ius LIBERUM et INDEPENDENS, ex missione *a Christo* accepta [7]:

1° fidem praedicandi seu docendi religionem christianam in universo mundo (cfr. can. 1327);

2° membra sibi copulandi per *baptismum;*

3° in subditos sive baptizatos suam iurisdictionem exercendi;

---

6 Cfr. Cappello, *De matrimonio,* n. 67.
7 Matth. XXVIII, 19 ss.; Marc. XVI, 15.

4° exigendi ut fideles liberi omnino relinquantur in officiis vitae christianae adimplendis;

5° sacramenta et sacramentalia ministrandi, sacras functiones peragendi, i. e. cultum non solum privatim, sed publice exercendi;

6° loca sacra (templa, coemeteria) habendi, bona temporalia acquirendi, possidendi et ministrandi, quae ad proprii finis consecutionem necessaria sunt.

3. Societas infidelium iura Ecclesiae recognoscere et revereri omnino tenetur, ita ut nullum afferre valeat impedimentum eius divinae missioni.

Accedit quod praedicatio evangelica non solum nihil continet contra bonos mores et publicam tranquillitatem; sed, contra, virtutes edocet, pietatem fovet, obedientiam erga principem maxime inculcat, paci et securitati publicae mirifice consulit.

Hinc est, quod tot tantisque fulget motivis credibilitatis ut eius veritas manifeste appareat.

Ecclesia sua iura, contra Statum infidelem, defendere sibique vindicare potest etiam per brachium saeculare, i. e. per recursum ad principes christianos, qui stricto iure possent quidem arma suscipere ad libertatem Ecclesiae defendendam [8].

Practice numquam fit, nostra praesertim aetate; usus enim armorum potius in damnum cederet, quam in bonum religionis.

Non excusat infideles bona fides in qua versari possunt: haec enim, si revera adsit, poterit quidem eos excusare *in conscientia,* numquam tamen ipsis tribuet *verum* ius contra catholicam religionem sive Ecclesiam.

278. Quaedam facta historica. — 1. Perspecto iure obiectivo et reali Ecclesiae, de quo huc usque, facile explicantur variae prohibitiones, quas Ecclesia ipsa tulit, vel principibus christianis ferendas praecepit, *quoad infideles qui inter christianos degebant* [9].

Ecclesia enim habet ius et officium impediendi, quantum potest, ne infideles fidei christianae noceant et fidelibus periculo

---

[8] Cfr. Suarez, *De fide,* disp. 18, sect. 1 s.; De Lugo, *De fide,* disp. 19, sect. 2.

[9] Cfr. lib. V, tit. 6, *de Iud. et Sarac. et eorum servis;* Const. Clem. V, lib. V, tit. 2 *de Iud.;* Extravag. Ioann. XXII, tit. 8; Extravag. comm., lib. V, tit. 2 *de Iud.;* Pii V, Const. « *Romanus* ». 19 april. 1566, de non vocando medico hebraeo; c. 50, Conc. Illib. (300-306); c. 40, Conc. Agath. (a. 506); II Conc. Trull. (a. 692).

sint per blasphemias, funestum influxum, persecutiones aut vexationes sive apertas sive occultas.

2. Plura praecepta *directe* ligabant ipsos fideles, *indirecte* dumtaxat infideles; sicut hodie prohibitio facta fidelibus ne legant librum pravum ab auctore infideli conscriptum, hunc quoque indirecte tangit (cfr. can. 1399).

3. Peculiari agendi ratione usa est Ecclesia erga Iudaeos, quippe qui populum olim a Deo electum constituunt, ultimis temporibus convertendum, interim detentorem tenacissimum S. Scripturae V. T. Qui populus propterea, ob dispersionem inter omnes gentes argumentum validissimum praebet adimpletionis prophetiarum et veritatis religionis christianae.

Ecclesia Iudaeos tolerare solebat, quamdiu in discrimen non adducerent per delicta sive conamina publicam securitatem: cultus libertatem ipsis relinquebat, cavens tamen ne christianis molesti essent neve eos a sua religione profitenda ullo modo impedirent aut turbarent.

Ad vitandum tamen periculum perversionis christianorum, simulque ob rationes morales et sociales, numquam ipsis permisit perfectam cum christianis commixtionem vitaeque communionem, quin potius speciales in urbibus partes ad habitandum assignari voluit.

Aliquando iussit etiam, ut peculiares vestes deferrent quibus dignosci possent; nec permisit ut christiani eos in medicos vel infirmarios *extra casus necessitatis* adhiberent, neque ut contractum conductionis cum ipsis inirent, i. e. ne famulatum agerent cum eis [10].

Falso asseritur, huiusmodi Ecclesiae agendi rationem provocasse odium et effraenem cupiditatem Iudaeorum. Constat ex ipsis SS. Patribus quomodo Iudaei iam ab initio christianos odio implacabili prosecuti fuerint; unde plures ecclesiasticae leges ideo latae sunt, ut christiani ab odio et rapacitate Iudaeorum protegerentur.

Ecclesia *antisemitismum* numquam promovit et atroces persecutiones contra Iudaeos, teste historia, iugiter reprobavit [11].

Ex obligatione interdum imposita Iudaeis saltem Romae, ut praedicationi assisterent, falso deducitur eos coactos fuisse ad

---

[10] Cfr. Decret. Greg. IX, lib. V, tit. 6; Pauli IV Const. « *Cum nimis* », 12 iul. 1555; S. Pii V Const. « *Hebraeorum gens* », 26 febr. 1569; Greg. XIII Const. « *Alias* », 30 maii 1581; Hergenröth.-Hollweck, l. c., n. 125 ss.; Phillips, II, § 99; Rivet, l. c., p. 164.

[11] Cfr. Hergeröth.-Hollweck, l. c., § 100 s.; Phillips, l. c., § 100; Cappello, *La Chiesa di fronte agli infedeli,* l. c.

conversionem. Nequaquam cogebantur converti, sed tantum adimplere officium veritatem cognoscendi.

4. A liberalibus, qui vehementer reprobant hanc Ecclesiae agendi rationem, quaeri potest: quidnam de praescriptione qua pueri coguntur scholas frequentare, quas nec ipsi nec eorum parentes acceptas habent, imo improbant et improbare tenentur, utpote impias et maxime perniciosas?

Nonnulli dicunt *Alexandrum VI* in Bulla « *Inter cetera* », 4 maii 1493, sibi vindicasse ius vere et proprie *directum* in terras *infidelium*.

Hoc falsum est. Papa nequaquam sibi vindicavit huiusmodi ius, sed, orta controversia inter reges Hispaniae et Lusitaniae, his principibus christianis de iuribus propriis contendentibus normam tradidit principiis iustitiae, caritatis et aequitatis plane consentaneam, ceterisque regibus quaedam prohibuit, quae pacem et concordiam, cum maximo animarum detrimento, perturbabant [12].

Idem fere dicas de quaestione circa Insulas Canarias [13].

Quidam putant haec aliaque facta similia ex quodam iure temporali historico esse explicanda [14]. Quod potest admitti, modo concedatur quoque ius interveniendi ratione potestatis directae vel indirectae, cum ageretur in casu de negotio quod respiciebat quoque principes baptizatos ideoque Ecclesiae subditos.

Articulus II

De habitudine Ecclesiae ad Statum haereticum vel schismaticum

279. Ius Ecclesiae. — 1. *Haeretici* et *schismatici*, cum sint baptizati, subiiciuntur profecto Ecclesiae potestati; ideoque *per se* nullum exsistit discrimen, quoad vinculum subiectionis erga Ecclesiam, inter eos et catholicos.

2. Attamen *practice* Ecclesia *non semper* ius suum urget. Sane diverso modo procedit, prout haeretici vel schismatici sunt *formales* aut *materiales*, scil. prout *defectio* sive *rebellio* sit *iam consummata* vel *non*.

Ante consummatam rebellionem seu defectionem, Ecclesia omnia iura exercere potest, imo saepe *debet*, ad vitandam populi christiani perversionem, quae facillime sequitur ex pravo influxu

---

[12] Cfr. Gosselin, l. c., n. 222; Rivet, l. c., p. 265.
[13] Cfr. Hergenröth., l. c., Dissert. XII, n. 5.
[14] Cfr. Cavagnis, op. cit., II, nn. 190, 208 ss., 254 ss.

impiorum hominum. Unde compescenda est audacia rebellium plenaque exigenda subiectio, etiam, si opus sit, per applicationem poenarum.

Idque non modo quoad *privatos* facere potest et debet Ecclesia, sed praesertim quoad *principes,* cum ex eorum defectione derivetur plerumque defectio totius nationis. Quamobrem RR. Pontifices firmiter restiterunt defectioni Henrici VIII, Elisabeth reginae, et principum Germaniae.

CONSUMMATA DEFECTIONE, Ecclesia, de rigore iuris posset adhuc haec omnia urgere, nempe tum in haereticos et schismaticos privatos tum in societates ab ipsis efformatas eamdem potestatem exercere ac in catholicos, ut supra dictum fuit. Nam vi characteris baptismalis quis constituitur irrevocabiliter et in perpetuum subditus Ecclesiae, ita ut quamvis *actu* desierit esse eiusdem corporis *membrum,* ob defectum externae professionis fidei, participationis sacramentorum, subordinationis legitimae hierarchiae, nullatenus tamen a debita *subiectione* eximitur.

Nec valet obiectio: parentes quidem peccarunt per rebellionem contra Ecclesiam, at eorum filii seu descendentes formaliter culpabiles non sunt, saltem plerumque; idcirco, facta iam defectione, sunt in legitima possessione.

Negandum prorsus. Ex violentia et iniustitia ius in favorem parentum nequaquam ortum est, et consequenter nullum ius ab iisdem transmitti potuit. Tolerantia autem Ecclesiae, seu cessatio actualis exercitii suae potestatis in eos, utpote necessaria sive opportuna ad maiora mala vitanda, minime haberi debet tamquam recognitio huiusmodi rerum status, in quo haeretici et schismatici versantur.

3. Itaque Ecclesia, POST CONSUMMATAM REBELLIONEM seu DEFECTIONEM, omnia iura sua *practice* non urget; idque ratione prudentiae et caritatis, ne scil. maius animarum damnum inde oriatur.

De facto saltem, Ecclesia sibi iure vindicat quoad haereticos et schismaticos sive privatim sive collective sumptos, i. e. eorum societates, *quae sibi vindicat quoad infideles* (cfr. n. 275 ss.).

280. Num acatholici baptizati teneantur legibus ecclesiastici. — 1. Quidam dicunt, eos teneri tantummodo legibus, quae respiciunt bonum publicum, nisi expresse eximantur. Huiusmodi leges sunt v. g. impedimenta matrimonialia, quae acatholicos baptizatos certissime afficiunt [1].

----

[1] Cfr. c. 12, 87, 1038, § 2, 1099, § 2, 1960; Bened. XIV, Const. «*Singulari Nobis*», 9 febr. 1749; «*Ad tuas manus*», 8 aug. 1748; «*Magnae*

Eximuntur *haeretici* et *schismatici* a forma iuridica matrimonii, si contrahant inter se vel cum acatholicis non baptizatis (cfr. can. 1099, § 2).

2. Alii censent teneri *omnibus* legibus, sive immediate respiciant publicum bonum sive bonum privatum seu singulorum sanctificationem (uti est v. g. lex ieiunii et abstinentiae), nisi expresse a legislatore exempti dicantur.

Haec sententia *certa* est, et contraria opinio, praesertim hodie, post Codicem, intrinseca probabilitate caret.

Sane: ex nullo documento pontificio constat *acatholicos baptizatos* non ligari praeceptis quae bonum privatum immediate spectant; ideoque, deficiente expressa legislatoris declaratione, necessario concludendum, ex generali iuris principio, haereticos et schismaticos teneri praefatis legibus.

Ratio, qua nituntur patroni alterius sententiae, solida non est. Plerique, aiunt, sunt in bona fide; unde repugnare videtur quod Ecclesia intendat eos obligare; melius dicendum, ipsam pro sua bonitate nolle innumeras transgressiones fieri legum suarum atque ita quamplurima vitari peccata.

Haec ratio, inquam, solida non est: acatholici baptizati vel sunt *in bona fide* vel *in mala.*

Si versantur *in mala fide*; cur immunes erunt ab observantia earum legum, quas catholici servare tenentur? Nonne pro ipsis quoque valet axioma: «*Nemini fraus sua patrocinari debet*», i. e. ex suo delicto nemo beneficium consequi debet?

Si vero sint *in bona fide,* excusantur, ideoque ex hoc capite formaliter non peccant.

Articulus III
De habitudine Ecclesiae ad Statum
qui indifferentismum profitetur

281. Ius Ecclesiae. — 1. Idem ius competens Ecclesiae quoad Statum catholicum aut haereticum vel schismaticum, ei competit etiam quoad Statum *indifferentem,* prout — proprie loquendo, i. e. perspecta multitudine civium quibus constat — est catholicus vel haereticus aut schismaticus. Unde quae supra diximus (nn. **245** ss., **279** s.), omnia huc spectant.

2. Ecclesia huiusmodi Statum, qui *indifferentismum religiosum* profiteatur, nec approbat nec approbare potest, ut manifesto liquet ex dictis de habitudine societatis civilis ad religionem.

Nobis», 29 iun. 1749; Pii VII Litt. Apost. «*Etsi fraternitatis*» ad Archiep. Mogunt. 8 aug. 1803; Cappello, *De matrimonio,* n. 66.

3. Interdum *tolerat,* dummodo tamen agnoscantur omnia Ecclesiae iura, saltem quatenus est publica associatio religiosa ad finem honestum ordinata, ita ut nullo modo impediatur eius licita conservatio et evolutio, i. e. sarta tectaque sint oportet ea iura, quae supra memoravimus (n. 210).

Huius tolerantiae *limites* deducuntur *ex ratione finis,* ne maiora mala sequantur, ne ampliora bona praepediantur. Sicut et ipse Deus mala permittit, sic auctoritas publica, cum singula mala prohibere nequeat, debet « multa concedere atque impunita relinquere, quae per divinam tamen Providentiam vindicantur, et recte » [1].

Quae omnia ita egregie a Leone XIII traduntur: « C'est une manière d'être que, si elle a de nombreux et graves inconvénients, offre aussi quelques avantages, surtout quand le législateur, par une heureuse inconséquence, ne laisse pas que de s'inspirer des principes chrétiens; et ces avantages, bien qu'ils ne puissent justifier le faux principe de la séparation, ni autoriser à le défendre, rendent cependant digne de *tolérance* un état de choses qui *pratiquement* n'est pas le pire de tous » [2].

282. Officium catholicorum. — 1. Ipsorum est, generatim, supplere erga Ecclesiam officia positiva quae Status deberet praestare, et de facto non praestat.

Quare catholici debent Ecclesiam summa reverentia prosequi, eam adiuvare per legum observantiam, per bona exempla, per sinceram et publicam fidei professionem; curare ut ab iis, quibus praesunt, honor atque reverentia debita Ecclesiae praestetur; auxilium clero praebere tum quoad honestam eius sustentationem, tum quoad cultum divinum promovendum, tum quoad varia religionis et caritatis opera excitanda atque fovenda.

Demum catholici omnibus viribus curare debent, ut, reiecta huiusmodi indifferentismi conditione, quamprimum inter Statum et Ecclesiam optata unio et concordia instauretur, quae maxime confert in ipsius reipublicae utilitatem.

Quae omnia ut rite praestentur, necesse omnino est ut catholici collatis consiliis mutuoque auxilio procedant, organizentur, uniantur: adsociationes efforment, comitia indicant, congressus habeant, diaria atque ephemerides ad iura Ecclesiae seu religionis christianae adserenda et vindicanda publicent. Haec autem nonnisi sub omnimoda dependentia auctoritatis ecclesiasticae agant, eiusque mandatis firmiter stent atque ex corde adhaereant nulloque praetextu recedant.

---

[2] Encycl. « *Au milieu* », ad omnes Galliae catholicos, 16 febr. 1892.

2. Si Status non modo indifferens sit erga religionem catholicam, sed infensum quoque erga Ecclesiam se ostendat, catholici eam strenue ac fortiter defendere debent, humanis quibuscumque depositis rationibus et principia dumtaxat altioris ordinis ob oculos habentibus.

Utantur iuribus quae ipsa Status constitutio concedit, obedientiam praestent in iustis et licitis; omnibus modis legitimis, i. e. per comitia, ephemerides, adsociationes, etc., conentur libertatem atque independentiam Ecclesiae obtinere.

In ipsam quoque rerum publicarum gestionem, quoad fieri possit, sese immisceant, non quidem « ut probent quod est hoc tempore in rerum publicarum rationibus minus honestum; sed ut has ipsas rationes, quoad fieri potest, in bonum publicum transferant sincerum atque verum, destinatum animo habentes sapientiam virtutemque catholicae religionis, tamquam saluberrimum succum ac sanguinem, in omnes reipublicae venas inducere » [3].

ARTICULUS IV
De tolerantia civili

283. Praemittenda. — 1. *Tolerantia civilis* sive, ut alii vocant, *libertas conscientiae* respicere potest vel cultum religiosum, vel iura civilia, vel iura communitatis religiosae.

2. *Proprie loquendo*, libertas conscientiae differt a tolerantia: haec sane, presse sumpta, includit conceptum reprobationis moralis illius rei quae permittitur; illa, contra, praescindit *per se* a quolibet iudicio circa id quod permittitur.

3. Libertas et tolerantia respicere possunt cultum privatum vel publicum, omnes cultus indiscriminatim, vel unum aut alterum aut nonnullos tantum; praeterea possunt esse plenae, i. e. nullis restrictionibus coarctatae, vel certis quibusdam limitationibus circumscriptae [1].

284. Num Status catholicus concedere possit libertatem cultus sectis dissidentibus. — 1. Tolerantia est permissio negativa malorum. Ideo sola *mala* proprie respicit, non bona; haec enim non tolerantur, nec mere permittuntur sed approbantur.

---

[3] Leo XIII, Encycl. « *Immortale Dei* », § *Item catholicorum.*

[1] Cfr. Vermeersch, *La tolérance*, p. 11 ss.; Meyer, II, n. 655 ss.; Cavagnis, l. c., n. 584 ss.; Muncunill, l. c., n. 713; Phillips, II, § 99 s.

Unde *S. Augustinus* dicit: « Tolerantia quae dicitur, patientia quae dicitur, non est nisi in malis » [2].

2. Ex his quae supra diximus de officio Status erga religionem catholicam et Ecclesiam (n. 256), manifesto liquet praefatam libertatem seu tolerantiam non esse unquam *per se concedendam.*

3. Ubi in tota communitate civili actu viget unitas cultus verae religionis, princeps nec *per se* nec *per accidens* potest eam destruere inducendo libertatem cultus. Quod si maior vel saltem magna pars populi diversam a catholica profiteatur religionem, *potest* auctoritas publica, ratione urgentis politicae necessitatis seu ad maius malum vitandum, falsam religionem ut minus malum tolerare.

Itaque libertas cultus eatenus admitti potest, quatenus hae adsint conditiones:

1° ut tolerantia sit *civilis,* non autem *religiosa,* quae *professionem indifferentismi* circa quamlibet religionem includit; et, consequenter, ne ipsa habeatur tamquam mali seu falsae religionis approbatio;

2° ut maius malum aliter impediri nequeat;

3° ut per modum remedii admittatur, *per accidens* atque *ad tempus* dumtaxat duratura, nempe quamdiu perdurent graves rationes ordinis publici;

4° ut prudentem veritatis propositionem ac boni iuris instaurandi tentamina tolerantia ne praepediat [3].

Ratio, cur eiusmodi tolerantia in nonnullis peculiaribus adiunctis licita fieri possit, evidens est. Princeps, cum *ob graves rationes sociales* falsam religionem tolerat, non eo ipso eam approbat et multo minus profitetur, neque etiam eiusdem valoris eam esse ac veram religionem pronuntiat; unde tolerantia *civilis* nequaquam per se etiam religiosam involvit; nec proinde intrinsece mala est, sed *in quibusdam adiunctis* fit licita *per accidens,* et relative praeferri potest.

Praeterea officium publicae auctoritatis denegandi libertatem cultus sectis dissidentibus oritur ex officio universaliore, quod reipublicae incumbit, scil. avertendi mala, quantum fieri potest.

Unde, si maiora mala ex intolerantia quam ex tolerantia civili tam Ecclesiae quam Statui oritura praevideantur, idem illud officium secundum regulas prudentiae et caritatis tolerantiam suadet, non quod in se sit approbanda, sed quia in his circumstantiis minus malum est [4].

---

[2] *Enarr.,* in ps. XXXI, n. 20; Migne, *P. L.,* XXXVI, 271.

[3] De tolerantia Iudaeorum ex parte Ecclesiae, cfr. Reiffenst., lib. V, tit. 6, n. 3 ss.; Gonzales Teller, *Comment.,* ad cap. *Cum sit nimis,* X, de Iud., n. 6; Schmalzgr., lib. V, tit. 6, n. 9 ss.; Phillips. l. c., § 99.

[4] Cfr. S. Thom., 2-2, q. 10, art. 11: Meyer, II, n. 656.

285. Ratio et mensura tolerantiae. — 1. Ex dictis manifesto colligitur *ratio* et *mensura* tolerantiae.

ʀᴀᴛɪᴏ est, ul maiora mala vitentur vel potiora bona ne impediantur; ᴍᴇɴsᴜʀᴀ mali tolerandi haec est, scil, ut tantum toleretur, quantum necessarium est ad huiusmodi mala vitanda vel bona non impedienda. Haec omnia egregie confirmantur doctrina Leonis XIII, qui in Encycl. « *Immortale Dei* » dicit : « Revera si divini cultus varia genera eodem iure esse quo veram religionem, Ecclesia iudicat non licere, *non ideo tamen eos damnat rerum publicarum moderatores, qui magni alicuius aut adipiscendi boni, aut prohibendi causa mali, moribus atque usu patienter ferunt, ut ea habeant singula in civitate locum* » [5].

2. Libertas cultus sive tolerantia varios gradus extensionis admittit, prout *uni* vel *paucis* formis religiosi cultus secundum paritatem iuris conceditur, vel promiscue ad *omnes* formas seu sectas extenditur.

Cum eiusmodi libertas cultus, universim spectata, *necessitate eaque sola excusetur,* palam est, maiorem minorem eius extensionem *ex vera necessitate* esse dimetiendam, ita ut, cessante necessitate, praefata libertas sit abolenda vel coarctanda. Unde si minor extensio sufficiat, i. e. restrictior aliquis gradus libertatis, hic tantum, et nihil amplius potest et debet concedi : deest profecto ratio sive necessitas.

286. An et quaenam cooperatio sectis dissidentibus praeberi possit. — 1. Ex traditis huc usque aperte sequitur. Statum catholicum nonnisi ᴍᴀᴛᴇʀɪᴀʟᴇᴍ, non vero formalem, ᴄᴏᴏᴘᴇʀᴀᴛɪᴏɴᴇᴍ praebere posse sectis dissidentibus.

---

[5] Cavagnis (l. c., n. 588) haec habet : « Vel agitur de Statu in quo iam exsistit haec libertas vel tolerantia et aequalitas, et est iurata aut promissa lege fundamentali, et *tunc est fideliter observanda,* donec moraliter dispareant dissidentes ... ; vel exsistit, sed tantum quia moribus introducta aut lege non fundamentali permissa, et tunc est res prudentialis, an attento spiritu epochae, sit practice possibilis eius abolitio, absque damnis maioribus ; si est possibilis, est abolenda, quia est de se dissolutiva societatis et magnum malum contra religionem ; secus est toleranda ... ».

Haec doctrina nobis non probatur. Nam, sive tolerantia sit iurata aut promissa lege fundamentali sive non, numquam approbari potest ; ideoque dispiciendum, num practice eius abolitio sit possibilis an non. Ex iuramento, qua tali, nulla oritur obligatio permittendi falsam religionem ; ex lege fundamentali vero id unum sequi potest, maior nempe difficultas abolendi hanc cultus libertatem. Unde pro utroque casu valet eadem regula idemque principium.

2. Quaedam notiones paucis tradendae:

1º Cooperatio — i. e. concursus cum alio operante — est *materialis* et *formalis*. Ea habetur, si cooperans tum ad intentionem tum ad actionem pravam concurrit; haec, si ad malam tantum actionem concurrit.

2º Cooperatio potest esse *formalis* duplici modo: *explicite* ex intentione operantis, si hic expressam voluntatem habet participandi in peccato alieno: *implicite,* ex natura operis, si hoc vel natura sua vel perspectis circumstantiis ad pravam actionem *directe* ordinatur; licet Titius forte dicat se partem nullam in actione habere velle.

V. g. si quis participet active in functionibus sacris haereticorum, formaliter cooperatur, quamvis affirmet se id non intendere animumque contrarium habere.

3º Cooperatio potest esse *immediata* et *mediata,* prout quis concurrit in ipsa actione mala, aut solum concurrit in actione, quae ad peccatum conducit et viam sternit ad illud.

4º Cooperatio *mediata* est *proxima* vel *remota,* prout agens concurrit in iis, quae proxime vel magis remote ad actionem pravam inserviunt.

Hisce praemissis, en principia de *liceitate* cooperationis, quae sive Statui sive singulis catholicis ob oculos habenda sunt:

I. Cooperatio FORMALIS semper est vetita, ita quidem ut numquam *qua talis* licita fiat: includit enim approbationem peccati alterius.

II. Cooperatio MATERIALIS per se illicita est; at quandoque potest evadere licita, si adsint conditiones requisitae. Quae conditiones sunt: *a)* ut actio sit bona aut saltem indifferens; *b)* ut adsit causa proportionata permittendi alterius peccatum.

Sane applicatur heic doctrina, quam moralistae tradunt de liceitate actionis humanae, ex qua duplex effectus, alter bonus, alter malus sequitur [6].

Merito docent moralistae, quatuor conditiones requiri ad liceitatem. In casu nostro duae ex ipsa rei natura implentur; idcirco duas dumtaxat memoravimus.

III. In iudicio ferendo circa causam proportionate gravem, haec sunt attendenda:

----

[6] Cfr. Ball.-Palm., *Opus theol. mor.,* II, n. 191; Noldin, *Summa theol. mor.,* I, n. 82, II, n. 118; Vermeersch, *Theol. mor.,* I, n. 135.

a) gravitas peccati; quo sane gravius est peccatum, gravior quoque debet esse causa excusans;

b) propinquitas cooperationis, i. e. influxus maior minorve, quem causa exercet in effectum malum; unde v. g. gravior causa requiritur ad proximam, quam ad remotam cooperationem;

c) necessitas cooperationis, seu nexus plus vel minus strictus cum effectu malo; maior enim requiritur causa, ubi cooperatio ita necessaria est, ut sine ipsa peccatum non fieret, minor autem, ubi, exclusa cooperatione, peccatum nihilominus committeretur;

d) obligatio impediendi malum: quare maior requiritur causa in iis, qui peccatum etiam ex officio, v. g. ex iustitia vel pietate, impedire tenentur.

287. Quaestiones. — I. *Status in sectis dissidentibus potestne ius possidendi bona temporalia agnoscere?*

R. Concessa libertate sive tolerantia, natura sua consequitur ius utendi mediis quae ad cultum exercendum seu ad religionem profitendam necessaria sunt: hinc ius acquirendi, possidendi et ministrandi bona temporalia.

Quod tamen ius nec libere nec independenter a civili auctoritate exsistit; neque illimitatum esse debet, sed opportunis restrictionibus coarctandum atque necessariis clausulis moderandum est.

288. - II. *Licetne Statui pecuniam ex publico aerario ministrare sectis dissidentibus?*

R. Non licet, si pecunia detur sectae ut *sectae*: esset enim cooperatio quaedam *positiva* et *formalis*. Licet, contra, si detur sectae non qua sectae, sed *qua communitati,* i. e. sociorum aggregationi, quia tunc pecunia non sectae proprie tribuitur, sed eius membris nempe civibus.

289. - III. *Catholici possuntne pecuniam falsis religionibus praebere?*

R. 1° Si pecunia SPONTE datur, cooperatio est *formalis* ideoque illicita.

2° Si COACTE datur, et quidem tamquam *tributum communitati solutum,* quae forte eo utitur etiam ad cultum haereticum seu falsum, difficultas minor profecto est, quia tributum huiusmodi etiam ad fines bonos vel saltem indifferentes adhiberi potest.

3° Si pecunia COACTE confertur, et quidem IMMEDIATE ad cultum falsum, solutio in se continet externum consensum cum prava intentione haereticorum vel infidelium, atque externum favorem praestitum haeresi vel idolatriae. Unde eatenus potest fieri licita huiusmodi solutio, quatenus consensus cum acatholicis, v. g. per praemissam protestationem, revera excludatur; secus, non [7].

290. - IV. *Licetne principi aut privatis pecuniam conferre ad scholas vel orphanotrophia acatholicorum aedificanda vel sustinenda?*

R. Quaestio respicit loca, ubi vigent sectae dissidentes, i. e. ubi catholici acatholicis, scil. haereticis vel schismaticis, permixti vivunt.

Si finis, ut supponitur, horum institutorum directus et proprius non sit religiosus, sed caritatis sive misericordiae exhibendae, fas est etiam catholicis pecuniam dare, *dummodo conditio duplex verificetur*: 1° ut absit scandalum, scil. ne collatio pecuniae consideretur tamquam favor falsae religioni praestitus; 2° ut constet pecuniam non adhiberi ad pervertendos catholicos, qui in his institutis suscipiuntur.

291. - V. *Status potestne transgressiones praeceptorum falsae religionis punire?*

R. Probe distinguendum. Si agitur de transgressione legis divinae seu naturalis seu positivae, Status punire valet, non quatenus violantur praecepta religionis falsae, sed quatenus transgressio respicit ius divinum naturale vel positivum, cuius observantiam publica auctoritas summopere curare debet.

Si agitur, contra, de aliis transgressionibus, quae nempe praecepta ab ipsis sectis dissidentibus lata respiciunt, non potest.

---

[7] S. C. S. Off., 21 April. 1847; Noldin, l. c.; Génicot, I, n. 237.

CAPUT V

BREVIS CONSPECTUS HISTORICUS RELATIONUM INTER ECCLESIAM ET CIVILEM SOCIETATEM

292. Divisio. — Historicam hanc expositionem dividendam existimamus, claritatis gratia, in varias epochas sive periodos, perfecta indole generali relationum.

Prima complectetur tempus ab Ecclesiae fundatione usque ad Constantinum.

Altera a Constantino ad subversionem imperii romani.

Tertia ab imperii romani subversione usque ad Bonifacio VIII.

Quarta erit a Bonifacio VIII ad reformationem Protestantium.

Quinta a reformatione usque ad revolutionem Gallicam.

Sexta a revolutione Gallica usque ad nostra tempora.

ARTICULUS I

A primordiis Ecclesiae usque ad Bonifacium VIII

292. Epocha prima: a fundatione Ecclesiae usque ad Constantinum M. — 1. Omnibus compertum est, Ecclesiam tribus prioribus saeculis omni persecutionum genere vexatam fuisse. Christiani debitam obedientiam erga civilem potestatem profitebantur, quia ex mandato ipsius Christi debebant reddere *quae sunt Caesaris, Caesari;* et ex Apostolorum praecepto tenebantur subesse potestatibus sublimioribus et obedire regibus, ducibus, omnique legitimae auctoritati [1].

---

[1] Rom. XIII, 1 ss.; I Petr., 13, 14, 18.

Unde auctoritas politica nihil timendum habebat ex parte Ecclesiae; imo meliores et fideliores subditos apud christianos reperiebat. Nihilominus insano odio eos persecuta est.

2. Ratio praecipua persecutionum fuit intimus nexus, quo religio nationalis cum ipso Imperio coniungebatur. Penes omnes populos antiquos religio iure habita est tamquam publicae prosperitatis totiusque ordinis socialis fundamentum; inde quaedam identificatio orta inter Statum et religionem sive deorum nationalium cultum, ita ut quicumque haec duo separare vellet, ut perturbator et inimicus suae gentis haberetur [2].

Huiusmodi persuasio, fac sedulo attendas, nequaquam *iustificat* exclusionem illius religionis, quae, licet nova, vera tamen seu divina ex tot tantisque signis apparebat. Hinc intelligitur cur potestas politica et non raro plebs ipsa vehementi odio prosecuta sit christianismum, qui falso deorum nationalium cultui subesse detrectabat, eumque acriter insectabatur et abolendum conclamabat [3]. Unde effatum: *Christianos esse non licet: Christiani non sint* [4].

Quae luctae et saevientis persecutionis conditio sapientissimo Dei consilio permissa fuit, ut evidentius divina religionis christianae origo eiusque a Statu omnimoda independentia patefieret.

Sane tunc temporis Ecclesia independenter a Synagoga et a Romano Imperio suam iurisdictionem exercuit, bona acquisivit et possedit. Status eam instar *collegii illiciti* habens, modo dissimulans tolerabat; modo, et quidem saepius, vexabat, atque omni vi oppressam exstirpare conabatur [5].

Quare proscriptio *iuridice* semper his saeculis viguit; *practice* autem christiani per intervalla tolerabantur, imo eorum consociationes, qua *societates facti*, acquirere, possidere et agere potuerunt [6].

3. Ecclesia, quamvis exterius oppressa, interius tamen libertate fruebatur ex ipsa sua natura, ita ut organizationem, iura,

---

[2] Cfr. Allard, *Dieci conferenze sul martirio*, trad. Radaeli, Roma, 1912, p. 71 ss.; eiusdem, *Martyre in Diction. apol.*, III, p. 346 ss.; eiusdem, *Les persécutions et la critique moderne*, Paris, 1910, p. 35 ss.; Batiffol, *Eglise naissante*, p. 21 ss.

[3] Cfr. Tertull., *Apol.*, § 4; Migne, *P. L.*; I, 284 s.; Gosselin, *Introd.*, n. 18 s.; Bossuet, *Discours sur l'histoire univ.*, P. II, c. 20.

[4] Cfr. Kirch, *Enchiridion fontium historiae eccl. antiquae*, Frib. Brisg. 1910, n. 152, 164.

[5] Bossuet, l. c.; Moulart, l. c., p. 329; Rivet, l. c., p. 176; Cappello, *Chiesa e Stato*, p. 362 ss.

[6] Cfr. Giobbio, *Chiesa e Stato nei primi secoli del cristianesimo*, Milano, 1914, 188 ss.; Duchesne, *Storia della Chiesa antica*, I, 213 ss. (In Indicem relat.); Batiffol, l. c., p. 24 ss.

Theoria e Mommsen, a De Rossi et ab aliis approbata, quae supponit christianos *civiliter* egisse sub forma *collegiorum tenuiorum,* a modernis cri-

instituta, totam vitam suam evolvere potuerit, independenter
omnino a potestate civili.

294. — Ex agendi ratione Ecclesiae hoc tempore duo maximi
momenti pro historia iuris ecclesiastici colliguntur, scil.:

1° Ecclesiam a Statu separatam imo vi oppressam, iuridicae suae perfectionis conscientiam habuisse et ea omnia, quae
suo fini necessaria censuit, iure proprio, etiam contra imperiales
leges, ordinasse;

2° Ipsam nihil molitam esse, ut auctoritatem civilem, ethni-
cam quidem et hostilem, quomodocumque deturbaret; sed, contra,
officia civium erga rempublicam agnovisse eaque aperte com-
mendasse.

Qua de re egregia testimonia nobis tradunt *S. Petrus* et
D. Paulus[7], *S. Clemens Rom.*[8], *S. Iustinus M.*[9], *Tertullianus*[10],
Origenes[11], et alii plures.

**295. Epocha secunda: ab edicto Constantini usque ad im-
perii romani subversionem.** — 1. Gravissima rerum conditio
mutata est per celebre Constantini edictum Mediolanense
(an. 313), quo libertas *omnium* religionum proclamata fuit[12].
Per huiusmodi edictum religio christiana facta est *licita,* atque
legitimis iuribus praedita.

Accesserunt varia praescripta civilia, quibus Ecclesiae quaedam privilegia et favores obvenerunt.

2. Inde a Constantino, praeter berve tempus dominationis
Iuliani apostatae (361-362), qui persecutionem eo magis pericu-
losam quo perfidiorem adversus Ecclesiam excitavit, imperatores
non cessarunt Ecclesiae favere.

Per edictum imperatorum Gratiani, Valentiniani et Theo-
dosii (27 febr. 380) statutum fuit, religionem chistianam, eam
scil. quam Episcopus Romanus profitebatur, esse *religionem Status.*

---

ticis (Batiffol, Duchesne, etc.) non admittitur. Quae tamen opinio ab altera,
quam in textu proponimus, parum differt.

[7] I Petri II, 13 ss.; Rom, XIII, 1 ss.

[8] *Orat. univ.*; Kirch, l. c., n. 59 ss.

[9] *Ap.,* I, cap. 17.

[10] *Ap.,* cap. 30 ss.

[11] *Contra Celsum,* III, 7; Galante, *Fontes iuris canonici selecti,* Oeniponte, 1906, n. 18.

[12] Euseb., *Hist. eccl.,* lib. IX, cap. 9, lib. X, cap. 5; Kirch, l. c., n. 314 ss.

Imperatores, deposito titulo *Pontificis Maximi,* quem Caesar Augustus eiusque successores ad imperialem auctoritatem magis magisque extollendam sibi usurpaverant, *advocatos Ecclesiae* et *episcopos externos* vocari maluerunt.

3. Theodosius M. ethnicorum cultum prohibuit sub poena laesae maiestatis, adeo ut haeretici et schismatici rei haberentur delicti in rempublicam [13].

Religio christiana, *religio Status* effecta, plures favores obtinuit. Ex publica pecunia multae ecclesiae aedificatae sunt; immunitas personalis, realis et localis paulatim introducta est; Episcopis permissum fuit ut in pluribus causis etiam temporalibus iudicium sive sententiam ferrent; leges civiles in dies magis accommodatae sunt legibus divinis et ecclesiasticis [14].

At, una cum favoribus, abusus quoque habiti sunt. Nam imperatores auctoritatem in spiritualibus sibi vindicarunt. Quae prava dominandi libido eo usque processit, ut Ecclesiae libertas in maximum adduceretur discrimen, cum non modo leges disciplinares ferrent, verum etiam dogmatica decreta constitutionibus imperialibus promulgarent.

Quem usurpatum interventum auctoritatis politicae in rebus ecclesiasticis, tum Patres (v. g. Hilarius Pictaviensis, Athanasius, Basilius, Gregorius Nazianzenus, Gregorius Nissenus, Ioannes Chrysostomus, Ambrosius, Augustinus), tum RR. Pontifices (v. g. Leo M., Gelasius I, Gregorius II, Nicolaus I) gravissimis verbis improbarunt eique viriliter restiterunt.

Quae *protestationes* sunt maximi momenti et classicum exhibent documentum in hac re: siquidem quaestio nunc primum proponitur de relationibus inter Ecclesiam et Statum christianum.

Huiusmodi pravi abusus ex parte civilis potestatis in Occidente, cum ob aulae distantiam maior fuerit Sedis Apostolicae influxus, minores et leviores fuerunt quam in Oriente, ubi caesaropapismus byzantinus teterrimos effectus protulit.

Idque duplici praesertim causa: *tum* quia Ecclesia Orientalis perpetuis contentionibus dogmaticis dilacerabatur, *tum* quia multi ex Episcopis Byzantinis, vel metu compulsi vel spe allecti favorem imperatoris sibi conciliandi, maximam servilitatem saepe ostendebant.

Quae servilitas adeo processit, ut imperatorem titulo *Pontificis, sacerdotis* decoraverint, ex. gr. in Synodo Constantinop. (an. 448) erga Theodo-

---

[13] L. 2, Cod. Theod., 16, 1; l. 6, C. Th., 16, 5; l. 4, 5, 6, 12, 25, C. Th. 16 10; C. Iust. lib. I, t. 7, 9.

[14] Cfr. Cappello, l. c., p. 375; Kirch, l. c., n. 747 ss.; Galante, l. c., n. 25, p. 102 ss.

sium II, in Chalcedonensi (an. 451) erga Marcianum. Unde Gregorius II in sua responsione ad Leonem Isauricum (an. 729) debuit huiusmodi titulum ad genuinum sensum reducere [15].

296. Epocha tertia: a subversione imperii romani usque ad Bonifacium VIII. — I. Imperium romanum, quod iam ad ruinam vergebat pluribus de causis sive intrinsecis sive extrinsecis, Barbarorum ictibus percussum, cessavit anno 476.

Plures populi ex arianismo vel ethnicismo conversi sunt: integra Francorum natio, post insignem Clodovaei regis victoriam (an. 496) fidem catholicam suscepit; ad quam reversi sunt, decursu saeculi VI, Burgundiones in Gallia, Visigothi in Hispania, Longobardi in Italia; item Saxones et Angli conversi sunt [16].

2. His temporibus *auctoritas* Episcoporum maxime crevit; nam in iisdem tantum, populi victi efficax subsidium inveniebant contra Barbarorum ferociam, ipsi quoque victores summa reverentia Praelatos ecclesiasticos ob virtutes et dignitatem generatim prosequebantur.

Post conversionem vero, praesertim in regno Francorum, Episcopi et abbates magnam partem in regimine publico obtinuerunt, instar patrum, tutorum et magistrorum habiti; clerici terras, immunitates, privilegia assecuti sunt. Reges suam potestatem ad tuendam et promovendam religionem conferebant.

Hinc maximam Ecclesia auctoritatem moralem et diuturnum atque efficacem influxum exercuit in leges, instituta et mores populorum, quamvis et ipsa vicissim eorum institutis et consuetudinibus interdum ex materna benevolentia indulgere debuerit.

3. Tunc vigere coepit mirabilis illa concordia, tot bonis fecunda, inter sacram civilemque potestatem: Ecclesia nativam Barbarorum ferocitatem effraenesque cupiditates sensim domabat, auctoritas civilis fidele adiutorium Ecclesiae praebebat, atque ita utraque potestas sibi invicem porrigens auxilium, efficaciter conferebat ad incrementum religionis et reipublicae, quin propria alterutrius independentia periclitaretur.

Populi ad catholicam religionem conversi, eam ut *religionem Status* habebant, religionis finem ut supremum et unicum finem ultimum omnium societatum considerabant; ideoque leges suas cum veritatibus sive praeceptis divinis et ecclesiasticis harmonice componere satagebant. Vicissim Ecclesia multas novorum populorum opiniones et consuetudines, reiectis abusibus, recipiebat.

---

[15] Cfr. Hefele, III, p. 399 s.
[16] Cfr. Scherer, I, § 12; Phillips, II, § 119; Walter, nn. 19, 53.

Hinc factum est, ut complura « *elementa germanica* » in ius canonicum recepta fuerint [17].

4. At, ultra quoque limites particularium Statuum, Ecclesia suum exercebat influxum. Ex plena enim concordia et omnimoda paritate principiorum, utilitatum, adspirationum et legislationis, quaedam intima *unio* inter nationes christianas orta est, quae merito obtinuit *christianitatis* nomen.

Dum singulae gentes suam *autonomiam* et propriam auctoritatem cum suis iuribus et obligationibus servabant, eaedem *in Ecclesia* et *ex Ecclesia,* quasi ex communi quodam *centro,* in *unitatem* quandam simul confluxerunt, et *mixtam confoederationem* efformarunt, *politicam* simul et *religiosam,* sub R. Pontificis suprema auctoritate.

Ipsius erat in fidem et mores invigilare, pacem et concordiam inter varios principes, necnon inter principes et subditos fovere, quae animorum unio magnopere conferebat tum ad religionis bonum tum ad reipublicae prosperitatem.

Quae omnia, fac sedulo animadvertas, potius *de facto* et quasi ex *tacito* principum et populorum *consensu* statuta sunt, quam ex *vero pacto* atque *expressa conventione* [18].

Non defuit tamen periculum pro Ecclesiae libertate et independentia. Nam Episcopi iurisdictionem temporalem sicuti principes paulatim obtinuerunt, ita ut iudicia exercere, taxas imponere, monetas cudere, cum optimatibus in concilia mixta et capitularia convenire potuerint.

Qua rerum conditione posita, ipsa quoque civilis auctoritas sibi iura vindicabat ac de facto exercebat in negotia et personas ecclesiasticas. Eo magis quia ius canonicum universale tunc temporis non exsistebat, sed singulae Ecclesiae aliquo sensu *nationales* erant, quin tamen Romanum Primatum negarent, proprias leges moresque sequebantur.

297. Constitutio Sacri Romani Imperii. — 1. Arcta utriusque potestatis *unio* a stirpe Carolingica potissimum exculta est, eaque complementum accepit per institutionem *Sacri Romani Imperii* et coronationem Caroli M.

Pipinus et Carolus M. per auxilium R. Pontifici contra Longobardorum usurpationes efficaciter praestitum, dominium tem-

---

[17] Wernz, I, n. 21; Walter, l. c., n. 141 ss.

[18] Cfr. Moulart, l. c., cap. 4, art. 2; Rivet, l. c., p. 178 s.; Phillips. II, § 119 s.

porale restituerunt; quod etiam donationibus auxerunt [19]. Quare in signum grati animi ambo titulo *Patritii Romani* decorati sunt.

Carolus vero sollemniter *imperator* coronatus est a Leone III in festo Nativitatis Domini an. 800.

2. *R. Imperium* nequaquam conferebat electo universalem quandam *iurisdictionem* in populos christianos et aliqualem *praeeminentiam* in Ecclesia, ut immerito quidam affirmant; sed mera dignitas erat, quae imperatori munus et officium tribuebat *protectoris* ac *defensoris* iurium Ecclesiae, atque solum ex concessione R. Pontificis accesserunt postea quaedam iura utilia et iurisdictionalia [20].

Confirmatio et coronatio imperatoris ad R. Pontificem pertinebat.

Fundamentum institutionis erat idea unionis seu intimae necessitudinis Ecclesiae et Status, regni Christi et reipublicae christianae. Duae supremae potestates in mundo, quae se invicem adiuvare debebant: auctoritas pontificia in spiritualibus, auctoritas imperialis in temporalibus.

Hinc notum principium mediaevale: *qui hostis est Ecclesiae, civitatis quoque hostis est; qui civitatis, Ecclesiae.*

Potestas imperialis Ludovico Pio, dein aliis principibus successive concessa, post Ottonem I, vi privilegii pontificii per modum taciti pacti, deinceps unita mansit cum dignitate et potestate regis Germaniae.

3. Huiusmodi unio, una cum multis bonis, attulit, quoque plura incommoda. Potestas civilis cum maximo detrimento libertatis ecclesiasticae, *praevalere* coepit.

Imperatores, praesertim Otto (962-973) et multo magis Henricus III (1039-1506), de Sede Apostolica ac de R. Pontificis nominatione quasi iure proprio disponere ausi sunt.

Ecclesiastica bona, ad instar feudorum redacta, reges et domini temporales libere distribuebant.

---

[19] « Carolus M. ea omnia quae Longobardi sub regibus Astulpho, Luitprando et Desiderio, romanis et constantinopolitanis imperatoribus adempta iuris sui fecerant, ut exarchatum Ravennatam, Romandiolam, Picoenum, Umbriam et Thusciae partem beato papae Adriano et Apostolicae Sedi in perpetuum donavit; ac Urbem Romam liberam esse voluit ». Ita Panvinius, *Epitome vitarum RR. Pontificum a S. Petro usque ad Paulum IV*, Venetiis 1567, p. 39.

[20] Cfr. Ottolenghi, *Della dignità imperiale di Carlo Magno*, p. 5 ss.; Walter, l. c., nn. 91, 170 s.; Wernz, l. c., n. 23; Grashof, in *Arch. f. k. K.*, t. 42, p. 209 ss.; Phillips, III, § 123.

Provisio ecclesiarum veluti munus civile considerabatur; sedes episcopales arbitrio imperatoris et principum assignabantur; nedum temporalis iurisdictio, sed etiam spiritualis per *laicalem investituram conferebatur*, i. e. his formulis et symbolis quae Praelatos ecclesiasticos ad simplices magistratus civiles reducere videbantur. Unde Episcopi complures potius regii ministri, magistratus et duces, quam animarum pastores, videbantur.

Itaque nervus disciplinae ecclesiasticae maxime relaxatus: complures iique gravissimi abusus orti, praesertim *simonia* et *incontinentia |clericorum.*

298. Tuitio iurium Ecclesiae ex parte RR. Pontificum. —

1. *Gregorius VII* (1073-1085) *libertatem* et *independentiam* Ecclesiae vindicandam eiusque *sanctitatem* instaurandam suscepit. Iam ut consiliarius plurium suorum in Sede Petri praedecessorum invicta constantia summoque zelo huic fini assequendo se totum mancipaverat [21].

Contra *investituram laicalem,* quae praecipua erat malorum radix, Gregorius strenue pugnavit. Hinc lucta adversus imperatorem Henricum IV (1056-1106), quam forti constantique animo ad mortem usque in exsilio prosecutus est.

Pugna ab eius successoribus continuata fuit. Tandem victoria arrisit.

2. In Concordato Vormatiensi (an. 1122) inter Callistum II (1119-1124) et Henricum V (1105-1125), in Concilio Lateranen. (an. 1123) confirmato, pax inter Ecclesiam et imperium restituta est.

Etiam in Gallia et Anglia res compositae fuerunt [22].

3. Quaedam tamen controversiae et certamina non defuerunt, v. g. inter Alexandrum III (1159-1181) et Fridericum Barbarossam (1152-1190), inter eumdem Pontificem et Henricum II (1154-1189), regem Angliae. Qui, poenitentia acta ad tumulum S. Thomae a Becket (an. 1176), cum Ecclesia reconciliatus est; item Fridericus (an. 1177) pacem cum Alexandro III Venetiis inivit.

----

[21] Falso ab adversariis asseritur, Gregorium VII animum habuisse instituendi *monarchiam* sive *theocratiam* universalem regnorum christianorum, in qua omnes reges essent quasi R. Pontificis *vassalli.* Cfr. Suarez, *De leg.,* lib. III, cap. 7 et 8; Michael, in *Act. theol. Oenipont.,* t. XXVI, p. 265 ss.; Hergenröth., l. c. p. 138 ss.

[22] Thomassin, l. c., P. II, lib. 2, cap. 34, n. 4; Noris, *Istoria delle investiture delle dignità ecclesiastiche,* cap. II, Mantova 1744.

4. Sub *Innocentio III* (1198-1216) relationes inter sacram et civilem potestatem optimae erant tantaque Ecclesiae et Sedi Apostolicae competebat auctoritas, ut ad fastigium suae potentiae revera pervenerit.

Papa enim eo tempore arbiter erat populorum christianorum et pater totius familiae christianae [23].

Articulus II

A Bonifacio VIII usque ad tempora nostra

299. Epocha quarta: a Bonifacio VIII usque ad reformationem Protestantium. — Inde *a Bonifacio VIII* (1294-1303) auctoritas RR. Pontificum imminui coepit, atque ita imminutus quoque est salutaris influxus, quem tempore medioevali Papae in reges et imperatores exercuerant, in bonum totius reipublicae christianae.

Huius immutationis, numquam satis lugendae, plures sunt causae: historica *adiuncta* et *novae theoriae* tunc temporis exortae.

300. - Ad historica adiuncta quod attinet, duplex praecipue est *factum memorandum*: residentia Papae in urbe Avenionensi et schisma occidentale.

1. Dissidiis et controversiis exsistentibus inter imperatores et RR. Pontifices, hi non raro ad reges Galliae recurrebant, ut ab eis auxilium et protectionem obtinerent.

Ita v. g. Alexander III an. 1161 profugus ab Italia, quam Fridericus Barbarossa invaserat et devastabat, sese in Galliam recepit; item apud regem Gallicum refugium invenit Innocentius IV (1243-1245), qui in Concilio Lugdunens. I (an. 1245) coactus fuerat devenire ad extremum remedium depositionis contra Fridericum II (1197-1250), Ecclesiam dolosa persecutione vexantem.

Hinc factum est, ut RR. Pontifices in signum grati animi speciali benevolentia reges Galliae prosequerentur.

---

[23] Cfr. Hefele, l. c., p. 768 ss.; Hergenröth.-Kisch, *Handb. d. allg. Kircheng.*, I, p. 481 ss.; Phillips, l. c.

Quae tamen concordia mox in grave dissidium mutata est.

Philippus Pulcher, Galliae rex, ambitione et avaritia deceptus, controversiam habuit cum Bonifacio VIII. Hic dignitatem et iura Seris Apostolicae firmiter asseruit ac strenue defendit. Sed frustra; nam Philippus impie restitit, et, armis mendacii ac violentiae usus, eo processit ut Papam in civitate Anagnina gravissime offenderet.

Magna ex hoc tempore orta est *diffidentia* aliorum principum erga RR. Pontifices ob *dependentiam*, saltem apparentem, *a rege Galliae*.

Inde conflictus cum imperatoribus Germaniae, primo quidem inter Clementem V et Henricum VII, postea gravior inter Ioannem XXII (1316-1334) duosque eius successores et Ludovicum Bavarum. Is a partibus Fraticellorum, mox a Marsilio Patavino adiutus et in Italia cum Ghibellinis unitus, Romam, spreta excommunicatione, ingressus est, antipapam creavit et fere usque ad mortem (an. 1347) luctam cum Papa impie gessit.

Licet, post obitum Ludovici, unio quaedam restituta fuerit, de facto tamen praefata pugna hunc gravissimum effectum tulit, scil. ut Sedi Apostolicae ea iura subtraherentur quae in imperium hucusque habuerat [1].

2. Quot quantaque mala attulerit SCHISMA OCCIDENTALE, quod ab an. 1378 ad an. 1417 nationes christianas divisit inter obedientiam duorum et etiam trium Pontificum, nemo est qui ignoret. Sane reverentiam et amorem populorum erga Sedem Apostolicam valde imminuit, vinculum obedientiae et subiectionis maxime relaxavit, potentiae atque auctoritati Ecclesiae et RR. Pontificum dirum inflixit vulnus [2].

301. - Alia causa inductae immutationis fuerunt NOVAE et FALSISISSIMAE THEORIAE de potestate pontificia et imperiali sive regia.

Potestas civilis dicebatur libera omnino et independens ab auctoritate RR. Pontificum, imo etiam Ecclesiae mancipandae idonea. Hinc erroneum impiumque *nationalitatis* principium.

Negata fuit hierarchia, divina primatus institutio, potestas coactiva et facultas bona temporalia possidendi; populo christiano immediate concredita dicebatur tota iurisdictio spiritualis, quae pastoribus delegatur mediante imperatore, qui eius usum moderari debet; Papam corrigere, nominare, destituere, punire potest imperator.

---

[1] Declaratio *Rensens.* an. 1338. Cfr. Hefele, VI, p. 575 ss.; Hergenröth.-Kirsch, l. c., p. 749 ss.; Phillips, l. c., § 134.

[2] Cfr. Gayet, *Le grand schisme d'Occident*, Paris, 1886; Salembier, *Le grand schisme d'Occident*, Paris, 1900; Jungmann, *Dissert. select. in historiam eccl.*, VI, p. 279 ss.

Ita Gulielmus de Occam, et praesertim Marsilius Patavinus ac Ioannes de Ianduno, qui primi scriptores imperialistae fuerunt, caesaropapismum systematice propugnantes.

Quae falsae theoriae late diffusae, a principibus libentissime admissae in suae potestatis incrementum, in comitiis et in pseudo-synodis receptae fuerunt.

In *Gallia* systema, serius *gallicanismus* seu *regalismus* dictum, sub nomine libertatum ecclesiae Gallicanae, sancitum fuit. Prima proclamatio libertatum huiusmodi facta est in synodo nationali Parisiensi 18 febr. 1407, in aula parlamenti die 15 maii 1408 relata[3], et sollemniter sancita fuit in *Pragmatica sanctione Bituricensi* (anno 1438).

Reges ius *Placet,* regaliae, spolii, appellationis ab abusu, etc., sibi vindicarunt et exercuerunt.

Non aliter res in *Germania* se habebant, ubi, collapso iam imperio, principes ius in spiritualibus sibi tribuebant: negotia ecclesiastica pro libitu gerenda suscipiebant; privilegia, immunitates, iurisdictionem ecclesiasticam arbitrio suo coarctabant; auctoritatem pontificiam in suis territoriis non agnoscebant.

Quibus malis, quoad fieri potuit, remedium afferre conati sunt RR. Pontifices per *concordata* Francofurtiensia an. 1447 et Vindobonensia an. 1448, per *concordatum* Leonis X cum Francisco I, rege Galliae, an. 1516, ut ita *principium* saltem auctoritatis ecclesiasticae a principibus agnosceretur[4].

302. - Propter varias has causas ordo societatis christianae valde turbatus fuit. Quae antea vigebat fecunda unio principum et populorum cum Ecclesia catholica ac S. Sede, dissoluta est.

Iura *nationalia* alte proclamata sunt, quasi haec sine legibus divinis et ecclesiasticis exsistere vimque habere possent et auctoritatem: respublica christiana gravissimum damnum inde passa est.

303. Epocha quinta: a reformatione usque ad revolutionem gallicam. — 1. Gravissima damna attulit *reformatio.* Nam hucusque in tota Europa occidentali *una* fuerat religio, *una*

---

[3] Pragmatica sanctio, quae a S. Ludovico an. 1269 lata dicitur, est documentum spurium. Ita hodie omnes historici, etiam adversarii. Cfr. Funk, l. c., p. 533.

[4] Hefele, VII, p. 426 ss.; Nussi, *Conventiones de rebus ecclesiasticis inter S. Sedem et civilem potestatem,* p. 15 ss.; De Luise, *De iure publico seu diplomatico Ecclesiae catholicae,* p. 517 ss.

societas christiana. Quam unitatem reformatio disrupit et integros populos a communione cum Ecclesia Romana, quae sola est vera Ecclesia Christi, separavit [5].

2. Ab initio (a. 1517) Lutherus praedicabat christianos nulla auctoritate egere nullaque externa gubernatione; at brevi necessitate compulsus sibi procurandi auxilium temporale, suam sententiam in dies mutavit.

Anno 1523 declaravit *christianam communitatem*, quae tot tantisque angustiis premebatur, *posse* et *debere ordinem* quendam *ecclesiasticum instituere* [6].

Paulo post (an. 1526), communitatem sive populum germanicum huic ordini condendo ineptum diserte edicens, recognovit penes *principes* divinam quandam *vocationem* ad huiusmodi *institutionem* faciendam.

Tandem *exclusivam* propugnavit *religionem Status.*

3. Protestantes ita pervenerunt ad absolutum potestatis saecularis in conscientias *despotismum* sive *tyrannidem,* quae, post diuturna bella et generalem Europae conflagrationem, fuit infeliciter agnita per pacem Westphalicam (an. 1648), cum *ius reformandi,* i. e. propriam religionem subditis imponendi, tributum fuerit principibus.

Hinc principium: « *Cuius regio, eius et religio* », quod falsissimum esse, evidens est.

304. Ut vero, saltem apparenter, huiusmodi civilium principum intrusionem legitimam redderent, Protestantes varia systemata excogitarunt, inter se et non raro cum ipsis protestantismi principiis colluctantia.

1° Systema TERRITORIALE, adumbratum a Luthero et a Melanchthone, proprie excogitatum fuit ab Hugone Grotio [7], a Thomasio († 1728) et a Brehmer († 1739) evolutum, in praxim deductum a Calvino Genevae et a Zwinglio Tiguri [8].

Vestigia reperiuntur in gallicanismo.

Hoc systema admittit principem civilem propria et nativa auctoritate regere ecclesiam particularem tamquam corporationem publicam in iis om-

---

[5] Cfr. Scherer, I, p. 42 ss.; Sägmüller, l. c., p. 48; Vering, *Lehrb. d. K. Kirchenr.*, § 69.

[6] Cfr. Phillips, l. c., § 139; Menzel, *Neure Geschichte*, etc., I, p. 258 ss.; II, p. 296 ss.; Riffel, *Christliche Kirchengeschichte*, etc., I, p. 350 ss.

[7] *De imperio summarum potestatum circa sacra*, a. 1646-47.

[8] Cfr. *Corpus Reformatorum*, III, p. 225, 242, 244; *Subsidium de Euch*, Zürich, 1828-1861, II, 339; Lampert, *Die rechtl. Stellung*, etc., p. 5 ss.

nibus, quae spectant ad eiusdem ordinem externum, et praescribere posse subditis suis determinatam formam externam *religiosae confessionis*.

Quae theoria, consequenter, *nullam* admittit *religiosam organizationem* a Statu *independentem*, totaque his duobus principiis continetur: « *Ecclesia est in Statu* », et « *cuius regio, eius et religio* »[9].

2° Theoretice, non vero practice[10], diversum ab hoc est systema EPISCOPALE, excogitatum a Stephani († 1646), maxime promotum a Carpzov († 1699) et Moser († 1761). Contendit, ad magistratus sive principes civiles tamquam successores Apostolorum spectare (utrum iure nativo an devolutivo, controvertitur; communius, iure devolutivo) potestatem ecclesiasticam seu « *custodiam utriusque tabulae* », i. e. decalogi[11].

Hac ratione vero praefata potestas *devoluta* fuit, ut plerique affirmant, ad *principes*. Suspensa provisorie ex pace Augustana (an. 1555) iurisdictione ecclesiastica et episcopali in Statibus protestanticis imperii, necesse fuit ut ad aliquem *devolveretur*. Ad quemnam, aiunt, nisi ad *principem*?

Quod profecto confutatione haud indiget: *a*) *quia devolutio* fit ab inferiore ad Superiorem; porro Superior est R. Pontifex, non autem princeps, qui nulla pollet auctoritate in Ecclesia; *b*) quia potestas illa suspensa fuerat ex principum violentia, quae nullum ius ipsis praebere potuit.

3° Systema COLLEGIALE statuit Ecclesiam esse societatem aequalem ideoque aequale ius competere universae communitati christianae, haud secus ac cuilibet alii corporationi, salvis utique iuribus principis, quae *maiestatica* vocant[12].

Proinde haec theoria, adumbrata a Pufendorf († 1694), a Plaff († 1760) et Masheim († 1755) elaborata, nititur hoc falso principio: *tota potestas ecclesiastica iure proprio et nativo residet in ipsa communitate christiana*.

Usurpata aliquando per Episcopos et praesertim per RR. Pontifices contra voluntatem Christi, ad *communitatem christianam* tandem *reversa est*, quae in principes, saltem ex parte, eam transmisit.

Ideo ex quadam *delegatione* et vi alicuius *contractus* aut *quasi-contractus*, principes sunt capita ecclesiarum *nationalium*.

---

[9] Wernz, I, n. 34; Phillips, l. c., § 139; Hammerstein, l. c., p. 130 ss.

[10] Cfr. Lampert, l. c., p. 9; Bachofen, l. c., n. 23; Rivet, l. c., p. 185.

[11] Cfr. *Corpus Reformatorum*, III, p. 225; Calvin., *Instit. relig. christ.*, IV, c. 20.

[12] Cfr. Phillips, l. c., § 139; Vering, l. c., § 36; Schenkl., *Instit. iur. eccl.*, § 30.

305. — Non solum Protestantes, verum etiam iuristae et canonistae aulici varia systemata (*Regalismum, Febronianismum, Iosephinismum*) excogitarunt.

1. Praeterea, ut usurpationem potestatis ecclesiasticae ex parte principum legitimam enuntiarent, recurrerunt ad distinctionem inter iura *maiestatica* et *collegialia,* iura *in sacra* et *circa sacra* [13].

IURA MAIESTATICA, in eorum sententia, *essentialiter* et *inalienabiliter* pertinent ad principes; *collegialia* ad coetum fidelium, qui tamen per delegationem ea principibus committunt, ut supremam quandam vigilantiam exerceant.

IUS IN SACRA est potestas determinandi, declarandi, dirigendi res sacras; at quatenus ad ministros Ecclesiae pertinet, reducitur ad meram administrationem rerum spiritualium, quae a ministris inferioribus exercetur.

IUS CIRCA SACRA est « quaedam suprema dominatio et superintendentia » in res sacras. Hoc ius, aiunt, inhaeret ipsi muneri principis regentis et gubernantis civilem societatem; illud vel originaliter vel saltem ex delegatione principi competit [14].

2. Si quaeratur principium, ex quo tanta potestas in religionem principi vindicetur, ad hanc tandem formam reducitur, etsi non ita expresse ab omnibus expositum: *Regia potestas est fons cuiuslibet iuris, etiam religiosi,* sive catholici sive protestantici.

Sane cives possunt efformare associationes, communitates religiosas, quae manent Statui subordinatae, cum sint *collegia,* i. e. societates natura sua mere conventionales et aequales, nempe ex libera conventione inter socios initae et cum aequalibus sociorum iuribus.

In haec *collegia* Status eadem iura generatim habet, quae, iuxta ius romanum, ipsi competunt in associationes inter cives. Quare potest: *a)* de illorum utilitate et opportunitate iudicare et proinde ea approbare, tolerare, vel non; *b)* ipsis concedere aut eis auferre exsistentiam legalem, ex qua omnia ipsorum *iura* civilia derivantur; *c)* in ipsa pleno iure invigilare [15].

---

[13] Cfr. Hergenröth.-Hollw., l. c., n. 102 ss.; Aichner, l. c., § 43; Walter, l. c., § 38 ss.

[14] Aichner, l. c., § 39; Hergenröth.-Hollw., l. c., n. 108; Rivet, l. c., p. 97 s.

[15] Cfr. Hergenröth.-Hollw., l. c.; Rivet, l. c., p. 99; Aichner, l. c., § 49.

306. Epocha sexta: a revolutione gallica usque ad aetatem nostram. — 1. Revolutio gallica (a. 1789 ss.), quosdam quidem abusus sustulit, sed multa eaque gravissima damna peperit.

2. Multi principes, tristi experientia minime edocti, abusus caesaropapismi, post congressum Viennensem (a. 1815), renovarunt; iterumque Ecclesiam Statui subiicere conati sunt [16].

3. Novus conceptus politicus, post conflictus an. 1830 et an. 1848, praevaluit, qui, libertati favorabilis, indirecte profuit etiam Ecclesiae, quae a multiplicibus vinculis regalismi soluta aliquatenus evasit. Dicimus *aliquatenus,* quia falsa regalismi principia, sub alio nomine, asserta et practice applicata fuerunt.

Sane *liberalismus,* inter alia, *suprematiam Status* in Ecclesiam proclamavit aut explicite aut saltem implicite; consequenter, usurpationes antiquas non semel renovavit, persecutiones saepius movit, damna ingentia Ecclesiae attulit.

Gubernia civilia magis magisque tendunt ad *excludendam* Ecclesiam ab omnibus institutis et activitatibus *publicis,* v. g. a matrimonio, a scholis, ab operibus piis, etc., atque impium et falsissimum systema *laicismi* in praxim deducunt.

307. Praesens rerum conditio. — 1. Nonnulla concordata recentius inita fuerunt inter quosdam Status et S. Sedem. Alicubi, contra, vigent conventiones antiquae. Alibi demum viget separatio aut modus quidem vivendi, plus minus iura Ecclesiae et catholicorum coarctans.

2. In *Italia* foventur relationes ex Pactis Lateranensibus, 11 febr. 1929, inter Gubernium et S. Sedem resque feliciter amico foedere precedunt.

3. Anno 1922 concordatum initum fuit inter Sedem Apostolicam et *Lettoniam.*
Consulitur libero cultus catholici exercitio, sacrorum ministrorum sustentationi, clericorum in Seminariis aptae institutioni, etc.

In *Bavaria* concordatum anni 1926, quo libertas Ecclesiae eiusque iura magna ex parte agnoscuntur.

In *Borussia* concordatum anni 1929, constans 14 articulis, quibus praecipua capita, praesertim ad res mixtas quod attinet praefiniuntur.

In *Anglia* religio Status ea est, quae dicitur religio seu ecclesia «*anglicana*» scil. «*Established Church of England*». Inde ab anno 1829 catholici ab antiqua oppressione soluti fuerunt (*Catholic Emancipation act*) [17].

---

[16] Cfr. Scherer, l. c., p. 47; Aichner, l. c., § 44 s.
[17] Cfr. Bachem, in *Staatslex,* v. *Kulturkampf.*

Recentiori aetate nonnullae restrictiones, v. g. circa iusiurandum regium anticatholicum, prohibitionem ordinum religiosorum, processionem cum SS. Sacramento, capacitatem catholicorum occupandi maiora Status officia, etc., vel omnino abolitae vel saltem temperatae fuerunt.

Anglia fovet relationes diplomaticas cum S. Sede, misso apud aulam pontificiam legato.

In *Helvetia* adhuc viget Constitutio foederalis anni 1874, in qua libertas conscientiae asseritur, liberum cultus exercitium spondetur, ius matrimoniale Statui reservatur.

Relationes inter sacram et civilem potestatem in iis, quae ad res religiosas spectant, reguntur legibus particularibus singularum civitatum (vulgo Cantoni), prout catholica religio praevalet necne.

In *Belgio* viget partialis separatio inter Ecclesiam et Statum. Foventur diplomaticae relationes cum S. Sede.

Status non intervenit in nominatione sacrorum ministrorum. Recognoscit officium conferendi bona necessaria ad eorum sustentationem. Sacri ministri eximuntur a servitio militari, gaudent iure *politiae cultus* quoad ecclesias proprias aliisque fruuntur iuribus et immunitatibus.

Sed viget lex *praecedentiae* matrimonii civilis et sacri ministri peculiaribus subsunt restrictionibus in exercitio muneris sui.

In *Cecoslovachia* paritas cultuum et libertas conscientiae ex Constitutione diei 20 febr. 1920 vigebat;

quidam « *modus vivendi* » inter S. Sedem et Rempublicam Cecoslovacham initus die 2 febr. 1928;

in *Iugoslavia* ex Constitutione diei 27 iun. 1921 concessa libertas religionis et conscientiae. Hodie teterrima est religiosa conditio in hisce nationibus.

In *Austria* concordatum a. 1855 inani praetextu fuit a Gubernio denuntiatum a. 1870. Intra a. 1867-1874 plures leges conditae fuerunt, quibus, frustra reclamantibus Episcopis et R. Pontifice, res ecclesiasticae ex arbitrio ordinatae sunt. At, cum paulo post catholici influxum efficaciorem adepti essent in civitatem, et gravissimas difficultates imperio attulissent nationales contentiones, in exsecutione modus mitis servatus est et apertus conflictus devitatus [18].

Inter S. Sedem et Rempublicam *Austriacam* concordatum diei 5 iun. 1933.

Lugenda est religionis conditio in civitatibus communismo obnoxiis Rumania, Polonia, Hungaria etc.

In *Gallia* concordatum Napoleonicum violenter disruptum fuit a. 1904 a civili potestate. Die 9 decembris 1905 lata est *lex separationis* quae divinae Ecclesiae constitutioni aperto contradicebat. Tam impia, falsa et absurda erat, ut integre ne applicari quidem ab impio auctore potuerit. Catholici, Pio X adhortante, fortiter restiterunt et nobilissimum exemplum praebuere numquam satis laudandum.

In *Lusitania* conventio inter S. Sedem et Gubernium die 7 maii 1940.

Inter *Germaniam* et S. Sedem initum est concordatum die 20 iul. 1933; sed conditio infelix.

---

[18] Cfr. Cappello, *Chiesa e Stato,* p. 523; Wernz, l. c., n. 40; Vering, l. c., § 37; Chelodi, l. c., n. 32; Aichner, l. c., § 46.

In *Hispania* rerum conditio bona, ex instauratione christiana inducta, praesertim per conventionem inter S. Sedem et Hispaniam initam die 27 aug. 1953.

Quidam separationis modus viget in *Dania*, ubi Ecclesiae catholicae ab. an. 1849 conceditur aliqua libertas.

Plures leges contra catholicos latae fuerunt in *Norvegia* et *Suecia;* quarum rigor tamen nostris temporibus valde mitigatus est.

In *Hollandia*, ex ipsa Constitutione, ab a. 1848 ampla libertas catholicis conceditur [19].

Saevissima persecutione fere semper vexati fuerunt catholici in *Russia*, non obstantibus conventionibus a. 1847, 1882.

Quae vexatio, gravis perdurat.

In *America Septentrionali* viget separatio vi Constitutionum a. 1787 et 1791.

In *Bolivia* religio catholica agnoscitur qua religio Status; sed nonnullae vigent restrictiones quoad Ecclesiae iura et ministerii sacri exercitium. Viget matrimonium civile cum lege praecedentiae.

In *Chile* viget systema separationis Status ab Ecclesia ex nova lege constitutionali anni 1925, mitiore quadam forma inductum. Exsistunt diplomaticae relationes inter S. Sedem et Gubernium reipublicae.

In *Columbia* viget Concordatum anni 1887. Fundamentalis dispositio, ex qua reguntur normae circa negotia spiritualia et mixta, est ista: « Religio catholica, apostolica, romana est religio reipublicae Columbianae: publica potestas eandem agnoscit tamquam essentiale elementum quo societatis ordo constat, seque obstringit, eam, prout etiam eiusdem administros, patrimonio suo iuvare ac tutari, illamque in usu et fruitione suorum iurium et praerogativarum incolumem servare ».

Foventur amico foedere relationes inter S. Sedem et Gubernium.

In *Argentina* catholica religio est religio Status. Inter S. Sedem et Gubernium diplomaticae foventur relationes. Praecipuae normae, quae relationes inter Ecclesiam et Statum moderantur, praefinitae reperiuntur in Constitutione reipublicae diei 25 sept. 1860.

In *Brasilia* viget systema separationis Status ab Ecclesia, sed mitigatum. Inter S. Sedem et Gubernium foventur relationes diplomaticae.

In *Perù* catholica religio agnoscitur ut religio Status ex Constitutione anni 1860. Adsunt tamen nonnullae restrictiones, praesertim circa administrationem bonorum ecclesiasticorum.

Foventur relationes diplomaticae inter S. Sedem et Gubernium.

In regionibus extra *Europam* et *Americam*, in quibus dominantur Status Europaei (v. g. Anglia in Australia, in Indiis, etc.), eadem fere vigent relationes cum Ecclesia ac in ipsa metropoli.

In imperio *Iaponico* saeva persecutio habita fuit a. 1870-73. Abrogatis edictis contrariis, sat ampla libertas christianis hodie conceditur.

In imperio *Sinensi* gravissimae persecutiones habentur, ita ut religiosa libertate minime gaudeant fideles et missionarii [20].

---

[19] Cfr. Vering, l. c. § 52; Wernz, l. c.; Scherer, I, p. 70 s.

[20] *Staatslex.* v. *China*, I, p. 1342; Wernz, l. c., n. 42.

308. - Status amicitiae et concordiae inter sacram et civilem potestatem determinatur quidem per conventiones sive concordata, quae a Sede Apostolica inita fuerunt cum plerisque Statibus; at plura Gubernia vix concordata observant, adeo ut maiore libertate gaudeat non raro Ecclesia in iis nationibus, apud quas viget separatio, quam in illis Statibus, ubi concordata exsistunt.

Hodie Status sincere catholicus, proprio et stricto sensu, vix datur. Plures enim sunt indifferentes, alii paritarii, alii systema separationis sequuntur: fere ubique admittitur maior minorve libertas conscientiae et cultus.

Hinc patet necessitas, quae universis catholicis incumbit curandi, omnibus viribus ut iura Ecclesiae in civitatibus integra et incolumia serventur, plena eiusdem libertas et independentia tam privatim quam publice agnoscatur. Huc spectant quae sapientissime tradidit Pius XII in nuntio radiophonico die 24 dic. 1947 [21].

---

[21] A. A. S. 1948, p. 16.

CAPUT VI

DE CONCORDATIS [1]

Articulus I

De notione, fine, necessitate, materia, subiecto et forma concordati

309. Notio. — 1. Vox « *concordatum* », qua *participium*, significat id quod mutuo consensu a duobus vel pluribus statutum est; qua *substantivum*, designat ipsum pactum.

2. Cum generatim concordatum iniretur ad componendam aliquam controversiam, *concordia, pax, tractatus* vocari olim solebat.

Inde a concordato inito (a. 1801) inter Pium VII et Napoleonem Bonaparte, vocabulum « *conventio* » quo designatum fuit, vim obtinuit termini canonici. At nequaquam nomen authentice firmatum est; nam in documentis pontificiis pacta inter Ecclesiam et civitates diversis nominibus vocantur.

---

[1] Cfr. De Angelis, lib. I. tit. 4. Appendix de concordatis; Cavagnis, I, n. 462 ss.; Tarquini, l. c., n. 67 ss.; Aichner, l. c., § 11; Wernz, l. c., n. 165 ss.; Phillips, III, § 158; Hammerstein, *De Ecclesia et Statu*, p. 210 ss.; Chelodi, l. c., n. 33 ss.; Liberatore, *Diritto pubblico eccl.*, n. 364 ss.; eiusdem, *La Chiesa e lo Stato*, cap. 3, art. 13 s.; Rivet, l. c., p. 193 ss.; Bachofen, l. c., n. 120 ss.; Solieri, l. c., n. 328 ss.; Moulart, lib. IV, cap. 2; Baldi, *De nativa et peculiari indole concordatorum apud scholasticos interpretes*, Romae 1883; Cagiano de Azevedo, *Natura e carattere essenziale dei concordati*, Roma, 1872; Fink, *De concordatis*, Louvain, 1879; Billot, *De habitudine Ecclesiae ad civilem societatem*, p. 126 ss.; Turinaz, *Les concordats et l'obligation réciproque qu'ils imposent à l'Eglise et à l'Etat*, Paris, 1888; Giobbio, *I concordati*, Monza, 1800; Radini-Tedeschi, *Chiesa e Stato in ordine ai concordati*, p. 15 ss.; Satolli, *Prima principia ... de concordatis*, Romae, 1888; Dudon, *in Dictionn. apol.*, I, p. 628 ss.; Hergenröther, in *Kirchenlexicon*, v. *Concordate*, p. 816 s.; Renart, in *Dictionn. de théol. cath.*, p. 727 ss.; Balve, *Kirche und Staat*, etc., Ratisbonae, 1882; Ojetti, in *The cath. encyclopedia*, v. *Concordat*, p. 197 ss.; Bornagius, *Ueber die rechtliche Natur der Concordate*, etc., Leipzig, 1870; Smith, *Elements of eccl. law*, New York, 1878, p. 51 ss.

In Codice *conventiones* (can. 3), *pacta conventa* (can. 25), *concordata* (can. 1471) dicuntur.

3. Concordatum definiri potest: *Conventio inter Ecclesiam et societatem civilem ad mutuas relationes ordinandas, circa materias,* quae *utriusque societatis intersunt, publico et solemni pacto inita* [2].

4. An et quo sensu concordatum dici possit *lex particularis,* vide n. 314.

310. Finis. — Proxime est negotiorum ecclesiasticorum compositio, *remote* concordia inter utramque potestatem vel stabilienda vel restituenda; qui finis dignoscitur potissimum ex materia ipsius concordati.

Sane Ecclesia, ut iurium suorum recognitionem et plenam libertatem in sua missione exercenda obtinere possit a Statu, ei nonnulla concedit, quae concedere valet, et renuntiat usui quorundam mediorum, quae non sunt stricte necessaria; Status vero obligationem assumit recognoscendi iura Ecclesiae eiusque libertatem atque independentiam tuendi.

Practice, igitur, finis concordati est mutua pax et concordia inter ecclesiasticam et civilem auctoritatem.

311. Necessitas. — 1. Concordatum certe non est necessarium *absolute,* ut Ecclesia finem suum consequatur. Ipsi enim ius competit exigendi omnia media, quibus indiget, vel immediate a suis subditis vel a Statu; et in casu conflictus, eius ius praevalet.

Sane societas civilis *baptizatorum* iura Ecclesiae sancte et religiose agnoscere debet. Ecclesia autem leges condit de rebus spiritualibus vel mixtis; ubi autem *conflictus* oriatur, cum scil. incompossibiles obligationes imponantur subditis utriusque societatis, potestas ecclesiastica auctoritative intervenit, rem suo iudicio definit, quod Status *per se* sequi omnino tenetur.

2. Id *theoretice* verissimum est. *Pratice* tamen, ad *praevenienda dissidia* vel ad ea *componenda,* si fortasse iam orta, concordata esse maxima *utilia,* luculenter patet tum ex tot saeculorum experientia, tum ex sollicitudine qua S. Sedes conventiones init. Nam ad mutuam pacem et concordiam conservandam atque fovendam, vix aliud datur remedium, perspecta *iniuria tempo-*

---

[2] Cfr. Fink, l. c., p. 3; Wernz, l. c., n. 165, II; Cavagnis, l. c., n. 658; Rivet, l. c., pp. 194; Liberatore, *Diritto pubblico eccl.,* n. 364.

rum et *politicae auctoritatis indole,* quam recursus ad pacta et conventiones. Quod praesertim intelligendum est de materiis *mixti* stricto sensu [3].

312. Materia. — Plerumque EX PARTE ECCLESIAE, est res *non debita,* ad quam scil. Status nullum habet ius; EX PARTE STATUS, generatim, est res *debita,* cum ipsa lege divina sive naturali sive positiva ad eam praestandam teneatur, ut infra explicabitur.

2. Res *mere spirituales* nequeunt *per se* et *respectu finis spiritualis* cadere sub concordatis nisi ea ratione ut Status plenam Ecclesiae libertatem in hisce rebus agnoscat.

3. Obiecta concordatorum sunt potissimum materiae mixtae tum stricto tum lato et latissimo sensu (n. **260**) acceptae, quae difficultatibus et controversiis occasionem facile offerre possunt, quaeque per conventiones accurate praefiniri et ordinari debent.

4. In specie obiecta EX PARTE ECCLESIAE haec sunt praecipua:

1° Nova circumscriptio dioecesium et provinciarum ecclesiasticarum, aut erectio novarum sedium;

2° nominatio sive praesentatio ad beneficia non consistorialia et etiam consistorialia;

3° ius *alternativae,* quam vocant, in collatione beneficiorum;

4° condonatio sacrilegae usurpationis bonorum ecclesiasticorum;

5° concessio ut in designatione praelatorum ad quasdam Ecclesiae dignitates, ratio habeatur principis, ita ut ei sint accepti;

6° ius patronatus;

7° quaedam limitationes circa ius appellationis et iudicia ecclesiastica, praesertim in causis contentiosis clericorum;

8° iusiurandum fidelitatis erga principem a ministris ecclesiasticis praestandum.

---

[3] « Alius quoque *concordiae* modus ad tranquillam libertatem valet, nimirum si qui principes rerum publicarum et Pontifex Romanus de re aliqua separata in idem placitum consenserint ». Ita Leo XIII in Encycl. « *Immortale Dei* », § *Itaque.*

Cfr. Tarquini, l. c., n. 73; Billot, l. c., 126; Wernz, l. c., n. 170; Hammerstein, l. c., p. 111 ss., 116 ss.; Rivet, l. c., p. 193 s.

5. Ex parte Status, haec sunt praesertim obiecta:

1° cultus religionis catholicae libere publiceque exercendus;

2° libera communicatio cum Sede Apostolica;

3° liberum exercitium potestatis episcopalis tum ordinis tum iurisdictionis;

4° recognitio iurium Ecclesiae quoad sacramenta, sacras functiones, immunitates;

5° conditio legalis religiosorum;

6° congrua clericorum sustentatio ex publico aerario;

7° restitutio bonorum ecclesiasticorum;

8° recognitio iuris Ecclesiae quoad Seminaria, scholas, opera pia;

9° recognitio ecclesiasticae proprietatis, i. e. iuris Ecclesiae acquirendi, possidendi et ministrandi bona temporalia;

10° promissio protectionis et tutelae in favorem Ecclesiae.

Status aliquando *privilegia* Ecclesiae concedit; hodie tamen rarissime, fere numquam. Plerumque Ecclesiae nonnisi aliquam *protectionem* et *tutelam* promittit, ad quam iure divino iam tenetur. Hinc fit ut, in hoc casu, duplici titulo obligetur, accedente nempe nova obligatione ex pacto.

Saepe ad nihil aliud se adstringit civilis potestas quam ad *conventionem* fideliter *observandam* circa ea, quae meram compensationem et restitutionem pro damnis Ecclesiae illatis continent. Tunc duplici titulo iustitiae ligabitur, ex necessitate reparandi damna et ex solemni pacto restitutionis aut compensationis.

313. Subiectum. — 1. Subiectum ex parte Ecclesiae est unus R. Pontifex, quia ea, quae concordatum continet, excedunt regulariter competentiam Episcoporum et pertinent ad causas maiores.

Olim etiam Episcopi poterant concordata inire eaque de facto iniverunt; neque, absolute loquendo, repugnat Episcopos de iuribus et utilitatibus particularibus suae Ecclesiae conventiones inire [4].

Iure canonico vigente nequeunt (cfr. can. 255 et 263, 1°).

2. Ex parte Status subiectum est illa persona, physica vel moralis, quae habet ius ineundi pacta solemnia nomine publico, *cum* aut *sine* consensu comitiorum respectivae societatis. Talis est v. g. princeps, rex, imperator, praeses reipublicae.

---

4 Cfr. Aichner, l. c., § 11; Scherer, l. c., p. 153; Rivet, l. c., p. 195; Cavagnis, l. c., n. 655 s.; Wernz, l. c., n. 166; Fink, l. c., p. 150 ss.

Dicimus *cum* aut *sine consensu comitiorum,* etc., quia si forte comitia legifera exsistant eorumque assensus requiratur ex constitutione ad huiusmodi pacta ineunda, is profecto necessarius est [5].

3. Concordatum fere semper concluditur per *plenipotentiarios,* legitime designatos et peculiaribus facultatibus insignitos, qui adamussim sequi tenentur instructiones et mandata auctoritatis, quam repraesentant, tum quoad obiectum tum quoad intentionem mandantis.

314. An et quo sensu concordatum lex particularis dici possit. — 1. Concordatum, cum sit pactum inter Sedem Apostolicam et Statum, ex propria natura directe et immediate obligat contrahentes tantum. Quare sub hoc respectu dici nequit *lex particularis.*

2. Sed, praeter res in concordatis contentas, pro quibus obligatio afficit supremam potestatem sive ecclesiasticam sive civilem, dantur res in iisdem concordatis expressae, pro quibus obligatio exsistit quoad subditos utriusque potestatis, seu qua *catholicos* et qua *cives.*

V. g. ius nominandi ad beneficia principi civili concessum, obligatio consulendi ex publico aerario ministrorum cultus sustentationi, respiciunt directe et immediate S. Sedem et civile Gubernium; dum e contra obligatio v. g. ex parte parochorum denuntiandi matrimonia auctoritati municipali, ex parte nupturientium obligatio adeundi et magistratum et parochum pro instituendis publicationibus, profecto directe et immediate afficit ipsos fideles qua subditos Ecclesiae et qua subditos Status.

3. Sub hoc respectu concordatum, quatenus ligat *singulos* et catholicos et cives, procul dubio considerandum est qua *lex* quaedam *particularis,* unde obligatio eos attingens profluit, sicut universim dicitur de qualibet lege, in quantum normam agendi statuit.

Itaque concordatum, quatenus obligationem imponit subditis, iure dici potest quaedam *lex particularis* tum ecclesiastica tum civilis, quae ab utraque potestate forma legitima promulganda est [5bis].

---

[5] Controvertitur inter DD., utrum consensus comitiorum, si necessarius sit, requiratur quoque ad pacti exsecutionem. Cfr. Ullmann, *Volkerrecht,* n. 257 ss.

[5bis] Cfr. Tarquini, l. c., n. 73; Wernz, I, n. 163; Aichner, l. c., § 11; Bachofen, l. c., n. 122.

Id confirmant ipsa concordata. V. g. in concordato Hispaniae an. 1851 statuitur: « Ipsaque conventio *ut lex Status* deinceps eisdem in dominiis perpetuo vigebit » (art. 45).

Item in concordato Austriae (art. 35), Costaricae (art. 26), Guatimalae (art. 27), etc.

4. Aliud tamen est, quod concordata habenda sint *ut leges,* aliud quod *verae et proprie dictae leges* sint dicenda. Primum recte affirmatur; non item alterum, attento subiecto passivo concordati eiusque obiecto et fine immediato.

315. Forma. — Triplici praesertim forma concordata iniri solent.

Huius exemplum habemus in concordato Wormatiensi, quod primo continet *praeceptum Henrici V imperatoris,* quo investiturae per annulum et baculum renuntians, promittit se bona ecclesiastica iniuste ablata esse restituturum et Ecclesiae fideliter auxilium praestiturum; dein *professionem* seu *privilegium Callisti II,* quo imperatori concedit ut Episcoporum regni teutonici electiones in eius praesentia fiant, ut electi regalia per sceptrum recipiant, et auxilium promittit [6].

1° Aliquando habentur simul DUAE DECLARATIONES sive LEGES de iis materiis, de quibus inter partes conventum est.

Haec forma rarissime adhibita fuit.

2° Unaquaeque auctoritas SEPARATIM ARTICULOS PROMULGAT, quasi legem propriam.

R. Pontifex per Bullam aut Breve fidelibus alicuius nationis notitiam dat initae conventionis cum gubernio, eamque vel ex integro vel per summa capita suis litteris inserit; princeps vero sive gubernium eosdem articulos *edicto* seu *lege* ratos habet.

Haec forma adhibita fuit praecipue saeculo XIX ineunte, in conventionibus cum principibus acatholicis, qui sollemnem inscriptionem initialem, in qua primus locus Papae tribueretur, aegro animo ferebant. Unde, re utrinque communicata, per litteras *reversales* i. e. ultro citroque missas, cum acceptatione, sed minus sollemni, mutuarum promissionum — eaque rite conclusa, pars utraque articulos publicat quasi legem propriam.

Huius formae sunt v. g. conventiones inter Pium VII et regem Borussiae et principes provinciae ecclesiasticae Rheni Superioris a. 1821 initae [7].

---

[6] *Raccolta di concordati su materie ecclesiastiche tra la S. Sede e le Autorità civili,* Roma, 1919, p. 18; Nussi, l. c., p. 1 s., 48 ss.; Giobbio, l. c., p. 17 ss.; Scherer, l. c., p. 153.

[7] *Raccolta,* etc., p. 648 ss.; Nussi, l. c., p. 188 ss.; Wernz, l. c., n. 168; Scherer, l. c., p. 154; Vering, l. c., § 30 ss.

3° Concordatum initur unico contextu sub forma CONVEN-TIONIS BILATERALIS. Talis est forma communis concordatorum recentiorum, praesertim cum guberniis catholicis. Ita v. g. a. 1801 cum Gallia; a. 1817 cum rege Sardiniae; a. 1818 cum rege utriusque Siciliae; a. 1851 cum Hispania; a. 1853 cum republica Costaricensi; a. 1855 cum Austria; a. 1862 cum republica Aequatoris; cum Gubernio italico a. 1929; cum republica Lusitana a. 1940 [8].

In documento indicantur praeliminaria sollemnia; nominantur plenipotentiarii; dicitur intervenisse mutua conventio, cuius tenor postea refertur [9].

316. Notae historicae [10]. — 1. Iampridem pacta amicitiae et concordiae inter RR. Pontifices et principes inita sunt, quibus mutuum auxilium sibi promittebant. Huiusmodi sunt v. g. ea quae *pacta Carolingica,* nomine valde improprio, nuncupantur. Haec, quoad materiam, praeseferunt naturam contractus; at, ratione formae, potius edicta sive constitutiones imperiales dici debent [11].

2. Quousque Ecclesia ut societas omnino libera, independens et suprema publice agnita est, ipsaque limites utriusque potestatis sua lege determinare potuit, nulla erat causa de hic rebus conventiones ineundi. Sed ubi primum auctoritas politica coepit iura sibi vindicare, atque inde dissidia orta sunt, necesse fuit pacta inire.

3. Nonnulli censent Bullam Urbani II (a. 1098), qua Rogerio I comiti Siciliae legatia apostolica concessa fuit [12], esse primum

---

[8] Cfr. *Acta Apost. Sedis,* XIV, p. 577 ss.

[9] *Raccolta,* etc., p. 290, 960 etc.; Nussi, l. c., p. 139 ss., 155 ss., 178., ss., 281 ss., etc.; Vering, l. c., § 37 ss.; Rivet, l. c., p. 196.

[10] Quoad *historiam* concordatorum consulendi sunt praesertim: Rebufus, *Tractatus concordatorum* (inter Leon. X et Francisc. I regem Franciae), Parisiis, 1538; Branden, *Super concordatis inter S. Sedem Apost. et inclytam nationem Germ.,* Coloniae, 1600; Nicolarts, *Compendiosa praxis beneficiaria ex concordatis,* etc., Coloniae, 1658; Renart, in *Diction. de théol. législation des concordats jusqu'au concordat de Bologne,* Paris 1899; Baudrillart, *Quatre cents ans de concordat,* Paris, 1905; Valois, *Concordats antérieurs à celui de François I,* in *Revue des questions historiques,* avril 1905.

[11] Pactum inter Stephanum III et Pipinum (a. 754); inter Hadrianum I et Carolum M. (a. 774); inter Paschalem I et Ludovicum Pium (a. 817). Accedunt his pacta inter Leonem IV et Lotharium (a. 850 crc.); inter Ioannem XII et Othonem I (a. 962), inter Gregorium V et Othonem III (an. 996).

[12] Cfr. Muratori, *Rerum italicarum scriptores,* V, p. 602; Scherer. I, p. 523; Galante, l. c., p. 557; Sentis, *De Monarchia Sicula,* Friburgi, 1870, p. 48 ss., 76 s.; *Raccolta* etc.

17 — F. M. CAPPELLO S. I. - *Summa Iuris publici ecclesiastici.*

concordatum. Quod verum non est, cum agatur de actu *unilaterali* scil. de concessione privilegii.

Inde, per extensionem omnino arbitrariam originem habuit *Monarchia Sicula*[13], quae a Pio IX suppressa fuit.

Per concordiam Londinensem (a. 1107) cum Henrico I et praesertim per concordatum *Wormatiense* seu *pacta Callistina* (a. 1122) controversiae de investituris in Anglia et Germania finem obtinuerunt.

Ratione tum formae tum materiae concordatum *Callistum*, proprio et stricto sensu, primum dici potest[14].

Sub Alexandro III variae concessiones habentur iuris patronatus cum promissione peculiaris tutelae ex parte principum: quae concessiones haud immerito concordatis aequiparari possunt[15].

Magni momenti est conventio ab Episcopis *Lusitaniae* cum Dionysio rege inita (a. 1288) et a Nicolao IV approbata, qua plura negotia ecclesiastica ordinata fuerunt multique abusus sublati.

Plures auctores memorant concordata *Constantiensia* (a. 1418) inter Martinum V et principes ecclesiasticos Germaniae, Poloniae, Daniae, etc. Quae tamen, proprie loquendo, non sunt verae conventiones cum Statibus, sed potius quaedam temperatio iurium R. Pontificis in favorem Praelatorum et populorum singularum gentium.

Idem dicendum de concordatis *Windobonensibus* (a. 1449) inter Nicolaum V, et imperatorem Fridericum III aliosque principes ecclesiasticos et saeculares Germaniae.

Celebris est conventio Leonis X cum Francisco I rege Galliae (a. 1516), qua ut *pragmatica sanctio Bituricensis* (cfr. n. **301**) aboleretur, quaedam privilegia civili potestati concessa sunt.

Saeculo XVII memoranda occurrit peculiaris concessio Urbani VIII pro *Bohemia* (a. 1630); quae potius *transactio* de quadam quaestione particulari, quam concordatum, dici debet[16].

317. — Saeculo XVIII, ob multiplicata dissidia inter Ecclesiam et Statum, plura inita sunt, at minoris momenti: cum *His-*

---

[13] Cfr. Sentis, l. c., p. 15 ss.; Cavagnis, l. c., Galeotti, *Della legazione apostolica in Sicilia*, Torino, 1868, p. 15 ss.

[14] Negant, at sine solido fundamento, De Angelis (l. c., n. 3) et Giobbio (l. c., p. 6 ss.).

[15] Cfr. tit. 38, lib. III, Decret. Greg. IX.

[16] Cfr. Nussi, l. c., p. 39 ss.

pania (a. 1753), et *Lusitania* (a. 1778), praesertim vero cum civitatibus Italiae, ex. gr. cum *Sardinia* (a. 1727, 1742, 1750, 1770), *Utraque Sicilia* (a. 1741), *Ducatu Mediolanensi* (a. 1757), etc.

Concordatum maximi momenti fuit *Gallicum* seu *Napoleonicum* a Pio VII cum primo consule initum (a. 1801), quo S. Sedes multum quidem concedere debuit, at demum obtinuit ut hierarchia penitus destructa et intermissus cultus religiosus in Gallia denuo instauraretur [17].

Gubernium Gallicum promulgavit cum concordato 77 articulos (*articles organiques*), qui illud arbitrarie coarctabant et pervertebant, ideoque a S. Sede statim reiecti fuerunt.

Post conventionem gallicam, necessitas paciscendi fere ubique agnoscitur.

Saeculo XIX prima concordata habentur cum principibus acatholicis, scil. cum *Borussia* (a. 1821), *Hannover* (a. 1824), *Russia* (a. 1847), *Wirtemberg* (an. 1857), *Baden* (a. 1859), etc.

Sub Pio VII, Leone XII, Gregorio XVI, Pio IX, Leone XIII, Pio X, Pio XI, et Pio XII, usque ad nostram aetatem, complures conventiones initae fuerunt [18].

Articulus II

De natura et obligatione concordatorum

318. Praemittenda. — 1. Materia concordati potest esse *spiritualis* aut *spirituali adnexa,* vel *temporalis.*

2. Privilegium est *gratuitum, remuneratorium* et *onerosum.* Dicitur *gratuitum,* si ex mera liberalitate concedentis dimanat; *remuneratorium,* si datur in compensationem meritorum; *onerosum,* si tribuitur per modum contractus cum reciproca obligatione ex pacto orta [1].

3. Obligatio multiplex est : 1° *fidelitatis,* quae simplex potest esse vel peculiari pacto firmata; haec gravius et strictius tenet

---

[17] Cfr. De Bonald, *Deux questions sur le concordat de* 1801; Scherer, l. c., p. 58 ss.

[18] Cfr. *Raccolta,* etc., p. 561 ss., 704 ss., 724 ss., 844 ss., 1016 ss., 1091 ss.

[1] Cfr. Suarez, *De legibus,* lib. I, cap. 4, n. 1 ss.; Schmalzgr., lib. V, tit. 33, n. 38 ss.; Pirhing, lib. V, tit. 33, n. 3 s.; Ball.-Palm. I, n. 387.

quam illa; 2° *caritatis*, quae tamen huc non spectat; 3° *decentiae*, quae veram obligationem stricto sensu non inducit, ideoque huc proprie nullatenus spectat; 4° *iustitiae*, et quidem vel *legalis*, vel *socialis*, vel *distributione*, vel *commutativae*, aut simpliciter *naturalis*[2].

4. Vinculum *iuridicum* non oritur tantum ex iustitia commutativa, sed etiam ex alia iustitia. Sane officia, quibus tenentur subditi erga Superiorem ecclesiasticum et civilem, sunt *iuridica;* nihilominus inter Superiorem et subditum *qua talem* non datur iustitia commutativa.

5. Concessio alicuius favoris sive privilegii potest esse *vera* et propria ac *definitiva*, vel *improprie dicta* ac *transitoria* tantum. Magnum datur discrimen inter unam et alteram.

6. Distinguendum est ius *precarium, quaesitum* et *strictum* (vel *absolutum* aut *strictissimum*, iuxta alios).

Ius *precarium* consistit in facultate, quae *vero pacto* non est concessa, quae proinde ad arbitrium concedentis *valide* et *licite* revocari potest.

Ius *quaesitum* tribuit generatim titulum *iustitiae commutativae*, sed tantum erga *tertias* personas, non erga concedentem, qui *valide* potest illud auferre. Concedens tamen firmius ligatur quam per ius mere precarium[3].

Ius *strictum (strictissimum, absolutum*, iuxta alios) dat verum titulum *iustitiae* erga ipsum *concedentem* et quidem tam firmum ut ordinarie, altero invito, *valide* tolli nequeat[4].

7. *Pactum* distingui solet a *contractu* ceu genus a sua specie, et tunc contractus stricte sumitur. Si vero *late* sumatur contractus, idem est generatim ac pactum.

Pactum est duorum vel plurium in idem placitum consensus. Ita II, 14 *De pactis*, 1, § 2 ex *Ulpiano*: « Pactum autem a pactione dicitur: inde etiam *pacis* nomen appellatum est. Et est pactio duorum pluriumve in idem placitum consensus »[5].

---

[2] Cfr. S. Thom., 2-2, q. 58, art. 5 ss.; Lugo, l. c., disp. 1, n. 5 ss.; Lessius, *De iust. et iure*, lib. 2, cap. 2, n. 1 ss.; Mazzotta, tract. IV *de iust et iure*, disp. 1, q. 1, n. 2 ss.; Ball.-Palm. III, n. 2 ss.; Vermeersch, *Quaestiones de iustitia*, n. 3 ss.

[3] Cfr. reg. 16, R. I., in can. 70; Reg. Cancell. Apost. 18, *de non tollendo ius quaesitum;* Wernz, l. c., n. 171, not. 107; Hammerstein, l. c., p. 219 ss.

[4] Cfr. Lugo, *De iust. et iur.*, disp. 1, n. 2 ss., disp. 23 n. 4; Suarez, l. c.; Ball.-Palm., III, tract. 8, part. III, cap. 2, dub. 3; D'Annibale, II, n 127; Wernz, l. c.

[5] Cfr. Voet, *Comment. ad pandectas*, lib. 44, tit. 7, n. 2 ss.

Contractus est *unilateralis* et *bilateralis* seu *synallagmaticus*, prout ultro citroque parit iustitiae obligationem aut pro una tantum parte.

Contractus *unilateralis* a nonnullis dicitur contractus sensu lato; *bilateralis* sensu *stricto*.

Plures classici auctores, v. g. Soto, Lessius, Molina, etc., dicunt contractum sumi posse « *latius adhuc*, pro quocumque pacto, sive ex eo oriatur obligatio, sive non ». V. g. promissio et donatio sunt contractus necne, prout stricte et proprie sumatur, vel non [6].

Ipse contractus *bilateralis*, iuxta nonnullos [7], sumi potest *lato et stricto sensu*, prout, praeter duorum aut plurium in idem placitum consensum, secumferat, necne, paritatem iuridicam contrahentium, realem exhibitionem alicuius rei propriae ac indebitae, et quidem ad normam iustitiae commutativae.

Haec distinctio, ad statum quaestionis quod attinet, i. e. quoad *obligationem* ex concordatis profluentem, videtur plane inutilis, tum quia confundit rem cum re, tum quia notionem veri et proprie dicti contractus pervertit.

8. Conventio sive pactum, quod pluribus constat articulis, potest universim inducere vinculum *iuridicum* pro utraque parte, at diversa ratione, quatenus quoad certos articulos adsit obligatio *iustitiae commutativae* proprie dictae; quoad ceteros vero nonnisi illud vinculum iuridicum quod patitur materia, quae est obiectum conventionis.

Id verificatur in qualibet conventione. Nam, ex ipsa rei natura, pactum eam tantum obligationem producere potest, quam *materia* ipsa *patitur*. Unde si agitur de re, quae potest esse obiectum veri et proprie dicti contractus, exsurget obligatio *iustitiae commutativae* proprie dictae; si de alia re, quae huiusmodi obligationem natura sua excludit, erit quidem vera obligatio, sed diversa.

9. Ecclesiae competunt iura *nativa* et quaedam etiam *adventitia* seu *acquisita*. Haec, utpote accidentalia et ex factis humanis orta, possunt mutari, minui, alienari, ita ut iisdem auctoritas ecclesiastica penitus *renuntiare* valeat per verum contractum [8].

---

[6] Cfr. Lugo, l. c., disp. 23, n. 90; Lessius, *De iust. et iure*, lib. II, cap. 7, dub. 1; Molina, disp. 252, n. 2 ss.; Soto, *De iust. et iure*, lib. VI, q. 3; Sporer, tract. 6 cap. 2, n. 60; S. Alph., lib. 3, n. 720; Ball.-Palm., tract. 8, part. III, cap. 2, n. 121 ss.

[7] Cavagnis, I, n. 662; Bachofen, l. c., n. 124, et alii.

[8] Wernz, I, n. 169, not. 80; Hammerstein, l. c., p. 215; Cavagnis, l. c., n. 659; Tarquini, l. c., n. 73.

Iura, contra, *nativa* seu *divina* Ecclesiae sunt prorsus *inalienabilia,* ita ut R. Pontifex neque se ipsum neque Successores *valido* eorumdem usu, per pactum, privare possit [9].

Usum *licitum* iurium etiam *divinorum* Papa ligare valet, seu potest *obligationem* assumere etiam nomine S. Sedis, ideoque in Successores transituram, *non utendi suo iure,* eique renuntiare in favorem v. g. principis civilis, ita tamen ut *valide* semper agat (etsi forte illicite), cum iura divina alienari nequeant. Quae obligatio publico et sollemni pacto firmari potest, ita ut inde validior evadat ac strictior.

319. Status quaestionis. — 1. Quaestio de NATURA concordatorum ADAEQUATE proponenda est.

Si dicitur dumtaxat, ut a plerisque auctoribus fieri conspicimus, concordatum esse privilegium vel legem particularem vel contractum bilateralem, quaestio *inadaequate* proponitur. Nam ulterius inquiri potest et debet, *an* et *quaenam* obligatio ex concordatis oriatur, *an* et *quaenam* sit *vis* atque *efficacia* huiusmodi obligationis. Aliud, praeterea, est quaerere de natura concordati in se considerati, aliud inquirere de *singulis* rebus seu punctis quae obiectum eiusdem constituunt.

2. Naviter distinguenda est quaestio de VERBIS a quaestione de DOCTRINA. Discrepantia enim inter catholicos auctores exsistens, aut unice aut potissimum derivanda est ex terminologia minus accurate adhibita vel saltem non perspicue praefinita.

3. Porro ea terminologia adhibenda est, quae magis congruit cum terminologia a classicis auctoribus usurpata; quae potissimum apta sit, secundum notiones receptas de contractu, de pacto, de obligatione, etc. ad *certo firmiterque* salvandam integritatem et inalienabilitatem Primatus.

4. Dummodo *certo* ac *firmiter* in tuto ponatur integritas et inalienabilitas Primatus, quippe quae pertinet ad substantiam doctrinae et est praecipuum atque essentiale totius controversiae punctum, cetera potius ad accidentalia seu ad terminologiam magis aut minus accuratam pertinent.

Unde, salva substantia doctrinae catholicae circa Primatum, parum interest utrum concordatum dicatur contractus bilateralis sensu *stricto* an *lato, proprio* an *minus proprio,* utrum vin-

---

[9] Hammerstein, l. c., p. 217; Wernz, l. c., n. 172, not. 126; Tarquini, l. c.; Liberatore, l. c., n. 373.

culum *iuridicum* ortum ex concordato dicendum sit vinculum iustitiae commutativae seu sensu stricto, an potius sensu *lato*.

5. Ubi agitur de concordatis eorumque natura, tria possunt inquiri et distincte considerari:

1° *materia,* scil. utrum obiectum ex parte Ecclesiae sit aliquod privilegium seu favor, necne;

2° *forma,* utrum concordata induant rationem pacti bilateralis, an non;

3° *obligatio,* num vera obligatio oriatur ex parte utriusque pasciscentis, ac propterea etiam pro R. Pontifice; num ista obligatio imminuat iura Primatus, ita ut Papa semper *valide,* quamvis forte illicite, recedere valeat a pactis conventis, necne.

6. Proinde quaestio de NATURA concordatorum *accurate* et *adaequate* proposita, tria respicit;

1° EXSISTENTIAM verae obligationis ex parte R. Pontificis necessario admittendae;

2° VIM et EFFICACIAM huiusmodi obligationis, scil. utrum ex concordatis minuantur revera iura divina Primatus, quae sunt perpetua et inalienabilia;

3° utrum EADEM vis et efficacia obligationis tribuenda sit *singulis* rebus in concordato conventis, an potius distinguendum sit inter varias res seu obiecta.

Status quaestionis huc praecise spectat, huc totus controversiae cardo veraque ratio discrepantiae inter catholicos auctores.

320. Sententiae regalistarum et liberalium. — 1. Tres sunt sententiae. *Prima* opinio est eorum qui, hegemoniam Status profitentes, dicunt concordatum non habere naturam veri pacti bilateralis nec veram obligationem imponere civili potestati. Nam, in eorum sententia, omnia iura, quibus Ecclesia gaudet, a libera concessione Status dependent, huiusque arbitrio et nutu exsistunt.

Societas vero civilis, cum ipsa sibi causa et fons sit omnis potestatis, nonnisi *lege propria* potest limitari in eius exercitio erga subditos. Proinde concordatum est tantum *lex civilis,* quae Ecclesiam in territorio obligat profecto; a Statu autem abrogari vel mutari potest, ut quaelibet alia lex. Haec vocari solet *theoria legalis* [10].

Cum hegemonia Status, cui tamquam principio et funda-

---

[10] Cfr. Scharer l. c., p. 155; Giobbio, l. c., p. 88 s.; Wernz, l. c., n. 172; Bachofen, l. c., n. 124; Hammerstein, l. c., p. 211 ss.

mento innititur huiusmodi theoria, sit omnino falsa et absurda, consequitur evidenter, hanc etiam esse falsam atque absurdam.

In Syllabo Pii IX proscribitur propositio 43ª: « Laica potestas auctoritatem habet rescindendi, declarandi ac faciendi irritas solemnes conventiones (vulgo concordata) super usu iurium ad ecclesiasticam immunitatem pertinentium cum Sede Apostolica initas, sine huius consensu, imo et ea reclamante ».

2. *Altera* sententia tenet Statum non obstringi *iuridica* obligatione servandi fidem seu standi pactis conventis, sed tantum *morali* quadam obligatione. De vi autem huius obligationis discrepant ipsi patroni.

3. Demum *tertia* opinio censet concordatum pactis internationalibus esse aequiparandum, ac propterea eadem obligatione teneri Statum illud servandi, qua tenetur pacta internationalia cum ceteris Guberniis inita servare.

321. Sententiae catholicorum. — 1. Circa *naturam* concordatorum nonnulli, praesertim ex veteribus DD. catholicis, referunt quinque sententias; quidam quatuor; alii tres; alii, et quidem communius, duas, i. e. *theoriam privilegiorum* et *theoriam pactorum* [11].

THEORIA PRIVILEGIORUM affirmat concordata esse *privilegia* Ecclesiae, eisque consequenter generalem doctrinam privilegiorum applicat [12].

THEORIA PACTORUM ea vocatur, quae praescindit a materia et considerat formam qua concordata ineuntur, docens ista esse contractus synallagmaticos [13].

In utraque sententia proponenda patroni non iisdem verbis semper utuntur, nec eodem sensu ea usurpant.

Nonnulli memorant tertiam quoque sententiam, quam MIXTAM appellant, utpote quae, aiunt, ex unione utriusque senten-

---

[11] Cfr. Giobbio, l. c., p. 27 ss.; cfr. Fink, l. c., p. 140 ss.; Aichner, l. c., § 11, 3; Rivet, l. c., p. 199 s.; Bachofen l. c., n. 124; Wernz, l. c., n. 172; Solieri, l. c., n. 330; Cavagnis, l. c., n. 665 s.

[12] Cfr. Tarquini, l. c., n. 73; Baldi, l. c., p. 60 ss.; De Luca, l. c., n. 73; Liberatore, *Diritto pubblico eccl.*, n. 264 ss.; eiusdem, *La Chiesa e lo Stato*, cap. 3, art. 13 s., et alii multi.

[13] Cavagnis, l. c., n. 664; Aichner, l. c., § 11; Kink, l. c., p. 151; De Angelis, I, p. 93 ss.; Ottaviani, II, p. 301 ss.

tiae praecedentis profluit, partim cum una, partim cum alia concordans.

322. — Huiusmodi voces « *theoria privilegiorum* » et *theoria pactorum* » omnino relinquendae videntur.

Triplex manifesta ratio: 1° quia illae *inadaequate* genuinum statum quaestionis exponunt (cfr. n. **319**); 2° quia S. Sedes in concordatis *iura spiritualia* seu *privilegia*, v. g. ius nominandi aut praesentandi ad beneficia ecclesiastica, *nullatenus hodie concedit*, ut in antiquis concordatis concedere solebat; ideoque theoria privilegiorum ex mutata disciplina, caret fundamento; 3° quia omnes catholici admittunt ac profecto admittere debent concordata esse *pacta* inter Sedem Apostolicam et Gubernia civilia inita; quare minus recte proponitur qua *peculiaris* opinio ea quae theoria *pactorum* olim vocari solebat.

Nec placet, consequenter alia denominatio, scil. sententia « *mixta* ».

Accuratius et magis adaequate proponi possunt et debent sententiae Doctorum catholicorum.

Prima sententia censet concordata esse contractus synallagmaticos, e quibus oritur obligatio *iustitiae commutativae* proprie dictae tam pro principe civili quam pro R. Pontifice quoad omnes et singulas res, etiam *spirituales,* quae sunt obiectum eorumdem [14].

Secunda docet concordata esse pacta bilateralia, quae gignunt obligationem *iustitiae commutativae* quoad res *temporales*, de quibus R. Pontifex potest disponere, et obligationem *fidelitatis,* publico et sollemni pacto firmatae, quoad res *spirituales,* quas alienare ipso iure divino Papa prohibetur [15].

Patroni istius opinionis diversimode eamdem proponunt, quatenus *alii* expresse dicunt vinculum fidelitatis publico ac sollemni pacto firmari, ita ut inde validius ac strictius evadat; *alii*, contra, nullam faciunt expressam mentionem de huiusmodi pacto publico et sollemni, quin tamen ullatenus illud excludant, cum id unum ipsis maxime cordi sit, integritatem et inalienabilitatem Primatus asserere ac tueri.

Tertia sententia affirmat concordata esse vera et proprie dicta pacta bilateralia, e quibus oritur vinculum *iuridicum* tam

---

[14] Cavagnis, l. c., n. 665; De Angelis, I, p. 93; Fink, l. c., p. 151; Ottaviani, II, p. 301 ss., et alii.

[15] Cfr. Wernz, I, n. 173; Hammerstein, op. cit., p. 210 ss.

pro R. Pontifice quam pro Statu; tamen quoad res *temporales,* de quibus Papa libere disponere valet, vinculum esse iustitiae commutativae proprie dictae; quoad res *spirituales,* quae iure divino alienari nequeunt, esse quidem *iuridicum,* non tamen iustitiae stricte commutativae, ita ut integra atque inalienabilia maneant divina Primatus iura.

Sententia *tertia,* probe considerata riteque intellecta, vix differt a prima et a secunda. Tamen in praxi, ad vitandum quodcumque dubium vel aequivocationem, recedendum non est a terminologia adhibita a patronis tertiae sententiae, quae, opportuna inducta distinctione inter varios articulos concordatorum, catholicam doctrinam clarius et accuratius tradit.

323. Sententia vera ideoque tenenda. — Sententia affirmans concordata esse vera et proprie dicta pacta bilateralia, quae proinde veram obligationem seu vinculum iuridicum inducunt pro utraque parte, seu *tertia sententia* rite intellecta de iuribus Primatus integre et inviolabiliter asserendis ac vindicandis, *vere est eaque omnino tenenda.* Sane haec sententia: 1° cum documentis pontificiis plane congruit; 2° cum principiis dogmaticis de integritate et inalienabilitate Primatus concordat omnino eaque clare enuntiat tutoque defendit; 3° res optime componit omnesque devitat difficultates, quae pugnant contra alias opiniones; 4° communis fuit, ad substantiam doctrinae quod attinet, apud theologos et canonistas veteres; 5° quae illam dumtaxat obligationem ex parte R. Pontificis exsistere affirmat, de qua constat ex principiis iuridicis atque theologicis.

324. — I. Sententia praedicta plane congruit cum documentis pontificiis.

1. Concordatum vocatur passim in documentis RR. Pontificum *conventio, concordia, pactum, tractatus.* Quae voces denotant universim duorum vel plurium in idem placitum consensum, ex quo nascitur vera obligatio, ea quidem quam patitur ipsa materia conventionis.

2. In concordatis ineundis eaedem adhibentur generatim *formulae,* quae adhibentur in pactis internationalibus. Porro haec pacta gignunt veram obligationem iustitiae vel fidelitatis sollemni

---

[16] Cfr. can. 46; c. 23, *de praebendis et dignitatibus,* III, 4, in VI; c. 4, *de praeb. et dignitat.,* III, 2, in Clem.; Wernz, l. c., n. 172, not. 119; Cavagnis, l. c., n. 659; Rivet, l. c., p. 204 s.

ratione firmatae, pro diversitate rerum, de quibus paciscentes inter se conveniunt. Ergo.

3. Accedunt peculiares *clausulae* adhibitae a RR. Pontificibus.

In conventione a. 1753 inter Benedictum XIV et Ferdinandum VI, regem Hispaniae: « La Santità Sua in fede di Sommo Pontefice e Sua Maestà in parola di Re Cattolico promettono mutuamente per se medesimi ed in nome dei loro successori la fermezza inalterabile e perpetua sussistenza di tutti e ciascheduno degli articoli precedenti, volendo e dichiarando che si abbia a tenere per irrito e di nessun valore ed effetto quanto si facesse in qualsivoglia tempo contro tutti o alcuno degli stessi articoli » [17]. Hisce verbis, quae passim occurrunt in documentis pontificiis, *irritum* et *inane* declaratur quidquid fiat contra statuta, non ob defectum *potestatis*, sed unice ob defectum voluntatis.

Eaedem sollemnes promissiones observandi inviolabiliter quae statuta sunt, continentur in multis aliis concordatis, v. g. in concordato pro Bohemia a. 1630, pro Sicilia a. 1741, pro republica italica a. 1803, pro Sicilia a. 1818, pro Austria a. 1855, etc. [18].

Statuitur regula, difficultates quae in interpretatione vel applicatione concordatorum oriantur, *collatis partium consiliis* componendas esse. V. g. in conventione pro Austria a. 1855: « Si qua vero in posterum supervenerit difficultas, Sanctitas Sua et Maiestas Caesarea invicem conferent ad rem amice componendam » (art. 35). Item in concordato pro Hispania (art. 45), pro Wirtemberg (art. 13), pro Aequatore (art. 24), pro Venezuela (art. 30), pro Italia (art. 44), etc.

4. Habentur *explicita verba* RR. Pontificum.

Iulius III : « Nos attendentes *concordata praedicta* (cum Germania) *vim pacti inter partes habere,* et quae ex pacto constant, absque partium consensu abrogari non consuevisse nec debere ... ».

Pius VII in concordato a. 1817 cum Ludovico XVIII : « Haec concordata *habent vim contractus utrimque obligantis* ».

Leo XIII, epist. « *Nobilissima Gallorum* », 3 febr. 1884 : « Cum igitur pactis conventis inter sacram civilemque potestatem, publice aliquid constitutum est, tum profecto quod iustitiae interest, interest idem reipublicae, concordiam manere integram ».

Item in Encycl. « *Au milieu* », 18 febr. 1892 : « Sur le maintien de ce *pacte solennel et bilatéral* toujours fidèlement observé de la part du Saint-Siège ».

Pius X in Encycl. « *Vehementer* », 11 febr. 1906 : « Apostolicam Sedem inter et Rempublicam Gallicam conventio eiusmodi intercesserat, *cuius*

---

[17] *Raccolta,* etc., p. 436; Nussi, l. c., p. 128.
[18] Cfr. Nussi, l. c., p. 46, 98, 145, 187, 318.

ultro et citro constaret obligatio; cuiusmodi eae plane sunt, quae inter civitates legitime contrahi consueverunt. Quare et R. Pontifex et rei gallicae moderatores se et suos quisque successores *sponsione* obstrinxere, in iis quae *pacta* essent, *constanter permansuros.* Consequebatur igitur, ut ista *pactio* eodem iure, ac ceterae quae inter civitates fiunt, regeretur, hoc est iure *gentium; ideoque dissolvi ab alterutro dumtaxat eorum qui pepigerant, nequaquam posset* ».

325. — II. Sententia praefata cum principiis dogmaticis de integritate et inalienabilitate Primatus concordat omnino eaque clare enuntiat tutoque defendit.

1. Nomine Primatus intelligitur plenitudo potestatis pro regimine totius Ecclesiae, quae immediate a Deo instituta est et immediate singulis Petri successoribus a Deo confertur. Haec potestas *eadem* semper perseverare debet, *qualis* et *quanta* a Christo ccnstituta est, cum Primatus Petri in Ecclesia perennis sit oporteat, ex divini Fundatoris voluntate.

Atqui perennitas huius plenissimae potestatis non exigit quidem ut semper tota exerceatur, exigit vero ut *semper* quoties opus est et opus esse iudicat R. Pontifex, exerceri possit *independenter* a consensu subditorum aliorumque; secus imminutus esset Primatus, quia non amplius haberetur *plenitudo* potestatis.

Huc spectat doctrina catholica ita a *Concilio Vaticano* expressa ac definita: « Si quis dixerit, non esse ex ipsius Christi Domini institutione, seu iure divino, ut B. Petrus in *Primatu* super universam Ecclesiam habeat perpetuos successores; aut R. Pontificem non esse B. Petri *in eodem Primatu* successorem, anathema sit » [19].

Item ex eodem *Concilio*: « Si quis dixerit, R. Pontificem habere tantummodo officium inspectionis vel directionis, non autem *plenam* et *supremam* potestatem iurisdictionis in universam Ecclesiam, non solum in rebus, quae ad fidem et mores, sed etiam in iis, quae ad disciplinam et regimen Ecclesiae per totum orbem diffusae pertinent; aut eum habere tantum potiores partes, non vero *totam plenitudinem* huius supremae potestatis... anathema sit » [20].

Quae plenissima potestas, cum sit adnexa ipso iure divino Primatui, non solum *valide,* sed etiam *licite* per se exerceri debet independenter a consensu subditorum aliorumque; ita quidem ut neque ipse R. Pontifex valeat imminuere quomodocumque plenissimam potestatem sibi divinitus collatam: est enim depositarius, non dominus eiusdem.

Unde *Bonifacius VIII* iure docet, apud R. Pontificem, etiam post factam concessionem manere *maiorem potestatem* ea quae alteri concessa fuerit, et

---

[19] Const. *Pastor aeternus,* de Ecclesia Christi, p. 2.
[20] Const. *Pastor aeternus,* de Ecclesia Christi, cap. 3.

potiorem esse Papae conditionem quam illius cui concessio facta sit, ita ut Pontifex semper uti valeat sua potestate vel ad factas concessiones revocandas vel ad iisdem derogandum.

« Nos igitur, ait Pontifex, attendentes quod, etsi memorato Episcopo (Praenestino) praedictam concessimus (alii legunt: concesserimus) potestatem, penes nos tamen remansit *maior*, licet eadem potestas etiam in praedictis, propter quod nostra, qui eandem praeoccupavimus potestatem, *potior* debet esse conditio ..., *quia foret absurdum, si tam lata nostra impediretur potestas ...* » [21].

326. — Igitur potestas Primatus nullam imminutionem nullumque detrimentum pati potest, sed *eadem* semper, quoad suam integritatem et plenitudinem, in singulis Petri successoribus *immutabiliter* durare debet [22].

In hoc OMNES THEOLOGI et CANONISTAE conveniunt ac reipsa convenire debent: id enim postulat divina Primatus institutio, *perpetuo* quidem ac *immutabiliter* duraturi.

Suarez [23] docet: « *Per nullum contractum potest Pontifex a se abdicare supremam potestatem spiritualem, ad disponendum ea, quae ad convenientem Ecclesiae gubernationem pertinent* ».

Pichler dicit: « *Pontifex summam suam et absolutam potestatem, quam accepit a Christo,* disponendi de rebus, officiis et beneficiis ecclesiasticis in Ecclesiae utilitatem, *a se abdicare non potest,* etiam per speciem contractus vel concordatorum » [24].

Pirhing ad quaestionem « an Summus Pontifex possit derogare concordatis » ita respondet: « Etsi, absolute loquendo, ex gravi causa ad bonum publicum pertinente, *iis derogare possit per plenitudinem potestatis suae,* non tamen id solet » [25].

Schmalzgrueber ait: « Pontifex potestatem disponendi de beneficiis ceterisque iuribus ecclesiasticis a Christo D. immediate accepit, quam proin, nisi Papatui renuntiando, abdicare aut alii communicare non potest, *quin semper penes se maiorem retineat* » [26].

Item alii, v. g. *Brauder* et *Laurentius Nicolarts* [27].

---

[21] C. 14, III, 4, in 6°.

[22] Cfr. Palmieri, *De Romano Pontifice*, th. XXII.

[23] *Defensio fidei*, lib. IV, cap. 34.

[24] *Ius canonicum*, lib. III, tit. V, n. 71.

[25] *Ius canonicum*, lib. III, tit. V, n. 366.

[26] *Ius ecclesiasticum universum*, lib. III, tit. 5, n. 271.

[27] Brauder, *Collectanea super concordatis*, q. 8; Laurentius Nicolarts, *Praxis beneficiaria*, lit. 3, dub. 3, § 5.

327. — 3. Concordant omnino Doctores recentes, o. g. *Palmieri, Cavagnis, Liberatore, Wernz, Billot* aliique [28].

328. — III. Sententia proposita res optime componit omnesque devitat difficultates, quae pugnant contra alias opiniones.

1. Haec clare et distincte in sententia referri eaque comprobata reperiri debent: 1° *vera obligatio* pro utroque paciscente, ideoque etiam pro R. Pontifice; 2° obligatio talis sit, ubi agitur de *spiritualibus,* quae certe ac manifeste non impediat quominus R. Pontifex *valide semper* possit a pactis conventis recedere, ut integritas Primatus salva omnino consistat.

Porro haec in sententia expresse et perspicue enuntiatur; dum in aliis, primum quidem refertur, sed alterum neque explicite edicitur neque solide probatur.

2. Praeterea sedulo distinguenda quaestio de *verbis* a quaestione de *doctrina.* Porro prima opinio sollicita videtur potius de vocibus, quam de substantia doctrinae. Non ita altera ac tertia sententia.

Sane firmiter admissa vera obligatione pro utroque paciscente et certo tutoque salva potestate R. Pontificis valide semper agendi contra concordata ratione integritatis Primatus, ad solam terminologiam pertinet: 1° quod concordatum vocetur contractus bilateralis sensu stricto vel lato, proprio aut minus proprio; 3° quod affirmetur ex eo derivari vinculum iuris stricti vel lati, obligationem iustitiae commutativae necne, vinculum iuridicum ortum ex iustitia commutativa proprie dicta aut minus.

Sane ex dictis (n. **318**) manifesto patet, contractum multiplici sensu usurpari, item ius, iustitiam et vinculum iuridicum, ita ut nonnulli, pro sua quisque sententia, in hunc sensum, alii in alium, praefata verba sumant.

Unde v. g. *Liberatore,* qui passim allegatur tamquam contrarius primae sententiae, haec tradit expressis verbis: « Le frasi *trattato, patto, contratto bilaterale,* e simili, competono *senza dubbio* ai concordati, *in senso proprio,* in quanto essi sono consenso di due volontà, inducente obligatione » [29].

_____

[28] Palmieri, *De R. Pontifice,* th. XXII; Cavagnis, I, n. 679; Liberatore, *Diritto pubblico ecclesiastico,* p. 372; Billot, *De Ecclesia Christi,* II, p. 132; Wernz, I, n. 173.

[29] *Diritto pubblico ecclesiastico,* n. 683.

Item *Cathrein,* qui allegatur ut patronus primae opinionis, licet merito asserat, ex concordato oriri quoddam vinculum iuris, nihilominus haec tradit egregie: « Non vi è bisogno di ammettere che nel concordato si ceda *in realtà* e *in senso stretto* un diritto della Chiesa. Noi stessi riteniamo, *impossibile* la cessione *vera* e *definitiva* di diritti ecclesiastici. Qui si tratta di accordare ... *condizionatamente dei privilegi* per sè *ecclesiastici* ... Questa non è *una concessione vera e propria* » [30].

Si ex concordato non habetur *vera* et *proprie dicta* ac *definitiva* concessio privilegii, cuius naturae et efficaciae erit huiusmodi vinculum, quod oritur ex concordato, et quomodo erit vocandum? Dicendum, ut supra, quaestionem esse fere de terminologia tantum.

329. — IV. Proposita sententia, ad substantiam doctrinae quod attinet, communis fuit apud theologos et canonistas veteres.

Dicimus « *ad substantiam doctrinae quod attinet* », quia doctrina nullatenus confundenda est cum terminologia. Haec quippe variare potest pro diversitate temporum; et revera alia prius, alia postea, magis accurata ac praefinita, adhiberi solet. Hoc verificatur quoad omnes disciplinas, imo quoad varias quaestiones unius eiusdemque disciplinae.

Idipsum accidit quoad concordata. Terminologia circa *naturam* concordatorum, *vim* et *efficaciam* obligationis, nec olim nec hodie una atque eadem est.

Veteres canonistae et theologi non utuntur iisdem vocibus, quibus nos utimur; at *doctrina,* quam ipsi tradunt, plane concordat cum nostra doctrina. Quod maximi profecto est momenti.

1. Theologi et canonistae antiqui — quos omnes et singulos diligenter examinavimus — probe distinguunt inter iura *spiritualia,* de quibus agitur in concordatis, et iura *temporalia.* Docent autem aliud esse vinculum, ex concordatis ortum, quoad illa, et aliud quoad ista.

2. Praeterea *nullus* ex praefatis theologis et canonistis affirmat concordatum gignere obligationem *iustitiae commutativae,* ubi agitur de iuribus spiritualibus, v. g. de iure nominationis vel praesentationis ad beneficia ecclesiastica. Quod naviter attendendum est. Eo vel magis veterum auctorum doctrina vim habet peculiarem eaque mature perpendenda, quia praefati auctores verba faciunt de concordatis initis a Romano Pontifice cum principibus acatholicis seu protestantibus.

---

[30] *Filosofia morale,* II, p. 776 s.

Insuper *nullus* ex iisdem scriptoribus asserit R. Pontificem ita obligatione concordati ligari, ut *invalide* contra illud agat, sed *contrarium* docent aut expressis verbis aut saltem aequivalenter.

Ita v. g. *Reiffenstuel, Pirhing, Barbosa, Laymann, Schmalzgrueber, Engel, Wiestner, Schmier, Gonzales, Suarez, Brander, Pichler* etc. [31].

330. — V. Proposita sententia illam dumtaxat obligationem ex parte R. Pontificis exsistere affirmat, de qua constat ex documentis pontificiis vel ex principiis iuridicis et theologicis.

1. Nullum est documentum pontificium, quod affirmet R. Pontificem teneri obligatione *iustitiae commutativae* propriae dictae, vi concordati, etiam quoad *spiritualia.*

2. De huiusmodi obligatione ex principiis iuridicis vel theologicis minime constat; imo ex iisdem sequitur contrarium. Cur quidam catholici imponere volunt R. Pontifici, quoad omnes et singulas res etiam spirituales in concordatis contentas, obligationem proprie dictae *iustitiae commutativae* tamquam *certam,* cum de ea nullatenus constat?

331. Conclusio. — Itaque vera doctrina ita accurate, perspicue et concinne enuntiari potest:

1° Concordata sunt *vera pacta bilateralia.*

2° Ex iisdem, proinde, uti ex quolibet pacto, oritur *vera* obligatio seu vinculum *iuridicum* pro utroque paciscente.

3° Inter res *spirituales,* quae alienari seu cedi definitive nullatenus possunt, et res *temporales,* quae procul dubio alienari et cedi valent etiam in perpetuum ac definitive, datur necessario discrimen. Quoad istas obligatio orta ex concordato est *iustitiae commentativae* proprie ac stricte dictae, quoad illas est obligatio *iuridica* quidem, at diversa profecto (cfr. n. **318, 4**).

---

[31] Reiffenstuel, lib. III, tit. 5, n. 537; Pirhing, lib. III, tit. 5, n. 366, 386; Barbosa, *Collect. Doct. in lib. III Sexti Decretalium,* tit. 5, n. 1; Laymann, *Theol. mor.* lib. IV, tract. 2, cap. 10, n. 3; Schmalzgrueber, lib. III, tit. 5, n. 18; Schmier, lib. III, tract. 1, part. 2, cap. 3, sect. 6, n. 238; Wiestner, lib. III, tit. 5, n. 66 ss.; Gonzales, Comment. ad regulas Canc. Apost., glossa 28, n. 21 ss; Suarez, *Defensio fidei,* lib. IV, cap. 34; Brander, *Collectanea super concordatis,* q. 8.

4° Obligatio a Papa, *nomine S. Sedis* contrahitur, eaque *publice* et *sollemniter* assumitur atque ad Successores transit, sancte religioseque servanda.

5° Vehementer optandum est, ut dissensus AA. cesset et sententiarum distinctio, quae non raro malevolis aut falsis interpretationibus ansam praebuit, penitus in scholis eliminetur, atque idcirco, sublata terminologia theoriae *privilegiorum* vel *pactorum* aut *mixtae,* concordata ab omnibus vocentur, uti reipsa sunt, *pacta bilateralia,* quae ultro citroque vinculum iuridicum inducunt seu illam obligationem gignunt, quam, secundum catholicam doctrinam, materia ipsa concordatorum patitur.

223. An detur practice discrimen circa vim et gravitatem obligationis concordatorum inter relatas sententias. — 1. Nullum profecto exsistit substantiale discrimen, *practice* loquendo, inter sententiam tertiam et alias. Sane in illa sententia: 1° ex concordatis oritur *vera obligatio iuridica* etiam ex parte R. Pontificis; 2° quae *vera obligatio iuridica* respicit omnes et singulos articulos concordatorum; 3° huiusmodi obligatio *diversa* est pro diversitate rerum spiritualium vel temporalium, at semper *iuridica* est et quidem *vi pacti corroborata et aucta.*

Ista obligatio generatim est *gravis* pro utroque paciscente, imo valde gravis, non solum quoad res temporales, sed etiam quoad res spirituales, cum obligatio firmata fuerit atque corroborata vi publici et sollemnis pacti.

2. In priore sententia oritur quoad omnes articulos obligatio iustitiae commutativae, quae profecto *gravis* est quaeque, in ordine ad res spirituales, non excludit validitatem actus contrarii. Quare inter tertiam et primam sententiam non datur discrimen quoad *vim* et *efficaciam* obligationis.

Secunda sententia admittit concordata esse pacta bilateralia, ideoque ex hoc capite concordat cum tertia opinione; item concedit dari discrimen inter res spirituales et temporales, ad obligationem quod attinet; quare etiam in hoc convenit cum alia sententia. Demum fatetur obligationem generatim esse *gravem* etiam ex parte R. Pontificis, tum quia conventio est bilateralis, tum quia initur et firmatur per formam publici sollemnisque pacti, iuxta communem Doctorum sententiam [32].

---

[32] Cfr. De Lugo, *De iustitia et iure,* disp. 23, n. 90; Molina, *De iustitia et iure,* disp. 262, n. 11; S. Alph. lib. IV, n. 126; S. Antoninus,

Proinde inter secundam et tertiam sententiam vix datur differentia quoad *efficaciam* et *vim* obligationis, cum in utraque obligatio sit per se gravis, imo valde gravis, eosdemque pariat iuridicos effectus.

333. Difficultates. — Quae obiici solent ab adversariis, solido fundamento destituuntur; imo nonnullae rationes ab iisdem allegatae adeo sunt debiles, ut vix videantur refutatione dignae.

334. — I. *Dicitur*: «Papa decipit principem, qui ineundo concordatum credit illud esse contractum bilateralem stricte dictum, obligationem iustitiae commutativae gignens».

Resp. Papa *nunquam* dixit concordatum, quoad iura *spiritualia,* esse contractum bilateralem stricte dictum, vinculum iustitiae commutativae proprie nuncupatae inducens. Ergo.

Imo ne ipsi quidem iuristae loquentes de obligatione qua ligatur princeps civilis ex concordato, dicunt eam esse iustitiae commutativae. Quare quod dicitur de principe civili, saltem a paritate dicendum de R. Pontifice quoad res spirituales.

335. — II. *Dicitur*: «Melius est ut Papa, sine ulla distinctione inter iura spiritualia et temporalia, contractum bilateralem proprie dictum ineat universim, ac proinde ut obligationem iustitiae commutativae assumere velit etiam quod res spirituales».

Resp. Non pendet a voluntate R. Pontificis obligationem iustitiae commutativae proprie dictae assumere necne, ad iura *spiritualia* quod attinet.

Ex concordato ea oritur eaque tantum obligatio, quam ipsa rei natura patitur.

336. — III. *Dicitur*: Necesse est distinguere inter *ius* sive *potestatem* et *usum* sive *exercitium*. Per concordata ligatur quidem *validus usus* seu *exercitium* potestatis R. Pontificis, non autem potestas ipsa; adeo ut penes Papam integra maneant amplissima iura Primatus, minime vero eorundem exercitium.

Resp. Haec distinctio, ut quisque facile perspicit, falsa et inanis est, cum quovis careat theologico et iuridico fundamento, ideoque non immerito hodie reiicitur. Sane Christus D. contulit

---

Summ. theol., part. II, tit. 10, cap. 1 § 4; Dom. Soto, *De iust. et iure,* lib. VI, q. 2, art. 1, ad 1; Billuart, *De contractibus,* diss. 2, art. 1, § 2.

B. Petro eiusque successoribus nedum *potestatem,* verum etiam eiusdem *exercitium.* Equidem inutilis foret potestas sine exercitio, inane ius absque usu.

Quidnam est *ius?* Est facultas moralis aliquid faciendi, possidendi, exigendi, omittendi inviolabilis. Unde ipsemet iuris conceptus exigit exercitium facultatis praedictae. Quid profecto interesset Caii habere dominium alicuius domus, si *numquam,* iisdem perdurantibus adiunctis, illud exercere posset? Quid prodesset Titio iure percipiendi fructus alicuius praedii gaudere, si exercitium huiusmodi iuris *in perpetuam* ipsi adimeretur? Sic deinceps.

A paritate, si R. Pontifex haberet quidem ius eligendi Episcopos, at *numquam* posset, iisdem circumstantiis manentibus, eos eligere, quid prodesset? Quidnam conferret suprema, independens ac plenissima potestas R. Pontifici immediate a Christo collata, si eam Papa exercere non posset [33]?

337. — IV. *Dicitur*: « Si R. Pontifex potest valide semper revocare ea quae concessa fuerunt per concordata, timendum semper est ne ad huiusmodi revocationem deveniat ».

Resp. Nihil omnino timendum. Historia docet, principes civiles *non raro* a pactis conventis recessisse etiam absque ulla prorsus causa, *numquam* RR. Pontifices id fecisse. Papa potest quidem valide derogare concordatis; at *illicite* ageret, nisi haberetur causa iusta et proportionate gravis. Porro supponere quod R. Pontifex *illicite* agat, gravissima est iniuria in Vicarium Christi, propulsanda omnino.

338. — V. *Dicitur*: « Princeps, ratione obligationis ex concordato ortae, aut versatur in peiore conditione quam Papa, aut nihil confert in bonum Ecclesiae ».

Resp. Utrumque falsum est. Cum iura *spiritualia* in proposita sententia nequeant esse obiectum iustitiae commutativae, ea tantum oritur obligatio ex parte tum R. Pontificis tum Principis, quam ipsa rei natura patitur, et non alia.

Status, licet plerumque iam aliunde praestare debeat Ecclesiae quae in concordatis promittit, tamen *ex novo titulo* ad id praestandum obstringitur, et in hoc sane est utilitas pro Ecclesia; item haec ipsa, quamvis independens a Statu eoque longe superior, vinculo tamen sese erga eum obstringit, quo citra culpam nequit se eximere, et in hoc profecto est utilitas pro Statu.

Sane plures sunt articuli concordatorum pluraque eorundem obiecta. Quidam articuli possunt respicere iura essentialia Ecclesiae, v. g. ius no-

---

[33] Cfr. Liberatore, *Diritto pubblico ecclesiastico,* n. 373.

minandi ad officia et beneficia ecclesiastica. Circa huiusmodi concessiones, quae sunt *vera* et *proprie dicta privilegia apostolica,* R. Pontifex nequit obligatione *iustitiae commutativae* proprie dictae se ligare, ideoque princeps *ius strictum* minime acquirit.

Interdum S. Sedes renuntiat in concordatis dominio *proprietatis* in certa bona *temporalia,* ex. gr. in conventione pro Columbia (art. 29), in recenti Concordato cum Italia (art. 28); aliquando renuntiat iuribus *adventitiis* sive *acquisitis* [34]; aliquando expresse agnoscit ius Status tamquam proprium et nativum circa res *mere temporales,* v. g. circa effectus mere civiles matrimonii ordinandos et diudicandos, saltem si causae incidentes haud sint [35].

339. An concordatum aequiparari possit pacto internationali, quod iniri solet inter Statum et Statum. — 1. Quidam canonistae affirmant; alii negant; alii censent concordata aequiparari posse pactis internationalibus *lato* quodam *sensu,* non autem *proprio* et *stricto sensu* [36].

Inter iuristas, item controvertitur [37].

2. Doctrina tenenda: 1° Ratione *formae,* qua ineuntur, non datur discrimen generatim loquendo, inter concordata et pacta internationalia.

2° Ratione *iuris,* quo huiusmodi pacta et conventiones reguntur, item discrimen non datur, cum *ius gentium* ipsis applicandum sit.

Hinc Pius X in Encycl. « *Vehementer* » expresse ait: « Cuiusmodi eae plane sunt, quae *inter civitates* legitime contrahi consueverunt ... Consequebatur igitur, ut ista pactio eodem iure, ac ceterae quae inter civitates fiunt, regeretur, hoc est, *iure gentium* ».

3° Ratione *materiae* et *subiecti,* ex supra dictis differunt profecto.

Quoad *obligationem,* distinguendum inter articulos et articulos, i. e. inter varia obiecta, prout patiantur obligationem iustitiae commutativae, necne.

---

[34] Celebris est renuntiatio facta a Paschali II quoad bona et regalia in concordato Sutrino a. 1111. Cfr. Hefele, p. 298 s.; Vering., l. c., § 37.

[35] Cfr. v. g., art. 11 et 19 concordati Columbiae; cap. 6 et 9 conventionis pro Sicilia n. 1741.

[36] Cfr. Scherer, l. c., p. 154; Wernz, l. c., n. 171 s.; Giobbio, l. c., p. 10; Liberatore, l. c., n. 365 s.; Bachofen, l. c., n. 125.

[37] Cfr. Fiore, l. c.; Contuzzi, *Diritto internazionale,* p. 160 ss.; Diena, l. c., p. 230 ss.; Bompard, *La papauté en droit international,* p. 264 s.; Despagnet, *Cours de droit public international,* p. 183 ss.; Paris, 1899; Anzilotti, I, p. 129 ss.

Articulus III

De interpretatione et cessatione concordatorum

340. Interpretatio. — 1. Ex ipsa rei natura, interpretatio collatis consiliis et mutuo consensu fieri debet. Id saepe in ipso concordato expresse statuitur· tunc etiam *vi conventionis* servandum est.

V. g. in concordato cum *Venezuela* a. 1862 decernitur: « Si qua in posterum super iis, quae conventa sunt, supervenerit difficultas, Sanctitas Sua et reipublicae praeses invicem conferent ad rem amice componendam » (art. 31).

Item in concordato Austriae (art. 35), Hispaniae (art. 45), etc.

2. Si controversia amice nequeat componi, Ecclesia qua societas superior rem auctoritative dirimere valet, ex potestate vel *directa* in res spirituales, vel *indirecta* in res temporales sub respectu spirituali.

341. Cessatio partialis vel totalis. — 1° Concordatum, prout est *lex,* cessat generatim omnibus modis, quibus cessat lex, et quidem sive totaliter sive partialiter; prout est *pactum* seu *contractus,* iis modis item generatim, quibus cessat ipse contractus.

2° Omnia pacta publica ineuntur sub tacita clausula; *rebus sic stantibus.* Unde si *materia* fiat physice vel moraliter *impossibilis,* pactum eo ipso non tenet, quod sane etiam de concordato affirmandum est, sive in favorem Ecclesiae sive in favorem Status [1].

At si bonum spirituale absolute exigat observantiam concordati, hoc profecto servari debet etiam cum detrimento temporali.

3° In casu *impossibilitatis* distingui solent articuli *principales a secundariis.* Si illi non amplius sustineri possunt, tota conventio corruere censetur; si isti, in principalibus valere pergit.

Si *unus* tantum principalis fiat impossibilis, omnes concedunt causam exsistere illum mutandi vel revocandi; num autem firma maneat in ceteris conventio, controvertitur inter auctores iuris internationalis [2].

---

[1] Hammerstein, l. c., p. 220; Tarquini, l. c., n. 84; Cavagnis, l. c., n. 701; Baldi, l. c., p. 92 ss.; Wernz, l. c., n. 175; Scherer, l. c., p. 156 ss.

[2] Cfr. Contuzzi, *Diritto internazionale,* 165, 172.

4° *Consuetudine* vel *praescriptione* concordata cessare possunt [3]. Id ut certum videtur tenendum, contra quosdam AA.

5° Item indubium est, concordatum *errore substantiali* infectum, esse invalidum; *vi* aut *dolo* extortum, infringi posse.

6° Cessat conventio *mutuo partium consensu,* vel si deficiat *ex toto* materia, ut palam est.

7° Si una pars violet culpabiliter concordatum, alia ius habet illud *vel* suspendendi, *vel* rescindendi, *vel* etiam obligationem urgendi.

Ecclesia quae, teste historia, semper fidelissima est in pactis initis adimplendis, dum Status saepe promissis deficiunt, ultimum hunc modum praefert, et dispositiones concordati servat quousque possibile sit.

8° Ob interitum *totalem* reipublicae paciscentis, certe concordatum cessat [4]. Non item ob interitum partialem, aut solam mutationem formae regiminis.

Utrum cessatio verificetur etiam in casu quo territorium occupetur aut transferatur in alium principem, controvertitur.

Secundum principia iuris internationalis, quidam negant [5], alii affirmant, vel dubitant [6].

Verius tenendum, concordata *per se,* i. e. rei natura perspecta, vim suam amittere quoad illos articulos qui *privilegia continent.* Id ex ipsa notione privilegii et ex mente concedentis colligitur.

Effatum « *res inter alios acta ceteris neque prodest neque nocet* » non est nimis urgendum, ubi agitur de pactis internationalibus, et in casu nostro de concordatis, quia proprie applicatur personis *privatis,* de quibus verificatur plena et omnimoda diversitas; dum e contra, concordata intuitu

---

[3] Schmalzgr., l. c., n. 275; Moulart, l. c., p. 274; Scherer, l. c., p. 156, not. 16; Rivet, l. c., p. 207.

[4] Benedictus XV in alloc. « *In hac quidem* » die 21 novembris 1921 habita, ait: « Iam vero, ut alia omittamus quae huc possumus afferre, patet quae privilegia pridem haec Apostolica Sedes, per pactiones sollemnes conventionesque, aliis concesserat, eadem nullo iure posse hasce Respublicas sibi vindicare, cum res inter alios acta neque emolumentum neque praeiudicium ceteris afferat. Item Civitates nonnullas videmus ex hac tanta conversione rerum funditus novatas exstitisse, adeo ut quae nunc est, non illa ipsa possit haberi moralis, ut aiunt, persona quacum Apostolica Sedes olim convenerat. Ex quo illud natura consequitur, ut etiam pacta et conventa, quae inter Apostolicam Sedem et eas Civitates antehac intercesserant, vim iam suam omnem amiserint ». *Acta Apost. Sedis,* XIII, p. 521 s.

[5] Scherer, l. c., p. 156; Fink, l. c., p. 221; Bachofen, l. c., p. 222; Wagnon, op. cit. p. 274 ss.

[6] Cfr. Cappello, *I diritti e i privilegi tollerati o concessi della S. Sede ai Governi civili,* p. 36 ss.

nationis sive principatus, non personae, ineuntur; unde, quamdiu manet natio sive principatus, manet quoque publica persona paciscens.

342. Nonnulla in specie animadvertenda. — Ut fiat applicatio eorum quae huc usque dicta sunt, praestat pauca saltem addere tum quoad *Ecclesiam*, tum quoad *Statum*.

I. Ex parte Ecclesiae. Cessat concordatum in illis casibus in quibus omnis contractus cessat, seu in quibus aliquis a contractu recedere potest, aut etiam debet:

1° si altera pars promissis non stet;

2° mutatis plane circumstantiis;

3° si aliud exigat Ecclesiae necessitas vel animarum salus. In quolibet enim pacto, praesertim vero in concordatis, illud tacite intelligitur: « *nisi bonum publicum Ecclesiae aliud exigat* »; secus concordatum finem proprium nequaquam attingeret, sed fieret potius vinculum iniquitatis.

His vero conditionibus deficientibus:

1° Ecclesia nequit *bonorum temporalium cessiones* revocare, quae in favorem Civitatum vel privatorum sunt factae, nam per Ecclesiae donationem facta sunt bona eorum;

2° Excipitur casus quo revocari potest donatio *liberalis*.

3° *Privilegia* spiritualia R. Pontifex *semper* revocare potest *valide;* at *licite* solum ex iusta et rationabili causa [7].

Practice hoc numquam facit nisi ex causa gravissima et servatis sollemnitatibus ex stylo Curiae Romanae requisitis, quod ex eius declarationibus et constanti praxi patet.

4° Concessiones per *dolum* et *fraudes,* per *vim* et *metum* extortas cassare *potest* Papa, et interdum *debet*, praesertim si de materia *illicita* facta *fuerint,* v. g. de iuribus inalienabilibus Primatus, vel si agitur de privilegiis quae nervum ecclesiasticae disciplinae, ut aiunt, disrumpunt.

Talis fuit conventio Sutrina (a. 1111), per quam Paschalis II Henrico V investituram per annulum et baculum concesserat, quae a. 1112 in Concilio Lateranen. iure revocata est [8].

II. Ex parte Status. 1° Repetere nequit Status bona *temporalia* quorum dominium *plenum* et *absolutum* Ecclesiae fuit

---

[7] Suarez, *De leg.*, lib. VIII, cap. 37, n. 3 ss.; et *Defensio fidei cath.*, lib. IV, cap. 34, n. 23; Schmalzgr., lib. I, tit. 2, n. 271 ss.

[8] Phillips, l. c., § 125; Rivet, l. c., p. 208.

datum. Ratio est, quia donatio etiam liberalis, praesertim facta *non subdito*, ordinarie revocari nequit.

A fortiori hoc asserendum, si *mera liberalitas* non fuit, at *restitutio* et *compensatio* bonorum *iniuste* ablatorum, uti plerumque: tunc etiam obligatio iustitiae habetur et pactum illam confirmans.

2° Si Status promisit se *iura* quaedam *divina* Ecclesiae *defensurum* vel *agniturum,* a pacto recedere nequit. Haec enim vel ipso iure divino praestare debet.

Quod si *positiva* et *exclusiva* Ecclesiae catholicae *tutela* Statui per accidens noxia evaderet, quin Ecclesiae necessaria esset; tunc, cessante obligatione legis divinae, cessat quoque obligatio concordati. At cavendum est a periculo allucinationis: et in dubio, Ecclesiae est *auctoritative* iudicare de exsistentia talium adiunctorum.

3° Ubi agitur de iis rebus, quae *ex lege divina* iure *proprio* et *nativo* Ecclesiae *non sunt reservatae,* sed iure proprio et naturali potestati civili subesse possunt et revera ex concordato subsunt, Status sine consensu R. Pontificis neque licite neque valide quidquam mutare valet contra tenorem concordati.

Idque duplici titulo: 1° ratione *pacti,* nam lex civilis contra pactum concordati lata, est nulla et irrita; 2° ratione *legis canonicae* quae nullatenus lege civili abrogari potest [9].

4° Tandem si qui favores ex *mera* Status *liberalitate* concessi fuerint Ecclesiae (casus, praesertim nostra aetate, perquam rarus), ex natura actus et paciscentium intentione iudicandum, *an, quando* et *quomodo* Statui liceat hos favores revocare.

343. Concordata inita cum principe haeretico schismatico vel infideli. — Nullum, ad *obligationem* quod attinet, exsistit discrimen in concordatis initis inter S. Sedem et Statum catholicum aut haereticum aut schismaticum vel infidelem, quia eorum indoles ac natura diversa non est.

Imo, cum natura concordatorum ex materia, circa quam versantur, eruenda sit, multo magis tradita indoles et natura asserenda et vindicanda est cum haereticis atque infidelibus, quam cum catholicis, quandoquidem graviore ratione, quam catholici, sunt illi *incapaces* cuiuslibet, circa eiusmodi materiam spiritualem vel spirituali adnexam, administrationis ac iuris.

---

[9] Cfr. prop. 30, 31, 42 Syll. Pii IX; Wernz, l. c., n. 176; Rivet, l. c., p. 209.

Igitur totum discrimen in eo est, quod infideles atque haeretici vel schismatici veritati obsistentes, Ecclesiae catholicae praerogativas et auctoritatem non agnoscunt. Inde fit quod Ecclesia abstinere quidem potest a quibusvis concordatis cum iisdem ineundis; at si consultius existimet eadem pacisci, ita se gerere debet, ut pacti indolem in iisdem vere retineat, eaque perinde ac vera pacta servet.

Quod si tractu temporis res eo deveniat, ut, circumstantiis mutatis, illa servari sine detrimento salutis aeternae, adeoque sine peccato nequeant, rem primo componere mutuo consensu curabit; si amice res componi non possit, a fide data recedere potest, quandoquidem eo in casu pacta vi sua deficiunt [10].

---

[10] Cfr. Tarquini, l. c., n. 84.

LIBER III

DE POTESTATE ECCLESIASTICA EIUSQUE SUBIECTO

CAPUT I

DE SUBIECTO POTESTATIS ECCLESIAE

344. — Voluntas Christi, sive immediata sive mediata, unice spectanda est, ut dignoscatur legitimum potestatis ecclesiasticae SUBIECTUM, i. e. SERIES PERSONARUM, in quibus ecclesiastica potestas iure residet, et *quanta* in singulis resideat.

Sane, cum Ecclesia sit societas, non hominum arbitrio, sed Christi voluntate instituta, evidens est, ab eo esse repetendam eiusdem ordinationem et constitutionem; ideoque ab eius voluntate eruendum, QUINAM in ea IMPERARE, et QUINAM PARERE debeant.

Cum vero Christus D. potuerit, quod reapse fecit, facultatem alicui tribuere alios etiam praefectos sive pastores in Ecclesiae administratione adiiciendi, ut, aucto fidelium numero, facilius illa exerceatur, ideo iure diximus attendendam esse voluntatem Christi, non modo *immediatam,* verum et *mediatam.*

ARTICULUS I

De vera Ecclesiae constitutione

Totum systema, quo Christus Ecclesiam suam ordinavit, singularumque partium cohaesionem uno veluti obtutu comprehendendam, ex praesupposita veritate theologica brevissime exponimus.

345. Principia. — I. Corpus Ecclesiae totum, ex divina institutione, in duas classes distinguitur, quarum altera populum complectitur, quo in numero qui censentur, *laici* dicuntur; altera ex illis coalescit, quibus cura finis proximi Ecclesiae, i. e. sanctificationis animarum, adeoque potestas ecclesiastica est demandata, iique *clerici* vocantur [1].

346. — II. Finis Ecclesiae, i. e. sanctificatio animarum, obtinetur per *gratiam* sanctificantem, quam Christus per *sacramenta* haberi voluit, accedente *cooperatione hominis.*

Haec autem habetur tum per idoneas dispositiones ad illam acquirendam, tum per bona opera ad eam conservandam et augendam.

Hinc est quod cura finis Ecclesiae ad duo capita clericis committitur: 1º *ad sacramenta efficienda et ministranda;* 2º *ad fideles recte et efficaciter,* quantum fieri potest, *dirigendos,* ut divinae gratiae, quae per sacramenta confertur, recte et efficaciter cooperentur.

III. Unde Christus duas instituit in Ecclesia potestates sive *hierarchias,* alteram *ordinis,* alteram *iurisdictionis.*

Prior respicit *confectionem* et *administrationem sacramentorum* atque exercitium *cultus divini publici,* maxime *sacrificii eucharistici.*

Altera est potestas *pascendi* seu *regendi* gregem Christi *tum* quoad intellectum per rectam doctrinam, *tum* quoad voluntatem per verum et proprie dictum imperium, quo in tota mediorum oeconomia fideles dirigantur, ita ut ipsa quoque sacramentorum dispensatio ad eiusmodi potestatis officium spectet [2].

347. — IV. *Ordinis* potestas *indelebilis* est ex Christi dispositione, eique cui semel collata est per validam ordinationem, *perpetuo inhaeret,* licet facultas ea utendi a iurisdictione pendeat. Unde si quis, potestate ordinis instructus, sacramenta sui ordinis propria conficiat, carens tamen iurisdictione, is *illicitum* quidem, sed *validum* ponit actum.

---

[1] Can. 107; Conc. Trid. Sess. XXIII, *de ordine,* can. 4; Cfr. Billot, *Tract. de Ecclesia Christi,* p. 269 ss., ed 3ª; Pesch, l. c., n. 328 ss.; Wilmers, l. c., n. 385 ss.; Palmieri, op. cit., *Proleg. de Ecclesia,* § 11.
[2] Cfr. Pesch, l. c., n. 272 ss.; Billot, l. c., 328 ss.; Palmieri, l. c., § 11; Wilmers, l. c., n. 63 ss.

Excipitur sacramentum Poenitentiae, quod esset etiam invalidum, cum *intrinsece* et *essentialiter* adiunctam habeat conditionem *iurisdictionis*: siquidem per modum iudicii exercetur.

Potestas *iurisdictionis*, contra, ex Christi voluntate *non est perpetua*, atque *indelebilis;* quare augeri, minui ac tolli potest.

348. — V. Hierarchia *ordinis* ex divina institutione constat *Episcopis, presbyteris* et *ministris* [3], qui tamen non in eodem potestatis gradu sunt, sed longe diverso, ita ut summus et plenus sit in Episcopis, infimus in ministris [4].

Hierarchia *iurisdictionis* constat ex divina institutione *pontificatu supremo* et *episcopatu* ei subordinato; ex Ecclesiae autem institutione alii gradus accessere (cfr. can. 108, § 3).

Unde hierarchiam iurisdictionis plene et perfecte Christus D. constituit in R. Pontifice, et dein in Episcopis, qui proinde proprio nomine *Pastores* vocantur.

Itaque sensu *stricto* illae tantum personae hierarchiae iurisdictionis adnumerantur, quae in foro *externo* et gradu quodam *perfecto* ecclesiastica iurisdictione, i. e. potestate legifera, iudiciali et coactiva, gaudent, nempe R. Pontifex et Episcopi [5].

349. — VI. Qui in ecclesiasticam hierarchiam cooptantur, non ex populi vel potestatis saecularis consensu aut vocatione eliguntur; sed in gradibus *potestatis ordinis* constituuntur *sacra ordinatione;* in *supremo pontificatu,* ipso iure divino, adimpleta conditione legitimae electionis eiusdemque acceptatione; in *reliquis* gradibus *iurisdictionis,* canonica missione (can. 109).

350. Modus ac discrimen quo omnia sunt ordinata in hierarchia ecclesiastica. — 1. Christus R. Pontificem suum in terris *vicarium* esse voluit, totiusque Ecclesiae *fundamentum* et *Caput;* ideoque et *centrum unitatis* — cui qui adhaerent iique tantum in Ecclesia sint — et *Principem* totius Ecclesiae, qui plenam et universalem habeat potestatem, illum constituit. Quae plena et universalis potestas *Primatus* vocatur.

---

[3] Can. 108, § 3; Conc. Trid. Sess. XXIII, *de ordine,* c. 2, 4, can. 6, 7.

[4] Cappello, *De sacra ordinatione,* n. 31 ss.; Billot, l. c., p. 339 ss.; Tarquini, lib. II, n. 2; Pesch, l. c., n. 281.

[5] Tarquini, l. c., n. 2, V; Wernz, II, n. 3; Billot, l. c., p. 440 ss., 696 s., Wilmers, l. c., n. 185 s.

R. Pontifex, praeterea, instructus fuit *dono infallibilitatis* ad fidelium intellectum in doctrina fidei et morum, plena atque absoluta certitudine, dirigendum.

351. — 2. Idem Christus Episcopos constituit tamquam veros et proprie dictos Pastores, at R. Pontifici omnino subiectos, hac quidem lege et ratione:

1° Eorum munus atque institutio eo tendit, ut, praeter R. Pontificem, qui solus totam Ecclesiam regere non potest, alii quoque praesto sint, qui in partem eius sollicitudinis vocentur, quique habiles sint ad fideles sibi commissos *perfecte* regendos et, propter eamdem rationem, ad supremum gradum hierarchiae ordinis sint evecti.

Proinde iurisdictio episcopalis est *completa*, i. e. se extendit ad omnes partes regiminis in foro tam externo quam interno; ideoque Episcopi ea potestate instructi esse debent, qua *in genere habiles* sint ad omnia media, quae ad finem necessaria sunt, suppeditanda.

In specie autem, quoad sacramenta, ut omnia conferre valeant; potissimum autem *ordinem* et *confirmationem*, et *iure ordinario*.

Quoad directionem intellectus, ut iidem Episcopi sint iudices fidei et doctrinae morum, seu veri *doctores*, ita tamen ut infallibilitatis donum coniunctim, idest simul congregati eatenus habeant, quatenus cum R. Pontifice consentiant; singuli autem nullo modo, ideoque in rebus dubiis ad eundem R. Pontificem, qui et infallibilis Pastor et centrum unitatis est, causam remittere debeant.

Quoad directionem voluntatis, ut veri perfectique imperii iura habeant qua *pastores* proprie dicti.

2° Episcopi totam hanc potestatem nonnisi dependenter a Romano Pontifice exercere debent, ita ut eiusdem sit non modo loca determinare, in quibus illam exerceant, verum etiam eamdem et suspendere et restringere; imo, si necessarium visum fuerit, etiam penitus auferre eiusve exercitium vetare.

3° Consequenter, iurisdictio episcopalis derivatur in singulos ex potestate a R. Pontifice eis concessa quae dicitur *legitima missio;* non autem ipsa consecratione, seu episcopalis ordinis susceptione, qua tantum potestas confertur sacramenta conficiendi, et habilitas ad gregem Christi regendum, scil. ad recipiendam potestatem iuridistictionis [6].

---

[6] Cappello, *De sacra ordin.*, n. 122; Billot, l. c., p. 691 ss.; Tarquini, l. c., n. 2, V; Pesch, l. c., n. 338 ss.; Wilmers, l. c., n. 174 ss.

352. — 3. Insuper Christus *presbyteros* tamquam Episcoporum adiutores instituit, non omni tamen in munere, sed in administratione tantum sacramentorum, exceptis confirmatione et ordine, et in verbi Dei praedicatione.

Idque hisce legibus statuit:

a) ut totam hanc potestatem nonnisi *dependenter* ab Episcopo et multo magis a R. Pontifice exerceant; proinde regulariter ipsius Episcopi est eandem suspendere vel restringere, et, si ratio id postulet, etiam inhibere;

b) ut, consequenter, facultas exercendi *presbyteralia munera* derivetur in singulos auctoritate competentis Superioris ecclesiastici, scil. Episcopi vel R. Pontificis, non autem ipsa ordinatione, qua tantum capacitas confertur conficiendi sacramenta presbyteralis ordinis propria, non autem facultas eadem actu exercendi.

4. Demum *diaconi* ita sunt in sacra hierarchia iure divino constituti, ut vi sui ordinis habiles sint ad sacramenta baptismi atque Eucharistiae administranda, et ad praedicationem verbi Dei exercendam, ita tamen, ut nonnisi auctoritate Episcopi vel Papae haec facere valeant [7].

353. Facultas Ecclesiae concessa. — Christus facultatem tribuit Ecclesiae alios gradus, prout ipsa expedire censuerit, instituendi tum in hierarchia *iurisdictionis*, tum etiam in hierarchia *ordinis*, hoc tamen sensu et modo:

1° Quoad hierarchiam ondinis, non est facta facultas inducendi novam quandam potestatem ordinis, sed constituendi quosdam ordines inferiores diaconatu, quibus singulis peculiaris potestas circa sacra iure ecclesiastico sit alligata.

2° Quoad hierarchiam iurisdictionis:

a) R. Pontifici data est facultas vocandi alios in partem suae sollicitudinis, non modo in ea re, quae spectat ad *agnos* i. e. ad populum, instituendo ex. gr. alios magistratus ecclesiasticos — qui, licet episcopali ordine non instructi, episcopalem tamen iurisdictionem in plebem sibi concreditam exerceant, iis exceptis, quae episcopalem ordinem omnino exigunt —; verum etiam in ea re, quae spectat ad *oves*, i. e. ad Episcopos, instituendo ex. gr. certos iurisdictionis gradus, quibus adnexa sit aliqua in ipsos Episcopos iurisdictio, vel etiam mittendo, cum necessarium visum fuerit,

---

[7] Cappello, op. cit., n. 118 ss.; Tarquini, l. c., n. 2, VI; Pesch, l. c., n. 338 ss.; Wilmers, l. c., n. 167 ss.

extraordinarios aliquos Praesules, qui suam potestatem in ipsos Episcopos nomine R. Pontificis exerceant.

b) Pari modo etiam Episcopis licet, nisi altiore potestate prohibeantur, constituere in suis dioecesibus, alios inferiores rectores, quibus partem suae potestatis committant, iis semper exceptis quae exerceri ab iisdem nequeant ob defectum sacri ordinis ad ea requisiti [8].

Hinc Ecclesiae competit libera et independens potestas quoad *organizationem* tum *personalem* tum *territorialem,* de qua nonnulla in specie (n. 355 s.).

354. Errores. — Falsa systemata quoad naturam et potestatem Ecclesiae, directe vel indirecte, proxime aut remote, ipsi constitutioni societatis ecclesiasticae adversantur. Unde quae supra dicta fuerunt (nn. 266 ss., 324 ss.), huc quoque spectant.

Articulus II

De organizatione territoriali et personali

355. Organizatio territorialis. — 1. Civilis societas est organica, ATTENTO FINE; organizatio autem habetur per synthesim, quatenus ordinatur ad supplendam familiarum insufficientiam, quae familiae inter se independentes uniuntur in civitates, civitates in regna.

Ecclesia RATIONE FINIS non est organica; attamen talis est *ex Christi positiva voluntate.* Organizatio porro non fit per synthesim, sed per divisionem aut analysim, quatenus homo prius membrum efficitur Ecclesiae universalis, dein uni vel alteri ex particularibus Ecclesiis adscribitur.

Unde territorialis organizatio consistit in hoc, quod Ecclesia universalis, quae ad extremos usque orbis fines extenditur, in plures particulares Ecclesias sive dioeceses dividitur.

2. Praeter hanc divisionem, dantur et aliae tum *maiores* tum *minores.*

Maiores divisiones sunt *provinciae,* sedes primatiales et *patriarchatus,* seu gradus supra episcopales : minores sunt *vicariatus*

---

[8] Pesch, l. c., n. 362; Palmieri, l. c., § 11; Tarquini, l. c., n. 2, VI; Wernz, l. c., II, n. 3; Cavagnis, II, n. 3 ss.

foranei, paroeciae vel *quasi-paroeciae,* scil. gradus infra episcopales[9].

3. Organizatio territorialis FUNDAMENTALITER et REMOTE est de iure divino. Nam ex Christi mandato R. Pontifex universam Ecclesiam gubernare tenetur; at impossibile foret Pontificem per se ipsum singulos fideles pascere, nisi alios quoque pastores sibi subordinatos advocaret eisque peculiare territorium committeret ad animarum curam gerendam.

FORMALITER vero et PROXIME est de iure humano, quatenus Christus neque dioeceses aut provincias vel patriarchatus de facto instituit, neque a fortiori paroecias aut alias divisiones; at solummodo ex R. Pontificis praescripto sive immediato sive mediato oriuntur, ipsa tamen natura rei suadente.

356. Itaque ex ipso R. Pontificis munere regendi universum gregem dominicum, ubique terrarum degentem, i. e. ex ipsa missione Ecclesiae, sponte exsurgit *proprium* et *nativum* ius quoad organizationem.

QUARE, in specie, ECCLESIAE COMPETIT IUS :

a) instituendi paroecias, vicariatus, dioeceses, provincias, sedes primatiales et patriarchatus, pro temporum et locorum necessitatibus;

b) uniendi, dismembrandi, dividendi, si bonum animarum id postulet;

c) etiam supprimendi, ubi necessitas sive utilitas hoc exigat.

Huiusmodi ius Ecclesiae est *liberum* atque *independens, absolutum* et *exclusivum.*

LIBERUM, quatenus in sua organizatione Ecclesia nec populo neque principi subiicitur nec ab iisdem ullo modo dependet : ABSOLUTUM, quatenus auctoritas ecclesiastica in hac re nulli restrictioni obnoxia est, neque alicui conditioni alligatur; EXCLUSIVUM, quatenus *unice* ad Ecclesiam spectat, adeoque plebi aut Statui nulla, ne minima quidem, potestas cumulativa tribuenda est.

Auctoritas civilis debet protegere ac defendere praefatum ius, omnesque divisiones seu maiores seu minores ab Ecclesia facta integre recognoscere easque inviolabiliter servare.

Sophismata regalistarum et liberalium qui dicunt reipublicae *interesse* rectam organizationem dioecesium, paroeciarum, etc., ideoque verum ius in

---

[9] Cfr. can. 215 ss., 271 ss., 445 ss., 451 ss.

19 — F. M. CAPPELLO S. I. - *Summa Iuris publici ecclesiastici.*

hac re Statui competere, curandumque esse ex saecularis potestatis interventu, ut ecclesiastica organizatio civili accommodetur — facile diluuntur, perspectis principiis de natura Ecclesiae ac de relationibus iuridicis inter utramque societatem. Huc spectant quae alibi dicta sunt.

357. Organizatio personalis. — 1. Sicuti ad missionem Ecclesiae exercendam requiritur organizatio territorialis, ita, et quidem a fortiori, necessaria est PERSONALIS organizatio.

Sane, quomodo R. Pontifex posset per se ipse verbum Dei praedicare cunctis gentibus, sacramenta administrare, devios corrigere, infirmos solari, aliaque munia sacra obire, nisi socios adscisceret eisque iurisdictionem committeret *ex officio* exercendam?

2. Plures sunt gradus:

1° Supra *Episcopos,* qui sunt institutionis divinae, habentur *Metropolitani, Primates Patriarchae, Legati* et *Cardinales* [10].

2° Collaterales *Episcopis* sunt *Abbates* et *Praelati* « nullius », *Vicarii* et *Praefecti Apostolici, Vicarii capitulares, Administratores Apostolici* [11].

3° Infra *Episcopos,* habentur *Vicarii generales* (qui aliqua ratione dici possunt etiam collaterales Episcopis), *vicarii foranei, parochi, vicarii paroeciales* et *rectores ecclesiarum* [12].

3. Duplici sub respectu considerari potest organizatio personalis in Ecclesia, scil. per *gradus pastorum* et per *pastorum collegia.* Ad haec referuntur synodi et concilia (cfr. can. 281 ss.).

4. Ius competens Ecclesiae quoad organizationem personalem sub duplici memorato respectu, est *liberum* atque *independens, absolutum* et *exclusivum.*

5. Status tenetur agnoscere gradus ecclesiasticos, eorum iura, privilegia atque officia; permittere debet liberam conciliorum convocationem et actorum publicationem, quin ad id necessaria sit praevia civilis auctoritatis licentia.

Hinc patet quam iniustae sint leges civiles, quae vel prohibent Episcoporum consessus, vel necessariam ad id veniam saecularis auctoritatis statuunt, vel decernunt decreta conciliaria promulgari non posse, nisi petita et obtenta venia principis.

---

[10] Cfr. can. 230 ss., 265 ss., 271 ss.
[11] Cfr. can. 293 ss., 312 ss., 319 ss.
[12] Cfr. can. 366 ss., 445 ss., 451 ss., 471 ss., 479 ss.

Articulus III

Nonnulla in specie de R. Pontifice ac
de regimine Ecclesiae

Universam catholicam doctrinam de Primatu iurisdictionis Petro collato, quatuor *propositionibus* perspicue, sed brevissime, ut postulat disciplina nostra, enuntiamus.

358. Prop. I. — *Christus directe ac immediate contulit B. Petro primatum iurisdictionis in universam Ecclesiam.*

Propositio est de fide: « *Si quis dixerit B. Petrum Ap. non esse a Christo Domino constitutum Apostolorum omnium principem et totius Ecclesiae militantis visibile caput, vel eumdem honoris tantum non autem verae propriaeque iurisdictionis primatum ab eodem Domino Nostro Iesu Christo directe et immediate accepisse, anathema sit* » [1].

1. Christus sic alloquitur Petrum: « *Tu es Petrus, et super hanc petram aedificabo Ecclesiam meam ... Tibi dabo claves regni caelorum, et quodcumque ligaveris super terram, erit ligatum et in coelis; et quodcumque solveris super terram, erit solutum et in caelis* » [2].

a) Christus Petrum designat tamquam fundamentum Ecclesiae; atqui fundamentum alicuius societatis, quo ipsa constituitur et conservatur, est auctoritas; ergo in Petro est auctoritas a Christo collata ad Ecclesiam constituendam et conservandam.

b) Christus promittit se daturum claves regni caelorum; atqui vox *clavis* significat potestatem; ergo.

c) Christus dicit aperte Petrum omnia ligare et solvere posse; atqui vox *ligare* et *solvere,* iuxta communem et certam interpretationem, exercitium auctoritatis designat; ergo.

2. Idem Dominus ita Petrum alloquitur: « *Pasce agnos meos ... pasce oves meas* » [3].

Munus pascendi, ut explicant theologi atque exegetae, ex usu Scripturarum, atque ex usu profanorum scriptorum denotat exer-

---

[1] Conc. Vat. Const. « *Pastor aeternus* », cap. 1. Cfr. Palmieri, op. cit., P. I, cap. 1; Billot, l. c., p. 524 ss.; Wilmers, l. c., n. 84 ss.

[2] Matth. XVI, 18 s.

[3] Ioann. XXI, 15 ss.

citium potestatis tum quoad intellectum, tum quoad voluntatem;
ergo.

359. PROP. II. — *Potestas suprema primatus Petro collata
non debeat cessare morte [Petri, sed erat transferenda in successores.*

De fide : « *Si quis dixerit non esse ex ipsius Christi institutione
seu iure divino, ut B. Petrus in primatu super universam Ecclesiam, habeat perpetuos successores, a. sit* » [4].

Sane : *a*) Petrus fuit constitutus fundamentum Ecclesiae; atqui fundamentum debet perseverare donec perseverat aedificium.
Sed Ecclesia est perpetua et indefectibilis. Ergo Petrus semper
debet permanere uti fundamentum Ecclesiae, equidem per auctoritatem ad successores transferendam.

b) Christus contulit Petro munus pascendi gregem seu fideles; atqui fideles semper exsistent in Ecclesia; ergo.

360. PROP. III. — *Successor B. Petri in primatu est R. Pontifex.*

De fide : « *Si quis dixerit R. Pontificem non esse Beati Petri
in eodem primatu successorem, a. sit* » [5].

Item ex celebri formula *Hormisdae*, ex *Conc. Lugdunensi II*,
ex *Conc. Florentino*, etc.

a) Vel successor B. Petri est R. Pontifex, vel nullus habetur.
Atqui primatum certissime non possidet neque Ecclesia Constan-
tinopolitana, neque Coptica, neque Aethiopica, neque Syriaca, etc.
Ergo nisi successor Petri dicatur esse R. Pontifex, qui de facto
supremam exercuit per tot saecula potestatem in universum orbem,
sicuti et nunc exercet, nullus alius erit.

b) Haec veritas confirmatur testimoniis omnium SS. Patrum, nec non auctoritate Conciliorum [6].

361. PROP. IV. — *R. Pontifex habet plenam et supremam
potestatem iurisdictionis in universam Ecclesiam in rebus fidei,
morum ac disciplinae.*

De fide : « *Si quis dixerit R. Pontificem habere tantummodo
officium inspectionis vel directionis, non autem plenam et supre-*

---

[4] Conc. Vat., l. c., cap. 2. Cfr. Palmieri, l. c., cap. 2, th. VII; Wilmers,
l. c., n. 85 s.

[5] Conc. Vat., l. c., cap. 2. Cfr. Pesch, l. c., n. 464; Palmieri, l. c., th.
VIII; Billot, l. c., p. 574 ss.

[6] Cfr. Billot, l. c., p. 579 ss.; Palmieri, l. c., th. IX.

*mam potestatem iurisdictionis in universam Ecclesiam, non solum
in rebus quae ad fidem et mores, sed etiam in iis, quae ad disciplinam et regimen Ecclesiae per totum orbem diffusae pertinent;
aut eum habere tantum potiores partes, non vero totam plenitudinem huius supremae potestatis; aut hanc eius potestatem non
esse ordinariam et immediatam sive in omnes ac singulas Ecclesias, sive in omnes et singulos pastores et fideles, a. sit »* [7].*

Propositio non est nisi corollarium sponte ex iis manans,
quae diximus de primatu Petri ad successores transferendo.

Nam si Petrus acepit a Christo plenam ac supremam potestatem in rebus fidei et morum atque in iis quae ad disciplinam et
regimen Ecclesiae spectant; si haec potestas cessare cum Petro
non debebat, sed tota transmittenda erat ad successores; si successores autem Petri in cathedra Apostolica sunt **Pontifices Romani;** evidentissime consequitur R. Pontificem pollere eadem suprema et universali potestate, qua divinitus instructus fuit ipse
B. Petrus [8].

1° R. Pontifex est vindex fidei ac morum; ipsi commissum est depositum divinae revelationis sancte custodiendae et fideliter per suum magisterium proponendae (cfr. can. 1322).

2° Est magister et quidem infallibilis in rebus fidei et morum [9].

3° Pollet libera et independenti potestate legifera, iudiciaria ac coactiva. Hinc potest ferre leges pro tota ac universa Ecclesia; iudicare omnes
causas respicientes fidem, mores aut disciplinam; ad ipsum recursus sive
appellatio datur a sententiis cuiuslibet inferioris iudicis; poenas infligere
potest sive spirituales sive temporales; tum clericos tum laicos, sive subditos
sive principes, punire valet.

4° Supremo gaudet iure circa bona Ecclesiae *spiritualia* et *temporalia* sive *sacra* sive *non sacra*, i. e. in sacramenta, sacramentalia, thesaurum
indulgentiarum, bona consecratione vel benedictione cultui divino destinata,
et in cetera omnia, quae vel ad Ecclesiam universam aut ad Sedem Apostolicam vel ad aliam personam moralem in Ecclesia pertinent (cfr. can.
1495 ss., 1499).

362. Forma regiminis Ecclesiae [10]. — 1. Forma regiminis est quadruplex: *monarchica absoluta, aristocratica, democratica,*

---

[7] Conc. Vat., l. c., cap. 3. Cfr. oracula Matthaei, c. XVI, Ioannis c. XXI.

[8] Alios textus innumeraque testimonia Traditionis videsis apud dogmaticos, v. g. Billot, l. c., p. 671 ss.; Palmieri, P. II, cap. 1, th. XII ss.;
Wilmers, l. c., n. 153 ss.; Pesch, l. c., n. 369 ss.

[9] Conc. Vat., l. c., cap. 4. Cfr. Palmieri, l. c., cap. 2, th. XXV ss.;
Pesch, l. c., n. 507 ss.; Billot, l. c., p. 638 ss.

[10] Cfr. Billot, l. c., p. 487 ss.; Pesch, l. c., n. 364; Palmieri, l. c.,
th. XVIII; Wilmers, l. c., n. 106.

monarchica constitutionalis seu *repraesentativa* vel *temperata*, ut aliis placet.

Monarchia absoluta habetur quando suprema potestas residet penes unicam personam; *aristocratica* quando residet penes optimates, numero plures vel pauciores; *democratica* quando potestas residet penes populum; *monarchia constitutionalis*, quando *suprema potestas* est simul penes principem et delegatos a populo, quocumque nomine vocentur.

Forma constitutionalis est quoddam temperamentum monarchiae et democratiae.

2. Forma regiminis Ecclesiae non est: *a) democratica*, quia Christus potestatem directe ac immediate non contulit populo, sed Petro (cfr. n. 358);

b) nec est *aristocratica*, quia *uni* Petro, et non ceteris Apostolis, *supremam* potestatem *ordinariam* concredidit;

c) neque est *constitutionalis*, quia non constat de ullo iure populo sive fidelibus concesso, imo contrarium plane evincitur ex positiva Christi voluntate.

3. Igitur forma regiminis Ecclesiae, ceteris exclusis, est *monarchia* et quidem *absoluta* seu *simplex*, ad quam constituendam quinque requiruntur.

Scil. 1° ut unica persona physica praesit universae reipublicae; 2° ut plenitudine potestatis gaudeat; 3° ut reliquos omnes magistratus sibi obnoxios habeat; 4° ut universos iudicare valeat, ipse vero a nemine iudicari possit; 5° ut ipsi ceu principio totius unitatis socialis, omnes subditi adhaerere et subesse teneantur [11].

363. Ratio sive modus successionis in Primatu. — 1. Christus formam non determinavit, qua B. Petri successores in Primatu eligendi sunt, sed ipsi Ecclesiae, i. e. R. Pontifici, eam determinandam reliquit [12].

---

[11] Forma regiminis Ecclesiae, licet monarchica simpliciter, adiuncta tamen habet elementa, aristocraticum et democraticum; *aristocraticum*, non quatenus suprema potestas divisa sit inter plures, sed quia R. Pontifex debet ex Christi institutione Episcopos « in partem sollicitudinis vocare »; *democraticum*, quatenus ex omni populo et conditione viri idonei admitti possunt ad quaslibet dignitates ecclesiasticas.

Cfr. S. Bellarm., l. c., lib. I, cap. 3; Mazzella, *De Eccl.*, n. 536 s.; Pesch, l. c., n. 376.

[12] S. Bellarm., *De clericis*, lib. I, cap. 9, prop. 8; Suarez, *Disp. 10. De Summo Pontifice*, sect. 4, n. 16, 11; Camarda, *Tract. de elect. Summi Pon-*

2. Proinde ad R. Pontificem spectat ex iure divino nedum praescribere *locum, tempus* et *modum* designationis, verum etiam determinare *personas,* quibus competat eligendi ius. Et quamvis ratio electionis per solos Cardinales sit omnium optima et merito conservanda (cfr. can. 160, 241), absolute tamen posset Pontifex, si vellet, eam mutare.

364. Num R. Pontifex valeat sibi successorem designare.

Plures negant, praesertim quia R. Pontifex nequit statum Ecclesiae mutare; praeterea, addunt, « electio successoris a Papa designati eo tempore perficitur, quo ipse non est amplius Papa, ideoque non valet ex defectu potestatis » [13].

Alii affirmant, maxime quia constat de facta interdum designatione; praeterea quia neque ex iure divino neque ex iure naturali evincitur huiusmodi restrictio potestatis R. Pontificis; de-

---

tificis, dissert. 1; Fagnanus, in c. 6, X, I, 6, n. 19 ss.; Bonacina, *De legitima Summi Pontificis electione,* p. 18; Cappello, *De Curia Romana,* II, p. 178 ss.

[13] Passerini, *De electione Summi Pontificis,* n. 25; Gundisalvus Villadiego, *Tract. de origine, dignitate et potestate S. R. E. Cardinalium,* q. 5, n. 19; Bonacina, l. c., p. 32; A. De Rosellis, *Monarchia, sive de potestate Pontificis maximi, romanique imperatoris,* cap. 19; Turrecremata, *Summa de Ecclesia,* lib. II, cap. 51; Camarda, l. c., dissert. 3; Barbosa, *Iuris eccl. univ.,* lib. I, cap. 2, n. 42; Fagnanus, in cap. 5, X, *de pactis,* I, 35, n. 29; Caietanus, *Apologia de comparata auctoritate Papae et Concilii,* cap. 22; Dominicus a S. Thoma, *De Ecclesia Christi et Papa,* p. 28; Pirhing, lib. I, tit. 6, n. 12; Bellarminus, l. c.; Ferraris, *Bibliotheca,* v. *Papa,* art. 1, n. 1; Gonzales, in cap. 6, X, *de elect.,* I, 6, n. 11; Dominicus a SS. Trinitate, *Bibl. theol. tract. de R. Pontifice,* cap. 9, 5; Pignatelli, *Consultationes,* to. IX, *Consult.* LXVII, n. 12, qui tamen dubitanter loquitur; Felinus, in cap. *Licet de vitanda,* n. 14; Ioannes a Capistrano, *De potestate Papae,* n. 2, inter tract. comm. to. XIII, fol. 32; Ioannes Andreas, in cap. *Licet de vitanda,* n. 15; Abbas Panormitanus, in rubr. *de testam.,* n. 2, vers. *Hinc dixit glossa;* Ioannes de Lignano, in *Clem. Ne Romani, de lect.,* n. 8; Aegidius Bellamera, in cap. *Si transitus,* vers. *Non possit,* n. 4; Antonius Budrius, in cap. *Licet de vitanda,* n. 3; Card. Iacobatius, *De concilio,* lib. X, art. 7; Augustinus Triumph., *De potest. Eccl.,* lib. I, cap. 13, et lib. II, cap. 15 Card. Zabarella, in *Clem. Ne Romani,* de elect. quaest. 5, n. 5; Ioann. Bertachinus, *De Episc.* in 4, seu 40 quaest. tertiae partis, lib. I, n. 12; Baronius, *Ann.* ad an. Christi 1198, fol. 188; Paludanus, *De potest. eccl.,* lib. V, n. 6; Manfredi, *De Cardinalibus,* tract. 3, part. 2, decis. 15; Lombardi, *Iur. canon. priv. instit.,* I, p. 194; Cavagnis, II, cap. 2, art. 1, quaest. 3; Casacca, *Se il Papa possa eleggere il successore,* p. 25; Périès, *L'intervention du Pape dans l'élection de son successeur,* p. 170.

mum, quia si ipse *modum* designationis determinare valet, nulla profecto est ratio cur nequeat immediate designare, i. e. successorem sibi eligere [14].

Alii censent nonnisi in casu *extraordinariae* necessitatis vel utilitatis Ecclesiae, R. Pontificem sibi successorem nominare posse; secus designatio foret nedum illicita, verum etiam *invalida*.

Demum alii tenent, urgente necessitate vel utilitate extraordinaria Ecclesiae, designationem successoris esse validam et licitam; in ceteris casibus esse illicitam quidem, sed validam [15].

365. Animadvertenda. — 1º Certum est Felicem IV suum designasse successorem, Bonifacium nempe archidiaconum [16]. Inde tamen argumentum *peremptorium* sive *decisivum* in favorem sententiae affirmantis, ut nonnulli existimant, nequaquam erui potest: agitur sane de facto *particulari.*

2º Factum Bonifacii II qui, exemplum Felicis IV secutus, Vigilium sibi successorem designasse dicitur, plures easque graves exhibet difficultates [17]; unde validum argumentum pro sententia affirmativa profecto non constituit.

3º Alia facta historica, quae a nonnullis patronis allegantur, non sunt verae et proprie dictae *designationes,* sed merae *commendationes* [18].

---

[14] Vàzquez, *Comm. in III part. D. Thom.,* disp. 244, cap. 3, n. 26; Roccaberti, *Biblioth., max. Pontif.,* X, p. 109, Chiroli, apud Roccaberti, op cit., III, p. 358; Vitoria, *Relect. theol. de potest. eccl.,* II, n. 23; Ledesma, in II part. q. 20, art. 4, concl. 10.

Huic sententiae adhaerent quoque, licet non omnes simpliciter et absolute, Amicus, *Theol.,* IV, disc. 6, n. 104; Albani, *De Cardinalatu* XIII, p. 2, 105; Petra, *Comm.,* to IV, in Const. 5 Clementis VII, n. 9 ss.; Many, *Du droit des Papes de désigner leur successeur,* in *Revue de l'Institut catholique de Paris,* mars 1901; Sägmüller, *Die designation,* etc., in *Arch. für kath. Kirchenrecht,* 1896; Granderath, *Die Papstwahl,* in- *Stimmen a. Maria-Laach,* 1874, I, p. 139 ss.; Grisar, *Gesch. Roms,* I, p. 494 ss.; Holder, *Die designation,* etc., Freib., 1892; eiusdem, *Die designation,* etc., in *Archiv f. k. K.* 1894; Pezzani, *Codex sanctae catholicae Ecclesiae,* p. 128; Hollweck, *Kann der Papst seinen Nachfolger bestimmen?* in *Arch. f. k. Kirchenrecht,* 1895.

[15] Wernz, II, n. 567; Tarquini, l. c., n. 3. V. Huic sententiae favent etiam multi ex AA. quos pro secunda allegavimus.

[16] Cfr. Cappello, l. c., p. 193 ss.; Amelli, *Documenti inediti relativi ai pontificato di Felice IV* (526) *e di Bonifacio II* (530) *estratti da un codice della biblioteca capitolare di Novara,* in *Scuola cattolica,* XXI, 122; Duchesne, *Mélange de l'école de Rome,* III, p. 229 ss.; eiusdem, *Liber Pontificalis,* I, p. 282.

[17] Cfr. Cappello, l. c., p. 198 ss.; Duchesne, *Mélanges,* etc., p. 260; Holder, l. c., p. 416; Hollweck, l. c., p. 422.

[18] Cfr. Migne, *P. L.,* CLI, 283, 285, 287; CLXXIII, 825, 881; Many, l. c., p. 132 ss.; Cappello, l. c. p. 201.

Quod attinet ad declarationem Pii IV in Consistorio a. 1561 [19], haec notanda: *a*) declaratio, si vere facta, non est formalis definitio; *b*) publici iuris sive authentice promulgata numquam fuit.

366. Sententia tenenda. — Ultima sententia non modo probabilior, sed certa nobis videtur. Sane:

1° Potestas R. Pontificis tanta est, ut nonnisi iure divino vel naturali coartetur; unde ea omnia agere valet, quae tale ius haud vetet.

Atqui ius divinum positivum vel naturale non prohibet quominus Papa sibi successorem designet. Ergo.

2° Quisque per se ipse facere potest, quod per alios agere valet. Si R. Pontifex potest successorem eligere per Cardinales, curnam, deficiente expressa iuris prohibitione, non poterit immediate ipsemet nominare?

3° Papa suprema gaudet potestate in iis omnibus quae ad bonum Ecclesiae referuntur. Atqui designatio successoris in aliquo casu extraordinario potest esse perutilis imo necessaria, v. g. ad graves contentiones auferendas, ad schisma vitandum, etc. Ergo.

4° Admissa huiusmodi potestate, sponte consequitur R. Pontificem *semper* eadem *valide* uti posse, tum quia de nullitate non constat ex iure divino seu naturali seu positivo, tum quia secus complura eaque gravissima haberentur incommoda, quatenus v. g. in singulis casibus designationis videndum foret de vera necessitate vel maxima utilitate Ecclesiae, qua deficiente, Papa designatus non esset legitimus.

Porro iudicium sive examen spectaretne ad ipsum designatum vel ad Cardinales, an potius ad aliquod concilium vel ad christifideles? Hinc occasio facilis praeberetur factionibus, dissidiis et schismati.

Extra casum tamen necessitatis sive maxime utilitatis Ecclesiae (v. g. si Cardinales libere atque expedite procedere non possent, ob politicas perturbationes aliasve causas, ad electionem Papae, si principes impio ausu vellent in negotio electionis se immiscere, etc.), designatio successoris facta

---

[19] « Sanctitas Sua declaravit atque decrevit quod R. Pontifex non possit sibi eligere successorem, nec adsumere coadiutorem cum futura successione, etiam de consensu omnium et singulorum Cardinalium, sed electio spectet ad Cardinales libere, cum decreto irritante ». Cfr. Raynald, *Ann. eccl.* ad an. 1561, XV, p. 121; Papi, *Breviarum historico-chronologico-criticum*, VI, 450; Cappello, l. c., p. 217.

a R. Pontifice ideo foret *illicita*, quia bono Ecclesiae regimini minus congrueret atque in eius perniciem, ipsa rerum natura perspecta, cederet.

5° Argumenta, a patronis prioris sententiae allegata, facile refutantur [20].

367. Episcopatus. — 1. Episcopatus, ut supra dictum fuit (n. 351, 2), est munus sive officium ab ipso Christo D. institutum.

2. Episcopi sunt successores Apostolorum in *munere ordinario pastorali,* scil. in munere docendi, regendi et sanctificandi, non autem in munere *extraordinario.* Unde praerogativae seu dona extraordinaria, quibus Apostoli *qua tales* gaudebant, cum ipsis cessarunt.

Itaque magna est differentia inter potestatem quae ad *singulos Episcopos* spectat, et eam quae *singulis Apostolis* competebat. Nam quilibet Apostolus indeterminate missus erat ad *omnes* homines, et *ubique* poterat iurisdictionem exercere; contra, Episcopi *singulis ecclesiis* assignantur, ut in sua ecclesia resideant et eius curam gerant [21].

Praeterea Apostoli a Christo electi erant, ut novas etiam revelationes acciperent et cum hominibus communicarent; Episcopis, contra, a se constitutis Apostoli commendant ut *acceptum depositum custodiant sine ulla immutatione* [22].

3. Excepto R. Pontifice, singuli Episcopi non eo modo sunt successores Apostolorum, ut quilibet Episcopus alicui determinato Apostolo successerit, v. g. Andreae vel Iacobo potius quam alii, sed hac tantum ratione, quatenus potestas docendi, regendi, sanctificandi *vi muneris,* quae primum fuit in Apostolis, postea in Episcopos transiit.

Controvertitur num Episcopi *immediate* a R. Pontifice *iurisdictionem* accipiant. Sententia hodie fere communis affirmat [23].

---

[20] Cfr. Cappello, l. c., p. 200 ss.; Many, l. c., p. 158.

[21] Cfr. Act. XIV, 22; XX, 28; I Tim. I, 3; Tit. I, 5 ss.; I Petri, V, 2; Apoc. II, 1 ss.; Conc. Trid. Sess. VI, cap. 1, et Sess. XXIII, cap. 1.

[22] II Tim. I, 13 ss.; II, 2; III, 10 ss. Cfr. Pesch, l. c., n. 435 ss.; Billot, l. c., p. 691 ss.; Wilmers, l. c., n. 174 ss.

[23] Cfr. S. Thom. in Matth. XVI, 2; *Summa contra Gent.,* lib. IV, cap. 76; S. Bellarm., *De Rom. Pontifice,* lib. IV, cap. 24; Suarez, l. c.; Benedict. XIV, *De Synod. dioec.,* lib. I, cap. 4, n. 2; Mazzella, l. c., n. 1007; Wilmers, l. c., n. 198 ss.

Quae certa dicenda, attenta praesertim doctrina SS. Patrum v. g. S. *Cypriani* [24], *Optati Milevitani* [25], *Innocentii I* [26] et aliorum, atque perpensis verbis *Pii VI* in Brevi «*Super soliditate*», 28 nov. 1786 et *Leonis XIII* in Encycl. «*Satis cognitum*», 29 iun. 1896.

Articulus IV

Num populo vel principi ius competat circa electionem sacrorum ministrorum

368. Principia. — I. Nullum ius proprium et nativum competit populo vel civili auctoritati circa electionem sacrorum ministrorum [1].

Sane: 1° Ecclesia est societas perfecta, a Statu omnino distincta eoque superior; atqui cuiusque societatis liberae atque independentis est proprios magistratus sive ministros sibi eligere; ergo sicuti Status independenter ab Ecclesia sibi eligit officiales sive magistratus, ita Ecclesia ius habet designandi libere et independenter ministros suos.

2° In personis ecclesiasticis, pro diversitate graduum seu ministeriorum, peculiares requiruntur dotes quoad scientiam, pietatem, animarum zelum, etc. Iudex competens de hisce qualitatibus non est populus aut princeps, sed Ecclesia tantum. Ergo ipsius dumtaxat est idoneos ministros eligere.

3° Hanc omnimodam libertatem in suis ministris designandis Ecclesiae semper asseruit atque strenue proclamavit [1]. Lucta *de investituris* testimonium sollemne et indubium est.

369. — II. Ius nominandi seu praesentandi vel eligendi, *si et quatenus* competit populo aut principi, ex benigna dumtaxat Ecclesiae concessione tamquam *merum privilegium* competit [2].

Hinc patet quid si dicendum de *regia nominatione* et de *iure patronatus regio*.

---

[24] *De unitate Ecclesiae*, cap. 4 et 5.

[25] *De schismate Donat.*, lib. I, cap. 10 et lib. XVII, cap. 3.

[26] Epist. 30 ad Conc. Milev., n. 2; epist. 29 ad Episc. Conc. Carth., n. 1.

[1] Cfr. can. 109; Conc. Trid. Sess. XXIII, de ordine, c. 4, can. 7.

[2] Cfr. can. 331, § 2; 332, § 1; 1448; 1452; 1471; Cappello, *I diritti e i privilegi tollerati o concessi dalla S. Sede ai Governi civili*, p. 3 ss.

Interdum S. Sedes sive in concordatis sive extra concordata indultum regibus seu supremis civitatum rectoribus concedit praesentandi ad ecclesiam vel ad beneficium vacans. Cfr. v. g. art. 24 concordati utriusque Siciliae, art. 19 concordati Austriae, art. 6 conventionis Aequatoris, etc. Agitur proinde de *indulto* seu *privilegio apostolico.*

Ius patronatus *regium* non differt a proprie dicto iure patronatus *privatorum,* quoad originem et naturam iuridicam. Utrumque ex mera *concessione Ecclesiae* derivari, palam est, cum sit ius quoddam *spirituale;* idque expresse traditur in can. 1448 [3].

370. — III. Si privilegium nominandi vel praesentandi ad ecclesiam vel beneficium vacans concessum fuerit principi seu regi *personaliter,* cessat per mortem aut privationem muneris sive auctoritatis regalis.

Si concessum fuerit *dynastiae,* transit ad omnes eius principes, debito servato successionis ordine, et, ea cessante, privilegium ipso facto exstinguitur.

Si tributum fuerit *coronae,* tamdiu manet, quamdiu ipsa corona perseverat, ita ut, ea exstincta, ipso iure cesset indultum.

Si nominandi sive praesentandi indultum concessum fuerit *sub aliqua conditione,* in concordato vel extra concordatum expressa, ea deficiente, indultum cessat [4].

371. — IV. Recentius concessit S. Sedes Guberniis, praesertim in Concordatis, ius « *praenotificationis officiosae* ». Sedes Apostolica (vel Episcopus) significat *secreto* et *confidentialiter* Gubernio nomen personae designatae, antequam electionis notitia fiat publici iuris. Gubernium declarat *nihil obstare* vel, in casu contrario, rationes *ordinis politici,* ob quas denegat beneplacitum, eidem S. Sedi (vel Episcopo) pandit.

Pro diversitate beneficiorum, collatio spectat ad S. Sedem vel ad loci Ordinarium; ideoque ab hoc aut ab illa nomen personae electae significari debet Gubernio.

---

[3] Item ius *palatinitatis* ex privilegio apostolico oritur. Cfr. Bened. XIV, Const. « *Convenit* », 6 iul. 1741; Pii IX, Const. « *Cum per obitum* », 12 mart. 1862; Const. « *Si aliquando* », 12 aug. 1848; Leonis XIII, Const. « *Praeclara* », 8 nov. 1890.

Ecclesia vel cappella *palatina* ea dicitur, quae regi eiusque familiae inservit, quaeque ex indulto apostolico eximitur ab Ordinarii iurisdictione.

[4] Cappello, l. c., p. 63 ss.

374. Refelluntur argumenta ab adversariis proposita. —
1° Electio Matthiae [5] nihil probat. Nam Petrus aliquem eligere
volebat, qui a baptismate Ioannis usque ad ascensionem cum Christo fuisset, ita ut testimonium apte reddere posset de eius doctrina
atque operibus.

Ipso Codex (can. 1452) memorat *electiones populares*.

Agebatur proinde de mêra postulatione, non autem de vera
et proprie dicta electione, uti liquet ex verbis ipsis: « *Et orantes dixerunt* : *Tu Domine, qui corda nosti omnium, ostende quem
elegeris* ».

2° Item diaconorum electio nihil evincit. Nam agebatur in casu de
iis eligendis, qui *praeessent mensis,* non autem Ecclesiae regendae; unde
electio Stephani et aliorum non fuit designatio pastorum.

Apostoli ex quadam prudentia et opportunitate eam fidelibus faciendam
commiserunt, ut sedarentur exortae contentiones.

3° Textus SS. Patrum et Conciliorum nullum ius plebi
aut civili auctoritati vindicant. Sane *vel* referuntur dumtaxat
ad testimonium bonae famae eligendorum, *vel* respiciunt tantum
postulationem sive votum aut desiderium [6].

Profecto aliud est exquirere bonum testimonium populi circa
vitam seu mores promovendorum, aliud eligere.

4° Concordia sive bonum publicum non est solida ratio
ad interventum populi vel principum vindicandum. Nihil magis
confert ad concordiam seu bonum publicum procurandum, quam
liberum exercitium auctoritatis ecclesiasticae, quae maxima prudentia summoque studio in re tanti momenti procedit.

Iura *maiestatica,* ad quae recurrunt regalistae et moderni liberales, ut
principi tamquam supremo reipublicae moderatori vindicent potestatem nominandi ministros ecclesiasticos aut quomodocumque in eorum designatione
interveniendi, non sunt nisi sophismata et sacrilegae usurpationes.

Alias rationes minoris ponderis, quibus nituntur adversarii,
omittimus brevitatis causa [7].

---

[5] Act., I, 16 ss.

[6] Cfr. Cappello, *De Curia Romana,* II, p. 162-178, ubi singuli textus
fuse examinantur.

[7] Strenuus propugnator iuris popularis fuit A. Rosmini in opere *Delle
cinque piaghe della Santa Chiesa,* Lugano 1848. Inter alias causas malorum,
quibus Ecclesia premitur, recenset quoque non interventum populi in electionibus. Quod opus damnatum et in *Indicem libr. proh.* relatum fuit; ex
quo nondum expunctum est.

375. Interventus populi et principum in R. Pontificis electione. — Electio R. Pontificis in plures epochas dividi potest.

Claritatis gratia, in octo epochas historicum conspectum dividendum censemus.

Prima decurrit ab exordiis Ecclesiae usque ad saec. IV. Quo tempore electio Papae a clero populoque fiebat, quovis principum excluso interventu.

Clerus suffragia ferebat; populus testimonium dabat de eligendi sanctitate et doctrina. Num paulatim ius acquisierit praestandi suffragium sive consensum una cum clero, res est inter historicos et canonistas controversa. Verius negandum [8].

Secunda est a IV usque ad VII saeculum. R. Pontifex non eligebatur «*absque regis consultatione*» [9], quatenus rex certior fiebat de comitiis pontificiis et de novo Papa electo, quin tamen illius approbatione vel confirmatione opus esset.

Tertia a saec. VII ad Leonem Isauricum (a. 717). Electio Papae a clero et populo fiebat; at electus ordinari et consecrari non poterat, nisi post litteras patentes ab imperatore byzantino acceptas.

Qui eligendi modus compluribus obnoxius fuit vicissitudinibus; ipsamet lex de imperiali confirmatione prius a Constantino IV (a. 684) abrogata, dein a Iustiniano II (a. 688?) in vigorem revocata fuit.

Quarta a Leone Isaurico usque ad Carolum M. (a. 800). R. Pontifex independenter a quocumque regali interventu eligebatur. Imo Stephanus III in Concilio Romano a. 769 soli clero, laicis omnibus penitus exclusis, formalem electionem reservavit [10].

Quinta decurrit a Carolo M. ad Ottonem I (a. 962). Mos invaluit notificandi imperatori electionem novi Pontificis statim post consecrationem sive coronationem [11]. Aliquando electio significari solebat imperatori ante consecrationem. Huiusmodi significationis vis non alia profecto fuit, quam ut regia auctoritate tumultus sedarentur et factionum audacia tempestive coerceretur.

Sexta ab Ottone II usque ad Nicolaum II (a. 1059). Hoc tem-

---

8 Cfr. S. Bellarm., lib. I, *De clericis*, cap. 3; Suarez, disp. X, *De Summo Pontifice*, sect. 4, n. 9; Bonacina, op. cit., punct. IX, p. 112; Cappello, l. c., p. 229, 254 ss.

9 Cfr. c. 1, D. 96,

10 Cfr. c. 4, 5, 6, D. 79; Cappello, l. c., p. 232, 270 ss.

11 Cfr. c. 29, D. 63.

pore adeo excrevit imperatorum audacia, ut RR. Pontifices directe vel indirecte ipsi nominarent. Quanto Ecclesiae detrimento id factum fuerit, nemo est qui ignoret.

Septima a Nicolao II ad initium saec. XII. Nicolaus II in Conc. Rom. a. 1059 potiores partes in negotio electionis reservavit Cardinalibus episcopis, ita tamen ut aliorum quoque Cardinalium accederet consensus nec non suffragium inferioris cleri et populi romani testimonium, simulque integrum maneret quoddam imperatoris privilegium [12].

Olim acriter disputatum fuit inter AA., num authenticum esset an spurium decretum Nicolai II. Hodie, re mature ab eruditis examinata, omnes admittunt esse authenticum.

Octava ab initio saec. XII usque ad nostra tempora. Inde ab hoc tempore mos invaluit, ut in R. Pontificis electione quilibet imperatoris et cleri inferioris atque laicorum interventus excluderetur, et Cardinalibus dumtaxat, sine ullo discrimine ordinum, electio reservaretur.

Alexander III in Conc. Lat. III (a. 1179) inductam consuetudinem ratam habuit et confirmavit, decernens ad valorem electionis tertias partes praesentium Cardinalium requiri et sufficere, imperatore et inferiori clero populoque exclusis.

Hodie attendenda est Const. Apostolica « *Vacantis Apostolicae Sedis* » Pii XII, 8 dec. 1945, de Sede Apostolica vacante et de R. Pontificis electione (*A.A.S.*, XXXVIII, p. 65).

376. Nonnulla de « Veto » seu « Exclusiva » in electione R. Pontificis [13]. — Tres praecipuae nationes catholicae, scil. Austria, Gallia et Hispania, sibi ius vindicarunt excludendi unum aut plures Cardinales a supremo Pontificatu, illudque saepe exercuerunt. Hinc EXCLUSIVA seu VETO.

---

[12] Cfr. c. 1, D. 23; Cappello, l. c., p. 233, 294 ss.

[13] Cfr. Cappello, l. c., p. 491-540; Adarzo de Santander, *Dictamen circa exclusivam quandoque a principibus interpositam ne aliquis in Summum Ecclesiae Pontificem eligatur*, Francoforti 1660; Ley, *Quid de exclusiva quam imperator dare solet*, Bamberg 1771; Wippermann, *De fundamentis et indole iuris exclusivae, maxime eius pro quo Caesar Augustus hodiernus uti potest*, Marburg 1767; Giobbio, *L'esercizio del veto d'esclusione nel Conclave*, Monza 1897; eiusdem, *Austria, Francia e Spagna e l'esclusiva nel conclave*, Roma 1903; Lector, *Le Conclave. Origine, histoire, organization, législation ancienne et moderne*, Paris 1894, p. 470 ss.; Eisler, *Das Veto der Katholischen Staaten bei der Papstwahl*, etc. Wien 1907, qui erudite et accurate disserit.

Ampla bibliographia a nobis exhibetur, l. c., p. 491 ss., 524.

2. Quoad historicam originem et iuridicam evolutionem, quatuor epochae apte enumerari possunt, nempe quatuor formae *exclusivae*: 1° exclusiva factionis, vulgo *exclusiva di partito;* 2° inclusiva; 3° exclusiva directa seu publica; 4° exclusiva formalis.

1° Inde praesertim a saec. XIV, cum agebatur de novo Pontifice eligendo, Cardinales varias factiones, vulgo *partiti,* efformabant. Triplex factio praecipue memoranda occurrit, scil. factio *coronae, nepotis* et *proborum* [14].

Huiusmodi forma seu *exclusiva factionis* occurrit usque ad exitum saeculi XVI; imo quaedam vestigia reperiuntur etiam saec. XVII.

2° *Inclusiva* in hoc consistebat, quod Cardinalibus electoribus nonnulli candidati proponebantur, ut ex iisdem R. Pontificem deligerent. Veram et proprie dictam inclusivam Hispania primum exercere coepit ad finem vergente saec. XVI [15].

Quae tamen inclusiva nec semper neque a singulis regibus Austriae, Galliae et Hispaniae adhibita fuit. Cum ea sane exclusivam quoque factionis exercere perrexerunt dictae nationes; imo inclusiva effectum equidem plenum nullatenus sortiebatur, nisi exclusiva una aliave ratione accederet [16].

3° Exclusiva *directa* seu *publica* adhiberi coepit ineunte saeculo XVII. Differebat ab exclusiva factionis, quatenus ab ipsis Cardinalibus directe proponebatur, et solum indirecte a rege; contra, illa a Cardinali *coronae vel* a legato regio, nomine et auctoritate principis, universo Cardinalium coetui significabatur.

---

[14] Factio *coronae* ea dicebatur, quae principis voluntatem in R. Pontificis electione probe interpretari ac studiose exsequi studebat. Unaquaeque ex tribus praecipuis nationibus catholicis — Austria, Gallia et Hispania — suum Cardinalem legatum seu repraesentantem habebat, qui Cardinalis *coronae* seu *Protector* nuncupabatur. Adveniente S. Sedis vacatione, ipsius erat, aliorum Cardinalium suffragia obtinere in favorem sui respective regis. Atque ita factio *coronae* hinc inde constituebatur.

Factio *nepotis* minoris momenti erat. Cardinales electi a Papa defuncto factionem quandam peculiarem constituebant, cui Cardinalis Nepos praeerat.

Factio *proborum,* vulgo *partito degli zelanti* id unum intendebat, nempe ut paci concordiaeque Ecclesiae per electionem provide consuleretur et leges canonicae in comitiis habendis adamussim servarentur. Haec factio ut distincta ab aliis non semper exsistebat.

[15] Cfr. Cappello, l. c., p. 527; Eisler, l. c., p. 39; Lector, l. c., p. 517.

[16] Gregorius XV in Const. «*Aeterni Patris*», 15 dec. 1621, § 28, loquitur de *inclusione* et de *exclusione,* expresse declarans utramque vetitam esse.

Quae tamen exclusiva, etsi publice facta, vi iuridica per se non pollebat, nisi accederet favor seu exclusiva factionis.

4° Exclusiva *formalis* habebatur, cum Cardinalis *coronae* publice coram sacro Cardinalium Collegio declarabat regem Austriae vel Hispaniae aut Galliae *Veto* contra aliquem ex candidatis ponere, ita quidem ut, *independenter ab interventu factionis*, huiusmodi exclusiva proponeretur *tamquam verum et proprium ius regis*, Cardinalibus profecto attendendum [17].

Veto stricto sensu exclusivam formalem designat.

377. — Circa naturam iuridicam EXCLUSIVAE plures sunt AA. sententiae.

Quidam censent VETO esse ius quoddam suapte natura competens civili auctoritati, cuius maxime interest ut is, qui in Summum Pontificem eligitur, morum integritate atque excellentia doctrinae aliisque dotibus praestet. Unde non solum ad Galliam, Austriam et Hispaniam spectat ius exclusivae, verum ad omnes et singulos Status [18].

Alii tenent VETO competere regibus Austriae, Galliae et Hispaniae, quatenus sunt *vel* successores Caroli M., cui iura peculiaria concessa fuerunt a Leone III cum Imperator romanus creatus fuit, *vel* successores antiquorum regum, qui populum romanum repraesentabant in electione Pontificis.

Alii existimant esse privilegium quoddam pure et simpliciter a S. Sede concessum tribus praecipuis nationibus catholicis, *vel* privilegium conventionale, ex mutuis relationibus inter sacerdotium et imperium sponte profluens [19].

Alii contendunt esse ius consuetudinarium, ex tacito consensu vel saltem ex quadam tolerantia et conniventia Ecclesiae ortum, legitima praescriptione firmatum [20].

Demum plures affirmant VETO iuridica vi penitus destitui, abusum gravissimum esse, prorsus eliminandum.

---

[17] Cfr. Cappello, l. c., p. 528 s.; Petruccelli Della Gattina, *Histoire diplomatique des Conclaves*, Paris 1875, I, p. 309.

[18] Cfr. Barthel, *Opuscula iuridica*, p. 28 ss.; Cappello, l. c., p. 529.

[19] Cfr. Lector, l. c., p. 573; Wiseman, *Souvenirs*, p. 83.

[20] Cfr. Wernz, II, n. 582; Wahrmund, *Auschliessungsrecht der katholischen Staaten, Oesterreich, Frankreich und Spanien bei den Papstwahlen*, p. 124.

Haec ultima est sententia *unice vera* [21]; et mirandum sane quod nonnulli canonistae catholici, ob servilitatem quandam politicam, ius principum ex uno vel alio titulo admiserint illudque uti legitimum agnoverint.

S. Pius X in Const. « *Commissum Nobis* », 24 ian. 1904, quae in fine Codicis inter docum. sub n. II refertur, VETO civile omnino reprobavit, statuta poena excommunicationis latae sententiae futuro R. Pontifici speciali modo reservatae contra Cardinales, voce, scripto aliove modo, per se vel per alios, illud *Veto* patefacientes [22].

ARTICULUS V

De iure liberae communicationis et legationis

378. Ius liberae communicationis. — 1. In qualibet societate bene ordinata, oportet membra intimo nexu coniungi cum capite, et quo strictior est capitis ac membrorum relatio, eo perfectius sociale bonum attingitur. Porro eiusmodi nexus non potest haberi, nisi membra libere communicare possint cum capite, et caput cum membris. Quod in genere valet de omni societate, valet quoque pro Ecclesia.

Igitur inter pastores et fideles libera communicatio intercedat oportet, ita ut singuli fideles semper valeant ad suos Pastores recurrere, praesertim ad R. Pontificem, Pontifex vero possit communicare cum Episcopis et fidelibus tum collective tum singillatim sumptis.

2. Hoc ius, quod ex ipsa missione seu ex fine Ecclesiae sponte exsurgit, debet esse *liberum* et omnino *independens* a potestate civili, atque *universale,* ita ut, attenta natura Ecclesiae, respiciat omnes populos universasque gentes, quin praevio consensu sive beneplacito Gubernii opus sit, ubi agatur de Episcopis vel fidelibus diversae nationis.

3. Quae communicatio inter Pastores et fideles tum per se tum per alios, tam oretenus quam scripto aliove quocumque modo, fieri potest.

Hinc R. Pontifex (idem dicas, congrua congruis referendo, de aliis Praelatis inferioribus) potest speciatim:

---

[21] Cappello, l. c., p. 530 ss.
[22] Cfr. Cappello, l. c., p. 326 ss., 329 ss., 333 s., 344 ss., 357 ss.

a) accipere appellationem sive recursum a singulis fidelibus (cfr. can. 1569);

b) sibi causas reservare (cfr. can. 220, 1557);

c) sibi reservare absolutionem a quibusdam peccatis vel censuris, collationem quorumdam beneficiorum, concessionem gratiarum, etc. (cfr. can. 893, 894, 1431, 2245);

d) corrigere defectus, abusus, excessus sive subditorum sive Pastorum, si qui exsistant.

4. Hoc ius liberae communicationis Ecclesiae semper agnitum fuit.

379. Ius legationis — 1. Ex iure libere communicandi cum fidelibus totius orbis catholici sponte consequitur R. Pontifici competere ius *legationis* tum *activae* tum *passivae* ius nempe *mittendi* legatos (ordinarios vel extraordinarios) eosdemque *recipiendi,* ut Papa probe certior fiat de statu reipublicae christianae, ut unio inter S. Sedem et Episcopos sancte servetur, ut fidelium et Pastorum necessitatibus opportune satisfiat, ut mutua pax atque concordia inter sacram et civilem potestatem maxime foveatur.

2. Legati pontificii gaudent omnibus iuribus et praerogativis, quibus ex iure internationali pollent legati civiles. Idque Gubernia fideliter agnoscere debent sancteque servare [1].

---

[1] Liberatore, l. c., n. 255 ss.; Cavagnis, l. c., n. 493 ss.; De Luca, l. c., II, n. 37.

CAPUT II

DE IMMUNITATIBUS ECCLESIASTICIS

Articulus I

De notione, divisione, ambitu et natura

380. Notio. — 1. Immunitas in genere definitur: *Privilegium quo aliqua res vel persona a communi obligatione seu onere eximitur.*

2. Immunitas *ecclesiastica* definiri potest: *Privilegium quo loca, res vel personae sacrae a communi onere seu obligatione eximuntur* [1].

Nomine obligationis seu oneris *communis* illud intelligitur, quod lege *civili* a Statu subditis suis communiter imponitur.

3. Nonnisi ea exemptio vocari solet immunitas, quae privilegio *universali* in favorem *cleri* vel *ecclesiarum*, non autem quae *huic* vel *illi* tantum conceditur *loco* aut *personae ecclesiasticae.*

381. Divisio. — 1. Immunitas dividitur in PERSONALEM, LOCALEM et REALEM, prout exemptio ab onere communi personam, locum vel rem *directe* et *immediate* tangit.

2. Immunitas PERSONALIS clericorum comprehendit: *a) privilegium fori,* vi cuius eximuntur a *iurisdictione* tribunalium *laicalium; b)* exemptionem a *servitio militari,* a muneribus et publicis officiis civilibus, quae sunt aliena a statu clericali; *c) privilegium canonis,* vi cuius persona clerici ita inviolabilis et sacra fit, ut in eam manus violentas iniiciens reatum sacrilegii committat et incurrat ipso facto in excommunicationem.

---

[1] Schmalzgr., lib. III, tit. 49, n. 1 ss.; Suarez, *Defensio fidei cath.,* lib. IV, cap. 1; Wernz, II, n. 166; Cavagnis, II, n. 152.

Hoc privilegium nonnisi lato sensu dici potest *immunitas.* Potius est peculiare privilegium seu *lex* quaedam ecclesiastica *sanctione poenali* munita, qua Ecclesia speciali iuris tutela protegit personas clericorum et religiosorum ac reverentiam ipsis debitam defendit.

3. Immunitas REALIS competit *rebus,* quae ad *personas* vel *loca ecclesiastica* pertinent easque a *tributorum, vectigalium* et similium *onerum* solutione liberat.

4. LOCALIS immunitas *ecclesias* et alia *loca sacra* concernit, et in reverentiam illorum *certas actiones* fieri in iisdem vetat [2].

382. Ambitus immunitatis. — 1. Ex tradita notione palam est, non esse locum immunitati, ubi agitur de causis *spiritualibus* et *sacris.* Sane hae causae pertinent iure *proprio* et *exclusivo* ad Ecclesiam, sive personas ecclesiasticas sive laicales respiciant.

Unde in eas nullam habet competentiam societas civilis, nec *directam* nec *indirectam.* Proinde *independentia* Ecclesiae quoad negotia *spiritualia* nullo modo dici potest *exemptio* ab onere *communi,* i. e. a quadam obligatione quam *communiter* suis subditis societas civilis iure proprio imponit [3].

2. Immunitas versatur circa negotia quae non sunt proprie spiritualia, circa obligationes nempe, quas Status imponere valet, quarum aliae sunt *personales,* aliae *reales,* aliae *mixtae.*

a) Personales dici solent, quae subditis imponuntur *sine respectu* ad *bona* eorum *patrimonialia,* veluti labor personalis, solutio alicuius pecuniae (capitatio civium), quae omnibus *per capita* imponitur;

b) reales, quae ipsis *rebus* sive *bonis absque respectu ad personas* imponuntur, v. g. taxae circa bona immobilia;

c) mixtae, quae *vel* gravant *personas* simul et *bona,* ut si quis tenetur onus sive opus suis expensis conficere aut sustinere, *vel* imponuntur quidem *personis,* sed *cum ordine et respectu ad bona* quae possident v. g. contributiones quas pro publica quadam necessitate subditi solvere tenentur.

---

[2] Schmalzgr., l. c., n. 3 ss.; Suarez, *De virt. et statu relig.,* tract. II, lib. 3, cap. 1 et 3; Devoti, *Inst. canon.,* lib. II, tit. 20, § 2 ss.; Wernz, III, nn. 146, 445; Aichner, l. c., § 222.

[3] Cfr. Suarez, l. c., n. 11 ss.; Liberatore, l. c., n. 284; Rivet, l. c., p. 214; Devoti, l. c., § 3.

Articulus II

De origine iuridica immunitatum

383. Duplex quaestio sive origo. — Alia est quaestio de origine *iuridica,* alia de origine *historica* immunitatum.

Illa versatur circa *titulum* vel *causam* in qua fundatur; haec circa *tempus* quo introductae sunt, circa *historica adiuncta,* unde ortae sunt; item circa *vicissitudines* per quas transierunt, nunc pacifice exsistentes, nunc impugnatae, modo partim modo totaliter sublatae.

384. Sententiae de origine iuridica. — 1. Regalistae et moderni liberales *totaliter* et *unice* a iure civili immunitates repetunt. Consequenter docent tolli posse citra ullam iniuriam, imo, mutato statu sociali, iustissime auferri.

Quae sententia damnata est a Pio IX, prop. 30ª Syllabi: « *Ecclesiae et personarum ecclesiasticarum immunitas a iure civili ortum habuit* ». Qua ex damnatione tamen concludi non debet, *nullas* unquam *exemptiones* clericis et bonis ecclesiastici ex mera principum liberalitate obvenisse.

Condemnatur tantum sententia quae *universaliter* omnes immunitates ex concessione Status repetit. Immo non repugnat quasdam concessiones principum factas fuisse Ecclesiae per modum privilegii ad nutum revocabilis, quae proinde a Statu *valide* revocari possunt [1].

2. Catholicorum sententiae, praesertim veterum, quatuor sunt; quae tamen, si probe et accurate doctrina spectetur, vix differunt inter se quoad *applicationes* seu *conclusiones.*

1° Quidam dicunt immunitates ecclesiasticas oriri ex iure divino *naturali,* quatenus, posita divina institutione Ecclesiae et hierarchiae ecclesiasticae, ipsa lex *naturalis* illas exigit. Unde *necessario* et *essentialiter* competunt personis ac rebus sacris.

2° Quidam censent derivari ex iure *divino positivo,* quia expresse de immunitatibus sermo est in Evangelio [2] et in divina Traditione.

Non satis liquet utrum priori an alteri sententiae faveant

---

[1] Cfr. Liberatore, l. c., n. 275; Cavagnis, l. c., n. 162; Rivet, l. c., p. 215 s.; Wernz, l. c., II, n. 167.

[2] Matth., XVII, 24 s.

quidam AA.; nam absolute et simpliciter affirmant immunitates adscribendas esse iuri *divino,* quin tamen speciatim distinguant utrum iuri naturali an positivo.

3° Alii tenent esse iuris *ecclesiastici* tantum, quia non constat de iure divino sive naturali sive positivo, eoque admisso, explicari non possent plures variationes.

4° Demum plerique docent ORIGINALITER et FUNDAMENTALITER esse iuris divini, SPECIFICE et FORMALITER iuris ecclesiastici, quatenus *fundamentum* immunitatis est in ipsa *rerum natura* ideoque in *iure divino,* ac praeterea *iure divino* Ecclesia potestate gaudet sibi ea omnia vindicandi quae necessaria vel utilia sunt ad finis consecutionem. Tamen PROXIME et FORMALITER pendet ab Ecclesia quod sibi vindicet quaedam privilegia, vel rata habeat quae aut lege civili aut consuetudine legitime inducta sunt [3].

385. STATUS QUAESTIONIS SEDULO ATTENDENDUS. — 1. In primis status quaestionis clare et accurate praefiniendus est.

1° Quaestio non respicit immunitatem R. Pontificis, quae profecto est iuris divini, ut suo loco dicetur (n. **404** ss.).

Pauci quidam AA. etiam recentes, censent idem dicendum esse de immunitate Episcoporum. At sine solido fundamento, quia rationes quae evincunt immunitatem R. Pontificis ex iure divino, non valent pro Episcopis; nec aliae cogentes aut sat validae habentur rationes. Idcirco quaestio in genere de clericis, respicit quoque Episcopos.

2° Quaestio, proprie loquendo, respicit immunitatem *personalem* clericorum. Ad *realem* enim et *localem* quod attinet, opportunae distinctiones faciendae sunt (n. **402** ss.), cum certe iuris divini sit eiusmodi immunitas sub peculiari respectu.

Hinc facile explicatur varietas opinionum et dissensus Doctorum. Aliud sane est loqui de immunitate *in genere,* et aliud de *unaquaque* in specie.

386. Doctrina tenenda. — Quarta sententia (cfr. n. **384, 4°**) hodie communis est eaque unice vera dicenda. Sane:

1° Ex iure divino habetur profecto quaedam *convenientia* quod personae ecclesiasticae resque sacrae immunitate gaudeant, sed verum et proprie dictum praeceptum deest. Unde exsistit qui-

---

[3] Cfr. Suarez, *Defensio fid. cath.,* lib. IV, cap. 2 ss.; Schmalzgr., l. c., n. 59 ss.; Zallinger, lib. II, tit. 2, § 69 ss.; Soglia, l. c.; Cavagnis, l. c., n. 163 ss.; Liberatore, l. c., n. 275 ss.; Rivet, l. c., p. 216 ss.

dem *fundamentum* in ipso iure *divino,* at *formale praescriptum* nonnisi ex lege canonica derivatur.

Quare, ex facto *convenientiae* sive aequitatis naturalis refellitur tertia opinio; ex defectu veri et proprie dicti *praecepti* reiiciuntur duae priores.

2° Nisi admittatur quarta sententia, explicari nequeunt vicissitudines, mutationes, agendi ratio Ecclesiae circa immunitates. Interdum R. Pontifex nonnullis renuntiat, praesertim in concordatis; interdum acquiescit, aegro quidem animo, usurpationibus laicae auctoritatis.

Quae nullo pacto admitti possunt in iis quae formaliter sunt iuris divini.

3° Conc. Trid. expresse indicat duplicem causam seu originem, proximam scil. et remotam, formalem et fundamentalem. Docet enim immunitates ecclesiasticas « *Dei ordinatione et canonicis sanctionibus* » esse constitutas [4].

Item Conc. Lat. sub Leone X, sess. 9, inquit : « Cum a iure tam *divino* quam *humano* laicis potestas nulla in ecclesiasticas personas attributa sit ... ».

Argumenta, in favorem aliarum sententiarum allegata, *vel* nihil probant, *vel* tantum aequitatem naturalem evincunt, i. e. fundamentum immunitatum in iure divino reperiri, *vel* praeceptum *formale* divinum excludunt.

3. Itaque, mature omnibus consideratis, dicendum est, dissensum inter catholicos praesertim veteres — qui non semper et accurate distinguunt inter ius divinum *mediatum* et immediatum, inter *ius proprie dictum* et *aequitatem* sive *convenientiam* — potius in verbis et nominibus, quam in re et substantia reperiri [5].

Valde optandum est, ut DD. catholici accurate ac dilucide exposita doctrina, omnes *eadem terminologia* utantur, sicque cesset apparens dissensus.

---

[4] Sess. XXV, cap. 20 de ref.

[5] Zallinger, l. c., § 70; Wernz, II, n. 167, not. 124; Cavagnis, l. c., n. 170 s.; Rivet, l. c., p. 216 s.; Chelodi, l. c., n. 109; Choupin, l. c., p. 289 ss.

Articulus III

De origine historica et vicissitudinibus immunitatum

In tres periodos brevem expositionem dividendam existimamus: *prima* tempus imperatorum christianorum complectetur; *altera* periodum a regno Francorum et Germanorum usque ad finem medii aevi; *tertia* erit a saeculo XIV usque ad tempora nostra.

387. Imperatores christiani. — 1. Nulla est quaestio de immunitatibus sub imperatoribus paganis, qui erant Ecclesiae infensissimi.

2. Sub Imperatore Constantino M., clerici, ad instar sacerdotum ethnicorum, ab omni munere sive onere personali per leges saeculares reliquis civibus imposito liberati sunt, ut divinis rebus inservirent; nempe a servitio militari, a muneribus sordidis, a stricta obligatione suscipiendi curam et tutelam [1].

Quae immunitas, cum quibusdam variationibus, a ceteris imperatoribus confirmata fuit [2].

3. *Privilegium fori* non fuit directe clericis concessum a Constantino, at practice ipsi eo usi sunt, propter licentiam omnibus christianis factam causas suas coram Episcopis tractandi. Postea vero agnitum est ab Imperatoribus [3].

4. Constantinus exemit *bona ecclesiastica* a tributis solvendis, quae immunitas sub aliis imperatoribus saltem eo sensu est retenta, quod Ecclesia *extraordinariis* et *sordidis* muneribus non gravaretur [4].

5. Pro *locis sacris,* cum iam apud antiquos populos, praesertim apud Hebraeos, vigeret ius asyli, ex reverentia adhuc maiori ecclesiis debita curarunt Episcopi ut protectio vel moderatio poenae concederetur confugientibus ad templa. Antiquissimum exem-

---

[1] Cfr. Sägmüller, *Lahrb, d. k. K.,* p. 188 ss.; Grashof in *Arch. f. k. K.,* t. 37, p. 256 ss.; Cavagnis, l. c., n. 173 ss.

[2] Cfr. L. 1, 2, 7, 9, 10, 11, 24 Cod. Theod. de Episc., etc., XVI, 2; L. 1, 2 cum authent. Frid. II Cod. Iust. de Episc., I, 3.

[3] Novell. Iust. 79, 83, 123, praesert. cap. 21.

[4] Cfr. Thomassin., P. III, lib. I, cap. 33; Grashof, l. c., t. 36, p. 321 ss., tit. 37, p. 287 s; Cavagnis, l. c., n. 182 ss.

plum est petitio Episcoporum Concilii Carthaginensis (a. 399) ad
imperatorem ut limitationes iuris asyli tolleret.

Prima lex quae occurrit [5] non *constituit* ius asyli, at illud late pa-
tuisse demonstrat. Unde Imperatores tantum confirmarunt ius, quod ipsa
consuetudine introductum fuerat ob reverentiam erga ecclesias [6].

388. Sub dominatione Francorum et Germanorum. — 1.
Ex analogia cum personis nobilibus, quae a muniis vilibus et a
multis etiam personalibus oneribus dispensabantur, ratione dignitatis aut officiorum, v. g. servitii militaris, ipsi clerici exempti
fuerunt a *muneribus civilibus, a servitio militari,* a multis *oneribus personalibus* [7].

2. *Privilegium fori,* post plures conatus Conciliorum particularium, tandem plene concessum est clericis (cfr. n. **392**).

3. *Bonis ecclesiasticis* multae exemptiones concessae fuerunt,
sed vicissim non pauca nec levia onera imposita; donec tandem
medio aevo amplissima immunitas, saltem iuris sanctionibus statuta, reperitur.

Hanc immunitatem Ecclesia deinceps per RR. Pontifices et Concilia,
praesertim Lateranen. III, IV et V (a. 1179, 1215, 1512-17) fortiter vindicavit [8]. Sed numquam prohibuit quin contributionibus ordinariis vel extraordinariis necessitati Status subveniretur; multo minus recusavit obligationes
feudales vel quae contractibus sive iustitia commutativa nitebantur.

4. *Ius asyli* maiori extensione tunc viguit. Quod necessarium profecto fuit, cum iudicia minus essent ordinata, lex talionis
severior vigeret, etc.

Unde Ecclesia illud ut *ius* sibi vindicavit iam inde a saeculo V, et
poenas contra violatores immunitatum tulit in multis Conciliis particularibus
Galliae, Hispaniae, Germaniae [9].

Plures tamen *exceptiones* pro certis criminibus statutae sunt, ne, in
detrimentum ordinis publici, inefficax fieret exercitium iustitiae civilis.

---

[5] L. 1 de his qui ad ecclesias confug. Cod. Theod., IX, 45.

[6] Cfr. Bened. XIV, *De Synod. dioec.,* lib. XIII, cap. 18, n. 12; Giraldi,
Expositio iur. pontif., P. I, sect. 637; Zech, *De iud. eccl.,* sect. 2, tit.
3; Thomassin. P. II, lib. III, cap. 95.

[7] Cfr. Authent. Frid. II, a. 1220, post L. 2 Cod. de Episc., I, 3.

[8] Cfr. cap. 4, 7, X, III, 49; cap. 1, 3, III, 23 in Sext. iunct. cap. unic.
de imm. eccles., III, 27 in Clem.

[9] Cfr. c. 5 Conc. Arausic. (a. 441); Gelas. Papa (a. 492-496) in c. 10,
C. XVII, q. 4; c. 1, 2, 3, Conc. Aurel. I (a. 511); c. 39 Conc. Epaon. (a. 517);
c. 22 Conc. Clarimont. (a. 549); c. 10 Conc. Toletan. II (a. 681), etc.

389. Inde a saeculo XIV. — 1. Omnes ecclesiasticae immunitates impugnari coeperunt. Ipsa quoque eorum extensio ansam praebuit querelis principum. Praesertim vero *novae theoriae* Ecclesiae infensissimae a *Marsilio* eiusque sectatoribus inductae, avide a principibus acceptatae sunt. Unde paulatim *privilegium fori* valde restrictum est.

2. Quoad *onera personalia,* usque ad revolutionem gallicam plures manserunt exemptiones, quae non raro postea ita imminutae sunt, ut in quibusdam regionibus vix non maneant, nisi ut *exceptiones* contra clerum; scil. ne, his muneribus susceptis, efficacem optimumque influxum exercere ille possit, quem influxum summopere timent et abhorrent gubernia.

Etiam in pluribus regionibus exemptio a servitio militari fuit valde restricta, alicubi denegata prorsus.

3. Immunitates *bonis ecclesiasticis* concessae, a tempore Marsilii vehementer impugnatae sunt. Ipse enim tenebat « quod omnia temporalia Ecclesiae subsunt imperatori, et ea postea accipere velut sua » [10].

Ecclesia quantum potuit, restitit in Conc. Tridentino [11]. Pluraque decreta in hunc finem a S. Sede lata fuere.

At paulatim sublatae sunt huiusmodi immunitates et nunc in concordatis vel de his siletur et tacite permittuntur gubernia taxas communes bonis ecclesiasticis imponere, vel etiam explicite hoc permittitur. Immo non raro maioribus oneribus gravantur bona ecclesiastica quam bona saecularium personarum.

4. Etiam ius *asyli,* inde a sec. XIV, ob guberniorum reclamationes et impugnationes, in dies fuit restrictum.

Post revolutionem gallicam, fere nullibi hoc ius a guberniis agnoscitur, vel nonnisi maxime restrictum.

Ecclesia tamen illud non sustulit et in Codice adhuc memoratur (cfr. n. **403, 4**).

---

[10] Denzing., l. c., n. 383.
[11] Sess. 25, c. 20 de reform.

Articulus IV

De immunitatibus personalibus in specie

390. Num clerici teneantur legibus civilibus[1]. — 1. Sermo non est de R. Pontifice de quo infra (n. **404**).

Haec quaestio intime connectitur cum privilegio fori, ideoque paucis saltem verbis resolvenda.

2. Clerici certe non tenentur legibus, quae forte a Statu conduntur circa res *spirituales* vel *mixtas,* quatenus sunt *spirituales*. Nam quoad huiusmodi res potestas civilis est prorsus incompetens, ideoque leges *invalidae* sunt et nullae.

Idem dici debet si Status leges fert, quae *immunitatibus* ecclesiasticis adversantur: iura enim Ecclesia per has leges violantur, atque idcirco sunt nullae et irritae.

3. Clerici obligantur ad servandas leges civiles, quae ob publicam utilitatem reipublicae in materia clericis et laicis communi latae sunt atque sacris canonibus et statui clericali eiusque dignitati et officiis non adversantur.

Ita communis et certa hodie DD. sententia[2].

Controvertitur, QUONAM IURE teneantur ad illas leges observandas. Alii obligationem repetunt ex iure *naturali*, tum propter quandam aequitatem, quatenus is qui commoda sentit, etiam onera sentire debet, tum ad vitandum scandalum aliudve incommodum in societate.

Alii appellant ad *approbationem* Ecclesiae, quae ratas habet leges civiles.

Alii docent obligationem directe ex ipsa *efficacia legum civilium* oriri.

Haec est communis hodie et vera doctrina. Clericus enim manet civis, et quamvis ab aliis civibus separetur quantum ad ea quae ministerii spiritualis sunt, eis tamen coniungitur quoad ea quae bonum publicum societatis et relationes mere temporales inter cives spectant.

---

[1] Cfr. S. Bellarm., *De clericis,* lib. I, cap. 28; Schmalzgr., lib. I, tit. 2. n. 37; Reiffenst., lib. I, tit. 2, n. 301 ss.; Soglia, l. c., § 58; Wernz, I, n. 108.

[2] Liberatore, l. c., n. 283 s.; Wernz, l. c.; Rivet, l. c., p. 225; Cavagnis, II, n. 154; Bargilliat, I, n. 446.

Quamvis contra quasdam obligationes huius generis, ob rationes optimas Ecclesia exemptionem suam urgere potuerit et possit, nihilominus si eam amplius non urgeat, potestas civilis iure proprio etiam illos cives, qui clerici sunt, attingere valet.

At si agitur de *coactione* exercenda in clericos legum civilium violatores, dicendum est eos ob *privilegium fori* a coercitione civili esse exemptos. Nullum tamen inde inconveniens habetur nec contradictio cum doctrina de potestate coercitiva (n. **392**), id enim quod per se praestare non potest societas civilis, per ipsam societatem ecclesiasticam praestatur.

Quae omnia probe explicantur ex iis quae diximus de subordinatione Status ad Ecclesiam, ac de huius potestate indirecta in res temporales.

391. Privilegium canonis. — 1. Hoc privilegium, uti supra dictum fuit (n. 381) non est *proprio* et *stricto* sensu immunitas, sed quaedam *lex favorabilis,* qua specialis reverentia statuitur clericis exhibenda, pro diversis eorum gradibus et muneribus, omnisque realis iniuria contra eosdem prohibetur sub reatu sacrilegii et peculiari iuris sanctione, i. e. sub poena excommunicationis.

Quidam immerito confundunt hoc privilegium, qua tale, cum excommunicatione. Can. 119, qui expresse loquitur de privilegio, ne verbum quidem facit de poena. Ergo.

2. Originem habet a can. 15 (unde *nomen*) Concilii Lateranen. II a. 1139, quo confirmatum atque universaliter receptum est id quod in pluribus Synodis particularibus statutum fuerat contra quosdam haereticos, clerum valde indigne tractantes.

3. Hoc privilegium expresse in Codice memoratur (can. 119, 614, 680, 2343).

392. Privilegium fori. — 1. Respicit *exemptionem* clericorum a iurisdictione *laicali* in omnibus causis sive *contentiosis* sive *criminalibus,* ita ut nonnisi apud *ecclesiasticum* iudicem *per se* et *regulariter* conveniri possint.

Dicimus *per se* et *regulariter,* scil. « nisi aliter pro locis particularibus legitime provisum fuerit » (can. 120, § 1), ut infra (n. 4) dicetur.

2. Ratio *exclusivae* competentiae Ecclesiae circa causas clericorum, reducitur *ad connexionem cum rebus spiritualibus.* Nam clerici in sortem Domini vocati, ad sacramenta ministranda, ad officia divina exercenda, ad verbum Dei praedicandum atque ad alia sacra ministeria in salutem animarum obeunda deputantur.

Porro dignitas sacri ministerii, decor cultus divini, reverentia ecclesiasticis personis debita, postulant ut clerici eximantur a iurisdictione tribunalium laicorum. Si forte ad civile tribunal traherentur, populi reverentia erga ipsos maxime imminueretur; contemptus religionis et sacri ministerii inde proflueret; scandalum quoque, si ageretur de causa criminali, facile oriretur, quod procul dubio populum christianum a rebus religiosis averteret.

Quot mala inde oriantur, quantum animarum scandalum totiusque coetus clericalis detrimentum obveniat, vix dici atque intelligi potest!

3. Ecclesia etiam hodie, perspecto iure Codicis, urget hoc privilegium nedum pro causis *criminalibus,* verum etiam pro *contentiosis,* et quidem *universis* (can. 120, 614, 680, 1553, § 1, 3°, 2341).

4. Privilegio fori in multis nationibus aut *concordatis* aut *consuetudine* derogatum fuit. Id unice ex Ecclesiae consensu repetendum est. Ipsa enim temporum necessitatibus multum concedere debuit vel *expresse* in concordatis [3] vel *tacite,* tolerans, ad maiora mala vitanda, ut contraria consuetudo introduceretur [4].

Ecclesia facilius remittit quoad causas *contentiosas;* urget, contra, clericorum exemptionem a iudice laico in causis *criminalibus.*

5. Ubi privilegium fori legitime sublatum est, potestas civilis iudicat iure *proprio,* non autem iure *delegato,* i. e. ex commissione Ecclesiae, quia *materia,* de qua agitur in casu, est de *competentia* eiusdem potestatis. Sane *ratione* tantum *personarum* incompetens est, quatenus Ecclesia sibi iure reservat causas earundem; qua reservatione sublata, ipso facto magistratus civilis competens fit.

Inde tamen non sequitur Ecclesiam ius suum amittere circa huiusmodi causas clericorum, ita ut, lata sententia a iudice laico, ipsa nequeat de iisdem causis iterum cognoscere. Hoc, inquam, minime sequitur: nam Ecclesia semper potest exigere ut personae ecclesiasticae apud suum tribunal conveniantur in easque semper procedere valet.

Aliter res se habet, cum, manente privilegio fori, clericus seu persona ecclesiastica ex venia S. Sedis vel Ordinarii, ad normam can. 120,

---

[3] Ita v. g. in concord. Bavariae a. 1817 (art. 12), Etruriae a. 1851 (art. 6), Costaricae a. 1852 (art. 15), Austriae a. 1855 (art. 14). Witemberg a. 1857 (art. 5), Italiae a. 1929 (art. 8), etc.

[4] V. g. in Germania et, saltem partialiter, etiam in Belgio et Gallia. Cfr. Heiner, *Das Motuproprio « Quantavis diligentia »,* in *AK,* XCII, 1912, p. 270 ss.; Choupin, *Immunités ecclés.,* in *Dictionn. apologét.,* II, p. 626.

§ 2, apud iudicem laicum convenitur. Tunc potestas saecularis ex quadam delegatione Ecclesiae procedit in *hanc* vel *illam* determinatam personam ecclesiasticam.

Etiam in hoc casu Ecclesia, licet forte sententia iudicis saecularis sit iustissima, potest iterum videre, quia per interventum magistratus civilis nequaquam cessat ius Ecclesiae cognoscendi de causis quae respiciunt personas privilegio fori gaudentes. Tamen, si iusta sit sententia, Ecclesia practice causam denuo cognoscere non solet.

393. Exemptio clericorum a servitio militari. — Iure *divino* Ecclesia potest et debet *ministros* habere, quibus regatur et sanctificetur populus christianus.

Potestas haec, *libera* omnino atque *independens* a civili auctoritate, extenditur ad aptam ministrorum *praeparationem,* sive in seminariis, sive alio modo, quem opportuniorem iudicaverit.

Si enim Status ius habet inter cives suos ministros, milites, officialesve eligere et formare; item, imo multo magis, Ecclesia id potest, cum a Christo D. munus acceperit homines docendi, regendi et sanctificandi ope duplicis hierarchiae, ordinis et iurisdictionis.

2. Statui clericali maxime repugnat *militia* (cfr. can. 141, §§ 1-2, 188, 6°, 987, 5°, 2379).

Hinc est quod Ecclesia immunitatem clericorum ab ea expresse vindicat ac strenue defendit:

a) « *Clerici omnes a servitio militari ... immunes sunt* » (can. 121).

b) In Syll. Pii IX proscribitur prop. 32ª: « Absque ulla naturalis iuris et aequitatis violatione, potest abrogari personalis immunitas qua clerici ab onere subeundae exercendaeque militiae eximuntur; hanc vero abrogationem postulat civilis progressus, maxime in societate ad formam liberioris regiminis constituta ».

c) Decretum « *Redeuntibus* » S. C. Consist., 25 oct. 1918, haec habet: « Itaque Beatissimus Pater Benedictus Pp. XV, dum cum Episcopis universis impense dolet *grave vulnus ecclesiasticae disciplinae illatum clericos adigendo ad militare stipendium faciendum,* quod, praeter reliqua, tot paroecias spiritualibus subsidiis et Seminaria suis alumnis *magno cum christianae plebis detrimento* privavit ... » [5].

3. Exemptione a militia gaudent nedum clerici in sacris et in minoribus quoque ordinibus constituti, verum etiam qui per

---

[5] Cfr. etiam Pii IX Alloc. « *In consistoriali* », 1 nov. 1850; Litt. Apost. « *Multiplices inter* », 10 iun. 1851; Alloc. « *Luctuosis exagitati* », 12 mart. 1877; Leonis XIII epist. ad Card. Nina, 27 aug. 1878, de militari servitio clericorum in Italia.

primam saltem tonsuram divinis ministeriis mancipati sunt (cfr. can. 108, § 1).

Imo Ecclesia, si necessarium sive opportunum id existimaverit, potest exigere huiusmodi exemptionem etiam pro ceteris Seminariorum alumnis. Unde principium: Immunitas a servitio militari competit omnibus iis, qui conditionibus ab Ecclesia statutis satisfaciunt.

394. — Quod si ex immunitate a militia, incommodum Statui exsurgat, habetur casus *conflictus.* Qui tamen non debet facile supponi. Si enim nulla vera necessitate cogente, omnes ad servitium militare praestandum vi legis civilis obligantur, haec lex iusta non est, nec ullo modo iustificatur Status, qui familiis et individuis nocet, tam grave onus omnibus imponens, et adhuc magis Ecclesiae iniuriam facit, exigendo absque ulla sua necessitate ut etiam clerici militiae adscribantur [6].

Si *vera* quaedam necessitas oriatur, quae omnes vel multos clericos ad patriae salutem sub vexilla vocari postulet, Ecclesiae erit, in hoc conflictu iurium, de *vera* illa *necessitate* iudicium ferre. Ipsius etiam est decernere, *utrum* et *quae incompatibilitas* habeatur inter statum clericalem et militiam.

Si *talis* adesse iudicaretur *incompatibilitas,* ut *numquam* possent Ecclesiae ministri in exercitu functiones ullas exercere, quae ad sacrum ministerium pertinent, huiusmodi incompatibilitas, utpote iuris *divini naturalis,* ab Ecclesia declarari et firmiter urgeri deberet. Si, non exsistente illa *universali* et *absoluta incompatibilitate,* servitium militare quod exigitur a Statu, conciliari nequeat in his circumstantiis cum sanctitate quae ministros Dei decet, vel cum aliis obligationibus quae clericos urgent, Ecclesia illud prohibere debet, et haec prohibitio in *iure divino* fundatur.

Sunt quaedam necessitates cultus divini curaeque animarum, pericula pro castitate et bonis moribus, ob quae Ecclesia merito iudicare poterit nullam participationem in militia permittendam esse clericis.

Quidnam si damnum inde oriretur pro Statu? Etsi hoc esset, in hypothesi verificaretur conflictus ille iurium, in quo praevalet ius Ecclesiae. Insuper merum sophisma est non considerare alia servitia aliasve utilitates, praeter eas quae temporales sunt.

---

[6] Cfr. Cavagnis, III, n. 172 ss.; Liberatore, l. c., n. 284; Rivet, l. c., p. 227 ss.; Wernz, II, n. 168.

Quae enim clerici, per curam animarum, per cultum Deo praestitum, per propriae sanctificationis studium, tandem per preces coram Deo fusas, agunt ad commune societatis bonum, immerito prorsus ut nullius valoris habentur; efficaciora sunt haec media, quam auxilium materiale aliquorum militum qui non sine magno sanctitatis et castitatis periculo et cum summa perturbatione servitii divini, arma gestare coguntur.

Omnes principes vere christiani hoc intellexerunt, putaveruntque se adhuc melius securitati et felicitati rei publicae providisse, si alios *Moyses* in monte orantes haberent, quam si eos inter pugnantes adesse cogerent.

Quod si aliquando tanta necessitas nationem premeret, ut omnium opera requireretur, non repugnaret Ecclesia, si suis clericis inter pugnantes quaedam attribuerentur officia, quae vel ipsorum vocationi melius adaptarentur, qualis esset cura infirmorum, vel saltem eos non obligarent ad pugnandum et occidendum contra mansuetudinem et caritatem eximiam ad quam ex vocatione sua vocantur, qualia essent servitia quae vulgo audiunt auxiliaria et extra pugnam implentur.

395. Exemptio ab oneribus personalibus sive a publicis officiis. — 1. Ratio cur clerici ab oneribus personalibus eximi debeant, iam a *Constantino M*. his verbis enuntiatur: « Qui divino cultui ministeria religionis impendunt, id est hi qui clerici appellantur, ab omnibus omnino muneribus excusentur, ne sacrilego livore quorundam a divinis obsequiis avocentur » [8].

Quae enim munia onerosa sunt et clericum negotiis saecularibus implicant, a suis officiis spiritualibus eum deturbant et amovent; quae autem vilia sunt, statum clericalem dedecent.

2. Nulla inde oritur inaequalitas inter cives. Sane non tenentur *omnes* cives *eodem modo* ad bonum commune conferre. Insuper si quaedam vel ministros Dei dedecent vel contra officia clericalis ministerii pugnant, Dei et Ecclesiae iura praevalent profecto iuribus societatis civilis.

3. Ceterum silentio praeteriri non debet, nunc libentissime Status tueri et urgere huiusmodi exemptiones a muniis publicis exercendis, iis praesertim quae ad electionem concivium spectant, quas *exemptiones* in *exclusiones* mutant. Eas uti legitimas habet, at immerito, vel quia clerici sunt gubernii *officiales*, vel quia ma-

---

[7] Die 21 oct. 319. Cod. Theod. 4, 2, de Episc., etc., XVI, 2. Cfr. Kirch, *Enchiridion*, etc., n. 756.

xima foret confusio et perturbatio, si ministri religionis suo influxu spirituali in res temporales, cum magno detrimento aliorum libertatis, uti possent.

Quae ratio falsa omnino et valde iniuriosa est. Prior etiam est reiicienda: nam etsi aliquando Status ministris cultus stipendium praestet, non inde fiunt eius *officiales*. Huiusmodi agendi ratione Status vel pro suo officio ad cultum divinum adiuvandum opem fert, vel, ut plurimum, stipendium solvit tamquam meram et valde levem compensationem pro bonis ecclesiasticis antea iniuste occupatis. Nemo autem illius fit servus aut officialis a quo reparationem damni accipit.

4. « *Clerici omnes a ... publicis civilibus officiis a statu clericali alienis immunes sunt* » (can. 121).

Non omnia et singula munera publica sunt aliena a statu clericali, neque eo minus sunt absolute incompatibilia; unde iusta urgente causa clericis interdum ea permittuntur.

5. Codex principium exemptionis diserte enuntiat, ita ut personae ecclesiasticae *adigi* nequeant ad huiusmodi munera suscipienda, praesertim illa quae canonice eis expresse vetantur (can. 139, §§ 2-4).

396. Exemptio a tributis. — Haec immunitas a Codice non statuitur. Proinde, positiva sanctione deficiente, quae unica ratio erat immunitatis, clerici eodem modo ac ceteri cives iusta tributa solvere tenentur.

Iuxta nonnullos, ad hanc immunitatem referendum est privilegium *competentiae,* quo honestae sustentationi consulitur clerici decocti, qui creditoribus bona cedere cogitur [8].

Id verum non est, vel ad summum nonnisi improprie et latissimo sensu dici potest, tum quia non agitur de *tributis* a lege civili statutis, tum quia beneficium competentiae modernae leges generatim omnibus civibus concedunt.

397. Obiectiones. — 1. Admisso privilegio fori, clericorum delicta manebunt impunita.

R. Perperam et iniuste supponitur Ecclesiam, quae est custos

---

[8] Cfr. can. 122; c. 16, X, *de restit. spoliatorum,* II, 13; c. 3, X, *de solutionibus,* III, 23; Schmalzgr., lib. III, tit. 23, n. 32 ss.; Philipps, I, § 20.

moralitatis et virtutum, subditorum suorum delicta non punire. Pars III libri V Codicis agit « de poenis in singula delicta » (cc. 2314-2414).

398. — II. Privilegium fori adversatur *aequalitati,* quae inter *cives* respectu *iudiciorum* adesse debet.

R. 1. Nullo modo affirmanda est ea aequalitas, quae tollat discrimen inter laicos et clericos ex ipsa institutione divina statutum, et reverentiam specialem quae clericis debetur.

2. Aequalitas merito requisita in hoc consistit quod omnium delicta puniantur; minime vero exigit ut ab iisdem iudicibus puniantur, neque necessario ut iisdem poenis coerceantur.

399. — III. Exemptio clericorum a militari servitio opponitur iustitiae distributivae.

R. 1. Iustitia distributiva exigit quidem, ut *onera* sicut et *beneficia* inter cives *aequaliter* distribuantur; at non absolute, sed relative, i. e. secundum *qualitates* personarum, habita ratione eorum *gradus, dignitatis* et *meritorum* [9].

Unde: omnes cives debent contribuere aequaliter secundum *possibilitatem* et modo *convenienti* secundum *gradum, dignitatem,* etc., *Conc.;* debent *eodem modo,* per *eadem servitia* et in *eadem quantitate, Neg.*

2. Omnes tenentur patriam adiuvare; at non solis armis ipsa iuvatur. Clerici bono publico et sociali consulunt, *tum* per servitia spiritualia, quae longe praestant servitiis temporalibus, *tum* etiam in ordine temporali, quatenus, uti ostensum fuit (n. **256** s.), religio fundamentum et fulcrum est totius ordinis socialis ac publicae prosperitatis.

400. — IV. Servitium militare est optimum experimentum vocationis clericorum.

R. 1. Ecclesia *sola* est iudex *competens* de vocatione clericali, de mediis necessariis atque utilibus ad eam promovendam et conservandam, de experimentis congruis, etc. Atqui Ecclesia disertis gravibusque verbis vindicat clericis immunitatem a militia. Ergo.

2. Sive res speculative sive practice spectetur, utilitas, quae

---

[9] Cfr. S. Thom., 2-2, q. 61, art. 1 et 2.

clericis ex militari servitio obvenire dicitur, est *nulla* vel *minima,* semper incerta et *per accidens;* contra, damna sunt *gravia, certa* vel saltem *valde probabilia,* et quidem *per se.*

401. — V. Educatio militaris est optima institutio, quippe quae disciplinae cultum promovet suique abnegationem excitat.

R. Utinam ita esset, ubi summa cura gubernii poneretur in avertendis occasionibus ruinae spiritualis pro militibus, et in procurandis mediis moralibus et religiosis, quibus efficaciter possent a morum corruptione immunes servari. At practice res aliter omnino se habent.

Infelici experientia constat, non raro imo saepe iuvenes, qui casti et morigerati erant, multis vitiis deditos ex militari servitio redire, religionis expertes vel saltem pravis moribus et consuetudinibus foedatos.

Quisnam utilitates militiae extollere audebit pro clericis divino servitio mancipatis, pro iis nempe de quibus speciatim dictum est: « *Sancti estote, quia ego sanctus sum?* » [10].

Ecclesia sola est competens in hac re. Ipsi, exemptionem a militia pro suis clericis gravissimis verbis vindicanti, firmiter adhaerendum est.

Articulus V

De immunitate reali et locali

402. Immunitas realis [1]. — 1. *Per se* vindicanda est omnibus bonis quae sunt in dominio Ecclesiae seu cuiuslibet personae moralis ecclesiasticae.

Consistit vero in exemptione *bonorum* seu *rerum* ecclesiasticarum a quibusvis *tributis* solvendis, quae vi *legum civilium* rebus temporalibus imponuntur.

Olim immunitas referebatur etiam ad bona patrimonialia clericorum. Ius novum nihil statuit.

2. Quoad huiusmodi bona *vere* ecclesiastica, quorum nempe dominium pertinet ad personam moralem ecclesiasticam (cfr. can.

---

10 Levit, XI, 44, 45; XX, 7; I Petr. I, 16.
1 Cfr. Schmalzgr., lib. III, tit. 49, n. 1 ss.; Fagnan., in c. *Non minus,* 4, n. 8 ss.; Devoti, *Instit. canon.,* lib. II, tit. 20, § 1 ss.; Wernz, III, n. 146; Aichner, l. c., § 222.

1497), potestas civilis *sine consensu Ecclesiae* nequit onera imponere per *suas leges* tributarias.

Idque ipso iure *divino*, cum Ecclesia sit societas perfecta, a civili iurisdictione plane exempta. Unde bona ecclesiastica proprie dicta non sunt obnoxia tributis, quae *ex lege civili* seu iurisdictione politica exiguntur.

3. At nemo inficiatur Ecclesiam teneri ad illa onera solvenda, quae ex contractu vel alio titulo iustitiae commutativae nascuntur.

4. Item certum est Ecclesiam obligari ex *caritate* ad succurrendum Statui in vera necessitate constituto. Ultimum autem ac definitivum iudicium de hac re est penes Ecclesiam et imprimis apud R. Pontificem.

Ratio vero huius obligationis non est lex *civilis*, sed *naturalis*, quae ipsi quoque Ecclesiae observantiam legum iustitiae et caritatis imponit.

5. Hodie Ecclesia immunitatem realem, ob aequas et prudentes rationes, valde coarctari permittit. At leges *civiles* tributariae non ex *sua propria vi* servandae sunt a Praelatis inferioribus, sed tantum ob *concessionem* seu *permissionem* factam a R. Pontifice.

403. Immunitas localis. — 1. Duo secumfert: 1° quod *actus profani* in *locis sacris* ob reverentiam iisdem debitam prohibeantur; 2° quod certis criminosis eo confugentibus libera detur commoratio sive *asylum,* ita ut absque venia auctoritatis ecclesiasticae extrahi nequeant.

2. Quidam *actus profani* manifesto repugnant sanctitati et reverentiae debitae loco sacro, ideoque *ex ipsa rei natura* sunt ibidem vetiti; quidam, contra, manifestam repugnantiam non praeseferunt, atque idcirco nonnisi *ex lege ecclesiastica interdicuntur* [2].

3. Prohibentur generatim, ut actus *profani*: iudicia civilia et criminalia, negotiationes, nundinae, contractus, conventus ludicri [3], choreae, publici profanarum societatum conventus (cfr. can. 1178).

4. *Ius asyli* etiam *hodie* ecclesiis vindicatur. Nam in can. 1179 expresse dicitur: « Ecclesia *iure asyli gaudet,* ita ut rei, qui ad

---

[2] Schmalzgr, l. c., n. 67 s.; Suarez, *De virt. et stat. relig.,* tract. II, lib. 3, cap. 1, 3, 4; Liberatore, l. c.; Wernz, l. c., n. 446.

[3] Cfr. Decr. S. C. Consist. 10 dec. 1912; *Acta Apost. Sedis.* IV, p. 724.

illam confugerint, inde non sint extrahendi, nisi necessitas urgeat, sine assensu Ordinarii, vel saltem rectoris ecclesiae » [4].

5. Ex ipsa rei natura « *loca sacra exempta sunt a iurisdictione auctoritatis civilis,* et in eis legitima Ecclesiae auctoritas iurisdictionem suam *libere* exercet » (can. 1160).

Proinde legibus *civilibus* loca sacra non subsunt, ne illis quidem quae ordinem publicum vel hygienem respiciunt. Ecclesia utrique consulere debet ex lege *naturali,* ut alibi dictum est; interdum ipsas leges civiles servat, sed salva omnino sua independentia.

6. Immunitas localis derivatur *ex iure divino naturali* quoad illos actus, qui ex natura rei adversantur sanctitati et reverentiae locis sacris debitae; quoad *ceteros actus* et quoad *ius asyli,* repetenda est *ex lege canonica,* cum fundamento tamen in aequitate naturali [5].

Articulus VI

De immunitate R. Pontificis

404. Quaenam immunitas competat R. Pontifici et quonam iure [1]. — 1. Si *personalis* immunitas competit omnibus clericis in genere, necessario et a fortiori competere debet R. Pontifici, qui universam potestatem ecclesiasticam omniaque iura in se complectitur.

2. Immunitas R. Pontificis est PLENA, PERFECTA, ABSOLUTA eius EXEMPTIO a *civili* iurisdictione, ac proinde a *quacumque* alia potestate; ita ut ipse nullo modo nullaque ratione *humanae* potestati subiiciatur.

3. Maximum datur discrimen inter R. Pontificem et ceteros

---

[4] De *asylo,* ad ius antiquum quod attinet, cfr. Bened. XIV, *De Synod. dioec.,* lib. XIII, cap. 18, n. 12; Reiffenst, lib. III, tit. 49, n. 1 ss.; Thomassin., P. II, lib. 3, cap. 95; Ferraris, *Bibliotheca,* etc.; v. *Immunitas,* art. 2 et 3; D'Annibale, *Comment. in Const.* « *Apostolicae Sedis* », n. 131.

[5] Suarez, l. c., cap. 3, 4. 8; Schmalzgr., l. c., n. 93 ss.; Reiffenst., l. c., n. 20 s.

[1] Cfr. S. Bellarm., *De Rom. Pontifice,* lib. II, cap. 26 s.; Suarez, *Defensio fidei cath.,* lib. IV, cap. 4; Palmieri, *De Rom. Pontif.,* th. XXIV, p. 577 ss.; Cavagnis, II, n. 190; Liberatore, l. c., n. 289 ss.; Muncunill, l. c., n. 679.

clericos; nam his in genere competit immunitas a laica iurisdictione propter excellentiam et sanctitatem status clericalis, atque *formaliter* ex iure *canonico* (cfr. n. 386); contra, R. Pontifex immunis est ipso iure *divino,* i. e. *vi muneris* sive Primatus.

4. Ut id probe intelligatur, distinguenda est duplex immunitas: altera, quae Papae competit in rebus spiritualibus seu sacris, altera quae competit in rebus temporalibus.

Prior est de iure divino positivo, quia ex divina revelatione constat R. Pontifici eique soli competere totam plenitudinem supremae potestatis in rebus sacris; quae proinde immunitas dogma fidei est.

Altera seu immunitas in temporalibus non continetur manifeste in divina revelatione; at ex natura et potestate Primatus necessario infertur. Unde etiam haec immunitas dicenda est *iuris divini,* quatenus ab hoc iure exigitur et derivatur [2].

5. Ratio huiusmodi immunitatis est Primatus. Sane R. Pontifici commissum fuit a Christo D. munus, equidem liberum, independens ac supremum, docendi, regendi, sanctificandi omnes et singulos fideles; atqui tali munere fungi recte non potest, nisi sit liber seu exemptus omnino a potestate laica, i. e. a quavis humana iurisdictione.

Ergo immunitas etiam in temporalibus ipsi competit ESSENTIALITER ex iure *divino naturali,* non secundario tantum, sed PRIMARIO, quamvis *hypothetico* et non absoluto; nam posita institutione Primatus prout a Christo facta est, ex ipsa rei natura necessario consequitur exemptio a quacumque potestate.

405. **Num R. Pontifex saltem directive teneatur legibus civilibus.** — Quod non teneatur *coactive,* certissimum est. Id omnes DD. catholici admittunt et necessario admittere debent. Unde nullo in casu et a nulla potestate potest Papa iure cogi vel puniri, quia nemo in eum iurisdictione pollet.

Hinc effatum iuridico-theologicum: « *Prima Sedes a nemine iudicatur* » (can. 1556).

---

[2] Distinguendum est *ius* immunitatis ab eius *exercitio.*

Ius est essentiale Primatui R. Pontificis a Christo D. instituto; *exercitium* non est absolute necessarium ad hoc ut Ecclesia sit, sed ut bene sit eamque vitam socialem perfecte ducat, ad quam ius habet. Porro perfecta actuatio huius immunitatis est principatus civilis, quacumque forma et ratione intellectus, ut hodie Status Civitatis Vaticanae. Cfr. Palmieri, l. c., p. 584 s.

2. Quidam affirmant R. Pontificem ligari *directive* legibus et praeceptis *civilibus* [3].

Haec doctrina duplici sensu intelligi potest: vel quatenus Papa teneatur *ex ipsa vi* sive *efficacia legum civilium*, vel quatenus *ex iure naturali* ipsemet, ut ceteri omnes, diverso tamen modo ab eis diversaque ratione, bonum publicum, salva independentia et dignitate, procurare debeat.

Primum est falsum omnino, quia Papa non est subditus et soli subditi ligantur legibus; alterum est verum, sed immerito prorsus in hoc casu dicitur ligari *directive* legibus.

Unde, proprie loquendo, Papa nec *coactive* nec *directive* ligatur lege aut praecepto civili, *qua tali*. Quae doctrina certa est.

Cum R. Pontifex, ex ipsa ratione Primatus, i. e. ex munere quo fungitur, nulli principi sive Statui sit subditus, sed omnino liber et independens ac immunis sit ab omni humana potestate, sponte consequitur statum quendam *regalem* (*sovranità*), ex eadem ratione Primatus, ei competere, independenter a civili principatu.

Quod iuristae et Gubernia ipsa civilia explicite vel saltem implicite agnoscunt.

ARTICULUS VII

De civili principatu

406. Ratio disputationis. — Cum quaestione de plena et perfecta immunitate R. Pontificis intime connectitur quaestio de eiusdem *temporali principatu*, cuius nomine intelligitur suprema potestas *temporalis* Papae in aliquo territorio plus minusve extensa [1].

---

[3] Cavagnis, l. c., n. 190.

[1] Cfr. Palmieri, l. c., p. 585 ss.; De Luca, II, n. 20, p. 95 ss.; Cavagnis, IV, n. 429 ss.; Wernz, II, n. 600 ss.; Bargilliat, I, n. 401 ss.; Phillipps, V, p. 696 ss.; Scherer, l. c., p. 466; H. Mazzella, *Praelectiones scholastico-dogmaticae*, I, n. 179 ss.; Liberatore, l. c., n. 292; eiusdem, *La Chiesa e lo Stato*, p. 431 ss.; Giobbio, *Lezioni di diplomazia eccl.*, I, n. 68 ss.; Pinchetti, *Guida diplomatica eccl.*, n. 107 ss.; Orsi, *Della origine del dominio temporale*, p. 12 ss.; Brunengo, *Il dominio temporale dei Papi*, Prato, 1889-93; Steccanella, *Il valore e la violazione della dichiarazione pontificia sopra il dominio temporale della S. Sede*, Roma, 1864; Anon., *La questione romana e l'Europa politica*, Ratisbona, 1886; Patroni, *Il dominio temporale dei Papi*, Siena, 1883; Anon., *Il Papato e il regno d'Italia nell'opinione publica d'Europa*, Ratisbona, 1885; B. O. S., *La verità intorno alla questione romana*, Prato, 1885; Olivart, *Il Papa, gli Stati della Chiesa e*

407. Indoles sive natura quaestionis. — 1. Quaestio de civili principatu, non est quaestio *temporalis* seu *politica*, sed *religiosa, sacra, spiritualis*, utpote quae intime connectitur cum divina Ecclesiae catholicae missione, cum dignitate Sedis Apostolicae, scil. cum libertate atque independentia R. Pontificis.

Solum *sub hoc respectu et proter hanc connexionem*, i. e. *ratione muneris a Christo D. Petro commissi eiusque Sucessoribus*, civilem regalitatem, cum certo quodam territorio ad normam iuris internationalis Romani Pontifices sibi vindicarunt gravissimis verbis, usque ad *Pacta Lateranensia* et inde secutam constitutionem novi *Status* qui a *Civitate Vaticana* nomen sortitur[2].

2. Quaestio haec non unius tantum populi sive nationis interest, sed omnium profecta nationum catholicarum, i. e. universae Ecclesiae; siquidem *salus non unius membri, sed totius corporis agitur, cum de capite consulitur*[3].

3. Cum libertas atque independentia R. Pontificis maxime conferat in bonum totius reipublicae christianae, sponte consequitur dictam quaestionem intime connecti cum pace et tranquillitate totius orbis catholici, non autem unius tantum nationis[4].

---

l'Italia, p. 30 ss.; Anon., *Sul dominio temporale dei Papi. Chi ha ragione, il Re o il Papa?* Roma, 1891; Dupanloup, *Sur la souveraineté temporelle du Pape*, Paris 1849; Brasseur, *Histoire du patrimoine de St. Pierre*, Paris 1853.

[2] Pius IX in Encycl. «*Cum catholica*», 26 mart. 1860: «Civilis principatus, licet suapte natura rem temporalem sapiat, *spiritualem tamen induit indolem, vi sacrae*, quam habet, *destinationis*, et arctissimi illius vinculi, quo cum maximis rei christianae rationibus coniungitur».

Leo XIII in Alloc. 24 mart. 1884, ait: «In quo principatu, praeter legitimas causas titulosque egregios et varios, inest *similitudo* et forma quaedam *sacra* sibi propria, *nec cum ulla republica communis*».

Et in Alloc. 2 mart. 1885: «*Trattasi di ciò che forma la vita e la forza della Chiesa*; della *libertà* vogliam dire e della *indipendenza* del suo supremo potere».

Item in Alloc. 5 mart. 1882. 27 iul. 1885, etc.; in compluribus sermonibus (cfr. *Leone XIII e il potere temporale dei Papi*, p. 12 ss.), in Encycl. «*Inscrutabili*», 21 apr. 1878, «*Immortale Dei*», 1 nov. 1885, atque in aliis quoque documentis.

Pariter Benedictus XV in Encycl. «*Ad beatissimi*», 1 nov. 1914, § *Et nunc*, et Pius XI in Encycl. «*Ubi arcano*», 23 dec. 1922, § *Verum*. Cfr. n. 532, 6° et 7°.

[3] Greg. XV Const. «*Aeterni Patris*» in prooem.

[4] Leo XIII, Alloc. 3 mart. 1882: «Colla quale (controversia) sono congiunti gl'interessi più vitali della Chiesa ... *la pace e la tranquillità non di una nazione soltanto, ma di tutto il mondo cattolico*».

Et in litt. Encycl. «*Inscrutabili*»: «Cum de temporali principatu Se-

Hinc patet quam inepte ratiocinentur ii qui contendunt quaestionem de civili principatu esse ordinis mere *privati*, vel ordinis quidem publici, sed alios populos ceterosque Status catholicos nullatenus respicere. Id falsum esse, ex ipsa rei natura evidens est.

408. Origo historica civilis principatus. — 1. Inde ab imperii romani dissolutione populus italus pluribus malis opprimebatur. Cum a laica potestate auxilium non obtineret, ad Episcopos recurrebat, praesertim ad R. Pontificem qui adiumenta opportuna suppeditabat, non modo spiritualia, sed etiam temporalia, quoad ipsam scil. vitam socialem, oeconomicam et politicam.

Hinc sponte factum est, ut RR. Pontifices pedetentim *quandam* auctoritatem sive iurisdictionem obtinerent etiam in negotiis temporalibus [5].

2. Eo vel magis quod Ecclesia romana ex voluntariis populorum donationibus, saeculo VI et VII, pluribus patrimoniis fruebatur in Sicilia, Corsica, Dalmatia, Gallia, Africa, praesertim in provinciis Italiae meridionalis, scil. Campaniae et Calabriae. Unde R. Pontifex, honoribus cumulatus bonisque late abundans, potentia atque auctoritate maxime excellebat.

Accedit quod, secundum consuetudinem tunc vigentem, ius dominativum non solum extendebatur ad possessiones *reales*, verum etiam ad *personas*, nimirum ad earundem agricolas, conductores, pastores, etc., in quos vera quaedam iurisdictio exercebatur a domino, in casu nostro ab Ecclesia Romana [6].

3. R. Praeterea R. Pontifex et Episcopi magna potestate ab imperatoribus ditati fuerant circa ipsas res civiles, ita ut haberentur tamquam « supremi iudices et administratores civitatum atque provinciarum ».

4. Auctoritas imperatorum graecorum in dies minuebatur quoad Italiam; nam ipsi nullam fere gerebant curam de populo italo, eum potestati arbitrioque Longardorum relinquentes.

Populus italus, graecis imperatoribus derelictus, ut suis negotiis consuleret, ad R. Pontificem recurrebat, ei sese ultro subii-

---

dis Apostolicae agitur, *publici etiam boni et salutis totius humanae societatis causam agitari* (exploratissimum est) ».

Item Benedictus XV (l. c.): « *Quae* (conditio) *ipsi tranquillitati populorum*, non uno nomine, *vehementer nocet* ».

[5] Cfr. Orsi, l. c., p. 14 ss.; Cavagnis, l. c., n. 429 s.

[6] Brunengo, *Le origini della sovranità temporale dei Papi*, p. 28 ss.; Hergenröth.-Kirsch, II, p. 65 ss.; Mochi Onory, *Ricerche sui poteri civili dei Vescovi* ecc., Roma, 1930.

ciebat, ipsumque venerabatur non solum ut Pontificem, verum etiam uti principem.

Hoc tempore (700-730 circ.) principatus civilis Ecclesiae Romanae *veram* et *perfectam* rationem dominii politicae iurisdictionis obtinuit quoad Urbem et integrum Ducatum romanum cum quibusdam aliis finitimis civitatibus.

5. Aistulphus, dux Longobardorum, arma sumpsit (a. 756) contra R. Pontificem et Urbem exercitu circumsessam tenuit. Tunc Pipinus, Francorum rex, iugo Alpium promptis copiis superato, hostes vicit, Romam liberavit, principatum S. Sedi restituit, additis aliis viginti duabus urbibus.

Carolus M. nedum confirmavit donationes a Pipino factas R. Pontifici, sed praeterea ei donavit integrum exarchatum ravennatensem, insulam Corsicam, provincias Venetiarum et Istriae, ducatus Spoletanum et Beneventanum; insuper Parmam, Mantuam et reliquas partes Pentapoleos cum quibusdam regionibus Sabinorum et Lombardorum.

Demum silentio praetereunda non est donatio comitissae Mathildis sub finem saeculi XI, a quibusdam imperatoribus acriter, sed incassum, impugnata.

Principatus civilis *indolem* et *vicissitudines temporum* secutus est; scil. feudaliter, tempore feudorum; *per libera municipia,* tempore civitatum liberarum; *absoluto regimine,* aetatibus posterioribus.

409. Necessitas. — Absolute loquendo, civilis principatus non est necessarius Ecclesiae, quia a divino suo Fundatore omnia media accepit quae absolute requiruntur ad eius exsistentiam et conservationem. Tamen *relative* est necessarius, scil. ut *facilius, tutius* et *perfectius* R. Pontifex munere suo fungatur. Sane:

I. Ea debet esse, ex ipso iure divino, R. Pontificis conditio, ut eiusdem *libertas* atque *independentia* sit 1° PLENA seu TOTALIS et PERFECTA, quoad omne et singulas personas ac res; 2° CERTA, ita ut omne dubium et suspicionem excludat; 3° EVIDENTER MANIFESTA *fidelibus totius orbis catholicis,* ita ut Papa non solum liber atque independens *revera* sit, sed *talis* appareat coram universis nationibus et populis catholicis, qui sibi probe persuasum habeant R. Pontificem esse vere liberum et independentem in munere Pastoris atque Doctoris obeundo; 4° STABILIS, i. e. PERPETUA et IMMUTABILIS, non autem temporanea ac precaria, et quidem talis sit oportet *de se* sive *ex ipsa rei natura,* quatenus ex aliqua causa *permanenti* stabilitas oriatur atque in ea fundetur.

Porro huiusmodi Papae conditio haberi nequit sine principatu civili. Ergo.

Re quidem vera: 1° Omnes qui degunt in aliquo territorio sunt vel principes vel subditi; sed princeps absque territorio, praesertim attentis hodiernis temporum circumstantiis ac perspecto iure internationali hodie vigente, non datur proprio et vero sensu; ergo si R. Pontifex caret principatu civili, subditus erit illius regis in cuius territorio degit.

2° Etsi forte princeps civilis agnosceret Papae independentiam eiusque regalitatem, non ideo tamen haberetur ea conditio, de qua supra. Nam si dignitas regalis, « *sovranità* », tribuitur ex concessione principis, erit precaria omnino, cum a voluntate concedentis pendeat; et etiam in casu quo independentia et regalis dignitas sollemniter firmaretur lege, non solum mutationibus obnoxia semper esset, uti generatim omnes aliae leges, sed rationem *privilegii* seu *merae concessionis* ex parte principis adhuc haberet; quod est contra naturam ipsam Primatus.

3° Addimus: etiam in hypothesi qua libertas et independentia atque regalis dignitas agnosceretur a Statu uti iure *proprio* ac *nativo* competens R. Pontifici, et revera hic esset liber atque independens in exercitio sui muneris, conditio tamen, de qua supra, nullatenus verificaretur: *tum,* quia non exsistit *stabilitas* sine causa *permanenti,* quae in casu vel penitus deesset vel foret fictitia: *tum,* quia *evidentia* libertatis et independentiae R. Pontificis *coram fidelibus totius catholici orbis* profecto non haberetur.

Quamdiu enim Papa degit in territorio non suo, sed alicuius principis, immunis non censetur, velit nolit, ab eius influxu, ita ut dubium saltem sive suspicio sit penes christifideles, praesertim aliarum nationum, quod ad nutum et beneplacitum principis agat. Hinc maxima diffidentia erga Sedem Apostolicam, summa obedientiae et reverentiae erga R. Pontificem diminutio: hinc innumera et gravissima damna in animarum perniciem[7].

410. II. Hanc doctrinam RR. Pontifices expressis apertisque verbis confirmarunt:

---

[7] Cfr. S. Bellarm., l. c., cap. 9; Palmieri, l. c., p. 587 ss.; De Luca, p. 100 ss.; Cavagnis, l. c., n. 444 ss.; Wernz, l. c., n. 605; Liberatore, l. c.; Pinchetti, l. c., p. 134 ss.; Bargillat, l. c., n. 474; H. Mazzella, l. c., n. 752.

Ipse Minghetti expresse ait: « Quando il Pontefice ha rapporti con tutto il mondo, quando Esso è e vuole essere considerato come un sovrano, non solo dai cattolici italiani, ma eziandio dai cattolici sparsi in tutte le altre nazioni, non si può fare astrazione da siffatto stato di cose, e si deve collocare il Papa in tale posizione e così eminente, che l'*idea ch'Egli possa essere suddito del re non venga nell'animo ad alcuno* » (*Atti uffic. del Parlam. ital.*, 1870-1871, p. 373).

1° Pius VII Alloc. 16 mart. 1800 contra Napol. I : « Illud omnes facile intelligent R. Pontificis quam maxime esse libertatem summi sui temporalis imperii tueri, quod non minus a Deo est, quam ab eodem sint imperia ceterorum principum; *quodque tam arcte cum liberiore, expeditiore, promptiore usu supremi sui Primatus, ideoque cum summis ipsius religionis rationibus, utilitatibus, commodis, coniunctum et colligatum est* ».

2° Pius IX Alloc. 20 april. 1849 : « Singulari prorsus divinae Providentiae consilio factum est, ut Romano imperio in plura regna variasque ditiones diviso, R. Pontifex, cui a Christo D. totius Ecclesiae regimen et cura fuit commissa, *civilem principatum hac sane de causa haberet, ut ad ipsam Ecclesiam regendam, eiusque libertatem tuendam plena illa potiretur libertate, quae ad Supremi Apostolici ministerii munus obeundum requiritur* ».

Pius IX eadem docuit in Alloc. 20 maii 1850; in Litt. Apost. « *Cum catholica* », 26 mart. 1860; in Alloc. 28 sept. 1860, 18 mart. 1861, 9 iun. 1862, etc.

3° Episcopi ex toto terrarum orbe, Romae a. 1862 in unum coacti, 265 circiter, coram Pio IX hanc declarationem sollemniter ediderunt : « Civilem S. Sedis principatum ceu quiddam necessarium ac providente Deo manifeste institutum agnoscimus, *nec declarare dubitamus, in praesenti rerum humanarum statu ipsum hunc principatum civilem pro bono ac libero Ecclesiae animarumque regimine omnino requiri* ».

4° Documenta Leonis XIII, in quibus necessitas civilis principatus asseritur et vindicatur, sunt 118 [8].

Praecipua sunt: alloc. 28 mart. 1878; litt. encycl. « *Inscrutabili* », 21 april. 1878; epist. ad Card. Nina a secretis, 27 aug. 1878; serm. 22 febr. 1879, 24 oct. 1880, 6 ian. 1881, 16 oct. 1881, 3 mart. 1882, 15 oct. 1882, 7 ian. 1883; alloc. 24 mart. 1884; serm. 4 ian. 1885, 4 dec. 1885, 2 mart. 1886, 2 mart. 1887; epist. ad Card. Rampolla, a secretis, 15 iun. 1887; serm. 3 ian. 1888; epist. ad Episcopum Cremonensem, 20 april. 1889; litt. encycl. ad Episcopos Italiae, 5 aug. 1898.

5° Item Pius X in epist. ad Card. Urbis Vicarium Respighi, 21 sept. 1904, et in epist. 8 aug. 1905 ad moderatores actionis socialis in Italia.

---

[8] Cfr. *Leone XIII e il potere temporale dei Papi,* p. 31 ss.; Cappello, *Le relazioni fra la Chiesa e lo Stato nell'ora presente,* p. 45 ss.

6° Pariter Benedictus XV in Encycl. « *Ad beatissimi* », 1 nov. 1914.

7° Pius XI in Encycl. « *Ubi arcano* », 23 dec. 1922, iura Sedis Apostolicae expressis ac perspicuis verbis vindicat.

411. Pacta Lateranensia. — Quaestio sic dicta « *romana* » de civili principatu, definitive resoluta est per *Pacta Lateranensia* diei 11 febr. 1929.

Praecipua *Tractatus* capita haec sunt:

1° Religio catholica, apostolica et romana est unica Status Italici religio.

S. Sedem tamquam supremam planeque independentem potestatem, regalitatis (*sovranità*) iure praeditam quoad res quae habentur internationales, agnoscit Italia.

Ipsi plena agnoscitur proprietas absolutaque et exclusiva iurisdictionis facultas in Statum *novum* qui vocatur *Civitas Vaticana* (huius novi autem Status accurata habetur adnexa descriptio), ita quidem ut nullo modo in hunc Statum intromittere se possit Gubernium Italicum nec in eo alia sit auctoritas quam auctoritas S. Sedis.

Persona Summi Pontificis consideratur ab Italia tanquam sacra atque inviolabilis, et quidquid contra Eam committitur aut molitur, iisdem poenalibus subiacet sanctionibus quibus protegitur persona Regis (art. 1-9).

2° Secundum normas iuris internationalis acquiritur vel servatur vel amittitur qualitas « civis » huius novi Status.

Dignitarii autem ecclesiastici atque personae ad Curiam Pontificiam pertinentes, sicut Officiales (ex professo) quos necessarios sibi iudicaverit S. Sedes etc., exempti semper habendi erunt a servitio militari et a qualibet praestatione seu coactione personali, licet non sint cives Status Vaticani.

Quidquid ad universale gubernium Ecclesiae catholicae pertinet (v. gr. Dicasteria romana, etc.) semper immune erit ab intercessione qualibet quae forte proveniret a Statu Italico, exceptis legis praescriptis circa ius acquirendi ex parte personae moralis (art. 9-12).

3° Ius S. Sedis, vi cuius ad diversas nationes mitti valeant Nuntii et admitti aliarum nationum Delegati, agnoscitur ab Italia. Delegati exterarum nationum apud S. Sedem, licet sedes delegationis sita remaneat in territorio Regni Italiae, omnibus fruentur praerogativis ac immunitatibus quae iuxta principia iuris internationalis ipsi competere consueverunt, idque occurret etiam eo casu quo istae nationes nullam habeant cum Italia relationem diplomaticam.

Tempore quoque belli viri diplomatici et cursores quos adhibet Summus Pontifex, iis omnibus in territorio Regni Italici gaudent favoribus quibus legati ac diplomatici viri aliarum nationum fruuntur secundum normas iuris internationalis.

S. Sedes plenam habet proprietatem Basilicarum Laterani, S. Mariae Maioris et S. Pauli, cum adnexis aedificiis et cum palatio S. Callixti (ad S. Mariam *in Trastevere*); possidet quoque Castelli Gandulphii palatium cum adnexis omnibus et cum Villa Barberini; accipit varias res immobiles in proprietatem, quae super colle Ianiculi viciniores ad nova aedificia S. C. de Propaganda Fide inveniuntur; possidet aedificia ex-conventualia, adnexa ad Basilicam XII Apostolorum et ad ecclesias S. Andreae della Valle ac S. Caroli *ai Catinari,* in Urbe.

Omnia bona supra enumerata, praeter aedificia ex-conventualia, immunitate gaudebunt quibus sedes legatorum aliarum nationum iuxta leges iuris internationalis frui consueverunt; his autem addi debent palatia Datariae, Cancellariae, de Prop. Fide, S. Officii cum adiacentibus, S. Congr. pro Eccl. Orientali, Vicariatus in Urbe Roma, aliaque aedificia in quae a S. Sede Dicasteria romana transferuntur (art. 12-16).

4° Praeter omnia aedificia ac bona immobilia supra memorata, haec quoque imunia erunt ab omni tributo et a quacumque servitute expropriationis, nisi fiat de praevio consensu S. Sedis: Universitas Gregoriana, Institutum Biblicum, Institutum Orientale et Archaeologiae, Seminarium Russicum, Collegium Longobardorum, utrumque S. Apollinaris palatium et exercitiorum domus a SS. Ioannis et Pauli.

Quae autem debentur a S. Sede vel a delegatis Ipsius ceterisque directe a S. Sede dependentibus, favore dignitariorum, officialium et quorumlibet quibus a S. Sede solvenda erit retributio, haec ab omni tributo exempta habeantur in territorio Status Italici.

Bibliotheca Vaticana, musea Laterani ac Vaticani Palatii, etc. aperta remanebunt favore studentium ac visitantium.

Accessus quoque ad Statum Vaticanum, impletis consuetis conditionibus, liber erit viris diplomaticis ac delegatis S. Sedis et aliarum Nationum necnon dignitariis Ecclesiae a parte territorii Italici; id valet etiam, positis ponendis, de importandis mercibus Civitati Vaticanae, etc. destinatis (art. 16-21).

5° E. R. Cardinales in Italia honorandi sunt veluti Principes ex sanguine regio; qui resident in Urbe, cives erunt Status Vaticani quoad omnes effectus.

Ad Italiam cura peculiari modo spectat, ne occasione alicuius Conclavis pro eligendo R. Pontifice ullum impedimentum Cardinalibus opponatur in territorio Regni, dum ad Conclave accedunt; nec ullis actibus in eodem territorio commissis, sessiones Conclavis disturbentur, id quod valet quoque in occasione Conclavis habiti extra civitatem Vaticanam, vel Concilii cui praeest R. Pontifex aut Eius Legatus, et extenditur etiam ad Episcopos vocatos ad Concilium.

Ad puniendos reos alicuius delicti poterit S. Sedes potestatem suam delegare Regno Italiae, si delictum perpetratum est in territorio Status Vaticani et rei ibidem inveniuntur; si autem in territorio Regni rei inveniuntur, subiacebunt potestati Regni; si delictum in territorio Regni perpetrarunt, tradentur potestati iudiciariae Italiae.

Ad executionem alicuius sententiae tribunalium Status Vaticani in Regni territorio perficiendam, servabantur praescripta iuris internationalis; at vero sententiae ac sanctiones disciplinares quae feruntur a legitima auctoritate ecclesiastica in personas ecclesiasticas vel religiosas, aut quae decernunt de re spirituali, vel disciplinari, ipso facto consequentur in Regno effectus quoslibet civiles, dummodo potestati civili rite de his facta fuerit communicatio (art. 21-24).

6° Sancta Sedes quoad res internationales omnimodis independentem se esse declarat; potestate tamen sua morali et spirituali semper utetur occurrente casu.

Civitas Vaticana semper tanquam territorium neutrale atque inviolabile considerabitur, nec excipitur casus ullus.

Conventio specialis, quae adnexa habetur et agit de solutione debitorum, pars est integrans pactionis ipsius.

Sancta Sedes, cum aestimet satis esse hac pactione provisum pro sua libertate ac independentia tum in Urbe tum in Italia tum in universo mundo, declarat, modo definitivo atque irrevocabili resolutam esse ideoque eliminatam « *Quaestionem Romanam* »; agnoscit Regnum Italiae constitutum sub suprema potestate dinastiae e Domo Sabaudiae cum Roma tanquam urbe capite Status Italici.

Italia ex parte sua agnoscit Statum « *Civitatis Vaticanae* » sub supremo dominio Romani Pontificis.

Abrogantur quaecumque leges contrariae (art. 24-27).

412. Accedit Concordatum, *quod separari non potest* ab ipsa « Pactione » (*Trattato*).

Summa eiusdem capita haec sunt:

1° Libertas ac independentia Ecclesiae, in iis quae ad Ecclesiam pertinent, a Statu nec impugnari nec suis statutis valebunt minui.

Ecclesiasticae personae ac res, ad modum praescriptionum peculiarium (de servitio militari, de muneribus exercendis, de iudiciis subeundis, de aedificiis sacris occupandis vel demoliendis), gaudebunt competenti aliqua exemptione (art. 1-11).

2° Festa generalia quae in Ecclesia dicuntur *de praecepto,* sicut omnes dies Dominicae, a Statu quoque eadem ratione agnosci praedicantur (art. 11-13).

3° Pro servitio religioso apud copias exercitus et classis praesto erunt Ordinarius militaris cum dignitate archiepiscopali ac speciali Capitulo S. Mariae Rotondae in Urbe (*Pantheon*) et aliae personae ecclesiasticae, (vicarius, inspectores) ac cappellani militares (art. 13-16).

4° Ope commissionum quae vocantur mixtae, nova instituetur delimitatio dioecesium ac earum reductio in Italia, ita ut, quatenus fieri potest, respondeant provinciis civilibus Status; praevidetur quoque unio quaedam paroeciarum (art. 16-19).

5° Nominatio Episcoporum ad S. Sedem pertinet, quae tamen semper debet antea communicare nomen personae ipsius Gubernio Regni.

Eodem ferme modo a competente auctoritate communicanda erunt Gubernio Italiae nomina eorum qui destinantur beneficio paroeciali, et collatio huiusmodi beneficii non erit peragenda nisi post spatium 30 dierum a facta communicatione.

Suppressa autem remanent quae dicuntur: *exsequatur, regium placet, ius regaliae, regius patronatus, privilegia in regno Siciliae* (art. 19-27).

6° Fit cessio, in favorem S. Sedis, Basilicarum S. Domus

Lauretanae, S. Francisci Assisiensis et S. Antonii Patavini, cum adnexis aedificiis et institutis non mere laicalibus. Status Italicus legislationem suam quam vocare consueverunt ecclesiasticam, revisioni subiiciet et reformabit iuxta normas quibus innituntur nova sollemnis conventio et concordatum (art. 27-34).

7° Matrimonium religiosum, quod est sacramentum, ipso facto expletis nonnullis formalitatibus in Italia effectus habet quoque civiles (art. 34).

8° Institutio doctrinae religiosae, in scholis tradenda vel pro educanda iuventute sub variis formis destinata, complebitur iuxta normas statutas vel adhuc stabiliendas (art. 34-45).

413. CIVITAS VATICANA. Hodie attendenda est rerum conditio S. Sedis ex Pactis Lateranensibus inducta, scil. constitutio *novi Status*, qui *Civitas Vaticana* vocatur. Agitur de vero Statu, at *sui generis*. Utrum sit continuatio civilis principatus antea exsistentis, an constitutio *novi* Status, controvertitur.

Civilis principatus S. Sedis *de iure* numquam cessavit; sub hoc respectu Civitas Vaticana dici potest continuatio civilis principatus. Si consideretur forma et organizatio Civitatis Vaticanae, haec dici debet Status ex novo constitutus.

CAPUT III

DE POTESTATE ECCLESIAE QUOAD SCHOLAS

Articulus I

Notiones generales

414. Notio et divisio scholarum [1]. — 1. Scholae sunt instituta quae rectam iuventuti suppeditant educationem atque instructionem.

Educatio proprie dicta respicit primario *voluntatem*, et dicitur *moralis*, quia ordinatur ad informandum animum pueri moralitatis principiis.

Instructio sive institutio intellectualis respicit primario *intellectum*, et ordinatur ad mentem excolendam per rerum cognitiones, i. e. per varias disciplinas.

2. Scholae dividuntur 1° in *privatas* et *publicas*, prout originem habent et reguntur ex *privata* auctoritate, vel potius ex *publica*, sive ecclesiastica sive civili, auctoritate; haec potest esse gubernativa aut provincialis vel municipalis;

2° in *materialiter* ac *formaliter privatas* et *materialiter privatas* ac *formaliter publicas* seu *aequiparatas*, prout suprema auctoritas eas agnoscit atque civiles effectus tribuit, necne;

3° in *primarias* sive *elementares*, *secundarias* sive medias, et superiores, prout prima tantum institutionis elementa traduntur, vel altior gradus institutionis exhibetur, aut demum completa institutio traditur.

---

[1] Cfr. Taparelli, l. c., n. 1558 ss.; Meyer, II, n. 661 ss.; Paquet, *Droit public de l'Eglise. L'Eglise et l'éducation*, Quebec 1909; Liberatore, l. c., n. 205 ss.

Huius generis illae censentur in quibus variarum scientiarum cultura ad decus et emolumentum humanae societatis suppeditatur, vel opera peculiaris datur iis disciplinis et studiis, quae pro speciali *vitae statu,* quem quis sibi elegerit, necessaria vel opportuna videntur.

Scholae *secundariae* sive mediae vocantur etiam gymnasia et licaea, *superiores* dicuntur *academiae scientiarum, universitates, archigymnasia, athenaea, facultates* [2].

415. Errores. — Praecipui errores circa institutionem scholarem hi sunt: 1° schola curare debet institutionem intellectualem, non vero educationem moralem, quae soboli privatim danda est a parentibus; 2° vel admitti potest educatio moralis tantum, non autem religiosa, quia schola debet esse *laica* sive *neutra* seu *aconfessionalis*; 3° vel ad summum tradi potest quaedam educatio religiosa, at non catholica, talis nempe quae « universis tyronibus cuiuslibet *confessionis* conveniat ».

Qui errores facile refutantur.

416. — I. *Recta puerorum institutio nullo pacto seiungi potest ab educatione.*

1° Homo intellectu et voluntate constat; quae unius eiusdemque animi potentiae ita sunt coniunctae ac inter se copulatae, ut alia ab alia separari nullatenus queat. Utraque proinde harmonice evolvenda est parique gradu, ne innaturalis deordinatio inde sequatur [3].

2° Iugis experientia amplissime ostendit quinam sint teterrimi effectus scholarum, in quibus nulla aut prava educatione pueri imbuuntur. Blasphemiae, furta, suicidia, homicidia, turpitudines, contemptus cuiuslibet legis humanae divinaeque sunt gravissima consectaria institutionis ab educatione seiunctae.

3° Necessitatem educationis agnoverunt veteres sapientes graeci et romani, testantur hodierni omnes probi scriptores.

Plutarchus affirmat *tyrones prius discere teneri bonos mores quam litteras*; Quintilianus *docet virtutem esse fundamentum scientiae*; Plato iustos

---

[2] Quae vocabula tamen non semper et ab omnibus eodem sensu usurpantur. Quidam, v. g. Meyer, (II, n. 662), ad scholas *superiores* referunt universim *gymnasia,* et peculiari classi adscribunt *academias scientiarum* seu *universitates.*

[3] Cfr. epist. Leonis XII˜ ad Cardinal. Urbis Vicarium, 26 iun. 1878.

aut impios cives repetit ex defectu educationis; idipsum fatentur Seneca, Aristoteles, Pythagoras, Iuvenalis, Socrates, Cicero aliique quamplures [4].

417. — II. *Educatio vere moralis et religiosa debet esse.*

MORALIS profecto, quatenus adolescentes instituantur iuxta firmissima ac sanctissima iustitiae et virtutum, i. e. moralitatis principia, quae per naturalem legem innotescunt, quaeque bonum agere et malum devitare certo itinere praecipiunt.

RELIGIOSA, quia huiusmodi principia non aliunde desumuntur plena cum certitudine et firmo robore, quam ex religione. Sane :

1° Educatio importat *rectam* institutionem voluntatis; forma autem rectitudinis est ipsa moralitas, quae adhaeret, tamquam fundamento, religioni.

Religio enim docet quaenam sunt officia quibus homo adstringitur Deo, quomodo ipse ad Deum tamquam ad supremum finem naturae ordinatur, quomodo in Deo tantum perfecta, summa, certissima ac perpetua invenitur sanctio pro morali ordine servando, ita ut, Dei conceptu sublato atque vinculo religionis remoto, vera moralitas neque dari neque concipi possit [5].

2° Id eruditi viri ac ipsi adversarii fatentur [6].

418. — III. *Educatio pro catholicis tyronibus catholica sit oportet.*

Institutio in scholis danda debet esse *religiosa*; atqui *vera* religio *una* tantum est, nempe catholica; ergo.

419. Ius in genere parentum et Ecclesiae circa puerorum institutionem. — 1. Parentes habent ius et officium *proprium* atque *nativum* educandi liberos. Id liquet ex ipso fine *primario* matrimonii, qui est procreatio et *educatio* prolis (can. 1013, § 1) [7].

Sicuti enim parentes vitam physicam dant liberis eique pro-

---

4 Cfr. Dupanloup, l. c., p. 18 ss.; Paquet, l. c., p. 265 ss.; Duballet, op. cit., p. 125 ss.

5 Cfr. epist. encycl. Leonis XIII « *Nobilissima Gallorum gens* », 8 febr. 1884; « *Sapientiae christianae* », 10 ian. 1890; « *Militantis Ecclesiae* », 1 aug. 1897.

6 Cfr. Cappello, *Instit. iur. publ. eccl.*, II, p. 56 ss.

7 Cfr. S. Thom., *Summ. theol.*, 2-2, q. 154, art. 2; *Suppl.*, q. 49, art. 1; *Summa contra Gent.*, lib. VII, cap. 122; Cappello, *De matrimonio*, n. 8.

vide consulunt usque ad perfectam ipsius evolutionem, ita moralem quoque vitam in eis per rectam educationem evolvere tenentur.

2. Huiusmodi munus educandi prolem, si ordo *naturae* spectetur, *exclusivo* iure ad parentes pertinet, qui sive per se sive per alios illud exercere possunt [8].

At in ordine *iuris divini positivi*, i. e. in praesenti oeconomia, munus non competit exclusive parentibus. Nam Christus D. constituit Ecclesiam in eaque vivum ac perenne magisterium praefinivit, cui ius est divinitus acceptum et a qualibet humana potestate independens, instituendi auctoritative omnes homines in iis, quae pertinent ad Christi doctrinam et mandata. Unde accedit *ius* et *officium magisterii ecclesiastici* [9].

3. Ius *supernaturale* competens Ecclesiae nequaquam aufert ius *naturale* parentum educandi filios, sed ei superadditur ac necessario illud supponit atque ad finem altiorem dirigit, quemadmodum gratia non destruit naturam, sed eam praesupponit et perficit. Proinde educatio naturalis imbuitur christiana institutione et ordinatur ad finem supernaturalem.

4. Parentes baptizati in procuranda filiis educatione christiana subsunt auctoritati et vigilantiae Ecclesiae, a qua per ipsam *matrimonii* celebrationem (quod inter baptizatos est semper ac necessario sacramentum et qua tale subiicitur exclusivae iurisdictioni Ecclesiae) mandatum accipiunt, ex fine primario eiusdem matrimonii, *educandi* liberos secundum finem supernaturalem, i. e. secundum principia religionis christianae.

Hoc sensu parentes dicuntur et sunt revera *mandatarii* Ecclesiae et *organa* quibus ipsa utitur ad ministerium suum in salutem animarum exercendum.

Pius XI, Encycl. « *Rappresentanti* », 31 dec. 1929, ait: « Essa (educatio) appartiene in modo sopraeminente alla Chiesa, per due titoli di ordine soprannaturale, da Dio stesso a Lei esclusivamente conferiti, e perciò assolutamente superiori a qualsiasi altro titolo.

« Il primo sta nella espressa missione ed autorità suprema di magistero, datale dal suo divino Fondatore ... Il secondo titolo è la maternità sopranna-

---

8 Cfr. Cappello, l. c., n. 741 ss.; Paquet, l. c., n. 167 ss.; Oldrà, *I diritti alla libertà d'insegnamento*, Torino 1909; Lavollée, *L'Etat, le père et l'enfant*, p. 266 ss.; Godts, *Les droits en matière d'éducation*, III. *Les droits des parents catholiques*, p. 45 ss.

9 Meyer, II, nn. 105 ss., 663 ss.; Paquet, l. c., p. 181 ss.; Liberatore, l. c., n. 211 ss.; Cavagnis, III, n. 17 ss.; Godts, l. c., p. 700 ss.

turale, onde la Chiesa, Sposa immacolata di Cristo, genera, nutre et educa le anime nella vita della grazia, con i suoi sacramenti e il suo insegnamento ».

Itaque parentes christiani ex iure divino tenentur duplici obligatione: 1° procurandi filiis educationem christianam; 2° permittendi ministris Ecclesiae ad hoc deputatis, ut per se ipsi *immediate* religiosam liberorum institutionem suscipiant, si necessarium vel utile id videatur.

Si parentes recusent id facere, Ecclesia potest *tum* eos adigere, *tum* etiam ipsis invitis prolem instituendam suscipere.

Idem ius, *per se* et *absolute* loquendo, Ecclesiae competit quoque in filios *baptizatos* parentum infidelium: at *usus* huiusmodi iuris, pro rerum adiunctis secundum prudentiam christianam et caritatis praeceptum, temperandus est [10].

420. Ius Status circa scholarem puerorum institutionem. — 1. Cum Status ordinetur ad supplendam insufficientiam familiarum et moderandas externas hominum relationes (n. **192**), sponte consequitur, ius *proprium* et *nativum* ipsi *directe* nullatenus competere circa puerorum educationem.

Sane munus educandi liberos, ut supra dictum fuit, in ordine *naturali* est essentialiter *domesticum* et *exclusivo* iure pertinet ad parentes, in ordine *supernaturali,* qui eamdem educationem *christianam* exigit, iure divino ad *solam* Ecclesiam spectat. Unde, salvo utroque hoc iure, nequit potestas civilis in idem educandi munus *directe* curandum, aliquod ius uti *proprium* sibi vindicare.

Directe Status sibi vindicaret munus educandi ope scholarum, si magistros *sibi soli* probatos et a se delectos illis praeficeret, si positive vel negative determinaret materiam institutionis, si rerum ordinem et methodum praescriberet, si aliis facultatem educandi denegaret etc.

2. Excluso iure *proprio* et *nativo,* palam est politicae potestati competere non posse nisi ius *suppletorium, delegatum, devolutivum,* scil. ex *commissione* quadam et libero consensu parentum eorumve *impossibilitate* physica aut morali, ita tamen ut integra atque incolumnia permaneant iura Ecclesiae [11].

Quo in casu, cum Status *vices parentum christianorum* gerat,

---

[10] Cfr. S. Thom., 1-2, q. 100, art. 5, ad 4; 2-2, q. 57, art. 4.

[11] Meyer, l. c., n. 663 ss.; Godts, l. c., p. 703; Paquet, l. c., p. 198 ss.; Oldrà, l. c., p. 14 ss.

eodem iure et officio ac ipsi tenetur, i. e. dandi liberis christianam institutionem. Id ex ipsa lege divina naturali et positiva.

« L'educazione, ait egregie Pius XI in laudata Encycl., non può appartenere alla società civile nel medesimo modo, in cui appartiene alla Chiesa e alla Famiglia, ma in modo diverso, corrispondente al suo fine proprio... Doppia è la funzione dell'autorità civile, che risiede nello Stato: *proteggere e promuovere;* non già assorbire la famiglia e l'individuo, o sostituirsi ad essi. Pertanto, in ordine all'educazione, è diritto, o per dir meglio, dovere dello Stato proteggere nelle sue leggi il diritto anteriore della famiglia sull'educazione cristiana della prole; e, per conseguenza, rispettare il diritto soprannaturale della Chiesa su tale educazione cristiana ».

« Similmente spetta allo Stato proteggere il medesimo diritto nella prole, quando venisse a mancare fisicamente o moralmente l'opera dei genitori, per difetto, incapacità o indegnità ... ».

421. Argumenta adversariorum. — Rationes, quibus vindicari solet civili societati ius *proprium* in scholarem institutionem, facile diluuntur [12].

1° Status, aiunt, ex ipso fine naturali, quo bonum commune tueri et procurare tenetur, necessario habere debet ius directum conferendi civibus eam institutionem, quae congruit cum bono totius reipublicae; nam infantes, simul ac nascuntur membra familiae, nascuntur etiam membra societatis civilis.

Falsum est infantes *ipsa nativitate* constitui *immediate* membra non solum familiae, sed etiam civilis societatis. Haec, origine naturali inspecta, non ex individuis, sed ex familiis coalescit. Ergo infantes sunt *immediate* membra familiae, et solum *mediate* fiunt membra societatis civilis, quatenus *mediante familia ei inseruntur.*

Unde educatio prolis, sicuti est finis proprius et essentialis societatis domesticae, ita proxime atque essentialiter est bonum *domesticum;* ideoque cum *remote* tantum attingat bonum publicum sociale, necessario excludendum est ius *directum* politicae auctoritatis.

2° Parentes, instant adversarii, sunt cives: idcirco munus educandi filios nomine societatis civilis exercent eique ex iure obligantur, ut illud rite adimpleant.

Error in hisce verbis manifestus est. Parentes ius et officium habent educandi prolem suam *non qua cives,* sed *qua parentes,*

---

[12] Cfr. Liberatore, l. c., n. 218 ss.; Meyer, l. c., n. 664.

antecedenter ad qualemcumque civilem qualitatem. Nam societas domestica cum omnibus suis iuribus essentialibus *natura sua* civili societate *anterior* est.

Quae iura Status nequit ullo modo absorbere, sed publice agnoscere ac tueri debet, ideoque et liberorum educationem, ubi opus fuerit, publico praesidio iuvare ac promovere [13].

Sicuti parentes, adhuc instant, debent *qua christiani,* nomine Ecclesiae *christianam* educationem liberis procurare, ita *qua cives* tenentur civilem institutionem nomine Status eisdem praebere.

Sophisma manifestum est. Non datur paritas inter societatem civilem et Ecclesiam. Haec enim ex divina institutione non est *natura sua* societate domestica *posterior,* neque eam externe sibi aggregat tamquam societatem quandam iam praeexsistentem et formatam, sed primitus *singuli* individui baptismo, dein ab *origine* ipsam *familiam* ut christianam per matrimonium sibi consecrat; quo fit, ut haec iure a magisterio Ecclesiae dependeat in religiosa sobolis educatione.

Contra, externa relatio, qua familia fit membrum alicuius *determinati* Status, neque iure naturali neque divino necessaria est, sed eius voluntate solvi et cum alia civitate iniri potest, neque circa *internas* familiae functiones ullum *directum* ius vel imperium Statui, qui est societas publica, competit [14].

422. Officium Status. — Potestas civilis, circa scholarem puerorum institutionem, duplicem cooperationem praestare debet, *negativam* nempe et *positivam.* Illa consistit in removendis obstaculis, i. e. in publica tutela iurium tum parentum tum liberorum; altera in publico auxilio pro fundandis et sustendandis scholis necessariis, ubi cetera media non sufficiant.

Quae *positiva* cooperatio est natura sua *externa* et *subsidiaria,* quamvis forte, ob temporum rerumque adiuncta, huiusmodi subsidii necessitas ordinaria et stabilis fiat.

Hinc patet quam impium et absurdum sit *monopolium scholasticum,* quod vocant, cum aperto adversetur iuribus parentum et Ecclesiae. Quare merito proscriptae reperiuntur in Syll. Pii IX prop. 45ᵃ, 47ᵃ, 48ᵃ [15].

---

[13] Cappello, l. c., n. 741 ss.; Meyer, l. c., n. 665; Paquet, l. c., p. 200 ss.; Cavagnis, l. c., n. 54 ss.

[14] Cfr. Meyer, l. c., n. 644; Paquet, l. c., p. 205.

[15] Prop. 45ᵃ: « Totum scholarum publicarum regimen, in quibus iuventus christianae alicuius reipublicae instituitur, episcopalibus dumtaxat seminariis aliqua ratione exceptis, potest ac debet attribui auctoritatis civili, et ita quidem attribui, ut nullum alii cuicumque auctoritati recognoscatur

Articulus II

De iure Ecclesiae in specie circa scholas et seminaria

423. Ius Ecclesiae in specie circa scholas. — I. Ius Ecclesiae in scholas *laicorum* est *directum* ac *totale* seu *plenum* quoad ea quae respiciunt institutionem religiosam; *indirectum* et *partiale* quoad cetera, ea nempe quae ad profanam sive civilem institutionem spectant.

In omnibus scholis PRIMARIIS sive publicis sive privatis tradenda est pueris pro eorum aetate *religiosa* institutio (can. 1373, § 1).

Necesse omnino est, maxime in hisce scholis elementariis, ut institutio litteraria et institutio religiosa probe coniungantur; aliter enim pueri *vel* religionem prorsus ignorabunt, *vel parvi* eam facient, et sine religione aut parva eiusdem aestimatione boni mores haberi nequeunt.

Item in scholis MEDIIS et SUPERIORIBUS amplior atque perfectior institutio *religiosa* tradenda est (can. 1373, § 2), ita ut pleniore religionis doctrina tyrones excolantur, eamque ad impugnationibus defendere addiscant; aliter *aut* ea, quae in scholis elementariis didicerunt, obliviscentur, *aut* minus aestimabunt, sicque fidei pericula incurrent atque ad vitia facile allicientur.

In quibuscumque scholis sive privatis sive publicis religiosa iuventutis institutio subiicitur auctoritati et inspectioni Ecclesiae (can. 1381, § 1), adeo ut cathechismi traditio et uberior doctrinae catholicae explanatio sub exclusiva eiusdem directione fieri debeat.

« Adunque, ait Pius XI in citata Encycl., di pieno diritto, la Chiesa promuove le lettere, le scienze e le arti, in quanto necessarie o giovevoli

---

ius immiscendi se in disciplina scholarum, in regimine studiorum, in graduum collatione, in delectu ac approbatione magistrorum ».

Prop. 47ª: « Postulat optima civilis societatis ratio, ut populares scholae, quae patent omnibus cuiuscumque e populo classis pueris, ac publica universim instituta, quae litteris severioribusque disciplinis tradendis et educationi iuventutis curandae sunt destinata, eximantur ab omni Ecclesiae auctoritate, moderatrice vi et ingerentia, plenoque civilis ac politicae auctoritatis arbitrio subiiciantur, ad imperantium placita et ad communium aetatis opinionum amussim ».

Prop. 48ª: « Catholicis viris probari potest ea iuventutis instituendae ratio, quae sit a catholica fide et ab Ecclesiae potestate seiuncta, quaeque rerum dumtaxat naturalium scientiam ac terrenae socialis vitae fines tantummodo vel salem primario spectet ».

all'educazione cristiana, oltrechè a tutta la sua opera per la salvezza delle anime, anche fondando e mantenendo scuole ed istituzioni proprie in ogni disciplina e in ogni grado di cultura ... Inoltre è diritto *inalienabile* della Chiesa, e insieme suo dovere indispensabile, vigilare tutta l'educazione dei suoi figli, i fedeli, *in qualsiasi istituzione, publica o privata,* non soltanto rispetto all'insegnamento religioso ivi impartito, ma per ogni altra disciplina e per ogni ordinamento, *in quanto abbiano relazione con la religione e la morale* ».

424. — II. Ecclesiae seu Ordinariis locorum ius est APPROBANDI MAGISTROS religionis (can. 1381, § 3), et etiam, ubi res postulet, ELIGENDI, maxime si agitur de scholis publicis, nedum mediis ac superioribus, verum et primariis.

Item iisdem Ordinariis locorum ius est APPROBANDI LIBROS religionis (can. 1387), determinandi tempus et modum, quo pueri catholici in religione sint instituendi.

In universis scholis catholicorum, etiam quoad disciplinas mere humanas et naturales, Ecclesia habet ius EXIGENDI *ut omnis traditio disciplinarum sit conformis catholicae doctrinae*; ideoque Ordinarii locorum habent ius et officium VIGILANDI ne in scholis sui territorii quidquam contra fidem vel bonos mores tradatur vel fiat (can. 1381, § 2), et, religionis morumve causa, *exigendi* ut tum *magistri* tum *libri* pravi a scholis penitus *amoveantur* (can. cit., § 3).

Locorum Ordinarii possunt sive ipsi per se sive per alios quaslibet scholas visitare in iis quae religiosam et moralem institutionem spectant (can. 1382), et abusus vel pericula, quae forte exsistant, corrigere atque auferre.

425. — III. Ecclesia habet ius PROHIBENDI, et revera prohibet, ne pueri catholici frequentent scholas *acatholicas, neutras, mixtas* (can. 1374).

« Ecclesia — ait Leo XIII — *semper* scholas, quas appellant *mixtas* vel *neutras,* aperte *damnavit,* monitis etiam atque etiam patribus familias, ut in re tanti momenti animum attenderent ad cavendum » [1].

---

[1] Epist. Encycl. « *Nobilissima* », 8 febr. 1884. Cfr. eiusdem Leonis XIII Alloc. « *Summi Pontificatus* », 20 aug. 1880; epist, encycl. « *Quod multum* », 22 aug. 1886; epist. « *Officio sanctissimo* », 22 dec. 1887; epist. encycl. « *Charitatis providentiaeque* » 19 mart. 1894; epist. encycl. « *Militantis Ecclesiae* », 1 aug. 1897; epist. encycl. « *Affari vos* », 8 dec. 1897; Pii XI epist. encycl. « *Rappresentanti* », 31 dec. 1929, etc.

Sane huiusmodi *scholae* sunt perniciosissimae.

« Ubi enim catholica religio aut ignoratione negligitur, aut dedita opera impugnatur: ubi doctrina eius contemnitur, principiaque, unde gignitur, repudiantur, illuc accedere, eruditionis causa, adolescentulos nostros fas esse non potest » [2].

Interdum Ecclesia, *aegre* tamen ac *necessitate* multisque *adhibitis cautelis,* quibus periculum perversionis e proximo remotum fiat, dictas scholas *tolerat* ad maiora mala vitanda.

Solius autem Ordinarii loci est decernere, ad normam instructionum S. Sedis [3], in quibus rerum adiunctis et quibus adhibitis cautelis, ut periculum perversionis vitetur, *tolerari* possit ut eae scholae frequententur (can. 1374).

426. — IV. Ecclesia habet ius INSTITUENDI SCHOLAS cuiusvis disciplinae, etiam pro laicis, non solum primarias, sed medias quoque et superiores (can. 1375).

Idque multiplici titulo. Nam si privati cives, modo facultatibus sufficientibus ad id praediti sint, possunt scholas quascumque condere, Ecclesiae, quae est persona iuridica perfectissima, idem ius profecto denegandum non est.

Praeterea Ecclesia habet causam specialem ad scholas pro laicis instituendas; hac enim ratione melius consulit rectae institutioni iuventutis in doctrina christiana et bonis moribus, atque ita finem suum *directe* persequitur (cfr. can. 1379).

Hoc praesertim verificatur in casu *necessitatis,* quae adest quando auctoritas civilis *aut* non vult, *aut* nequit (v. g. ex defectu physico, ut apud barbaros, vel in dissolutione sociali, ut in dissolutione imperii romani) rectae puerorum institutioni consulere.

In priore hypothesi Ecclesia iure *proprio,* ut palam est, scholas condit; in altera, i. e. cum Status impotens est, tum iure *proprio* tum iure *devolutivo.*

---

[2] Leo XIII, epist. encycl. « *Affari vos* », 8 dec. 1897.

[3] S. C. S. Off. inst. 21 mart. 1866; instr. (ad Ep. Stat. Foeder. Americae Septentrion.) 24 nov. 1875; S. C. de Prop. Fide, instr. (ad Archiep. Hiberniae) 7 april. 1860; litt. encycl. (ad. Ep. Orient.) 20 mart. 1865; litt. encycl. (ad Ep. Angliae) 6 aug. 1867; instr. 25 april. 1868; litt. encycl. (ad Ep. Canad.) 14 mart. 1895, etc.

Duo sunt notanda: 1° Si Status e publico aerario scholis privatis consulit, scholis etiam ab Ecclesia erectis consulere tenetur.

2° Status civiles effectus, saltem communiores, tribuere debet scholis ab auctoritate ecclesiastica conditis.

427. Ius Ecclesiae quoad Seminaria [4]. — I. Ecclesia habet ius PROPRIUM et EXCLUSIVUM eos instituendi qui ecclesiasticis ministeriis se devovere cupiunt, i. e. sibi efformandi ministros idoneos ad varia munera ecclesiastica rite exercenda (can. 1352).

II. Consequenter Ecclesia, ad hunc finem obtinendum, ius habet, item *proprium* et *exclusivum,* erigendi scholas seu Seminaria sive minora sive maiora, tam dioecesana quam interdioecesana vel regionalia, ut ministri ecclesiastici recte instituantur (cfr. can. 1354 ss.).

III. In scholis Seminariorum non modo disciplinae religiosae, sed etiam aliae omnes disciplinae et artes tradi possunt, quae necessariae vel utiles sint, ut clerici ecclesiastica ministeria cum fructu obire valeant (cfr. can. 1364).

IV. Seminarium est omnino independens a potestate civili sicut ipsa Ecclesia, adeo ut quilibet interventus Status circa regimen, administrationem, disciplinam et studia, iure ipso divino excludendus plane sit [5].

Hoc ius *proprium, exclusivum* atque *independens* Ecclesia semper asseruit sibique strenue vindicavit.

In concordatis numquam eidem, uti exercitio quorumdam aliorum iurium, renuntiare solet. Ad summum concedit, ut in scholis inferioribus adoptetur civile studiorum programma, ut magistri accepti sint supremo reipublicae moderatori, ut alumni patria lingua utantur in nonnullis disciplinis addiscendis, et alia minoris momenti.

---

[4] Cfr. Liberatore, l. c., n. 206 ss.; Cavagnis, l. c., n. 77 ss.; Heiner, l. c., p. 228; Wernz, III, n. 90 ss.; Scherer, I, p. 324.

[5] Cfr. Cappello, *La riforma dei Seminari in Italia, p. 69 ss.*

CAPUT IV

DE POTESTATE ECCLESIAE
CIRCA SACRAMENTA

ARTICULUS I

De iure Ecclesiae circa sacramenta in genere,
et sacramentum Ordinis in specie

428. Ius in genere. — 1. Christus *uni* Ecclesiae concredidit sacramenta conficienda et ministranda, *independenter* omnino a civili potestate.

2. Sola Ecclesia iudicat de *valore* sacramentorum, de *licita* aut *illicita* eorundem susceptione et administratione.

3. Ipsa, salvo iure divino, ritus et caeremonias praescribit in sacramentis conficiendis, ministrandis ac recipiendis; determinat tempus, modum, locum, etc.; salva sacramentorum essentia, mutationes inducit, a suis legibus dispensat, pro variis temporum atque locorum adiunctis.

Unde *Conc. Trid.* merito affirmat « hanc potestatem perpetuo in Ecclesia fuisse, ut in sacramentorum dispensatione, salva illorum substantia, ea statueret vel mutaret, quae suscipientium utilitati, seu ipsorum sacramentorum venerationi, pro rerum, temporum et locorum varietate, magis expedire iudicaret ».

429. Nonnulla speciatim de sacramento Ordinis. — 1. Ecclesiae ius est LIBERUM, INDEPENDENS et EXCLUSIVUM:

1° instituendi clericos qui ad fidelium regimen et cultus ministerium destinantur (can. 948 ss., 1352 ss.);

2° statuendi debitas qualitates, quibus praediti sint oportet, ad ordines promovendi (can. 968 ss.);

3° determinandi varia requisita pro sacra ordinatione (can. 974 ss.);

4° imponendi clericis peculiares obligationes (can. 124 ss.);

5° iura et privilegia iisdem concedendi (can. 116 ss.);

6° puniendi clericos delinquentes eosque gravissima de causa etiam reducendi ad statum laicalem (can. 120, 211 ss., 1553, 1557, 2291, 2298).

2. Status haec omnia recognoscere et sancte tueri debet, praesertim privilegia clericorum (cfr. n. 391 ss.) et legem caelibatus qua clerici in maioribus ordinibus constituti a nuptiis arcentur et servandae castitatis obligatione tenentur.

Articulus II

De potestate Ecclesiae in matrimonium

430. Principium generale. — 1. Potestas in matrimonium universim spectata ita perspicue enuntiatur in can. 1016 : « *Baptizatorum matrimonium regitur iure non solum divino, sed etiam canonico, salva competentia civilis potestatis circa mere civiles eiusdem matrimonii effectus* ».

Matrimonium igitur *inter baptizatos* regit ius *divinum* naturale ac positivum (et in hoc nullum per se datur discrimen inter coniugium baptizatorum et coniugium infidelium), et ius *canonicum*, atque etiam quoad *effectus mere civiles,* eosque tantum, lex civilis, ut infra declarabitur (n. **432** ss.).

2. Proinde Ecclesiae competit ius *proprium, exclusivum* et *omnino independens* ea omnia ordinandi, quae ad *validam* ac *licitam* matrimonii christiani celebrationem spectant.

3. Quod Ecclesiae competat hoc ius, *de fide* est. Sane matrimonium baptizatorum est sacramentum. Ratio autem sacramenti nullatenus separari potest a ratione contractus, nec vicissim; hinc nullum matrimonium datur inter fideles, quod uno eodemque tempore sacramentum non sit (can. 1012) [1].

431. In specie vero Ecclesia iure *proprio* et *nativo* potest :

1° positive praescribere conditiones, ex gr., ritum, formam, sollemnitates ad *licitam* et *validam* matrimonii celebrationem;

2° statuere impedimenta dirimentia;

3° statuere impedimenta impedientia;

---

[1] Cfr. Concil. Trid., sess. XXIV, can. 3, 4, 12; Const. « *Auctorem fidei* », prop. 59; Encycl. « *Arcanum* » Leon. XIII, 10 febr. 1880; Pii XI Encycl. « *Casti connubii* », 31 dec. 1930.

4° cognoscere ac definire omnes causas matrimoniales, et quidem *a*) de exsistentia, valore, effectibus canonicis et solutione sponsalium; *b*) de exsistentia impedimentorum eorumque vi et efficacia; *c*) de existentia, valore, effectibus atque dissolutione matrimonii; *d*) de consortio vitae coniugalis dissolvendo quoad thorum et cohabitationem.

431bis. An Papa gaudeat potestate etiam quoad non baptizatos. — Sermo est potissimum de potestate *vicaria* in matrimonium (n. **139**). Si agitur de *catechumenis,* quippe qui aliqua ratione ad Ecclesiam pertinent (cfr. can. 1239, § 2), nulla videtur — ex parte rei, ex parte potestatis, ex parte subiectionis — adesse repugnantia.

Si agitur de *infidelibus* saltem probabiliter idem affirmandum videtur, propter eamdem rationem. Plura sane sunt documenta quae Papae potestatem in infideles eorumque matrimonia respiciunt. Cfr. Cappello, *De matrimonio,* n. 791, ed. **VI.**

432. Potestas principis civilis in matrimonia baptizatorum. — 1. Explorati iuris est, principibus saecularibus nullam competere potestatem, directam aut indirectam, circa *valorem* et *honestatem* sponsalium ac matrimonii *christianorum,* ita ut neque impedimenta dirimentia vel mere impedientia statuere possint, neque causas matrimoniales cognoscere ac definire.

Id ex doctrina de iure Ecclesiae *proprio, exclusivo* atque *independenti* sponte eruitur.

2. Conc. Trid. [2] definivit contra reformatores: « *Si quis dixerit Ecclesiam non potuisse constituere impedimenta matrimonium dirimentia, a. sit* », item: « *Si quis dixerit causas matrimoniales non spectare ad iudices ecclesiasticos, a. sit* ».

Plura sunt documenta S. Sedis, quae ius PROPRIUM, EXCLUSIVUM atque INDEPENDENS Ecclesiae vindicant: ex. gr. *Benedictus XIV* Constit. « *Singulari nobis* », 9 febr. 1749; *Pii VI* Const. « *Auctorem fidei* », prop. 58-60; respons. S. Off. 17 nov. 1835 et 12 ian. 1881; *Pii IX* Litt. Ap. ad regem Sardiniae, 19 sept. 1852, et Syll. prop 68, 69, 74; *Leonis XIII* Encycl. cit. « *Arcanum* » et Litt. Ap. ad Episc. prov. Venetae, 8 februarii 1813; Litt. Encycl. *Pii XI* « *Casti connubii* ».

---

[2] Sess. XXIV, can. 4 et 12.

Accedunt can. 1016, 1038, 1040, 1960, et 1961.

3. Huc spectat *ratio theologica* pluries enunciata, de elevatione nempe ipsius contractus matrimonialis ad sacramenti dignitatem, ita ut ratio contractus a ratione sacramenti *realiter* non distinguatur, nec ideo alia ab alia seiungi aut separari ullo modo queat.

Quod valet etiam si una pars tantum sit baptizata et, iuxta communiorem et probabiliorem opinionem, matrimonium sacramentum non sit. Competentia Ecclesiae in isto quoque casu est *exclusiva,* tum ratione rei sive contractus coniugalis, tum ratione personae baptizatae.

Ratione rei, quatenus matrimonium est res intrinsece sacra et religiosa (cfr. n. **441**); porro in praesenti oeconomia rerum sacrarum et religiosarum cura ac ministratio uni Ecclesiae tota commissa est. *Ratione personae,* quatenus per baptismum quis constituitur persona in Ecclesia eiusque iurisdictioni eo ipso *totaliter* subiicitur, nempe quoad totam personalitatem et activitatem in iis quae ad religionem quomodocumque spectant. Ante baptismum, licet competens ratione rei sacrae et religiosae, potestatem suam tamen Ecclesia exercere nequit, cum nonnisi in subditum potestas valeat exerceri: subditus autem baptismate quisque ex dictis constituitur. Hinc patet cur Ecclesia moderari nequeat matrimonium infidelium, quamvis ipsum quoque sit contractus natura sua sacer et religiosus.

Neque *obiicias,* matrimonium esse materiam *mixtam,* utpote quae natura sua refertur ad duplicem finem, temporalem scil. et spiritualem ac supernaturalem; nam eo ipso quod contractus matrimonialis fuit evectus ad sacramenti dignitatem, matrimonium evasit materia mixta *supernaturalizzata,* subducta proinde auctoritati civili et penitus Ecclesiae adiudicata, quippe quae *sola* est societas ad finem supernaturalem tendens, curamque *exclusive* gerens de rebus ad eumdem finem pertinentibus [3].

433. — Quamvis civiles principes nequeant pro suis subditis *baptizatis* impedimenta constituere, quae *validitatem* aut *liceitatem* vinculi attingant, tamen in quibusdam circumstantiis possunt ratione boni publici aliquas conditiones praescribere ab iis implendas, qui volunt matrimonium inire, ex. gr. ut milites nuptias ineant certis regulis servatis ac de venia superioris.

Haec naviter animadvertenda.

1° Huiusmodi praescriptiones in tantum iustae et ideo servandae, in quantum iuri divino (naturali et positivo) atque ecclesiastico, nullo modo adversentur.

2° Iudicium de iustitia seu honestate earumdem spectat authentice ad Ecclesiam.

3° Eatenus hae praescriptiones possunt admitti, quatenus

---

[3] Cfr. Cappello, l. c., n. 68, 5.

veram et *proprie dictam obligationem in ordine ad matrimonium ineundum non inducant,* seclusa speciali conditione de caelibatu servando *sponte* suscepta; secus enim huiusmodi praescriptiones essent vera impedimenta, quod nullo pacto potest admitti.

An poena statui possit, vide n. **436.**

Hae praescriptiones a principe latae dici nequeunt impedimenta matrimonialia, quia reipsa *nec impediunt* coniugium *nec impedire possunt* [4].

434. Quaestio. — Num Status praecipere valeat, ut subditi peculiari forma ineant matrimonium sub poena privationis effectuum civilium, controvertitur. Necesse est distinguere:

1° Si agitur de *non baptizatis* procul dubio id statui potest, salvo iure divino.

2° Si agitur de *baptizatis* et forma requiratur tamquam conditio ad matrimonii valorem, minime forma praescribi potest a Statu.

3° Si forma praecipiatur veluti conditio requisita ut Status notitiam initi matrimonii inde habeat ac proinde ut effectus civiles tribuat, iterum distinguendum est inter baptizatos, qui tenentur servare formam canonicam ad matrimonii validitatem, et eos qui non tenentur, ad normam can. 1099.

Pro his, qui non tenentur formam servare, Status potest illud statuere, salvo iure divino et canonico. Pro ceteris, qui formam canonicam servare debent, non potest. Nam effectus civiles nonnisi matrimonio valido aut putativo tribui possunt, non autem unioni certe illegitimae, prout esset in casu.

Idem dicendum de *baptizatis* qui, utpote v. g. addicti sectae massonicae aliisve sectis ab Ecclesia damnatis, detrectent omnino nuptias inire coram parocho et testibus seu in facie Ecclesiae. Huiusmodi prava voluntas non prodest nihilque operatur. Concubinarii sibi imputent gravissima consectaria, quae inde sequuntur.

435. Potestas principis in specie quoad effectus mere civiles. — Cirfa effectus SEPARABILES matrimonii seu MERE CIVILES (cfr. n. **343**), princeps gaudet iure proprio. Dicimus *iure proprio,* quia huiusmodi effectus, cum sint natura sua temporales et separabiles a matrimonii substantia, spectant per se ad potestatem civilem.

---

[4] Cfr. Cappello, l. c., n. 78; Wernz, IV, n. 68 ss.

Id certissimum est, uti expresse statuitur, in can. 1016:
« ... *Salva competentia civilis potestatis circa mere civiles eiusdem
matrimonii effectus* »; et in can. 1961: « *Causae de effectibus matrimonii mere civilibus*, si principaliter agantur, *pertinent ad civilem magistratum* ad normam can. 1016 ».

2. Itaque civilis potestas potest:

1° effectus mere civiles matrimonii christianorum et multo
magis infidelium suis legibus *ordinare*; si agitur de effectibus,
qui nituntur ipso iure *naturali*, ut est, ex. gr., successio filiorum
ab intestato in bona parentum [5], princeps *ordinare* quidem valet,
non autem pro suo arbitrio concedere aut generaliter tollere;

2° effectus mere civiles *constituere*, si naturali ipso iure
haud nitantur, ut sunt ex. gr. *tituli honorifici* uxori et proli concedendi aut denegandi;

3° congruas poenas statuere in ordine ad eiusmodi effectus;

4° cognoscere ac definire causas de iisdem effectibus;

5° et generatim leges ferre de conditionibus sive antece-
dentibus sive concomitantibus sive subsequentibus matrimonium,
ut his legibus servetur subordinatio Ecclesiae, quatenus nihil praecipiatur quod ipsa prohibet, aut prohibeatur vel spernatur, quod
ipsa iubet vel permittit [6].

3. Princeps effectus mere civiles tribuere *debet*, saltem *generatim* loquendo, coniugio coram Ecclesia valido et licito. Si matrimonium est validum, sed illicitum, potest effectus denegare,
salva tamen iustitia et Ecclesiae subordinatione.

Exinde sequitur, civilem potestatem iure praescribere posse, ut matrimonium coram Ecclesiam valide contractum referatur in *libros status civiles*, quos vocant, et haec adnotatio consideretur tamquam *legalis* probatio
initi matrimonii. Quod si infra statutum tempus adnotatio non fiat, civilis
auctoritas potest coniuges negligentes mulctis pecuniariis aliisque congruis
poenis plectere; at, naviter attendendum, matrimonium valet etiam pro
effectibus civilibus non a die *adnotationis*, sed a die *celebrationis* [7].

436. — Quando valide ac licite initum fuerit matrimonium,
sed lex civilis servata non sit, potestne princeps punire parochum
aliumve sacerdotem delegatum, testes et contrahentes?

---

[5] Cfr. Schiffini, l. c., n. 350 s.; Meyer, l. c., n. 203 ss.; Vermeersch,
l. c., n. 224 ss.

[6] Cappello, l. c., n. 71; Wernz, l. c. n. 82.

[7] Gasparri, *De matrimonio*, n. 288 s.; Wernz, l. c., n. 83; Cappello, l. c.

Minister Ecclesiae, i. e. parochus vel sacerdos delegatus certe puniri non potest, quia in exercitio ministerii ecclesiastici nullimode subiicitur civili potestati.

Quoad testes et contrahentes, distinguendum est inter ipsam *celebrationem* matrimonii et *omissionem* praescriptionum civilium, atque praeterea videndum an hae praescriptiones servari potuissent, necne, independenter ab ipsa substantia, sine ulla iniuria erga Ecclesiam.

Propter *celebrationem* matrimonii, indubitatum est testes vel contrahentes poenis mulctari non posse. Neque ob solam *omissionem* praescriptionum civilium puniri possunt, quando hae praescriptiones absque iniuria in Ecclesiam observari nequeant, independenter ab ipsa substantia.

Huc spectat, ex. gr. lex de *praecedentia matrimonii civilis,* quae est absurda et impia quam maxime; item prohibitio a principe statuta ne matrimonia conscientiae celebrentur, quae Ecclesiae ob circumstantias exceptionales permittit aliquando, eaque iure habet ut iusta et honesta.

Quando vero praescriptiones civiles servari possunt *sine ulla in Ecclesiam iniuria,* auctoritas civilis ob earumdem omissionem punire potest, salva iustitia, tam testes quam contrahentes.

437. — Haec doctrina nullatenus confundenda est cum eorum [8] opinione, qui censent simpliciter et absolute principem saecularem animadvertere posse « *poenis saltem civilibus* » in christianos qui legibus divinis et canonicis servatis matrimonium ineunt contra patrias leges. Nemo enim potest iure proprio infligere poenas, nisi sit competens ad praescribendum vel prohibendum: iamvero potestas civilis competens non est ad praescribendum vel prohibendum iure proprio *in re sacramentaria* (ne ratione quidem boni publici); ergo nec poenas hac in re infligere valet.

In nostra sententia, iuxta factas distinctiones, competentia principis est semper *in re mere civili,* dum e contra in praefata opinione, eo ipso quod ius tribuitur *simpliciter* et *absolute,* competentia est, vel saltem potest esse, in *re etiam sacramentaria,* si ex. gr. poenae ferantur ob *ipsam* matrimonii coram Ecclesia *celebrationem;* quod est prorsus negandum.

438. Num Status agnoscere debeat legitimitatem filiorum. — 1. Disputant DD., an Status possit denegare legitimitatem *civilem* filiis ex matrimonio valido et licito procreatis, v. g., si civiles praescriptiones servatae non fuerint; et consequenter, an iisdem

---

8 Cfr. Van de Burgt, *Tractatus de dispensationibus matrimonialibus,* p. 46 s.; Giovine, *De dispens. matrim.,* I, p. 38.

liberis denegare possit ius successionis ab intestato in bona parentum. Ex huc usque dictis patet responsio.

In primis notandum est *legitimitatem* (equidem *naturalem*, non iuridicam sive canonicam sive civilem) filiorum, iuxta communem et certam doctrinam[9], esse effectum *inseparabilem* matrimonii; proinde hic effectus, utpote inseparabilis a coniugii substantia, necessario agnosci debet a principe civili.

Praeterea denegatio in casu, ut iure admittunt omnes DD. esset insipiens et crudelis, quia princeps puniret *directe* in filiis et quidem in re maximi momenti culpam parentum, qui leges civiles non servaverint, aut forte *nullam* eorumdem culpam, si iusta de causa ex Ecclesiae iudicio id egerint.

2. Quoad successionem ab intestato in bona parentum, censemus eamdem, *saltem plene et absolute,* denegari non posse filiis ex matrimonio valido et licito coram Ecclesia genitis; nam successio ab intestato, quamvis a lege civili determinata, fundatur tamen in ipso iure naturae; quod ius profecto, utpote naturale, Status recognoscere debet, et ideo filiis *legitimis* successionem in bona parentum denegare nequit.

439. An et quonam titulo servandae sint praescriptiones civiles. — Ita distinguimus:

1° Si huiusmodi leges sunt in se inhonestae, manifestum est observari non posse, nisi forte ad maiora mala vitanda; quo in casu tamen exquiri debet iudicium auctoritatis ecclesiasticae illudque sequendum.

2° Si honestae et validae sunt, i. e. si effectus mere civiles matrimonii attingant, servari debent *vi propria legum civilium,* nam intra ambitum suae competentiae princeps certissime potest ferre leges, quae in conscientia obligant.

3° Si vero leges in se quidem honestae sint, sed invalidae, utpote quae excedunt competentiae limites, ex mente Ecclesiae *regulariter* servandae sunt, *non vi propria legum ipsarum,* quae, cum invalidae sint, *ex se* nequaquam obligare possunt, sed *propter caritatis praeceptum avertendi a se et a filiis gravia damna*[10].

---

[9] Cappello, l. c., n. 73; Cavagnis, n. 202; De Smet, *De sponsalibus et matrimonio,* n. 63; Wernz, l. c., n. 50.

Quidam recentiores aliter sentiunt; sed eorum opinio nullo iuris fundamento nititur ideoque reiicienda est.

[10] Cfr. Bened. XIV, Litt. Apost. « *Redditae* » 17 sept. 1746; Leonis

Dicimus *regulariter,* quia in nonnullis casibus, ob peculiares circumstantias, matrimonium ex iudicio competentis auctoritatis ecclesiasticae potest, imo et aliquando debet, celebrari etiam legibus patriis non servatis.

440. Potestas principis civilis in matrimonium infidelium. —

1. Omnes concedunt principem civilem circa matrimonia subditorum infidelium ea potestate gaudere, quam habet in matrimonia baptizatorum.

2. Quaestio est, eaque profecto gravissima, utrum valeat constituere impedimenta sive dirimentia sive impedientia.

Quidam, praesertim ex recentioribus, aut negant omnino, aut solam potestatem constituendi impedimenta mere impedientia principi adiudicant.

Antiqui theologi et canonistae fere omnes ac recentiores plerique affirmant principem pro suis subditis *infidelibus* posse impedimenta constituere seu impedientia seu etiam dirimentia, i. e. matrimonium moderari legibus in se honestis et rationabilibus [11].

Haec sententia, sive argumento intrinseco sive praxi S. Sedis eiusque explicitis declarationibus perspectis, nobis aliisque certa videtur [12].

441. — Paucis verbis resolvenda manet quaestio de *titulo* seu de *iure,* quo huiusmodi potestas a principe in casu exercetur.

1° Nonnulli dicunt ideo Statum matrimonia infidelium moderari posse, quia apud eos coniugium est contractus mere civilis; et sicut princeps positivis praescriptionibus ordinat quoscumque contractus civiles, ita a paritate eodemque iure ordinat matrimonium.

XIII Encycl. *« Arcanum »,* 8 febr. 1880; S. C. Sacr. 12 ian. 1881 ad Vic. Ap. Iamaicae.

11 Cappello, l. c., n. 75; Cavagnis, l. c., n. 184 s.; Zitelli, *Apparatus iur. eccl.,* n. 356; Ball.-Palm., V, n. 828; Berardi, IV, n. 767; D'Annibale, III, n. 294; Resemans, *De competentia civili in vinculum coniugale infidelium,* p. 55 ss.; Gasparri, l. c., n. 290 ss.; Marc, II, n. 1997; Schiffini, l. c., n. 384 ss.; Génicot, II, n. 467; Noldin, III, n. 518; Santi Leitner, IV, tit. 1, n. 107; Vlaming, *Praelectiones iuris matrimonii ad normam Codicis iuris canonici,* I, n. 51.

12 Vide argumentum intrinsecum late evolutum et singula S. Sedis documenta apud Cappello, l. c., n. 76 ss.

2° Alii censent ideo ad principem spectare, quia ipsi, cum agatur de *infidelibus,* competit cura religionis naturalis [13] : alii putant *iure* solum *devolutivo* praefatam potestatem ad principes civiles spectare [14].

Prior sententia falso nititur supposito. Matrimonium enim non est contractus *mere civilis,* sed plane *singularis suique generis*; proinde ceteris contractibus nullo pacto aequiparari potest.

Altera sententia vel tenet iure *proprio* et *absoluto* principi competere curam religionis naturalis atque ideo etiam matrimonii, vel solum iure quodam *devolutivo* et *hypothetico.*

Si *primum,* admittenda non est, quia potestas civilis seu politica *proprie* et *per se* ordinatur ad bonum commune *temporale*; quocirca iure *proprio* et *absoluto* rem religiosam moderari nequit, nec consequenter matrimonium, cum sit « *sua vi, sua natura, sua sponte sacrum* ».

Sin *alterum,* a tertia sententia non differt, quae vera certaque videtur.

Nam, posito quod in matrimonio inest « *sacrum et religiosum quiddam,* non adventitium sed *ingenitum,* non ab hominibus acceptum, sed *natura insitum,* ita ut coniugium apud infideles quoque sit *sua vi, sua natura, sua sponte sacrum* », ut ait egregie *Leo XIII* (l. c.), certissime matrimonii ordinatio iure proprio et nativo pertinet ad potestatem *religiosam,* quippe quae sola est competens.

Sed cum haec potestas *religiosa* distincta a civili apud infideles non fuerit ante Ecclesiam Christi nec sit extra illam, et cum aliunde civilis societatis maxime intersit coniugia positivis legibus moderari, princeps ipse, deficiente speciali potestate religiosa legitime ad id constituta, leges matrimoniales ratione boni publici condit, iure *devolutivo* equidem et *hypothetico.*

Dicitur *devolutionum,* quia *per se* huiusmodi ius competeret *speciali* potestati *religiosae,* si exsisteret, et nonnisi *ea deficiente* transit in auctoritatem civilem; dicitur *hypotheticum,* quia, uti patet, fundatur in hypothesi qua deficiat potestas religiosa independens [15].

---

[13] Cfr. Schiffini, l. c., nn. 389, 507, 510; Suarez, *De leg.,* lib. III, cap. 12, n. 9; lib. IV, cap. 2, n. 3, cap. 11, n. 10.

[14] Cavagnis, l. c., n. 185; Gasparri, l. c., n. 305; Cappello, l. c., n. 79.

[15] Quod solutionem difficultatum, praesertim quoad argumentum ex auctoritate S. Thomae petitum, cfr. Cappello, l. c., n. 80.

442. An matrimonium civile, quod vocant, admitti possit. —
I. Civile matrimonium consideratur vel tamquam mera caeremonia, vel tamquam legitimus contractus, cui propria matrimonii iura tribuuntur. In priore casu, nullum dubium quin civilis potestas illud statuere possit; in altero casu, prorsus negandum [16].

Ratio est apertissima. Inter christianos nullum dari potest matrimonium quod uno eodemque tempore Sacramentum non sit. Hinc quaecumque maritalis unio extra matrimonii Sacramentum suscepta, intrinsece mala est; et proinde damnabilis prorsus (cfr. can. 1012).

Leo XIII epist. 1 iun. 1879 ad Episcopos Pedemontanos et Ligures egregie haec tradit: « Conviene sconoscere i principii fondamentali del Cristianesimo, e diremo anche le nozioni elementari del naturale diritto, per affermare che il matrimonio sia una creazione dello Stato, e niente più che un volgare contratto e un sociale consorzio, tutto di ragione civile.

La connubiale unione non è opera o invenzione dell'uomo; Iddio stesso supremo Autore della natura, sin dalle prime con detta unione ordinò la propagazione del genere umano e la costituzione della famiglia; e nella legge di grazia, la volle di più nobilitare con imprimerle il divino suggello del Sacramento. Ondechè il matrimonio per giure cristiano, in quanto concerna la sostanza e santità del vincolo, è un atto essenzialmente sacro o religioso, il cui ordinamento appartiene alla potestà religiosa, non per delegazione dello Stato, o per assenso di Principi, ma per mandato del divin Fondatore del Cristianesimo e Autore dei Sacramenti ... ».

443. II. Matrimonium civile hoc sensu acceptum est: 1° *religioni quam maxime iniuriosum*; 2° *naturali iuri contrarium*; 3° *libertati conscientiae repugnans*; 4° *moralitati publicae noxium.*

1° Est RELIGIONI QUAM MAXIME INIURIOSUM, quia divinae revelationi manifeste opponitur, quae docet matrimonium esse vere et proprie Sacramentum, subductum totaliter quoad essentiam a saeculari auctoritate et soli Ecclesiae obnoxium, cuius iura impio apertoque ausu laeduntur.

2° Est IURI NATURALI CONTRARIUM; nam, intrinseca perspecta matrimonii essentia, constat ipsum nullatenus ex voluntate Status procedere aut eius nutu arbitrioque pendere, sed praecedere tum tempore, tum potissimum natura ac fine.

3° Est LIBERTATI CONSCIENTIAE REPUGNANS. Sane lex matrimonium civile singulis subditis imponit, velint aut nolint, cum

---

16 Matrimonium civile distinguitur, secundum hodiernas legislationes, in *obligatorium, facultativum* et *subsidiarium*. Cfr. Cappello, l. c., n. 732.

Status ut legitimam unionem maritalem ipsum solummodo habeat; cives, ne poena percellantur, coguntur illud contrahere, et quidem, iuxta intentionem Status, non ut meram caeremoniam, sed ut verum matrimonium.

Porro quid scelestius quam subditos catholicos ad propriam conscientiam denegandam inducere?

4° Est MORALITATI PUBLICAE NOXIUM. Lex enim protegit, defendit, ut *legitimos* tuetur infandos concubinatus eorum, qui vinculo civili tantum copulati, nuptias religiosas spernunt, morum integritatem publice laedunt, scandala pariunt innumera.[17]

Item lex de *praecedentia matrimonii civilis* est maxime *impia* et *iniusta, conscientiae libertati opposita* atque *publicae moralitati noxia.*

---

[17] Num fideles possint et debeant inire civile matrimonium, num officialis seu syndicus ei licite assistere queat, etc., vide Cappello, l. c., n. 733 s.

CAPUT V

DE IURE ECCLESIAE
CIRCA
CULTUM DIVINUM, INSTITUTA RELIGIOSA
ALIASVE ASSOCIATIONES

Articulus I

De iure Ecclesiae quoad sacramentalia
et cultum divinum

444. Ius Ecclesiae quoad sacramentalia. — 1. Sacramentalia sunt *res vel actiones quibus Ecclesia, in aliquam Sacramentorum imitationem, uti solet ad obtinendos ex sua impetratione effectus praesertim spirituales* (can. 1144)[1].

2. Iuxta vulgarem partitionem, ad sex genera revocari solent hoc versiculo comprehensa: *Orans, tinctus, edens, confessus, dans, benedicens.*

Orans significat orationem dominicam et ceteras preces, praesertim publicas, ab Ecclesia praescriptas eiusque nomine factas; *tinctus* aspersionem aquae lustralis et sacras unctiones; *edens* manducationem esculentorum, quae ab Ecclesia benedicuntur; *confessus* confessionem generalem, quae fit in Missa, in distributione Eucharistiae et in Officio; *dans* comprehendit eleemosynam et alia misericordiae opera ab Ecclesia *specialiter* commendata; *benedicens* benedictiones a Papa, episcopis, sacerdotibus sive personis sive aliis rebus impertitas.

3. Ex ipsa *natura* sacramentalium sponte consequitur, Ecclesiae in ea *plenum, independens* atque *exclusivum* ius competere, cum directe et immediate religionem attingant, cuius omnimoda cura uni Ecclesiae commissa est.

---

[1] Cfr. Cappello, *De Sacramentis*, I, n. 99 ss.; Arendt. *De Sacramentalibus*, p. 14 ss.

445. Ius Ecclesiae quoad cultum divinum. — 1. Amplissima potestas data fuit Ecclesiae circa cultum divinum. Id ex ipsa eius missione luculenter patet.

2. Proinde *libere atque independenter* a Statu Ecclesia leges fert de diebus festis, de sacris functionibus, de custodia et cultu sanctissimae Eucharistiae, de cultu Sanctorum, sacrarum imaginum et reliquiarum, de sacris processionibus, de sacra suppellectili, de tempore, modo, lingua ac ritu divinorum officiorum (cfr. can. 1255-1306).

3. Has leges ecclesiasticas auctoritas civilis sancte agnoscere ac fideliter servare tenetur. Quidquid autem contra easdem fiat seu positive seu negative, nullum atque irritum esse manifestum est.

446. Ius Ecclesiae quoad loca sacra. — 1. Dicuntur *loca sacra* ea quae divino cultui aut fidelium sepulturae deputantur consecratione vel benedictione (can. 1154), scil. ecclesiae, oratoria et coemeteria.

2. Haec loca eximuntur omnino a iurisdictione potestatis civilis solaque Ecclesia in eis *libere* atque *independenter* suam iurisdictionem exercet (cfr. can. 1160).

Huc spectant quae alibi (n. **403**) diximus.

3. Ecclesia catholica habet ius possidendi *propria* coemeteria (can. 1206, § 1). Sane cultus mortuorum ad religionem spectat [2].

4. In species, circa hanc rem, Ecclesiae ius est:

1° decernendi modum sepulturae pro variis temporum et locorum circumstantiis;

2° reprobandi cadaverum cremationem, poenis quoque ad id statutis (can. 1203, 1240, § 1, 5, 2339);

3° praescribendi ritus peculiares sepulturae ecclesiasticae (cfr. can. 1204 ss., 1215);

4° leges condendi pro usu et conservatione coemeteriorum (cfr. can. 1207-1214);

5° denegandi indignis, iustis scil. gravibusque de causis, ecclesiasticam sepulturam (can. 1240).

---

[2] Cfr. S. Thom., *Suppl.*, q. 71, art. 2 ss.; *Summ. contra Gent.*, lib. IV, cap. 79; Cavagnis, l. c., n. 288 ss.; Bachofen, l. c., n. 96; Wernz, III, n. 469 ss.

Articulus II

De potestate Ecclesiae quoad religiosas familias, pias consociationes aliaque instituta

447. Ius Ecclesiae in genere. — 1. Ecclesia habet ius et officium promovendi fidelium sanctificationem, eos efficaciter adiuvandi qui tendunt vel ad evangelicam perfectionem per tria consilia votis firmata vel ad christianam vitam perfectiorem sine votis, omniaque media suppeditandi ac fovendi quae ad pietatis aut charitatis sive spiritualis sive temporalis opera exercenda aut ad publici cultus incrementum conferunt.

2. Ius Ecclesiae in hac re est LIBERUM et INDEPENDENS a quavis potestate, PLENUM atque ABSOLUTUM et prorsus EXCLUSIVUM [1].

3. Unde Ecclesia constituere valet societates virorum aut mulierum in communi viventium sine votis publicis (can. 673 ss.), varias fidelium associationes, i. e. tertios Ordines saeculares, confraternitates et pias uniones (can. 684 ss.), instituta sive collegialia sive non collegialia, uti hospitalia, orphanotrophia, etc. (can. 1489 ss.).

4. Hisce societatibus et piis consociationibus aliisque institutis Ecclesia potest tribuere personalitatem iuridicam seu in *personas morales* ea erigere, ac semel erecta supprimere, mutare, aut unire.

448. Ius Ecclesiae in specie quoad religiosos. — Ecclesia quoad religiosos potest:

1° religionem sive votorum solemnium, i. e. Ordinem, sive votorum simplicium seu Congregationem religiosam, approbare;

2° vota sodalium uti publica habere atque idcirco sua auctoritate firmare;

3° normas statuere pro agnoscenda et moderanda religione in foro externo, seu coram societate tum ecclesiastica tum civili;

4° constitutiones sive leges cuiusvis Ordinis aut Congregationis examinare, approbare, atque etiam pro rerum adiunctis mutare;

---

[1] Cfr. Liberatore, l. c., n. 51 ss.; Cavagnis, l. c., n. 322 ss.; Wernz, l. c., n. 589 ss.; Paquet, l. c., p. 79 ss.

5° valorem iuridicum votis attribuere eisque vim et efficaciam sollemnitatis adnectere, ita ut actus ipsis contrarii invalidi sint;

6° omnes causas agere quae ad vitam religiosam spectant, dubia et quaestiones dirimere de votorum validitate et liceitate, de natura et obligatione professionis religiosae;

7° iusta de causa sodales e religione dimittere;

8° domum religiosam vel provinciam supprimere ipsamque religionem.

449. Officium Status. — 1. Auctoritas civilis: 1° Debet *recognoscere instituta religiosa aliasque pias consociationes* ea forma ac ratione, qua ab auctoritate ecclesiastica constituuntur, seu uti personas iuridicas, subordinatas Ecclesiae ipsique homogeneas.

2° Debet *agnoscere iura et privilegia* a R. Pontifice praefatis institutis piisque adsociationibus concessa, maxime vero naturam et vim votorum, idque ad effectus etiam civiles quod spectat.

3° Debet *agnoscere* in foro civili *auctoritatem* Superiorum in sodales, varios gradus hierarchiae sive organizationis, effectus iuridicos, et cetera omnia quae ad vitam atque internam constitutionem institutorum religiosorum et piarum consociationum pertinent.

2. Status nequit exigere ut huiusmodi instituta nonnisi ex venia et assensu politicae auctoritatis erigantur suumque *esse* atque *operari* inde assequantur.

3. Si Status non est catholicus, *tenetur* tamen familias religiosas aliasque pias adsociationes agnoscere saltem uti *licitas* seu *privatas*, ideoque *iure communi fruentes* [2].

4. Ex dictis patet, *nullas* et *irritas* omnino esse leges interdum a laica potestate latas circa ordines et congregationes religiosas, varia instituta ecclesiastica, opera pia, etc.

---

[2] Cfr. Coviello, *Manuale di diritto ecclesiastico*, I, p. 222, II, p. 231 ss.; eiusdem, *Manuale di diritto civile*, I, § 71; Giovine, *Le associazioni di fatto nel diritto privato*, p. 18 ss., Milano, 1914; Vareilles-Sommières, *Du contrat d'association*, p. 15 ss., Paris, 1893.

Articulus III

De iure Ecclesiae circa bona temporalia [1]

450. Notae historicae. — 1. Certum est Ecclesiam iam ab initio quaedam bona POSSEDISSE, quae, praesertim res mobiles, ex oblationibus fidelium proveniebant. Difficile enim, propter leges Romanas et saevientes persecutiones, bona immobilia acquirere et possidere poterat.

Paulatim vero bona etiam immobilia, v. g. ecclesias et coemeteria, possidere coepit prioribus quoque saeculis. Quod nunc adeo certum est, ut id in dubium revocare nemo audeat [2].

Quo *titulo* ea possidere potuerit, non ita manifestum est. Quidam dicunt possedisse ut corporationem *funeraticiam* sive *mutui auxilii,* ad instar aliorum collegiorum seu corporationum eiusdem generis [3].

Alii censent possedisse ut *corporationem religiosam* quae de se *illicita,* interdum tamen *tolerata* erat, tempore tantum persecutionum *proscripta* et exspoliata [4].

Constantinus M. plenam libertatem acquirendi Ecclesiae agnovit, quam alii imperatores christiani etiam novis favoribus auxere.

In regnis Francorum Ecclesia mox magnas obtinuit possessiones, additis privilegiis exemptionis a vectigalibus, etc.

Inde a saeculo XIII exeunte coeperunt principes ius Ecclesiae suis legibus limitare et arctare.

Tempore pseudoreformationis, in pluribus Europae partibus, et fere ubique post revolutionem gallicam et iniustas subsecutas spoliationes et saecularizationes, Ecclesiae patrimonium non parum fuit reductum.

---

[1] Dominium bonorum ecclesiasticorum, sub suprema auctoritate Sedis Apostolicae, ad eam pertinet moralem personam, quae eadem bona legitime acquisiverit (can. 1499, § 2). Ita Codex resolvit quaestionem iamdiu agitatam apud canonistas praesertim veteres. Cfr. Schmalzgr., lib. III, tit. 25, n. 3 ss.; Vering, l. c., § 206; Aichner, l. c., § 218; Wernz, l. c., n. 137; Heiner, II, p. 386 s.

[2] Cfr. Crisar, op. cit., I, n. 130; Euseb., *Hist. eccl.* VII, 30, VIII, 1, 5.

[3] De Rossi, *La Roma sotterranea cristiana,* I, p. 102 ss.

[4] Duchesne, *Origines chrétiennes,* cap. 23, § 4, p. 401 ss. Aliquando Ecclesia possedit per *personas interpositas,* quae nomine proprio bona illa habere censebantur. Cfr. Marucchi, *Manuale di Archeologia cristiana,* P. III, c. 1, p. 119.

Immo ius eius acquirendi et possidendi haud raro legibus exceptionalibus ita limitatur, ut vix eadem libertate gaudeat Ecclesia ac privatus quilibet.

451. 2. Administratio bonorum ecclesiasticorum sub Episcopi auctoritate per clericos, praesertim *diaconos,* serius per *archidiaconum* exercebatur.

Conc. Chalcedonense (a. 451) can. 26 [5] apud omnes Episcopos constitui iussit *oeconomum* qui simul *administrator* bonorum sub auctoritate Episcopi esset et *testis* eius bonae administrationis.

Quae praescriptio per leges Iustinianeas confirmata, in Oriente maxime viguit, in Occidente vero vix in praxim reducta est.

Leges civiles hodiernae libertatem Ecclesiae quoad bonorum administrationem non parum restringere solent.

452. 3. Alienationi bonorum ecclesiasticorum semper Ecclesia minus favit, quia haec bona semel Ecclesiae data, in patrimonium eius cedunt eorumque reditus ad pauperes, opera pia, cultus divini exercitium destinantur. Verum, accedente iusta causa, illa alienari semper permisit; immo ob urgentes necessitates fidelium, tempore famis, belli, etc., etiam sacram supellectilem scil. vestes et vasa sacra, vendere non dubitavit nec dubitat.

453. Ecclesia habet ius proprium et nativum bona temporalia acquirendi et possidendi [6]. — *Prob.* I. Ex natura Ecclesiae.

Cum Ecclesia sit societas perfecta, plene independens a Statu, praeclarissimo fine donata et specialibus officiis adstricta, ius habet nativum et proprium ad ea omnia media quae ipsi necessaria sunt, ut finem suum convenienter attingere suisque officiis satisfa-

---

[5] Cfr. c. 21, C. XVI, q. 7.

[6] Ad *errores* quod attinet circa ius Ecclesiae acquirendi et possidendi bona temporalia, haec pauca sunt notanda:

1º Antiquorum haereticorum saec. II et V errores renovarunt Arnaldus Brixiensis (saec. XII), Waldenses (saec. XIII), Marsilius Patavinus et Wicleffus (saec. XIV), qui tenuerunt Ecclesiam bona temporalia possidere non posse.

2º Protestantes, regalistae, fautores gallicae revolutionis aut nullum ius possidendi penes Ecclesiam agnoverunt, aut solum ex concessione Status.

Cfr. Hergenröther-Hollweck, *Lehrbuch des kath. Kirchenrechts,* n. 1020 ss.; Friedber-Ruffini, op. cit., § 167 ss.

cere valeat. Iamvero bona temporalia sunt media Ecclesiae necessaria ad finem convenienter attingendum et officia implenda. Ergo
Ecclesia habet ius acquirendi et possidendi.

Re quidem vera quomodo posset cultui divino, ministrorum
sustentationi, clericorum institutioni, Evangelii inter barbaras gentes propagationi providere sine bonis temporalibus?

Ad haec enim sacrae aedes aedificandae et conservandae sunt;
media ad earum ornamentum et ad splendorem cultus requiruntur; Seminaria clericorum erigenda et sustinenda; tot opera pietatis et caritatis perficienda, quibus Ecclesia, ex voluntate Christi,
semper facultates suas dedicavit; missionariorum sustentationi pro-
videndum, qui non raro per multos annos, sine ullo populorum
quibus praedicant subsidio, operam impendere debent.

Quae omnia, absque sumptibus i. e. bonis temporalibus, fieri
profecto nequeunt [7].

454. *Prob*. II. Ex doctrina Ecclesiae.

Ecclesia Wicleffi et Hus errores in Concilio Constantiensi [8]
damnavit, accedente confirmatione Martini V in Bullis « *Inter
cunctas* » et « *In eminente* » 22 febr. 1418.

Adversus recentiores contradictores habetur proposit. 26ª Syllabi : « Ecclesia non habet nativum ac legitimum ius acquirendi
ac possidendi ».

Quibus condemnationibus adiungi debent poenae contra sacrilegos invasores possesionum ecclesticarum, sive a Tridentino [9] sive in aliis pontificiis
Constitutionibus, ac demum in Codice (can. 2345 s.) confirmatae.

Codex haec habet : « Ecclesia catholica et Apostolica Sedes
nativum ius habent *libere* et *independenter* a civili potestate *acquirendi*, *retinendi* et *administrandi bona temporalia* ad fines sibi
proprios prosequendos » (can. 1495, § 1).

Idem ius competit ecclesiis singularibus aliisque personis mo-

---

[7] Cfr. Suarez, *Defens. fidei cath.*, lib. IV, cap. 21; Scheys, *De iure
Eccl. acquir. et possid. bona temp.*, p. 64 s.; Cavagnis l. c., n. 382 ss.;
Moulart, op. cit., lib. III, cap. 7 art. 1 ss.; Liberatore, *La Chiesa e lo
Stato*, p. 184 ss.; eiusdem, *Del diritto pubblico ecclesiastico*, n. 235 ss.

[8] Can. 10, 32, 33. Denzing., nn. 486, 508. 509.
Cfr. interrogationes Wicleffitis et Hussitis proponendas 34 sq.; Denzing,. n. 578 ss.

[9] Sess. XXII, cap. 14 de ref.

ralibus universis, quae ab ecclesiastica auctoritate in personam iuridicam erectae sunt (can. cit. § 2).

455. *Prob.* III. Ex praxi Ecclesiae.

Ecclesia semper hoc ius possidendi sibi vindicavit [10]. Iamvero praxis *constans* et *universalis* Ecclesiae de errore insimulari nequit; nam talis error cum infallibilitate seu indefectibilitate Ecclesiae in materia fidei et morum conciliari nequit.

456. *Prob.* IV. Accedit recognitio potestatis civilis.

Habetur recognitio, sive *clara* et *explicita* ex parte imperatorum, regum et principum christianorum per plura saecula, sive saltem *implicita,* v. g. in concordatis, in quibus saepe S. Sedes declarat se ad instantiam gubernii usurpationes et spoliationes condonare. Non raro ius Ecclesiae explicite agnoscitur in conventionibus cum civili auctoritate [11].

457. Quaenam bona temporalia et quibusnam modis Ecclesia acquirere valeat. — 1. Ecclesia habet ius ad omnia et singula bona, quae ad fines sibi proprios prosequendos necessaria sunt.

Unde Ecclesia acquirere potest:

1° bona corporalia (v. g. agrum vel domum) et incorporalia (credita, iura hereditatis);

2° bona mobilia, tam *fungibilia* (i. e. quae *servando servari* nequeunt, v. g. esculenta, frumentum) quam *non fungibilia* (scil. ea quibus uti quis potest quin statim consumantur, ut est bos, equus, etc.), et immobilia sive *natura sua* (huiusmodi sunt ex. gr. domus, agri) sive *destinatione,* quando nempe ad perpetuam quandam rei immobilis utilitatem destinantur (v. g. instrumenta, machinae pro officinis, pro agris colendis) [13].

---

[10] Cfr. v. g. Bonif. VIII. Const. « *Clericis laicos* »; c. 3 s. de immun. eccles., III, 23, in VI.

[11] Cfr. v. g. concord. cum Ferd. I a 1818, art. 13; cum Austria a. 1855, art. 29; cum Republ. Aequator. a. 1852, art. 19; praesertim conventionem cum Republ. Columb. art. 5: « Ecclesia iure pollet acquirendi iusto titulo, possidendi libereque administrandi bona tum mobilia tum immobilia... ».

[12] Cfr. Biederlack, l. c., p. 18 ss.; Phillips, II, § 114; Moulart, l. c., art. 2; Cavagnis, l. c., n. 382 ss.; Wernz. l. c., n. 135; Scheyes, l. c., p. 90 ss.; Vering, l. c., § 204 ss.

[13] *Iura* et *obligationes* (v. g. debita, credita, servitutes) sequi censentur naturam rei cui inhaerent, ideoque partim *mobilibus,* partim *immobilibus* accensentur.

3° bona PRETIOSA (i. e. ea quibus notabilis valor est, ratione artis vel historiae aut materiae) et *non pretiosa*;

4° bona SACRA (scil. quae consecratione vel benedictione ad divinum cultum destinantur, uti sunt templa, calices, paramenta, etc.) et *non sacra* (v. g. fundus, domus). Cfr. can. 1497.

2. Ecclesia nullatenus ligatur lege civili quoad bonorum acquisitionem et administrationem; suis tantum legibus regitur etiam in hac re. Unde plena independentia ei vindicanda est.

Re quidem vera Ecclesia non adstringitur erga Statum, quasi in territorio eius possideret ut in *alieno*, vel ad modum personae *privatae*. Nullibi enim ipsa in *alieno* territorio versatur, nec ullo modo subiicitur Statui ut *privata* persona, cum ex sua natura et Christi positiva voluntate sit societas iuridice perfecta, a communitate civili penitus distincta eaque longe praestantior.

458. Ecclesia acquirere potest bona temporalia « omnibus iustis modis iuris sive naturalis sive positivi », modis tam *originaris* quam *derivatis* quibus valet privatus quilibet homo [14].

Quamvis Ecclesia in acquirendis et retinendis bonis temporalibus sit omnino independens a laica potestate, ita ut *vinculo legum civilium* nequaquam ligetur; *de facto* tamen, salva sua independentia, servat, quoad modos ac formas et conditiones, leges civiles, seu harum observantiam etiam in suo foro servandas praescribit, exceptis nonnullis casibus et materiis, v. g. ubi agitur de ultimis voluntatibus in favorem piarum causarum (cfr. can. 1508, 1513, 1529).

Cum Ecclesia sit societas iuridica, publica et perfecta, habet ius libere et independenter a civili potestate *exigendi* a fidelibus omnia, quae ad cultum divinum, ad honestam clericorum aliorumque ministrorum sustentationem et ad reliquos fines sibi proprios sint necessaria (can. 1496) [15].

Unde auctoritas ecclesiastica potest imponere taxas seu tributa a fidelibus solvenda; exigere valet decimas et primitias, etc. (cfr. can. 1502).

---

[14] Cfr. Wernz, l. c., p. 141; Lugo, *De iust. et iur.*, disp. 6 ss.; Liberatore, l. c., n. 237 s.; Biederlack, l. c., p. 19; Cavagnis, l. c., n. 382; Schiffini, l. c., n. 333.

[15] Cfr. etiam can. 736, 1234, 1235, 1502, 1504, 1505, 1507! c. 67, C. XVI, q. 1; c. 3, C. XVI, q. 2; c. 1 de decimis, primitiis et oblatio-, nibus, III, 13, in VI; Conc. Trid. Sess. XXI, c. 4 et 7 de ref.; Sess. XXIV, c. 13 de ref.; Sess. XXV, c. 12 de ref.

Hinc liquido patet, leges civiles *amortizationis,* quibus Ecclesia ab acquirendis bonis temporalibus impeditur nisi accedat consensus laicae potestatis, esse *odiosas* et *iniustas,* atque ex defectu iurisdictionis *nullas* plane ac *irritas.*

Potest tamen Ecclesia per concordata de iuribus suis aliquid remittere.

459. Effectus acquisitionis bonorum ex parte Ecclesiae. — Cum bona in dominium Ecclesiae transierint, manet profecto eadem natura *physica,* at mutatur natura *iuridica* eorum. Scil. :

1° fiunt *independentia* a Statu, alto dominio sive supremae auctoritati R. Pontificis et inferiorum Praesulum administrationi obnoxia, ita ut civilis potestas nec *directe* nec *indirecte* ullum ius sibi vindicare queat in huiusmodi bona (cfr. can. 1499, § 2, 1518 ss.);

2° fiunt *sacra* (stricto quidem sensu, si accedat consecratio vel benedictio; secus, lato sensu), et *inviolabilia,* tum propter *subiectum* tum propter *finem sacrum* et *religiosum* in quem acquiruntur et possidentur, ita ut eorundem usurpatio sive exspoliatio sacrilegium sit; quam inviolabilitatem Ecclesia, per leges suas de alienatione et per gravissimas poenas contra usurpatores et invasores illorum bonorum, diserte confirmat atque strenue tuetur (cfr. can. 2345, 2346) [16].

3° *reguntur legibus* praescriptionis *specialibus* (cfr. can. 1508-1512);

4° *Immunitate reali donantur* (n. 402).

460. Ius Ecclesiae administrandi et alienandi bona temporalia. — 1. Ex potestate Ecclesiae acquirendi et possidendi bona temporalia (n. 453) sponte consequitur ius eadem administrandi atque alienandi : ius autem *nativum* et *proprium,* a qualibet humana auctoritate *independens.*

2. Id confirmatur ex constanti traditione et praxi Ecclesiae.

3. Si Ecclesia leges civiles servat in bonis temporalibus administrandis et alienandis, hoc facit *ex libera voluntate,* quin ullo pacto ad id teneatur ex vi earumdem legum. Unde huc spectant quae supra tradita fuerunt.

461. Ius regaliae. Ex dictis luculenter patet, *ius regaliae,* quod vocant,

---

[16] Nec si persona moralis ecclesiastica exstinguitur, potest Status eiusdem bona ut *vacantia* sibi vindicare. In hoc casu servandum est praescriptum can. 1501. Cfr. Liberatore, *La Chiesa e lo Stato,* p. 194 ss.

i. e. ius principis percipiendi fructus beneficiorum vacantium, esse maxime iniustum, impium et absurdum, nisi accedat expressa venia S. Sedis.

Bona beneficialia omnimodae subsunt potestati Ecclesiae, quolibet excluso principis interventu. Neque ulla profecto datur paritas inter huiusmodi bona et patrimonia feudalia.

462. Obiectiones. — I. Finis Ecclesiae est *spiritualis* et *supernaturalis*; ergo bona *temporalia* sunt extra finem Ecclesiae atque idcirco extra eius potestatem.

R. Ecclesia habet quidem finem spiritualem, at eius membra non sunt puri spiritus, sed homines. Hinc statim apparet multas esse necessitates temporales, v. g. ob cultum et ministrorum sustentationem aliaque id genus, quibus necessario per bona temporalia consulendum est.

463. II. Christus praecepit discipulis: « *Nolite possidere aurum, neque argentum, neque pecuniam ...* » [17].

R. 1° Haec prohibitio data est pro speciali missione apostolica, ad quam Christus discipulos miserat; minime praeceptum generale et universale fuit, pro tempore futuro. Id patet ex praxi ipsius Christi et Apostolorum, quam improbare nefas foret.

2° Illa prohibitio possidendi manet ut *consilium* pro *aliquibus*; pro *omnibus* vero seu clericis seu laicis ut *norma* de interna animi dispositione omnia abnegandi, quae saluti obstent [18].

464. III. Ex nimiis divitiis maxima damna tum Ecclesiae tum familiis religiosis aliisque institutis ecclesiasticis obvenerunt.

R. Quid inde? Divitias esse periculosas, nemo diffitetur. At nequaquam concludendum, bona ecclesiastica non esse necessaria. Porro si necessaria, Ecclesia ad ea ius habet profecto.

465. IV. Magna pericula obveniunt Statui ex multiplicatis Ecclesiae bonis.

R. 1° Teste historia, publica prosperitas multo maior fuit, ceteris paribus, ubi abundarunt bona ecclesiastica [19].

---

[17] Matth. X, 9.

[18] S. Thom., 2-2, q. 185, art. 6, ad 2; S. Bellarm., *Controv.,* II. *De membris Ecclesiae militantis,* lib. I, *de clericis.* cap. 26; Liberatore, l. c., n. 239; Scheys, l. c., p. 112 ss.

[19] Cfr. Moulart, l. c., art. 3; Cavagnis, l. c., n. 387 s.; Liberatore, *La Chiesa e lo Stato,* p. 195 ss.

2° Damna forte timenda nihil probant contra ius aliunde certum : certum, non ex facto ipso possessionis, sed ex abusibus hominum procedunt, qui abusus ab Ecclesia, requirente Statu, penitus auferentur.

3° Si *theoretice* damnum aliquod provenire posset ex nimiis possessionibus personarum moralium ecclesiasticarum, remedium praesto foret : recursus ad ecclesiasticam auctoritatem, quae authentice definire valet *quid* et *quantum* sibi necessarium sit ad proprios fines consequendos.

466. V. Ecclesia eiusque instituta nonnisi qua personae *civiles* possidere valent, ideoque ex concessione et assensu civilis potestatis.

R. Non qua personae *civiles*, sed qua personae *morales* seu *iuridicae* (nisi haec vocabula uti synonima usurpentur, quod tamen verum non est), Ecclesia aliaeque personae ecclesiasticae possidere possunt. Nullatenus sane confundenda est personalitas *civilis* cum personalitate *canonica*.

Personalitas autem moralis seu iuridica competens Ecclesiae eiusque institutis, neque a Statu originem habet neque ab eo ullo modo dependet. Ergo.

467. VI. Statui competit *altum dominium* in omnia bona. Unde Ecclesia quoad bonorum administrationem subiicitur politicae auctoritati.

R. Nomine *alti dominii* intelligitur suprema potestas disponendi, ratione boni publici, de bonis *privatorum*, salva iustitia i. e. congrua compensatione soluta. Porro falsissimum est Statui competere *altum dominium* in omnia bona, ideoque etiam in bona ecclesiastica. Ergo.

A. M. D. G.

INDEX SCRIPTORUM

N. B. — Praecipuos tantum allegamus scriptores qui de iure publico ecclesiastico sive de Ecclesia eiusque potestate expresse agunt, ceteris omissis licet in decursu operis citatis.

A

ABRAHAM A S. SUSANNA, *Istituzioni di diritto eccl. pubblico e privato, antico, del medio evo e novissimo*, Napoli, 1869.
— *Nozioni e problemi di diritto pubblico e privato in conformità del diritto novissimo*. Napoli 1869.
AFFRE, *Traité de la propriété des biens ecclésiastiques*, Paris 1867.
AEGIDIUS ROMANUS (COLUMNA), *De potestate* (Hurter, *Nomenclator*, IV, 389 s.).
ALEXANDER (Fasitelli) A S. ELPIDIO, *De iurisdictione imperii et auctoritate Summi Pontificis; de ecclesiastica potestate libri 3 ad Ioann. XXII* (Hurter, *Nomencl.*, IV, 417).
ALPHONSUS ALVAREZ GUERRERUS, *De iure Rom. Pontificum*, Coloniae 1586.
ALVARUS PELAGIUS, *De planctu Ecclesiae* (Roccaberti, *Bibliotheca*, III, 23-266).
ANZILOTTI D., *Corso di diritto internazionale*, Roma 1928.
— *La condizione giuridica internazionale della S. Sede in seguito agli accordi del Laterano*, in *Rivista di diritto internazionale*, aprile-giugno 1929.

ARANGIO RUIZ G., *Sulla personalità internazionale della S. Sede*, in *Rivista di diritto pubblico*, 1925, part. I.
— *La Città del Vaticano*, in *Rivista di diritto pubblico*, novembre 1929.
AUDISIO G., *Diritto pubblico della Chiesa e delle genti cristiane*, Roma 1863.
AUGUSTI I. C. W., *Ueber das Maiestaetsrecht in Kirchl.*, Dingen 1825.
AUGUST. TRIUMPHUS, *Summa de potestate Ecclesiae ad Ioan. P. XXII*, Romae 1582.
AVOGADRO U., *Il Papa nel diritto internazionale pubblico*, Ferrara 1899.

B

BACHOFEN A., *Summa iuris publici ecclesiast.*, Romae 1910.
BALDI P., *De nativa et peculiari indole concordatorum apud scholasticos interpretes*, Romae 1883 (fol. litograph.).
BARBA F., *Istituzioni di diritto ecclesiastico pubblico e privato*, Napoli 1883.
BARBATO L., *Saggio elementare del diritto pubblico ecclesiastico*, Napoli 1843.

— *Libera Chiesa in libero Stato*, Napoli 1866.

— *La separazione della Chiesa e dello Stato*, Napoli 1868.

BAS A., *Etude sur les rapports de l'Eglise et de l'Etat et sur leur séparation*, Paris 1882.

BAUWERS, *Dissertatio de concordia sacerdotii et imperii*, Lovanii 1723.

BEBENBURG L., *Tractatus de iuribus regni et imperii Romanorum*, Strassburg 1508.

S. BELLARMINUS R., *Disputationes de controv.*, t. I, *De Sum. Pontif.*, Venetiis 1599.

BENDIX L., *Kirche u. Kirchenrecht*, Mainz 1895.

BENETTIS, *Privilegiorum in persona S. Petri R. Pontifici collatorum vindiciae*, Romae 1756-1766.

BERTRAMS W., *Der neuzeitliche Staatsgedanke und die Konkordate des ausgehenden Mittelalters*, Romae 1942.

BIANCHI G. A., *Della potestà e polizia della Chiesa*, Roma 1745-1751.

BIEDERLACK I., *Institutiones iuris ecclesiastici de fundamentali Ecclesiae constitutione*, Romae 1907.

BILLOT L., *Tractatus de Ecclesia Christi*, I. *De credibilitate Ecclesiae et de intima eius constitutione*, Prati 1909.

— *De habitudine Ecclesiae ad civilem societatem*, Prati 1910.

BOLGENI G. V., *Dei limiti delle due potestà ecclesiastica e secolare*, Firenze 1849.

BONDROIT, *De capacitate possidendi Ecclesiae*, Louvain 1900.

BONINO C., *Osservazioni sulle relazioni giuridiche tra la Chiesa e lo Stato*, Genova 1884.

BORNAGIUS, *Ueber die Rechtliche Natur der Concordate, etc.*, Leipzig 1870.

BOTTALLA P., *The Pope and the Church*, London 1868.

BRAZZOLA, *La Cité du Vatican est-elle un Etat?*, Paris 1932.

BRIGANTI A., *Studio critico sulle relazioni giuridiche tra Stato e Chiesa, dell'on. Stefano Castagnola*, Roma 1884.

BRUDERS, *La Costituzione della Chiesa*, etc., Firenze 1906.

BRUGÈRE, *De Ecclesia Christi*, Parisiis 1873.

BUCHLMAN F., *Appréciation des principaux arguments présentés au faveur de la séparation de l'Eglise et de l'Etat*, Paris 1881.

C

CAGIANO DE AZEVEDO, *Natura e carattere essenziale dei concordati*, Roma 1872.

CAIROLI L. P., *La Città del Vaticano*, Monza, 1929.

— *Il Concordato fra la S. Sede e l'Italia*, Monza 1930.

CAMMEO, *Ordinamento giuridico dello Stato della Città del Vaticano*, Firenze 1932.

CANSACCHI G. P., *Il Papa e la Società delle Nazioni*, Torino 1929.

CAPPELLO F. M., *Institutiones iuris publici ecclesiastici*, Taurini 1913.

— *Chiesa e Stato*, Roma 1910.

— *Le relazioni fra la Chiesa e lo Stato nell'ora presente*, Vicenza 1913.

— *Errori modernistici nello studio del diritto pubblico ecclesiastico*, Roma 1912.

— *Il concetto di Stato e di persona applicato alla Chiesa Cattolica*, Roma 1912.

— *I diritti e privilegi tollerati e concessi dalla S. Sede ai Governi civili*, Roma 1921.

CARERIU A., *De potestate Summi Pontificis*, Col. Agripp. 1601.

CASALIS M., *Vindiciae iuris ecclesiastici*, Romae, 1759.

CASELLA L., *La posizione giuridica*

del Sommo Pontefice e della S. Sede, Napoli 1887.

CASTAGNOLA S., Delle relazioni giuridiche fra Chiesa e Stato, Torino 1882.

CAVAGNIS F., Institutiones iuris publ. eccl., Romae 1906.

— Della natura di società giuridica e pubblica competente alla Chiesa, Roma 1886.

— Nozioni di diritto pubblico naturale et ecclesiastico, Roma 1886.

CECCHINI A., La natura giuridica della Città del Vaticano e del trattato Lateranense, in Rivista di diritto internazionale, aprile-giugno 1930.

CENNI E., Della Chiesa e dello Stato, Firenze 1869.

— Chiesa e Stato. Studi storici e giuridici per il decennale della conciliazione tra la Santa Sede e l'Italia, Milano 1939.

CIATTI, Della indipendenza e libertà della Chiesa e del Papato, Napoli 1881.

CONTE M. A CORONATA, Ius publicum ecclesiasticum, Augustis Taurinorum 1935.

CUCCAGNI L., De mutuis Ecclesiae et imperii officiis (Hurter, Nomencl. III, 455).

D

D'AVACK P. A., La natura giuridica dei Concordati nel ius publicum ecclesiasticum, Firenze 1936.

DE BERNARDIS, Le due potestà o le due gerarchie della Chiesa, Roma 1943.

DE BROUWER F. M., Tractatus de Ecclesia Christi, Brugis 1891.

DE GENNARO S., La Santa Sede, Napoli 1895.

DE GROOT, Summa apologetica de Ecclesia Christi, Ratisbonae 1890.

DE LECCO F., Saggio sulle relazioni della Chiesa e dello Stato, Napoli 1870-72.

DE LUCA M., Institutiones iuris eccl. publici, Romae 1901.

DE LUISE G., De iure pubblico seu diplomatico Ecclesiae catholicae, Parisiis 1877.

DIENA, Diritto internazionale pubblico, Napoli 1908.

DONATI D., La Città del Vaticano, Padova 1930.

DOULCET, Essais sur les rapports de l'Eglise chrétienne etc. Paris 1883.

DROSTE ZU VISCHERING F. Q., Ueber Kirche u. Staat, 1817.

DUPANLOUP, La souveraineté pontificale selon le droit catholique et le droit européen, Paris 1860.

DUPIN, De potestate ecclesiastica et temporali, Paris 1768.

F

FALCO M., Le prerogative della S. Sede e la guerra, Milano 1916.

— La natura giuridica degli accordi lateranensi e le loro relazioni, in Temi Emiliani, 1929.

FEHR L., Staat und Kirche, etc., Wien 1869.

FIORE, Trattato di diritto internazionale pubblico, Torino 1904.

FIORE, Il diritto internazionale codificato, Torino, 1909.

FINCK, De concordatis, Louvain 1879.

FRANZELIN I. B., Theses de Ecclesia Christi, Romae 1887.

FREMONT G., Les rapports de l'Eglise et de l'Etat, Paris 1883.

FRIEDEBERG E., De finium inter Ecclesiam et civitatem regundorum iudicio quid medii aevi doctores et leges statuerint, Lipsiae 1861.

G

GERBERT M., De legitima ecclesiastica potestate circa sacra et profana, S. Blasii 1761.

GIANNINI A., I Concordati post-bellici, Milano 1929.

GIOBBIO A., *I concordati*, Monza 1900.
— *Lezioni di diplomazia ecclesiastica*, Roma 1899-1901.
GIULIANI R., *La riconciliazione fra la Chiesa e lo Stato italiano*, Torino 1929.
GOSSELIN, *Pouvoir du Pape au moyen âge*, Paris 1845.
GRANDCLAUDE E., *Principes du droit public*, Paris 1871.
GRANDI A., *La indipendenza temporale dell'impero dal sacerdozio*, Gorizia 1774.
GRASSI C., *Il Trattato italo-vaticano*, Catania 1929.
GRÉA, *L'Eglise et sa divine constitution*, Paris 1885.
GROSSING V. FRANZ RUD, *Die Kirche und der Staat, etc.*, Berlin 1874.
GUERANGER, *De la monarchie pontificale*, Paris 1870.

H

HAENEL F., *De finibus inter civil. et eccles. caute regendis com. iuris publici*, Dresden 1835.
HAMMERSTEIN L., *De Ecclesia et Statu iuridice consideratis*, Treviris 1886.
HARLES, G. C. H., *Staat Kirche*, 1870.
HENNINGES, *De Summa imperatoris rom. potestate circa sacra*, Norimbergae 1676.
HERBIGNY (D') M., *De Deo universos evocante ad sui regni vitam, seu De primaeva Ecclesiae institut.*, Paris 1920.
— *De Deo catholicam Ecclesiam organice vivificante, seu De hodierna Ecclesiae agnitione*, Paris 1921.
HERGENRÖTHER IOS., *Kathol. Kirche und christlicher Staat*, Freiburg 1872-78.
HOROY C. A., *Des rapports du sacerdoce avec l'autorité civile*, Paris 1883-84.

I

IEMOLO A. C., *Carattere dello Stato della Città del Vaticano*, in *Rivista di diritto internazionale*, aprile-giugno 1929.
INTERLANDI F., *Il Concordato Lateranense*, Torino 1930.
JOURNET CH., *La juridiction de l'Eglise sur la Cité*, Paris 1931.

L

LADERCHI, *Relazione della Chiesa con lo Stato*, Modena 1845.
LAGHI LINO - GIUSEPPE ANDREUCCI, *Il Trattato Lateranense commentato*, Firenze 1929.
LAMBRECHT, *Demonstratio catholica seu tractatus de Ecclesia*, Parisiis 1890.
LE FUR L., *Le Saint-Siège et le droit des Gens*, Paris 1930.
LIBERATORE M., *La Chiesa e lo Stato*, Napoli 1872.
— *Del diritto pubblico ecclesiastico*, Prato 1887.
LO GRASSO I., *Ecclesia et Status - Fontes selecti*, Romae 1952.
LOMONACO G., *Trattato di diritto internazionale pubblico*, Napoli 1905.
LURUY A., *Droit public ecclés.*, Paris 1902.

M

MAISTRE (DE), *Du Pape*, Louvain 1821.
MAKÉE P., *Le droit social de l'Eglise*, Paris 1892.
MAMACHI, *Del diritto libero della Chiesa di acquistare beni temporali*, Roma 1770.
MARCHETTI G., *Della Chiesa quanto allo stato politico*, Roma 1819.
MAUREL A., *L'Eglise et le Souverain Pontife*, Paris 1868.
MAUTI, *Elementos de derecho público eclesiástico*, Quito 1870.
MAZZELLA, *De Religione et Ecclesia*, Romae 1885.

MAZZOTTA, *Il divino diritto e governo di Santa Chiesa*, Roma 1874.
— *L'organismo della Chiesa cattolica*, Roma 1872.
MILITIA, *De potestate indirecta Ecclesiae*, Romae 1865.
MORELLI G., *Il Trattato fra l'Italia e la S. Sede*, in *Rivista di diritto internazionale*, aprile-giugno 1930.
MOULART F. I., *L'Eglise et l'Etat*, Louvain 1879.
MUNCUNILL I., *Tractatus de Christi Ecclesia*, Barcinone 1914.

O

OLLIVER, *L'Eglise*, Paris 1898.
OLIVI, *Manuale di diritto internazionale*, Milano 1902.
OTTAVIANI A., *Institutiones iur. publ. eccl.*, Romae 1926.
OTTOLENGHI G., *Sulla condizione giuridica della Città del Vaticano*, in *Rivista di diritto internazionale*, aprile-giugno 1930.

P

PALLOTTINI S., *Sacerdotium et imperium*, Romae 1875.
PALMIERI D., *Tractatus de Romano Pontifice*, Prato 1891.
PAQUET L. A., *Droit public de l'Eglise*, Québec 1908-09.
PERUGINI, *Concordata*, etc., Romae 1934.
PENA ET FERNÁNDEZ, *Ius publicum ecclesiasticum*, Hispali 1900.
PESCH C., *Praelectiones dogmaticae.* I. *De Christo legato divino. De Ecclesia Christi*, etc., Friburgi B. 1909.
PEY, *Defense de l'immunité des biens ecclésiastiques*, Lond. 1750.
PILATI G., *Potere diretto, indiretto e direttivo*, Roma 1935.
PIOLA A., *La questione romana nella storia e nel diritto. Da Cavour al Trattato del Laterano*, Padova 1931.
— *Introduzione al diritto concordatario comparato*, Milano 1937.
PIRENNE, *De l'Eglise*, Paris 1898.
POLETTI V., *La natura giuridica dei concordati postbellici nella dottrina canonica e nel diritto pubblico internazionale*, Roma, 1938.
PRISCO, *Lo Stato secondo il diritto e gli insegnamenti di Leone XIII*, Roma 1887.

R

RADINI-TEDESCHI, *Chiesa e Stato in ordine ai concordati*, Roma 1902.
RECCO A., *Dell'esistenza di vera giurisdizione nella Chiesa*, Roma 1791.
— *Delle due potestà*, Roma 1793.
O'REILLY E. I., *The relations of the church to society*, Lond. 1892.
REQUES, *Derechos de la Iglesia, del estado y de la familia*, Barcelona 1868.
RESTREPO, *Concordata regnante SS. Domino Pio XI inita*, Romae 1934.
RIESS F., *Staat u. Kirche* (Stimmen aus M. Laach), 1869.
RIVER, *Principes de droit des gens*, Paris 1896.
RIVET L., *Quaestiones iuris publici eccles.*, Romae 1912.
RIVIÈRE J., *Le problème de l'Eglise et de l'Etat au temps de Philippe el Bel*, Louvain 1926.
ROQUETTE DE MALVIEL, *Inst. iur. can. publ. et privati*, Paris 1855.
ROSSI I., *Ius publ. ecclesiasticum*, Romae 1896.

S

SALZANO T. M., *Lezioni di diritto canonico pubblico e privato considerato in se stesso e secondo l'attual polizia del regno delle due Sicilie*, Napoli 1845.
SAMBUCY F., *De l'armonie entre l'Eglise et l'Etat*, Paris 1845.

SARNELLI V., *L'autonomia della Chiesa*, Napoli 1868.

SATOLLI F., *Prima principia ... de concordatis*, Romae 1883.

SCAVINI P., *Ius publicum ecclesiasticum*, Mediolani 1884.

SCHEYES C., *De iure Ecclesiae acquirendi et possidendi bona temporalia*, Lovanii 1892.

SCHIFFINI, *De vera religione seu de Christi Ecclesia*, Senis 1908.

SCHULT, *Die juristiche Personlichketi der Kathol. Kirche*, Giessen 1869.

SEGNA F., *De Ecclesiae Christi constitutione et regimine*, Romae 1900.

SOGLIA I., *Institutiones iur. publici eccl.*, Mutinae 1850.

SOLIERI F., *Iuris pubbl. eccl. elementa*, Romae 1900.

SOTA S., *Manual del derecho público ecclesiástico*, Besanzon Oinda Dey 1857.

SAITLER B., *Demonstratio cath. sive Ecclesiae cath. sub ratione societatis legalis*, Pappenheimii 1775.

STILLFRIED E., *Trennung der Kirche vom Staat*, 1874.

STRAUB, *De Ecclesia Christi*, Oeniponte 1912.

T

TARQUINI C., *Iuris publ. eccl. institutiones*, Romae 1898.

TREZZI G., *La posizione giuridica della S. Sede nel diritto internazionale*, Roma 1929.

TURINAZ, *Les concordats et l'obligagation réciproque qu'ils imposent à l'Etat*, Paris 1880.

TURRECREMATA I., *Summa de Ecclesia*, Romae 1849.

V

VALENTE F., *De concordia iuris pontificii cum caesareo et cum theólogica ratione*, Parisiis 1654.

VAN NOORT, *Tractatus de Ecclesia Christi*, Amstelodami 1913.

VENTURA I., *De iure publico ecclesiastico comment.*, Romae 1826.

VIZZARDELLI C., *Institutiones iur. publ. eccl.*, Romae 1863.

W

WAGNON H., *Concordats et droit international*, Gembloux 1935.

WILMERS G., *De Christi Ecclesia*, Ratisbonae 1897.

Z

ZACCARIA F. A., *Dottrine false ed erronee sopra le due potestà, l'ecclesiastica e secolare, tratte da due libri del P. Pereira*, Foligno 1783.

— *Antifebronius vindicatus*. Cesenae 1771.

— *Antifebronius abbreviatus*, Cesenae 1780.

— *Lasciamo stare le cose come stanno*, Faenza 1787.

— *Rendete a Cesare ciò che è di Cesare*, Faenza 1788.

— *Comandi chi può, ubbidisca chi dee*, Faenza 1788.

— *De S. Petri primatu*, 1770.

ZALLINGER I. A., *Iuris eccl. publici et privati institutiones*, Romae 1853.

ZELLER E., *Staat u. Kirche*, Leipzig 1873.

ZOCCHI G., *Ragioni soprannaturali e storiche del Papato*, Siena 1893.

INDEX RERUM
ORDINE ALPHABETICO DIGESTUS

Numerus arabicus numerum marginalem indicat

Communicatio: ius liberae communicationis, 378 s.

Concordatum: notio, 309; finis, 310; necessitas, 311; materia, 312; subiectum, 314; forma, 315; notae historicae, 316 ss.; natura et obligatio concordati, 318 ss.; theoria regalistarum, 320; sententiae catholicorum, 322 s.; doctrina tenenda, 323 ss.; difficultates, 334 ss.; num concordatum aequiparari possit pacto internationali 339; interpretatio concordati, 340; eius cessatio, 341; nonnulla in specie animadvertenda, 342 s.; concordata cum Statu haeretico, schismatico vel infideli, 343; concordatum initum cum Gubernio italico, 411.

Concursus Status catholici ad actus falsae religionis, 284 ss.

Conflictus: relationes societat. in statu conflictus 75, 79.

Congregationes religiosae: ius Ecclesiae, 448; officium Status, 449.

Consilia evangelica: ius Ecclesiae, 448 s.

Conversio infidelium quomodo procuranda, 276; item haereticorum et schismaticorum, 280 ss.

Cooperatio: an et quaenam cooperatio praestari possit a Statu catholico sectis dissidentibus, 286; variae quaestiones, 287 ss.

Coordinatio: num coordinationis systema admittendum sit. 197.

Correctio: num Ecclesia vi potestatis indirectae corrigere valeat leges civiles, 233; num principes, 236 ss.

Crematio reprobatur omnino, 446.

Crimen. Vide Delictum.

Cultus divinus, 444 ss.

Cultus libertas, Vide Tolerantia civilis.

D

Defunctorum communio, 446.

Degradatio: poena degradationis, 183.

Delictum: notio, 84; imputabilitas, imputatio, dolus, 87 s. Vide Potestas coactiva.

Democratia: num admittenda in Ecclesia, 362; quonam sensu elementum democraticum admitti possit, ibid.

Diaconi: constitutio, 452; munus, ibid. Vide Hierarchia.

Depositio: poena depositionis, 255; num R. P. deponere valeat principes vi potestatis indirectae, 237; quomodo explicandus sit interventus RR. Pontificum aevo medio quoad principum depositionem et solutionem subditorum a vinculo obedientiae sive fidelitatis, 238.

Dominium. Vide Bona temporalia, Principatus civilis.

E

Ecclesia: notio, 81; natura, 82 ss.; est vera societas, externa et visibilis, spiritualis et supernaturalis, hierarchica, 83; necessaria, 88 s.; origo, finis et media, 90; societas vere iuridica et publica, 91 ss.; distincta a societate civili eaque longe superior, 94; libera omnino et independens, 95 ss.; suprema, 104, iuridice perfecta, 105 ss.; obiectiones contra naturam iuridicam Ecclesiae, 115 ss.; errores circa naturam et potestatem Ecclesiae, 126 ss.; potestas in genere, 139 ss.; potestas magisterii et regiminis, 141 ss.; iudicialis, 159 ss.; coactiva, 167 ss.; constitutio Ecclesiae, 345 ss.; forma regiminis Ecclesiae quoad scholas, 419 ss.; quoad seminaria, 424; circa sacramenta, 428 speciatim in matrimonium, 420 ss.; circa cultum divinum, 446 s.; circa bona temporalia, 450 ss. Vide Potestas, Relationes, R. Pontifex.

Ecclesia Palatina, quaenam dicatur, 369.

Ecclesiarum natura, indoles, usus, immunitas, 403, 446.

possit a Papa, 431; an principi civili competat aliqua potestas in matrimonium baptizatorum, 432; potestas principis quoad effectus mere civiles, 435; an et quonam titulo servandae sint civiles praescriptiones, 439; potestas principis in matrimonium infidelium, 440 ss.

MODERNISMUS, 138.

MONARCHIA: forma regiminis Ecclesiae est monarchica, 362.

MONARCHIA SICULA, 273.

MORALITAS: ordo moralis sive ethicus, 3; moralitas intime connectitur cum religione, 256 ss.

N

NATURA Ecclesiae, 82 ss.; societatis civilis, 192.

NOMINATIO ministrorum ecclesiasticorum, 368; nominatio regia, 369 s.; refelluntur argumenta ab adversariis proposita, 374.

O

OFFICIUM: quid sit officium seu obligatio, 24; divisio, 25; officium Status cath. erga religionem et Eccles., 256 ss.; officium Ecclesiae erga Statum, 260; officium Status infidelis erga Ecclesia, 276 ss.; officium Status haeretici vel schismatici, 279 ss.; officium catholicorum in Statu qui indifferentismum profitetur, 282; officium Status erga instituta ecclesiastica, 421, 449.

OPERA PIA, 447 s.

ORDINES RELIGIOSI: potestas Ecclesiae, 448; officium Status, 449.

ORDINIS potestas: notio, 141; quomodo obtineatur, ibid.; discrimen inter potestatem ordinis et iurisdictionis, 189. Vide Hierarchia.

ORDO: moralis sive ethicus, 3; iuridicus, 6; discrimen inter ordinem moralem et iuridicum ibid.; fundamentum utriusque, ibid.; sacramentum Ordinis, 429.

ORGANIZATIO territorialis, 355; num sit de iure divino, an ecclesiastico, ibid.; personalis, 357; varii gradus, ibid.

ORIGO: potestatis socialis, 35 s.; Ecclesiae, 90; origo iuridica et historica immunitatum, 384 ss.; origo historica principatus civilis, 408.

P

PACTA Lateranensia, 411.

PAROCHI: origo et gradus, 357.

PERSONA MORALIS, notio, 39; divisio, ibid.; constitutio, 40; variae quaestiones circa elementa constitutiva, 41 ss.; cessatio, 43; persona mixta et mere collectiva, 46.

PETRUS: Primatus ei collatus, 332; successor, 358 s. Vide Pontifex R., Primatus.

PLACET: notio, 157; iniustitia et absurditas, ibid.; documenta pontificia, quibus reprobatur, ibid.; origo historica, 158.

POENA: notio, 64; finis, 65; qualitates sive conditiones poenae, 66; divisio, 67; potestas Ecclesiae infligendi poenas, 167 ss.; notae historicae de poenis ecclesiasticis, 170 s.

POENA CAPITALIS: num infligi possit a civili societate, 185; num ab Ecclesia propter delictum mere ecclesiasticum, 186 ss.

PONTIFEX R. successor B. Petri, 358; eius potestas, 359; ratio successionis, 363; num valeat sibi successorem designare, 364 ss.; immunitas, 410 ss. Vide Principatus civilis.

POSSESSIO: Ecclesiae competit ius possidendi bona temporalia, 450 ss.

POTESTAS: socialis in genere, 30; origo, 35 s.; divisio, 37; potestas legifera, 52 s.; administrativa, 55; iudiciaria, 56 ss.; coactiva, 58 ss. Vide Potestas Ecclesiae.

POTESTAS ECCLESIAE: potestas ordinis et iurisdictionis, 139 ss.; ma-

33; notio societatis perfectae et imperfectae, 34 s.; potestas societatis perfectae in suos, 36 ss.; relationes iuridicae societatum perfectarum, 71 ss.

SOCIETAS CIVILIS: natura, 192; finis, 193; societas civilis quoad individuum et familiam, 194. Vide *Status*.

STATUS: varia systemata circa relationes inter Statum et Ecclesiam, 193 ss.; Ecclesiae non competit potestas directa in Statum, 200 ss.; Status est indirecte subordinatus Ecclesiae, 206 s.; separatio Status ab Ecclesia reiicienda est, 207; Ecclesiae non competit potestas mere directiva in Statum, sed potestas indirecta, 218 ss.; notio Status catholici, 247; principia quae moderantur relationes inter Ecclesiam et Statum catholicum, 248 ss.; officium Status erga religionem et Ecclesiam, 256 ss.; Status infidelis, 274 ss.; Status haereticus et schismaticus, 279 ss.; Status indifferens, 281; Status catholicus quoad sectas dissidentes, 283 ss.; conspectus historicus relationum inter Ecclesiam et Statum, 292 ss.

SUBORDINATIO: Status est indirecte Ecclesiae subordinatus, 218.

SYSTEMATA circa relationes inter Statum et Ecclesiam, 193; hegemonia Status, 194; potestas directa Ecclesiae in Statum, 195, 200 s.; separatio Status ab Ecclesia, 196, 207 ss.; coordinatio, 197; potestas directiva, 198, 218, potestas indirecta, 199, 219 ss.; systemata excogitata a Protestantibus, 306. Vide *Ecclesia, Relationes, Status*.

T

TEMPLA. Vide *Locus sacer*.

TESTAMENTUM ad causas pias, 457.

TOLERANTIA CIVILIS: quid intelligatur eius nomine, 283; num et quanam ratione admitti possit, 284; ratio et mensura tolerantiae, 285; formalis cooperatio excludenda est, 286; quaestiones, 287 ss.

TRACTATUS LATERANENSIS, 411.

TRANQUILLITAS publica connectitur cum religione, 256 ss.

TRIBUTA: ius Ecclesiae ea imponendi, 450 ss.

V

VESTES clericorum, 445.

VETO. Vide *Exclusiva*.

VINCULUM iuris, 8, 16, 27; vinculum inter Ecclesiam et Statum catholicum, 200 ss.; inter Ecclesiam et Statum acatholicum, 276 ss.

VIS ARMATA, 69; num competat Ecclesiae, 188 ss.

VISURA. Vide *Placet*.

VOTA: ius Ecclesiae, 447 s.; officium Status, 449.

INDEX

LIBER I

PRAENOTIONES GENERALES

Caput I

De iure universim

Caput II

De societate et persona morali

Caput III

De relationibus iuridicis societatum perfectarum

LIBER II

DE NATURA ET POTESTATE ECCLESIAE

Caput I

De Ecclesia ut societate

Caput II

De potestate Ecclesiae

Caput III

De relationibus inter Statum et Ecclesiam

Caput II

De immunitatibus ecclesiasticis

Caput III

De potestate Ecclesiae quoad scholas

Caput IV

De potestate Ecclesiae circa sacramenta

Caput V

De iure Ecclesiae circa cultum divinum
instituta religiosa aliasve associationes